Was ist ein Text?

Beihefte zur Zeitschrift für die alttestamentliche Wissenschaft

Herausgegeben von
John Barton · Reinhard G. Kratz
Choon-Leong Seow · Markus Witte

Band 362

Walter de Gruyter · Berlin · New York

Was ist ein Text?

Alttestamentliche, ägyptologische
und altorientalistische Perspektiven

Herausgegeben von
Ludwig Morenz und Stefan Schorch

W
DE
G

Walter de Gruyter · Berlin · New York

♾ Gedruckt auf säurefreiem Papier,
das die US-ANSI-Norm über Haltbarkeit erfüllt.

ISBN 978-3-11-018496-9
ISSN 0934-2575

Bibliografische Information der Deutschen Nationalbibliothek

Die Deutsche Nationalbibliothek verzeichnet diese Publikation in der Deutschen
Nationalbibliografie; detaillierte bibliografische Daten sind im Internet
über http://dnb.d-nb.de abrufbar.

Printed in Germany

Einbandgestaltung: Christopher Schneider, Berlin

Danksagung

Die in diesem Band veröffentlichten Beiträge gehen auf eine Tagung zurück, die vom 24.-26. Juni 2005 an der Kirchlichen Hochschule Bethel in Bielefeld stattfand. Der Fritz Thyssen Stiftung für Wissenschaftsförderung gebührt ein herzlicher Dank dafür, daß sie die Tagung finanziell maßgeblich unterstützt hat. Ein weiterer herzlicher Dank geht an die Kirchliche Hochschule Bethel in Person ihres damaligen Rektors Prof. Dr. Andreas Lindemann für die gewährte materielle und ideelle Hilfe bei der Veranstaltung der Tagung. Dr. Ekkehard Spilling (Kirchliche Hochschule Bethel) hat sich um die Tagungsorganisation sehr verdient gemacht.

Zu danken ist auch Studierenden und Kollegen an der Kirchlichen Hochschule Bethel (jetzt: Wuppertal/Bethel), die bei der Bearbeitung des vorliegenden Bandes mitwirkten: Frau stud. theol. Angelica Dinger erstellte die Indexvorlagen, Herr stud. theol. James Harland korrigierte die englischsprachigen Texte, Dr. Ekkehard Spilling fertigte formatierte Fassungen der Beiträge, Prof. Dr. François Vouga korrigierte die französischen Texte.

Für ihre Bereitschaft, den vorliegenden Band als Beiheft zur Zeitschrift für die Alttestamentliche Wissenschaft erscheinen zu lassen, sei den Herausgebern dieser Reihe ebenso gedankt wie für hilfreiche Kommentare zum Tagungskonzept. Die Drucklegung wurde in bewährt kompetenter Weise von Dr. Albrecht Döhnert und Monika Müller (Verlag Walter de Gruyter Berlin) betreut. Auch dafür einen herzlichen Dank.

Ludwig Morenz und Stefan Schorch   Berlin, Juni 2007

Inhaltsverzeichnis

Was ist ein Text?

Einleitung

Ludwig Morenz / Stefan Schorch

Sprachliche Zeugnisse zählen zu den wichtigsten Hinterlassenschaften des Alten Ägypten, des Alten Orients wie auch des Alten Israel. Die wissenschaftliche Erforschung dieser Kulturen
richtet sich daher im wesentlichen auf Texte, die übersetzt,
kommentiert und als Quellen verwendet werden. Bislang ist
allerdings in der Forschung nur wenig untersucht, wodurch in
den genannten Kulturen ein sprachlicher „Text" konstituiert
wird.[1] Stattdessen liegen vielen wissenschaftlichen Untersuchungen der genannten Fächer Textmodelle zugrunde, die aus
der zeitgenössischen Literaturwissenschaft entlehnt wurden und
weiterhin entlehnt werden. Als Beispiele seien hier nur die Übernahme von Gattungsbegriffen wie „Drama", „Roman" oder „Novelle", die verstärkte Akzentuierung erzähltheoretischer Frage-
stellungen seit den 80er Jahren des 20. Jahrhunderts oder die
postmoderne Aufweitung des Textbegriffs mit ihren verschiedenen Ausprägungsformen genannt.

Allerdings beweisen zahlreiche Zeugnisse, daß weder die
Textproduktion noch die Textrezeption in Altägypten, im Alten
Orient oder im Alten Israel mit entsprechenden Mustern unserer
zeitgenössischen Welt ohne weiteres vergleichbar sind. So haben
etwa die meisten alttestamentlichen und viele altorientalische
oder altägyptische Texte längere Entstehungsprozesse durchlaufen, die aufgrund von oft deutlichen Spuren in den überlieferten
Zeugnissen noch nachweisbar oder aber durch die Existenz verschiedener Textzeugen mindestens partiell nachvollziehbar sind.
Auffällig ist nun, daß diese diachrone Dimension vieler Texte die
herkömmlichen synchronen Textmodelle oft sprengt, indem beispielsweise Zusätze, Kürzungen, Redaktionen oder Neubear-
beitungen kohärente Erzählabläufe unterbrechen oder gar zu
zerstören scheinen und häufig der Eindruck fragmentarischer

---

1 Siehe etwa Hardmeier, Ch.: Artikel „Text. Bibelwissenschaftlich", in: RGG⁴,
Band VIII, Tübingen 2005.

Strukturen entsteht. Andererseits macht etwa die literarkritische Arbeit an diesen Texten die narrative Kohärenz oft zum Kriterium der Quellenscheidung und bedient sich mithin eines
Maßstabs, der kulturintern, zumindest im Hinblick auf die Arbeit solcher Schreiber, Redaktoren und Editoren, keine wesentliche Rolle gespielt zu haben scheint. Auch den auf diese Weise
entwickelten Modellen der literarischen Wachstumsprozesse liegen daher häufig zeitgenössische Textbegriffe jedenfalls implizit
zugrunde.

Als Alternative erscheint der Versuch, im Sinne der von dem
bedeutenden Assyriologen Benno Landsberger in dessen Leipziger Antrittsvorlesung von 1926 geforderten Rekonstruktion der
„Eigenbegrifflichkeit" untersuchter Kulturen nach den jeweils
kultureigenen Textbegriffen des Alten Ägypten, des Alten Orients
und des Alten Israel zu fragen. Diesem Anliegen gewidmet war
eine Tagung, die vom 24.-26. Juni 2005 an der Kirchlichen
Hochschule Bethel in Bielefeld stattfand und Forscherinnen und
Forscher aus den Bereichen Hebräische Bibel, Ägyptologie, Altorientalistik, Neues Testament, Judaistik, und Linguistik zu-
sammenführte. Die Vorträge dieser Tagung werden hier nun
einer breiteren Öffentlichkeit vorgelegt.[2]

So selbstverständlich das Konzept und die Bezeichnung „Text"
in den verschiedenen Kulturen und Wissenschaftraditionen
lange scheinen mochte, hat sich doch erst in der zweiten Hälfte
des 20.Jh. ein eigentliches texttheoretisches Interesse herausgebildet.[3] Etymologisch geht das Wort „Text" auf das lateinische
textus[4] zurück, das wiederum von *texere* „weben, flechten"
kommt. Im über die Textilsphäre hinausgehobenen metaphorischen Sinne wurde *textus* zunächst allerdings weder in der
grammatischen noch in der rhetorischen Literatur verwendet,
sondern findet sich erstmals in der hermeneutischen Tradition,
und zwar in der frühchristlichen Bibelexegese. So schrieb Au-
gustinus: „textus ipse sermonis restat [...] consulendus" (De
Doctrina Christiana III, 4). Demnach sei bei Verständnisschwie-
rigkeiten der Aufschluß im Textzusammenhang zu suchen. Vielleicht kann diese umfassende und folgenreiche Wortbedeutung
von *textus* sogar konkret als eine Augustinische Prägung be-

---

2   Für die Konferenz konzipiert, aber nicht vorgetragen wurde der in diesem
     Band veröffentlichte Beitrag von William Schniedewind.
3   Knobloch, C.: Zum Status und zur Geschichte des Textbegriffes. Zeitschrift
     für literaturwissenschaftliche Linguistik 77 (1990), 66-87.
4   Neben dem maskulinen Nomen ist auch das Neutrum *textum* belegt.

stimmt werden.[5] Jedenfalls wurde der Textbegriff offenkundig in Auseinandersetzung mit der Bibel als Text *par excellence* geprägt. In etymologischer Perspektive besteht zudem ein Zusammenhang von lateinisch *textus* mit griechisch τέχνη „Handwerk, Kunst" und τέκτων „Zimmermann". Eben diese am Handwerklichen angelehnte und zumindest potentiell doppelschichtige Metaphorik der Ordnungstechnik von versprachlichten Gedanken des indogermanischen Bereichs wirkte auch in den Kulturen des antiken Vorderen Orients, insbesondere in der altägyptischen Kultur, und liefert damit erste Indizien für eigenkulturelle Reflexion über Textualität:

Der Ansatz, die Frage nach kultureigenen Textbegriffen insbesondere im Austausch zwischen Ägyptologie, Altorientalistik und alttestamentlicher Wissenschaft zu behandeln, folgte der Überzeugung, daß die drei genannten Fächer eng benachbarte Kulturräume abdecken, die auf vielfältige Weise miteinander in Beziehungen standen. Daß diese kulturelle Interaktion auch für das Verständnis von altägyptischen, altorientalischen und alttestamentlichen Texten Auswirkungen haben muß, wird beispielsweise durch die nachgewiesenen Fälle interkultureller Zirkulation von Texten wie auch von einzelnen Textbausteinen oder aber auch aufgrund kulturübergreifend gemeinsamer literarischer Motive und Narrateme deutlich. In den genannten Fächern erscheint zudem ein interdisziplinärer Ansatz von daher wünschenswert und weiterführend, weil kulturspezifische Eigenheiten der Textüberlieferung sowie die in vielerlei Hinsicht zufällige Zusammensetzung der überlieferten Textkorpora eine nur lückenhafte Quellenbasis darstellt, die oft nur unter Hinzuziehung der jeweiligen Nachbarkulturen zu einer ausreichenden Grundlage erweitert werden kann.[6]

Zunächst einmal wurde das ägyptische Wort *ḥw.t* „Haus" auch im Sinne von *stanza* verwendet. Hinter dieser Metapher steckt die Vorstellung vom (poetischen) Text als einem kunstvollen Bau. Das semographische Zeichen ⌸ – ein Gebäude in einer Umfassung – wurde in diesem Sinne bereits in den Pyramidentexten verwendet, und die Vorstellung reicht mithin bis ins 3. Jt. v. Chr. zurück. Eine Parallele hat dieser Gebrauch im Arabi-

---

5 Eine umfassende Geschichte des Textbegriffs fehlt bisher noch, vgl. Schulz, H./Basler, O.: Artikel „Text", in: Deutsches Fremdwörterbuch 5, Berlin/New York 1981, 201-204; Knobloch, Zum Status.

6 Ähnlich auch Carr, D. M.: Writing in the Tablet of the Heart: Origins of Scripture and Literature. New York 2005, 56.

schen und (höchstwahrscheinlich durch Übernahme aus dem Arabischen) in der hebräischen Sprache der mittelalterlichen Dichtung, wo *bayit* (بَيْت bzw. בית) „Haus" für Vers/Strophe steht.[7]

Demgegenüber weist *ṯz* „Spruch", wörtlich: das „Geknotete", analog zum lateinischen *textus* auf die Textilsphäre, und auch hierfür kann die hieroglyphische Schrift ein bildhaftes Zeichen gewissermaßen als Emblem anbieten: den verknoteten Strick ⌯⌁⌯. Das Wort verweist auf eine narrative und poetische Kohärenz sowie auf eine gewisse Kürze, während *ḥw.t* „Haus" zwar auch eine narrative und poetische Kohärenz impliziert, aber zudem auf einen größeren Umfang hindeutet. In einer Liedstrophe des sogenannten *Lebensmüden* – einem Text aus dem ägyptischen Mittleren Reich – dient die verknüpfende Textschöpfung samt der damit verbundenen Schöpferfreude als metaphorischer Vergleich:

> Der Tod ist heute vor mir
> Wie das Entwölken des Himmels,
> Wie ein Mann, der als Spruch verflicht (*sḫt {j}m rʾ*),
> das, was er (vorher) nicht wußte.[8]

Nicht unmittelbar verbunden, aber eng assoziiert sind Text- und Textilproduktion auch in einer Klagestrophe aus den wohl aus dem späten Mittleren Reich stammenden sogenannten *Admonitions* (4, 12–13):

> Die *Musikantinnen der Webstühle* in den Werkstätten:
> Was sie für (die Göttin) Meret singen, sind Trauergesänge,
> (Und) [sie] erzählen [Klagen (o.ä.) bei] dem Mahlstein.

Während *ḥnj.wt* auf erster Ebene „Musikantinnen" bedeutet, klingt zugleich das im Konsonantenbestand beinahe identische Wort *ḥnr.wt* mit der Bedeutung „Arbeitsverpflichtete" supplementär an. Im Folgevers spielen in implizitem Wortspiel mit der Gesangsgöttin Meret[9] auch die hier gar nicht explizit genannten Weber – *mr.t* – herein.

Architektur- und Textilmetaphorik erinnern daran, daß Ordnung der Gedanken, der Sprache und auch der Schrift ein we-

---

7 Habermann, A. M.: Artikel „Medieval Hebrew Secular Poetry", in: Encyclopaedia Judaica, CD-Rom Edition Version 1.0. Jerusalem 1997.

8 P. Berlin 3024, 138-140; MORENZ, L.: Beiträge zur Schriftlichkeitskultur im Mittleren Reich und in der Zweiten Zwischenzeit. Wiesbaden 1996 (ÄAT; 29), 37.

9 GUGLIELMI, W.: Die Göttin *MR.T.* Leiden 1991 (PdÄ; 7).

sentlicher Punkt eines Textverständnisses verschiedenster Kulturen war. Andererseits ist weder aus der Welt der Hebräischen Bibel, des Alten Vorderen Orients noch Altägyptens ein universaler, genereller Textbegriff zu belegen, wie verschiedene Beiträge des vorliegenden Bandes betonen.[10] Immerhin sind aber Ausdrücke bezeugt, die größere Spracheinheiten bezeichnen, so etwa hebräisch דָּבָר und ägyptisch *md.t*.[11] Beide Wörter bezeichnen die „Rede", die auch verschriftet sein kann, zugleich aber auch „Sache". Auch dafür kann eine Hieroglyphe als semographisches Leitzeichen firmieren, nämlich der *md.t*-Stab ⌋, der vermutlich auf die rhythmisch gebundene Rede (d.h. den klopfbaren Rhythmus) verweist.

Darüber hinaus wäre zu überlegen, ob Ausdrücke wie hebräisch סֵפֶר „Buch, Schriftstück" oder ägyptisch *md3.t* „Buch" auch losgelöst vom materiellen Textträger und also übertragen im Sinne von „Text" verwendet werden konnten.[12] Für das Hebräische scheint ein gegenüber der Ausgangsbedeutung weiterer Gebrauch mindestens in dem Kompositum יודע ספר, mit dem ein „Lesekundiger" (wörtlich: „Buchkundiger") bezeichnet wird,[13] vorzuliegen. Das Ägyptische bezeugt für diesen Aspekt ein viertes hieroglyphisches Leitzeichen, denn *md3.t* wurde mit dem Zeichen der verschnürten – und also kompletten sowie abgeschlossenen – Papyrusrolle determiniert: ⊨⊲.

In einem leicht postmodern gefärbte Spiel mit dem Bildaspekt der Hieroglyphen können wir also aus altägyptischer Perspektive die vier konnotationsreichen Hieroglyphen ▯, ⊨⊲, ⌋ und ⊨ gleichsam als *Icons* wesentlicher Aspekte von Textlichkeit adaptieren: Ordnungstechnik, Kohärenz, Gliederung und Materialität.

Ein wesentliches Problem der Frage nach den Bedingungen und Kategorien von Textlichkeit in Altägypten und im Alten Orient ist die Selektivität und oft auch Zufälligkeit der Überlieferung. Schriftlichkeit ist dabei nicht nur ein Medium, sondern häufig genug eine wesentliche Bedingung der Tradierung gewesen; fast immer aber ist sie die Voraussetzung dafür, daß die

---

10 Siehe etwa die entsprechenden Äußerungen von Cancik-Kirschbaum und Schniedewind im vorliegenden Band (S. 97f und 155).

11 Im vorliegenden Band wird die Semantik von דָּבָר im Beitrag von Schniedewind angesprochen (S. 99f).

12 Für Erwägung bezüglich der Frage, ob das Hebräische ein Wort für „Text" besaß, siehe die kurzen Ausführungen von Schniedewind in diesem Band (S. 93 sowie S. 97f).

13 Jes 29,11 (*Ketib*).

Texte bis auf den heutigen Tag erhalten sind und damit überhaupt zum Gegenstand der Forschung werden können.[14] Das hat im Verlaufe der Forschungsgeschichte häufig zu einer den Textbegriff auf Schriftlichkeit verengenden Perspektive geführt, deren Entstehung allerdings auch als Teil einer von Konrad Ehlich in seinem Beitrag zum vorliegenden Band konstatierten und analysierten generellen „Faszination des verdinglichten Textes für die Wissenschaften von der Sprache" verstanden werden muß.[15] Die notwendige Schriftlichkeit der textlichen Überlieferung aus denjenigen Kulturen, welchen sich der vorliegende Band widmet, hat des weiteren aber das methodologische Postulat hervorgerufen, daß ein schriftbezogener Textbegriff die Voraussetzung einer sachgemäßen Auseinandersetzung mit den überlieferten Zeugnissen sei. Dieses Postulat liegt letztlich auch der v.a. im englischen Sprachraum entwickelten Fragestellung nach der Textualisierung („textualization") der Überlieferung des Alten Israel zugrunde, die im vorliegenden Band in den Arbeiten von Joachim Schaper und William M. Schniedewind behandelt wird.

Für die Frage nach mündlichen bzw. mündlich überlieferten Texten bedeutet die angesprochene Selektivität der Überlieferung, daß wir die Existenz solcher Texte zwar zweifelsfrei voraussetzen müssen, sie aber in unseren Rekonstruktionsversuchen der untersuchten Textkulturen nur sehr eingeschränkt berücksichtigen können. In den meisten Fällen bedeutet dies, daß die Überlieferung von Texten der *hohen Kultur* gegenüber derjenigen der Volkskultur bevorzugt ist. Deutlich ist mithin, daß die Rekonstruktionsversuche eigenkultureller Textualitätsvorstellungen auch sozio-kulturelle Faktoren in den Blick nehmen muß. So beziehen sich beispielsweise die bereits genannten Bei-

---

14 Die Möglichkeit einer von der schriftlichen weitestgehend unabhängigen mündlichen Texttradierung ist im hier untersuchten Kulturbereich wohl nur für die israelitisch-jüdische Kultur zu erwägen. In der Tat gibt es in bezug auf die sogenannten „Lesetraditionen" Indizien dafür, daß Texte auch im Medium der Mündlichkeit mit sehr hoher Stabilität bis in die gegenwärtige Zeit tradiert werden, vgl. etwa die Untersuchungen der Tradierung des Babylonischen Talmuds bei den jemenitischen Juden durch Sh. MORAG (Babylonian Aramaic: the Yemenite tradition; historical aspects and transmission, phonology, the verbal system [hebr.]. Jerusalem: Institut Ben Tzvi/Hebrew University, 1988) oder der samaritanischen Toralesung durch S. SCHORCH (Die Vokale des Gesetzes: Die samaritanische Lesetradition als Textzeugin der Tora. Band 1: Genesis. Berlin/New York 2004 [BZAW; 339]).

15 Siehe hierzu die Ausführungen von K. EHLICH im vorliegenden Band, S. 15f.

träge von Schaper und Schniedewind auf den Wandel der Rolle des Schreibens in der Gesellschaft des antiken Juda.[16]

Texte der *Volkskultur* sind wegen ihrer weitestgehenden Mündlichkeit für uns ferne Betrachter jenseits der kargen archäologischen Befunde[17] zwar meist verloren, doch haben sich zumindest Spuren von ihr in den bildlichen und schriftlichen Produkten der hohen Kultur erhalten. Dies gilt etwa für das Alte Ägypten, wo es in einer Sentenz aus der ersten Maxime der Lehre des Ptah-hotep folgendermaßen heißt:

> Man kann die Grenzen der Kunst(fertigkeit) nicht erreichen,
> Und es gibt keinen Künstler, der seine Vollendung erlangte.
> Gute Rede ist versteckter als der Grünstein,
> und doch findet man sie bei den Frauen über den Mahlsteinen.

Hier werden dem singulär-idealtypischen Rede-Künstler (*ḥm.w*) aus der hohen Kultur die pluralisch-empirische Realität der mündlichen, von künstlerisch Unausgebildeten (repräsentiert durch die Frauen über den Mahlsteinen) getragenen Volkskultur und deren Texte gegenübergestellt. Ähnlich finden sich in verschiedenen literarischen Texten Hinweise auf im Volk verortete sakrale Sprüche, die allerdings nur verhältnismäßig selten aufgezeichnet wurden. Allerdings dürfen selbstverständlich literarische Zeugnisse wie die sogenannten Arbeiterreden und -lieder aus den Gräbern der Elite nicht einfach als unmittelbare „Worte des Volkes" genommen werden,[18] sondern mit ihnen wurde im Rahmen der *hohen Kultur* und zu Nutzen und Vergnügen der Elite ein bestimmtes Bild vom „einfachen Volk" konstruiert und dann *sub specie aeternitatis* verewigt. Dennoch aber erlaubt selbst diese Brechung in den deutlich hoch-kulturellen Medien Monumentalrelief und Schrift einen gewissen Blick hinter die Kulissen der hohen Kultur. Demgemäß bieten die Arbeiterreden und -lieder die erste aus Ägypten und damit überhaupt bekannte „Schriftlichkeit im Duktus der Mündlichkeit",[19] und demon-

---

16 Siehe insbesondere S. 57 sowie S. 93 im vorliegenden Band.

17 Den Versuch einer Kontextualisierung archäologischen Materials für die Erkundung volksreligiöser Praxis bietet z.B. Szpakowska, K., Playing with Fire: Initial Observations on the Religious Uses of Clay Cobras from Amarna. JARCE 40 (2003), 113-122.

18 Einen Überblick zu den sogenannten Arbeiterliedern bietet Brunner-Traut, E.: Artikel „Arbeitslieder", in: LÄ I (1975), Sp. 378-385.

19 So die Formulierung von Schlieben-Lange, B., Traditionen des Sprechens. Traditionen einer pragmatischen Sprachgeschichtsschreibung, Stuttgart 1983, 131. Die frühesten Belege aus der sumerischen Kultur dürften

strieren so einen bemerkenswerten Grad schriftinterner Reflexivität.

Auch in den anderen Kulturen des im vorliegenden Band untersuchten Bereichs stellt diese „Schriftlichkeit im Duktus der Mündlichkeit" ein weit verbreitetes und – etwa in einem großen Teil der alttestamentlichen prophetischen Überlieferung – zentrales Phänomen dar. Dessen Betrachtung hat stets zu berücksichtigen, daß mündliches von schriftlichem Wort grundsätzlich zu unterscheiden ist, insofern die Verschriftung einen Text affiziert und verändert. Konrad Ehlich stellt diese Affektionen des Textes durch die Schriftlichkeit in seinem Bandbeitrag dar. Darüber hinaus weist er insbesondere auf die mit der Schriftlichkeit verbundene Herauslösung des Textes aus den Strukturen einer personalen Kommunikation und seine „Verdinglichung" hin.[20] Deutlich greifbar wird diese „Verdinglichung", wenn Texte als *materia magica* appliziert werden, wie William M. Schniedewind am Beispiel alttestamentlicher Texte zeigt[21] und Dorothea M. Salzer in ihrem Bandbeitrag zur Verwendung biblischer Anspielungen in der jüdischen Magie darstellt.[22]

Diese Verdinglichung stellt die Voraussetzung für das Konzept einer „Orthodoxie des Buches" (J. Goody) dar, dessen strittiger Durchsetzung im Verlauf der altisraelitischen Religionsgeschichte der Bandbeitrag von William M. Schniedewind nachgeht und als dessen ältesten Beleg der Beitrag von Joachim Schaper das Deuteronomium erweist.

Die Herauslösung des Textes aus personalen Kommunikationsstrukturen ermöglicht allerdings nicht nur eine textbezogene „Orthodoxie", sondern auch die intentionale hermeneutische Öffnung, welche den Leser in die Produktion des Textes einbezieht und so zu einer Flexibilität und Adaptierbarkeit der Überlieferung führt. Der Bandbeitrag von Gebhard J. Selz geht diesem Phänomen sowie den Wechselwirkungen zwischen der hermeneutischen „Öffnung" und den Bestrebungen zur normierenden „Schließung" von Texten in der älteren mesopotamischen Überlieferung nach.

Eine weitere Form der Wechselwirkung zwischen verdinglichtem Text und Hermeutik beschreibt Joachim Schaper: Er sieht

---

Sprichwörter sein, siehe Alster, B., Proverbs of Ancient Sumer. The World's Earliest Proverb Collections. Bethesda 1997 (2 volumes).

20 Siehe S. 12f des vorliegenden Bandes.
21 Siehe S. 95f des vorliegenden Bandes.
22 Siehe S. 342 und 348.

die jüdische Schrifthermeneutik als Folge der Erhebung eines Textes zur Norm, d.h. der „geschlossene" Text mußte hermeneutisch wieder geöffnet werden, um den Text auf die sich ändernden Verhältnisse auszurichten. Deutlich ist dabei aber, wie Willem Smelik in seinem Bandbeitrag zur öffentlichen Lesung der Tora betont, daß die jüdische Tradition das Problem einer Grenzziehung zwischen „Text" und „Interpretation" mindestens thematisierte.

Wo ein Text zur Norm wird, bisweilen aufgrund seiner Zuschreibung an einen göttlichen Autor, im Falle des Deuteronomiums gar mit der Einführung eines göttlichen Schreibers,[23] da stellt sich das Problem seiner Übersetzbarkeit in andere Sprachen. In der Bildwelt der christlichen Tradition führten die diesbezüglich divergierenden Positionen zu zwei verschiedenen Typen von Hieronymus-Darstellungen, insofern Hieronymus entweder als inmitten zahlreicher Bücher tätiger Übersetzungsarbeiter oder aber durch eine visionäre Kreuzesdarstellung als göttlich inspiriert dargestellt wurde. In der jüdischen Tradition war mit dem Problem der Übersetzbarkeit insbesondere die Frage verbunden, in welchen Sprachen die Lesung der Tora legitim war, und in welcher Beziehung zueinander die Lesung des Originals und die Übersetzung stehen. Willem Smelik geht dieser Frage im vorliegenden Band nach und zeigt, daß ihre Beantwortung sich in Abhängigkeit von den jeweiligen Kontexten wandelte.

Indes bedeutete die Schriftlichkeit gerade des göttlich autorisierten Textes auch eine potentielle Gefahr für die Integrität des Textes, wie dies die Metapher des „Lügenstiftes" (עֵט שֶׁקֶר, Jer 8,8) auf den Punkt bringt. Auch das scheinbar sichere Medium Schrift kann Falschheit transportieren, und die Überlieferung bleibt damit immer elementar von (ungewollten) Fehlern und (bewußten) Fälschungen bedroht. Eine vergleichbare, wenngleich anders nuancierte Schriftkritik bietet im Altertum vorzüglich Platon.[24] In der Tat erweist sich, daß auch die konzeptionelle Schriftlichkeit im Alten Orient nicht mit einer starren Fixierung der Überlieferung verbunden war. So zeigt Eva Cancik-Kirschbaum, daß die assyrischen Königsinschriften eine starke Veränderlichkeit des schriftlich fixierten Textes, eine Adaptabili-

---

23 Siehe hierzu im Bandbeitrag von Joachim SCHAPER, S. 54-60.
24 Kulturspezifische Bewertungen der Schrift werden diskutiert in MORENZ, L., Frühe Schriftpromotion und frühe Schriftkritik: Stimmen aus Ägypten, Altem Orient und Griechenland (im Druck).

tät für diverse Verwendungskontexte und zugleich eine wechsel-
seitige Abhängigkeit zwischen Text und diversen Textträgern
aufweisen.

Die bei aller Problematik doch bemerkenswert ausgeprägte
Textfähigkeit der Schrift ist selbst ein historisches Phänomen,
das jedenfalls für Altägypten kulturhistorisch und sozialge-
schichtlich spezifisch verortet werden kann, wie der Bandbeitrag
von Ludwig D. Morenz demonstriert. Der Bandbeitrag von Gebhard J. Selz zeigt, daß die Entwicklung in Ägypten mit derjenigen in Mesopotamien korrespondiert. In beiden Kulturen sind
die Grenzen zwischen Bild und Schrift deutlich offen, wie auch
Eva Cancik-Kirschbaum in ihrem Beitrag betont. Es ist daher
verständlich, daß im vorliegenden Band gerade die Vertreter dieser Disziplinen für einen multimedialen Textbegriff votieren. Die
Schrift bewirkte einerseits eine Vereindeutigung und Abschlie-
ßung des Textes, die in dialektischer Spannung zugleich eine
Öffnung auf einer neuen Ebene ermöglichte und förderte. Dies
führte auch zu einer erweiterten und bewußt inszenierten Intertextualität, wie die Bandbeiträge von Dorothea M. Salzer für die
jüdische Tradition und von François Vouga für die Korrespondenz von Altem und Neuem Testament vor Augen führen.

Eine ganze Reihe der vorliegenden Beiträgen macht deutlich,
daß nicht allein die Überlieferung, sondern auch die Rezeption
ganz wesentlich prägt, was den Text konstituiert (Crüsemann,
Hardmeier, Kunz-Lübcke, Salzer, Schorch, Vouga). Die Generierung des Textes in der Rezeption kann sich an die intentionale
Offenheit des Überlieferungsgutes knüpfen, wie Gebhard J. Selz
darstellt, sich aber auch auf das Konzept eines „geschlossenen
Textes"[25] beziehen und von vornherein auf vom Leser beizusteu-
erndes Weltwissen rekurrieren, wie der Bandbeitrag von Andreas Kunz-Lübcke zeigt. Christoph Hardmeier weist darauf hin,
daß die überlieferten Texte nur die Zeichenspuren eines stattge-
habten Kommunikationsprozesses seien, von denen der moderne Leser sich im ethischen Sinne einer „Lese- und Rezeptions-
Hermeneutik der Behutsamkeit" leiten lassen sollte.[26]

Was auf der hermeneutischen Ebene gilt, greift indes bereits
für den Vorgang des Lesens. Die generelle Tatsache, daß keine
Schrift ein getreues Abbild der gesprochenen Sprache bieten
kann, konkretisiert sich angesichts des nordwestsemitischen
Konsonantenalphabets insbesondere in der Notwendigkeit, daß

---

25 Siehe die Definition des Begriffs in dem Bandbeitrag von G. J. SELZ, S. 68.
26 Siehe den Bandbeitrag von Chr. HARDMEIER, S. 210f.

der Leser das Geschriebene im Prozeß des Lesens durch die Supplementierung von Vokalen deuten muß.[27] Diese Deutung kann als Textualisierung der schriftlichen Tradition verstanden werden, wie Stefan Schorch in seinem Bandbeitrag darstellt. Von der grundlegenden Bedeutung des Lesens für die Textkonstitution geht auch François Vouga in seinem Beitrag aus,[28] allerdings aus einer rezeptionsorientierten Perspektive.

Als ein zentrales Kriterium der Textualität wird die Kohärenz betrachtet. Die Verwendung von Textilmetaphern führt vor Augen, daß sie bereits in antiken und mittelalterlichen Textvorstellungen eine wesentliche Rolle gespielt hat.[29] Am Beispiel des als methodisches Kriterium für literarische Einheitlichkeit entwickelten Begriffs „Widerspruch" zeigt Frank Crüsemann, daß die den Methoden der alttestamentlichen Exegese zugrundeliegenden Kohärenzkriterien oft den kulturellen Horizonten der Exegeten spiegeln und den vorfindlichen Texten häufig nicht angemessen sind. Notwendig sei vielmehr die Rekonstruktion der texteigenen Kohärenzkriterien. Diese können die intentionale Applikation von Widersprüchen (Crüsemann) ebenso einbeziehen wie die gezielte Offenheit, die auf den Leser als Stifter von Kohärenz baut (Andreas Kunz-Lübcke). Christoph Hardmeier untersucht am Beispiel der Tora-Rede im Deuteronomium die kommunikationspragmatischen Kohärenzkriterien von Erzähl- und Redetexten, Reinhard G. Kratz stellt das Erinnern der Vergangenheit in den nordwestsemitischen Inschriften des 1. Jahrtausends v. Chr. als Mittel zur Erzeugung von Textkohärenz dar. Am Beispiel alttestamentlicher Texte zeigt Andreas Wagner, daß textuelle Kohärenz auch aus der Perspektive der Sprechakttheorie analysiert werden kann, insofern in der Abfolge der einzelnen Sprechhandlungen bestimmte kohärente Strukturen entstehen. Dorothea M. Salzer untersucht das Phänomen der Erzeugung von textueller Kohärenz durch Zitation am Beispiel von Texten der jüdischen Magie.

Textuelle Kohärenz konnte auch durch die Organisation eines Textes erzeugt werden. Frank Feder stellt dies für die als komplexe Dichtung organisierte Sinuhe-Dichtung aus dem 20. Jh. v. Chr. paradigmatisch dar. Neben diversen stilistischen Mitteln steht dabei die Textgestaltung in Verse, Paragraphen und

---

27 Daneben zu nennen sind auch die Betonung, die Intonation sowie die Lesung von Zeichen, die wie hebr. שׁ für zwei Phoneme stehen.

28 „Ein Text existiert erst durch die Lesung." (S. 353 im vorliegenden Band).

29 Siehe oben sowie im Bandbeitrag von Konrad EHLICH, S. 6.

Kapitel im Zentrum der Analyse. Deutlich wird, daß in den Makro- verschiedene Mikrotexte eingebettet sind, wie dies auch Parallelen hat, beispielsweise in der Hebräischen Bibel.

Die intratextuelle Kohärenz kann jedoch durch Intertextualität nicht nur geschaffen, sondern immer auch aufgebrochen und neu gestiftet werden. So kann selbst ein jüngerer Text das Verständnis eines älteren völlig umprägen, etwa in der christlichen Tradition der Erste Petrusbrief die „Gottesknechtslieder" des Jesajabuches, wie François Vouga darstellt. Es ergibt sich die Schlußfolgerung, daß eine identische vorfindliche Texttradition von Lesern unterschiedlicher Kulturen – im Fall der Gottesknechtslieder etwa Juden und Christen – völlig verschieden gelesen werden kann und entsprechend distinkte Botschaften bereithält.

Schließlich eine Bemerkung zur Verwendung des Wortes „Text": Seine Verwendung teilt die Beiträge des vorliegenden Bandes in drei Gruppen: Während ein Großteil der Beiträge von einem auf das Medium Schrift zentrierten Textbegriff ausgeht (Crüsemann, Hardmeier, Kunz-Lübcke, Salzer, Schaper, Schniedewind, Smelik), sekundieren andere einem sprachbezogenen (Ehlich, Schorch, Vouga, Wagner) oder einem multimedialen (Cancik-Kirschbaum, Morenz, Selz). Aufs Ganze betrachtet, erscheint die vorliegende Sammlung damit auch als Illustration der spätestens durch die kulturwissenschaftliche Postmoderne ins allgemeine Bewußtsein gehobenen Einsicht, daß entsprechend den jeweiligen Fragehorizonten verschiedene Begriffsfassungen durchaus sinnvoll nebeneinander verwendet werden können.

I.

Implikationen von Schrift und Schriftlichkeit

Textualität und Schriftlichkeit

Konrad Ehlich

1. „Text" als alltagswissenschaftssprachlicher Ausdruck

1. Der Ausdruck „Text" gehört ohne Zweifel im Deutschen und anderen westeuropäischen Sprachen zur Alltagssprache.[1] Andererseits wird er seit einigen Dezennien zunehmend und zum Teil geradezu emphatisch fachwissenschaftlich-terminologisch genutzt, bis hin zur Entwicklung einer eigenständigen Disziplin, der „Textlinguistik". Faktisch ist seine wissenschaftssprachliche Verwendung aber lokalisiert sozusagen „zwischen diesen beiden Bereichen": „Text" ist ein eigenartiges Zwittergebilde, das zwischen beidem steht und an beidem Anteil hat. Diesem Zwischenbereich zwischen alltäglicher und wissenschaftlicher Sprache kommt für das wissenschaftliche Arbeiten eine große und bisher wenig erkannte Bedeutung zu. Ich habe ihn an anderer Stelle die „alltägliche Wissenschaftssprache" oder auch die „wissenschaftliche Alltagssprache" genannt.[2] Diese Charakterisierung knüpft am Konzept der „ordinary language" an, das in der britischen Sprachphilosophie des 20. Jahrhunderts entwickelt wurde und ihr sogar den Namen gab. Diese Herangehensweise hat den Stellenwert der Alltagssprache für jedes sprachliche Geschäft, insbesondere auch für das der Philosophie, herausgearbeitet. Alltagssprache wurde als dafür substantiell fundierend erkannt. Die Hoffnung und Erwartung, daß sich eine von der Alltagssprache unabhängige philosophische Sprache schaffen lasse, wurde in diesem Reflexionsprozeß als eine Illusion deutlich (Apel): Die Alltagssprache ist die letzte Metasprache; insofern ist sie nicht hintergehbar. Das Reden von der „ordinary language", von der gewöhnlichen, alltäglichen Sprache, weist dieser

---

1   Interessanterweise kennt das Griechische ein Äquivalent des Ausdrucks „Text" nicht, und noch das Neugriechische greift auf eine andere Bildung zurück.

2   Ehlich, Alltägliche Wissenschaftssprache.

also eine erhebliche Bedeutung für die Konstruktion menschlicher Wissenssysteme und für deren Nutzung zu.

2. Wenn nun von „alltäglicher Wissenschaftssprache" oder „wissenschaftlicher Alltagssprache" die Rede ist, so sind es eben diese Zusammenhänge, auf die dabei Bezug genommen wird. Hier, in der Wissenschaftskommunikation, handelt es sich um eine Reihe von sprachlich-konzeptuellen Gebilden, die für das wissenschaftliche Reden eine ähnliche Funktion haben wie die Alltagssprache für all unser Reden. „Alltägliche Wissenschaftssprache" partizipiert dabei in einer Hinsicht an den Merkmalen der Alltagssprache, die sie geradezu in einen Widerspruch bringt zu einem wesentlichen Kennzeichen wissenschaftlicher Sprache: Diese zielt häufig auf Termini ab, die randscharf zu definieren sind. Genau dies aber gilt für Ausdrücke der alltäglichen Wissenschaftssprache nicht. Randschärfe wäre in vielerlei Weise eine ebenso unergiebige wie unzulässige Restriktion, die sie als Ressource in ihrem Wert sehr stark einschränken würde.

Die Spannung, die also in der „alltäglichen Wissenschaftssprache" geradezu notwendig enthalten ist, ist kaum auflösbar. Wenn die Randschärfe wissenschaftlich durch einen expliziten Prozeß des Eingrenzens, Abgrenzens und damit auch Ausgrenzens – eben den Prozeß des „Definierens", der „Begrenzung" (*horismos*), bestimmt ist, so ist im Gegenteil dazu die spezifische Leistungsfähigkeit von Ausdrücken der alltäglichen Wissenschaftssprache dadurch gekennzeichnet, daß in ihnen und durch sie eine immer schon erreichte Vorverständigung der wissenschaftskommunikativen Interaktionspartner in Anspruch genommen – und als vorhanden unterstellt wird. Zu dieser alltäglichen Wissenschaftssprache gehören zum Beispiel Ausdrücke wie „Ursache" und „Wirkung", wie „Erkenntnis" und „Begründung", wie „Absicht" und „Ziel". Es gehören dazu aber auch große Teile unserer grammatischen Terminologie, also zum Beispiel „Subjekt" oder „Prädikat", aber auch „Satz" und „Wort" – und eben auch „Text". In bezug auf all diese Ausdrücke wird in unserem praktischen kommunikativen Handeln immer schon ein vorgängiges Verständigtseins vorausgesetzt, ohne daß dieses Verständigtsein tatsächlich noch hergestellt würde. Die widersprüchliche Charakteristik alltagswissenschaftssprachlicher Ausdrücke macht sich also darin bemerkbar, daß wir einerseits selbstredend und selbstverständlich mit ihnen umgehen, daß sie sich andererseits massiv allen definitorischen Versuchen entziehen.

3. Drei kurze Beispiele sollen diese illustrieren: In ihrer klassischen Untersuchung mit dem trefflichen Titel „The meaning of meaning" sind die us-amerikanischen Wissenschaftler Ogden und Richards der Frage nachgegangen, was „Bedeutung" eigentlich bedeute. Sie stießen auf eine Unmenge solcher Bedeutungsbestimmungen, weit über hundert.

Ganz ähnlich hat Ries in den dreißiger Jahren über 130 „Satzdefinitionen" versammelt. Auch wenn eine sehr einflußreiche linguistische Schule, die generativistische oder Chomskysche, „sentence" als eigentliche Zentralkategorie hat, findet sich dort m.W. an keiner Stelle ein Versuch, „Satz" klar zu bestimmen und etwa in einem kritischen Durchgang durch diese 130 „Definitionen" eine eigene, neue zu etablieren: „Man" weiß eben einfach, was ein Satz ist. Durch diesen Rückgriff, durch diese Inanspruchnahme eines vermeintlichen Vorverständigtseins wird selbstverständlich eine große Zahl von Problemen und Fragen sozusagen *a limine* eskamotiert, die sich nahezu automatisch in dem Augenblick ergeben würden, in dem man näher versuchte, das, was ein Satz ist, genauer zu bestimmen.

Das dritte Beispiel ist eben der hier thematisierte Ausdruck „Text". In einer jüngeren Untersuchung versammelt Michael Klemm[3] verschiedene „Textdefinitionen" und zeigt in dieser Kollektion, auf wie unterschiedliche Weise textlinguistisch vom Text geredet wird.

Die Attraktivität des Ausdrucks Text verdankt sich, wie unten (§ 2) noch deutlicher werden wird, gerade dieser Zwischenstellung. Sie macht einerseits das leichte Hantieren mit diesem Ausdruck so angenehm – und andererseits die Aufgabe, genauer zu eruieren, was es denn mit „Text" auf sich habe, so außerordentlich schwierig. Dieses allgemeine Verständnis von Text ist immer schon ein Bestandteil unserer stillschweigenden Voraussetzungen, unserer Präsuppositionen, mit denen im wissenschaftlichen Geschäft umgegangen wird.

---

3 KLEMM, Ausgangspunkte.

2. Kompensatorische Kategorisierungen

1. Obwohl „Text" zu den alltagswissenschaftssprachlichen Ausdrücken gehört, die sich mit Sprache befassen, weist er doch
einen interessanten und folgenschweren Unterschied zu anderen Ausdrücken auf, die wie „Subjekt" und „Objekt", die wie „Nomen" oder „Pronomen", wie „Verb" oder „Adverb" zum linguistischen Basisarsenal zählen. Diese Ausdrücke und die von ihnen
kommunizierbar gemachten Konzeptionen, zum Beispiel die der
Wortarten, blicken auf eine beachtliche, zum Teil 2300-jährige
Geschichte zurück und verdanken dieser Geschichte einen
großen Teil ihrer Prominenz im linguistischen Arbeiten bis heute. Nicht so „Text". Seine Geschichte ist kürzer und führt gün-
stigstenfalls ins spätere Mittelalter zurück.[4] Die Verwendungen
von „textus", die sich dort zeigen, nutzen den Ausdruck freilich
zunächst in einer Weise, die man heute nicht so direkt mit
„Text" verbinden würde, nämlich für die Perikopen.

2. Freilich muß man, wie immer, bei wortgeschichtlichen Analysen vorsichtig sein. Immerhin gibt es ja auch zahlreiche Fälle, in
denen ein bestimmter Phänomenbereich unter jeweils ganz anderen Bezeichnungen thematisiert und wissenschaftlich behandelt wurde. Ähnliches gilt auch für den Text, und zwar gleich in
doppelter Weise: Einerseits ist die in „textus" noch greifbare me-
taphorisierende Nutzung des Ausdrucks für das „Weben" auch
in anderer Weise genutzt worden, indem nämlich Texte zum Beispiel als „stromata" (Teppiche) bezeichnet wurden. Die Verwo-
benheit – die heute als „Kohärenz" textlinguistisch wieder Bedeutung erlangt – erscheint also früh als ein zentrales Merkmal
sprachlicher Produkte, die wir heute „Text" nennen.
　　Andererseits war das, was heute unter diesem Stichwort wissenschaftlich behandelt wird, seit langer Zeit unter den Ausdrücken „sermo" und „oratio" wissenschaftlicher Betrachtung
unterzogen. Dies bedeutet freilich auch, daß das, was die Linguistik unter „Text" versteht, eigentlich nicht in den Bereich der
„Grammatik", sondern in den der „Rhetorik" gehörte – mit sich
weit auswirkenden Konsequenzen für die wissenschaftliche Legitimität des Objektes „Text". Beide Domänen des *trivium*, die
Grammatik und die Rhetorik, sind nun keineswegs einfach komplementär; sie sind vielfach durchaus auch konfliktär. Gramma-

---

4　EHLICH, Zum Textbegriff; KNOBLOCH, Geschichte des Textbegriffs; SCHERNER,
　　Text.

tik, die dann enger mit der Philosophie zusammenging, und Rhetorik, die von ihren Anfängen an eine Antiphilosophie war, erheben also ihre je eigenen Ansprüche in bezug auf den Objektbereich der Texte. „oratio" bzw. „sermo", also die Rede, waren bis ins 20. Jahrhundert hinein der theoretische Ort, an dem über textuelle Erscheinungen nachzudenken war.

Erst in der zweiten Hälfte des 20. Jahrhunderts kam es dann zu der eingangs bereits benannten, geradezu explosionsartigen Nutzung des Ausdrucks „Text" innerhalb der Linguistik.

3. Innerhalb dieser Disziplin mußte „Text" nun dazu dienen, eine Art von Kompensatorik abzugeben für einen Haupttrend der Linguistikgeschichte dieses Jahrhunderts, nämlich den der permanenten Reduktion des Objektes von Sprachwissenschaft. Dieser Trend ist besonders in der romanisch-sprachigen Linguistik zu erkennen, vor allem bei dem von Saussures Schülern veröffentlichten „Cours de linguistique générale". Hier wurde Sprache auf ein sehr enges System von Zeichen (*signes*) reduziert, eben auf das Konzept der „langue" – eine Reduktion von erheblichen Folgen: Es war dies ein Ausschlußverfahren, das nicht einmal mehr der Syntax im Rahmen der langue noch einen Platz ließ.

Andere Restriktionen wurden vom amerikanischen Strukturalismus vorgenommen, dem sogenannten „Distributionalismus", der, einer bestimmten Psychologie folgend, die Linguistik „meaning free", also ohne bezug auf die Bedeutung, betreiben wollte.

Gegenüber diesen Restriktionen wurde in der zweiten Hälfte des 20. Jahrhunderts zunehmend interessant, daß über die Satzgrenze hinausgehende Einheiten, transsententiale Einheiten, möglicherweise ihre eigene Struktur und Funktion haben. Zunächst wurde dieses Interesse konzeptionell bei Harris[5] noch unter dem Namen „discourse", also *oratio* beziehungsweise *sermo*, aufgefangen. Sobald solche transsententialen, aus der linguistischen Betrachtung ausgeschlossenen Phänomene mit dem Ausdruck „Text" bezeichnet wurden, kam es zu einer zunehmend expansiven Theoriebildung, die nun das zuvor Ausgeschlossene an dieser Stelle theoretisch „unterbringen" wollte. Besonders die kommunikativen Aspekte – bis hin zu den sozialen Zusammenhängen, in denen sie aufzufinden sind –, wurden zum Gegenstand der Textlinguistik. Allerdings war gerade diese

---

5 Harris, Discourse Analysis

kompensatorische Kategorisierung nicht durch eine eigenständige Reflexion und systematische Entwicklung der dabei bemühten Konzeption des Textes gekennzeichnet.

4. Eine zweite Linie des Verständnisses von Text knüpft noch stärker an den alltäglichen Verwendungen des Ausdrucks „Text" und an dessen alltagswissenschaftssprachlichem Gebrauch an. Text wird hier als etwas verstanden, was konzeptionell von der Literaturwissenschaft vorgegeben wird – und damit als etwas, was Schrift ist, und zwar Schrift zunächst einmal in einem auratischen Sinn. Die Schriften, für die dies in besonderer Weise gilt, sind solche, die über Zuschreibungsmechanismen der Literaturwissenschaft in Kanonbestimmungen eingegangen waren.

Die hier gestiftete enge Bindung von Text und Schrift wirkt im alltagswissenschaftssprachlichen Gebrauch von „Text" massiv nach: Text und Schrift werden konzeptionell geradezu symbiotisch. Dieses zweite Verständnis verdankt sich also unreflektiert übernommenen literaturwissenschaftlichen Voraussetzungen.

Gerade die literaturwissenschaftlich geprägte Spur in der Nutzung von „Text" ist von einer besonders intensiven Auswirkung für eine schriftbasierte und schriftzentrierte Entwicklung, Prägung und Spezifizierung der Konzeptualisierung von Textualität. Selbst dort, wo alles sprachliche Geschehen konzeptionell zum Text gerät, wo also Phänomene der Mündlichkeit eigentlich und unabweisbar nach ihrem eigenen analytisch-theoretischen Gewicht verlangen, setzt sich diese Schriftzentriertheit durch.

5. So wertvoll Ausdrücke der alltäglichen Wissenschaftssprache für das wissenschaftliche Geschäft sind, so problematisch bleiben sie doch immer dann, wenn sie an Stellen treten, in denen tatsächlich wissenschaftliche Transformationen verlangt sind. Diese zeichnen sich durch ihren systematischen Zusammenhang aus, der tendenziell ihre Ableitung aus einem größeren strukturellen Wissensgeflecht erlaubt, und sie zeichnen sich durch ihren reflexiven Charakter aus, durch den nicht zuletzt die Gebrauchsgeschichte der alltagswissenschaftssprachlichen Ausdrücke in ihrer historischen und systematischen Genese kritisch durchgearbeitet wird. Denn die alltagswissenschaftssprachlichen Ausdrücke verdanken einen wichtigen Teil ihrer Leistungsfähigkeit nicht zuletzt dem Umstand, daß in ihnen die Widersprüchlichkeit der Theoriegeschichte, aus der sie hervor-

gegangen sind, abgedämpft und pazifiziert wurden – und dies gerade in einem allgemeinen „non liquet", das nur allzu häufig vor allem ein Ausdruck einer theoretischen Ermüdung, eines Abstumpfens von entwickelten analytischen Kontroversen ist.

6. Gerade dann, wenn ein Wissensgebiet jener Systematisierung zugeführt werden soll, die aus ihm allererst tatsächlich eine „Wissenschaft" macht, ist es aber unabdingbar, über einen solchen Zustand hinauszugehen, die geronnenen Widersprüche wieder zu verflüssigen und zu systematischen Bestimmungen zu kommen.

3. Pragmatik des Textes

1. Es stellt sich also die Aufgabe, die Frage erneut aufzunehmen, was unter „Text" sinnvoll verstanden werden kann. Dafür bedarf es einer Grundlage, die nicht einfach an irgendeinem beliebigen Teil der Residuen der Befassung mit Sprache in der langen Geschichte der Linguistik anknüpft. Vielmehr wird eine Basis benötigt, die sich auf Sprache und sprachliches Geschehen insgesamt tatsächlich – und jenseits der eben genannten Reduktionen – einläßt. Wie bei allen Wissenschaften geht es, systematisch gesehen, zuallererst also darum, die – mit einer biologischen Metapher gesprochen – Zellform zu identifizieren, aus der heraus sich alles andere dann entwickelt – und konzeptionell entwickeln läßt.

2. Zu den wichtigsten Kritiken an den reduktionistischen Sprachkonzepten, von denen einige oben benannt wurden, gehören verschiedene theoretische Entwicklungen aus der zweiten Hälfte des 20. Jahrhunderts, die unter dem Terminus „linguistische Pragmatik" zusammengefaßt werden. In einigen von ihnen wird die Sprechhandlung als eine solche Zellform ausgemacht. Für eine derartige Perspektivierung ergibt sich also die Aufgabe, näher zu entwickeln, was „Text" innerhalb solchen sprachlichen Handelns bedeutet.

3. In der Verfolgung dieser analytischen Aufgabe stößt man auf ein substantielles Problem der zunächst einmal ja unabdingbar mündlichen sprachlichen Handlung. Dies ist ihre Flüchtigkeit: Die sprachliche Handlung vergeht in dem Moment, in dem sie

realisiert wird. In vielerlei Weise ist diese Flüchtigkeit geradezu
eine Bedingung der Möglichkeit sprachlichen Handelns. Das
akustische Medium, dessen wir uns bei der sprachlichen Kommunikation bedienen, ist durch Flüchtigkeit wesentlich gekennzeichnet.

4. So nützlich diese nun in vielen Zusammenhängen ist, so sehr
wandelt sie sich für bestimmte Handlungserfordernisse zu einem erheblichen Problem. Die Flüchtigkeit des sprachlichen
Handelns zeitigt negative Konsequenzen für eine ganze Reihe
zentraler kommunikativer Aufgaben. Insbesondere die Aufgabe,
das sprachliche Handeln über die unmittelbare Sprechsituation
im Hier und Jetzt hinaus weiterzugeben, übersteigt die Möglichkeit des akustischen Mediums. Die Aufgabe, diese Problematik
produktiv zu überwinden, stellte sich für Gesellschaften lange,
bevor es zu irgendeiner Art von Schrift kam.

5. In oralen Gesellschaften, von denen es bis heute (wenn auch
in zum Teil geradezu dramatisch abnehmender Tendenz) welche
gibt, erfolgt die Bearbeitung dieser Aufgabe so, daß die Sprechsituation als der elementare Ort des sprachlichen Handelns zer-
dehnt wird: Eine sprachliche Handlung, die in einer Sprechsituation I realisiert wird, gewinnt ihren eigentlichen Adressaten
erst in einer zweiten Sprechsituation II. Das für die Sprechsituation unmittelbar Charakteristische, die physische Kopräsenz der
Interaktanten, ihr Interagieren „face to face", von Angesicht zu
Angesicht, ist damit nicht mehr gegeben.
    Eine elementare Form der Verbindung dieser beiden Teil-
Sprechsituationen ist im Institut des Boten auszumachen. Er
nimmt in seiner Person die sprachliche Handlung gedächtnis-
mäßig auf, obwohl er nicht deren eigentlicher Adressat ist. In
seiner Person „transportiert" er das, was der erste Sprecher sagte, an einen anderen Ort und damit auch in eine andere Zeit.
Dort repetiert er das, was der erste Sprecher sagte, für den eigentlichen, nunmehr aber sekundären Hörer.
    In dieser Überbrückung der zerdehnten Sprechsituation fin-
det sich eine Kernstruktur für die Bearbeitung der Aufgabe, die
Flüchtigkeit des sprachlichen Handelns zu überwinden. Die
Synchronie der einfachen Sprechhandlung mit der wechselseitigen sinnlichen Zugänglichkeit und Kopräsenz der dabei beteilig-
ten Interaktanten wird in Diachronie und Diatopie auseinander-
gelegt. Andere Strukturen, die die Personen, die die Orte und die

Zeiten betreffen, treten hinzu. Die sprachliche Handlung wird über die Unmittelbarkeit ihrer physischen Erzeugung und natürlich auch ihrer Wahrnehmbarkeit und Wahrnehmung hinaus in eine andere Sprechsituation hinein transferiert. Diese Prozesse fassen wir mit dem Konzept der *Überlieferung*, der Tradierung, zusammen.

Dafür werden in mündlichen Gesellschaften unterschiedliche und jeweils spezifische Formen entwickelt, die es ermöglichen, solche Übertragungen geschehen zu lassen, und zwar jenseits der unmittelbaren Kurzzeit- und der mittelfristigen Gedächtnisleistung. Die Verfahren zur Bearbeitung der zerdehnten Sprechsituation resultieren in einer spezifischen Struktur sprachlichen Handelns, für deren Bezeichnung ich die Nutzung des Konzepts „Text" vorschlage. Texte sind demnach sprachliche Verfahren zur Bearbeitung der zerdehnten Situation, oder, anders gesagt: Texte sind sprachliche Verfahren der Überlieferung.

4. Textualität und Mündlichkeit – Affektionen der sprachlichen Subsysteme

1. Die systematische Herausbildung des Textes und damit das, was diesen kennzeichnet, die Textualität, hat nun zum Teil erhebliche Auswirkungen auf die sprachlichen Strukturen, die dabei eingesetzt werden. Sie erleiden eine Reihe von charakteristischen Transformationen, und zwar besonders dort und dann, wo und wenn sie in besonderer Weise auf die Sprechsituation und die sprachliche Handlung in ihr unmittelbar bezogen sind. Ausgehend von den Entdeckungen Karl Bühlers,[6] der vom „Symbolfeld" der Sprache ein eigenes und eigens zu charakterisierendes „Zeigfeld" schied, wird schnell deutlich, daß es besonders das letztere ist, das von der Vertextung massiv betroffen wird. Auf das Zeigfeld bezogen sind die sogenannten deiktischen Ausdrücke wie „hier", „jetzt", „ich" usw. Sie dienen dazu, innerhalb der Interaktion zwischen Sprecher und Hörer eine Synchronisierung der Aufmerksamkeitsleistung beider zu erzielen, und zwar in dieser Sprechsituation selbst und bezogen auf das sinnlich Wahrnehmbare, das sie auszeichnet. Mit anderen Worten, sie können nur durch ihren Bezug auf die sprachliche Handlung als Handlung angemessen verstanden werden. Wenn nun im Text

---

6 Bühler, Sprachtheorie.

eine Herauslösung der sprachlichen Handlung aus eben dieser
Sprechsituation betrieben wird, dann hat das massive Auswirkungen auf das System dieser deiktischen Ausdrücke. Dies ist
ethno-linguistisch in zahlreichen Beispielen und Zusammenhängen an der Botenstruktur unmittelbar abzulesen: Das Du,
als das der Bote agiert, ist nicht das Du, um das es in dieser
Sprechhandlung eigentlich geht. Das Hier und das Jetzt ver-
schieben sich – und eine geradezu dramatische Wendung nimmt
diese Problematik, wenn schließlich der Unglücksbote als Stell-
vertreter für das, was er als Botschaft zu übermitteln hat, zu leiden und vielleicht sogar zu sterben hat.

2. Andere Teilsysteme von Sprachen, so die auf das Lenkfeld be-
zogenen Interjektionen, werden von den Textualisierungsum-
ständen noch stärker affiziert als das deiktische, nämlich bis
hin zu ihrer völligen Vernachlässigung innerhalb der linguistischen Theorie über Jahrtausende hin.

3. Die Herausbildung von Textualität geschieht zunächst einmal
vollständig in einer mündlichen Welt. Vermittlungsinstanzen wie
die des Boten sind dafür ein wichtiger Aspekt. Die vielfältige
Herausbildung spezifischer Formen des sprachlichen Handelns,
also die Herausbildung von unterschiedlichen Textarten, gilt
gleichfalls für eine solche mündliche Welt; ja, es ist gerade diese
formale Inventivität, die ein zentrales Medium der Textualisierung darstellt. Tradierung sprachlichen Handelns wird so nicht
nur in die Breite des Raumes, sondern auch in die Tiefe der Zeit
hinein möglich. Die Weitergabe elementarer versprachlichter
Wissensbestände von Generation zu Generation wird so ermöglicht. Text und Textart sind substantiell aufeinander und auf die
Zwecke der Tradierung bezogen.

5. Die Verdinglichung des Textes in der Schrift

1. Gegenüber diesen hocheffizienten Verfahren der Textualisierung entwickelt sich mit der Schrift ein ausgesprochener Seiten-
einsteiger für das Geschäft der Überlieferung. Mündliche Vertextung betrifft jene zentralen Überlieferungsbestände, die für die
sie unterhaltenden Gruppen wesentlich, ja, für deren Fortbestehen zum Teil sogar überlebensnotwendig sind. Erst dann und
dort, wo gesellschaftliche Komplexität derart anwächst, daß

auch andere, ephemere sprachliche Handlungen überlieferungs-
fähig gemacht werden sollen, werden Aufzeichnungssysteme dafür notwendig. In einer – in ihrer Entwicklung vergleichsweise
gut rekonstruierten – Genese wird diese Problematik gelöst – mit
dem Ergebnis, daß seit dem Aufkommen der Schrift zwei Bear-
beitungsverfahren für die Zwecke der Überlieferung nebeneinander bestehen und konkret nebeneinander herlaufen, und zwar
durchaus immer wieder konfliktär.

2. Die mündliche Textualität bleibt ja durchaus noch an die
Flüchtigkeit des akustischen Mediums spezifisch gebunden, indem es für das Gelingen des textuellen Geschäftes je neuer Ora-
lisierungen bedarf. Dies wird mit der Herstellung schriftlicher
Texte substantiell anders. Der Text wird hier vollständig zu einem aus beiden Sprechsituationen herauslösbaren und damit
gegen diese isolierbaren Objekt: Der Text wird verdinglicht. In
der mündlichen Tradition ist er immer noch an eine personale
Struktur gebunden. Diese löst sich mit der Verschriftlichung des
Textes tendenziell auf. Sekundäre und tertiäre Rezipienten haben Zugang zu Texten, die nicht entfernt für sie je bestimmt waren. Zeitabstände von Jahrtausenden ohne jegliche personale
Kontinuität lassen sich überbrücken.

3. Die Verdinglichung des Textes durch die Schrift, die in ihren
unterschiedlichen Schriftträgern geschieht und in diesen ihre
Grundlage hat, bedeutet eine qualitativ neue Situation in bezug
auf das Verhältnis von Text und sprachlichem Handeln. Für
dessen Gelingen ergeben sich daraus neue und andere Gefahren, Gefahren, wie sie etwa von Plato beklagt und beschworen
werden. Der konfliktär-konkurrenzielle Verlauf des Verhältnisses unterschiedlicher Textualitätsformen wirkt sich zum Beispiel
im permanenten religiösen Konflikt zwischen einem „sola scrip-
tura" einerseits, einer Traditionsbindung an legitime personale
Präsenz in der Abfolge des Bischofsamts innerhalb der römischen Kirche andererseits aus, ein Problem, das seit Irenäus vi-
rulent ist.

Fälschbarkeit des sprachlichen Handelns, schließlich die
weitgehende Diskreditierung der Mündlichkeit in schriftbasier-
ten Gesellschaften wie der modernen, sind ein anderer Ausdruck dieses breiten Spannungsfeldes von mündlicher und
schriftlicher Textualität.

6. Sekundäre Affektionen der sprachlichen
Subsysteme durch Schriftlichkeit

1. Die Verdinglichung des Textes durch die Schrift hat eine Reihe von weiteren Affektionen des sprachlichen Handelns und der sprachlichen Subsysteme zur Folge.

Diese Verdinglichung betrifft zunächst die Materialität des Trägermediums. Es entsteht eine eigene Dynamik in bezug auf die Gestaltung dieser Reifizierung, eine Dynamik, die auf je unterschiedliche Weise von den Trägerelementen der Schrift bestimmt ist. Stein ist etwas anderes als Papyrus. Ein Ostrakon, eine Scherbe, etwas anderes als eine Tierhaut. Ganze Epochen der menschlichen Traditionsgeschichte werden durch diese Materialität charakterisiert. Die Inventivität der Menschheit in bezug auf die Entwicklung und Nutzung immer anderer Trägermedien ist enorm. Sie dauert bis in die Gegenwart fort. Die aktuelle „Medienrevolution" ist zunächst wieder eine eines neuen Trägermediums, der Magnetplatte oder des Silizium-Chips. (Wie leistungsfähig diese Medien für die zentrale Aufgabe der Texte sind, muß sich erst noch zeigen.)

2. Die materiellen Transpositionen, die die Grundlage für den verdinglichten schriftlichen Text abgeben, haben aber auch erhebliche Weiterungen, sekundäre Affektionen, für die inneren sprachlichen Strukturen. Es sind insbesondere die Teile des operativen Feldes und des Symbolfeldes im sprachlichen Handeln, deren Entwicklung durch die Schriftlichkeit der Texte zum Teil exponentiell vorangetrieben wird. Andererseits geraten die Bereiche des Lenkfeldes (Formen der unmittelbaren Einflußnahme in den Handlungsverlauf des Hörers) fast vollends „unter die Räder", und ähnliches gilt für den breiten Bereich des sogenannten Malfeldes.

Die durch die schriftliche Textualität induzierte Veränderung der sprachlichen Substrukturen führt dazu, daß Sprachstruktur als ganze modifiziert wird: Von einem komplexen Hypotaxensystem bis hin zur für den einzelnen nicht mehr bearbeitbaren Expansion des Lexikons reichen solche Veränderungen. Zugleich werden in den fernöstlichen Schriftsystemen und durch ihre Entwicklung schriftliche kommunikative Reichweiten erzielt, die in der mündlichen Vertextung allenfalls in Ansätzen zu erkennen waren.

7. Die Faszination des verdinglichten Textes für die Wissenschaften von der Sprache (Philologie und Linguistik)

1. Der verdinglichte schriftliche Text hat gegenüber der immer etwas mißlichen Einbindung in die Unmittelbarkeit der Sprechsituation für das Geschäft von Nicht-Unmittelbarkeit, nämlich für die Wissenschaft, eine ganz besondere Attraktivität. Hier finden Wissenschaftler Objekte ihrer Beschäftigung vor, wie sie die allgemeine Wissenschaftsgeschichte der letzten 400 Jahre als eigentlich unabdingbare Voraussetzung wissenschaftlichen Geschehens zu verlangen scheint: Eine hauptsächliche Tendenz von Verwissenschaftlichung in dieser Zeit ist der Versuch, der Objekte, die man erforschen will, als sinnlich zugänglicher Objekte habhaft zu werden. Der schriftliche Text ist genau ein solches Objekt.

2. Dies nun hat massive Konsequenzen für die Art, wie Texte wissenschaftlich behandelt werden. Sie werden als von allen Interaktanten losgelöste Objekte wahrgenommen und bearbeitet: herausgelöst aus den – zerdehnten – Sprechsituationen, denen sie sich verdanken; isoliert gegen die Überlieferungsprozesse, deren Medien sie sind.

In den Text selbst wird jetzt projiziert, was Charakteristikum der Interaktanten ist, deren Handeln die Bedingung der Möglichkeit des Textes sind: Nun gewinnt der Text selbst eine „Intention", er will „etwas sagen" usw.

Gerade die Literaturwissenschaft ist prototypisch für ein solches Umgehen mit dem Text. Verfolgt man die zum Teil geradezu schwindelerregende Geschwindigkeit der Abfolge von Methoden und Methodologien innerhalb dieser Wissenschaft, „kopernikanische Wenden" und Paradigmenwechsel sozusagen im Fünfjahresabstand, so ist leicht zu sehen, daß diese Veränderungen je andere Fokussierungen von Teilen eines partiell wiedergewonnenen sprachlichen Handlungszusammenhanges sind, dem sich der isolierte – und zum Schein analytisch auch isolierbare – Text verdankt.

3. Aber auch die Konzeptualisierungen der Linguisten, von denen eingangs die Rede war, sitzen weiterhin häufig einer jeder Reflexion entzogenen Verdinglichung des Objektes „Text" auf.

Der starke Schrift-bias der Linguistik ist ebenso eine Konsequenz dieser in sich vertrackten Struktur wie die hartnäckige Weigerung, sich von den schriftlich zubereiteten Texten nicht einfach auch schon die Analysekategorien selbst vorgeben zu lassen.

4. Es zeigt sich also, daß das Verhältnis von Textualität und Schriftlichkeit bis in die Bedingungen seiner reflektorisch-analytischen Bestimmungen hinein uns mit einem schwer aufzubrechenden *kategorialen Zirkel* konfrontiert.

Erst dann, wenn eine Analysebasis gefunden ist, die diesem Zirkel nicht verpflichtet bleibt, zeichnen sich Möglichkeiten für eine andere Art von Textlinguistik ab, die geeignet ist, neue Perspektiven für eine Vielzahl von Disziplinen zu eröffnen, die sich in der einen oder anderen Weise mit Texten befassen.

Literatur

Bühler, K.: Sprachtheorie. Jena 1934 (Nachdruck: Stuttgart 1965).

Ehlich, K.: Text und sprachliches Handeln. Die Entstehung von Texten aus dem Bedürfnis nach Überlieferung. In: Assmann, J./Assmann, A./Hardmeier, Ch. (Hgg.): Schrift und Gedächtnis. Archäologie der literarischen Kommunikation I. München 1983, 24–43 (Neuabdruck in: Kammer, S./Lüdeke, R. [Hgg.]: Texte zur Theorie des Textes. Stuttgart 2005, 228-245).

— : Zum Textbegriff. In: Rothkegel, A./Sandig, B. (Hgg.): Text – Textsorten – Semantik. Linguistische Modelle und maschinelle Verfahren. Hamburg 1984, 9-25.

— : Alltägliche Wissenschaftssprache. Info DaF 26 (1998), 3-24.

Fix, U./Adamzik, K./Antos, G./Klemm, M. (Hgg.): Brauchen wir einen neuen Textbegriff? Frankfurt am Main u.a. 2002 (Forum Angewandte Linguistik; 40).

Harris, Z.S.: Discourse Analysis. Language 28 (1952), 18-23.

Kammer, S./Lüdeke, R. [Hgg.]: Texte zur Theorie des Textes. Stuttgart 2005.

Klemm, M.: Ausgangspunkte: Jedem seinen Textbegriff? Textdefinitionen im Vergleich. In: Fix, U./Adamzik, K./Antos, G./Klemm, M. (Hgg.): Brauchen wir einen neuen Textbegriff?

Frankfurt am Main u.a. 2002 (Forum Angewandte Linguistik; 40), 17-29.

Knobloch, C.: Text/Textualität. In: Ästhetische Grundbegriffe. Band 6. Stuttgart/Weimar 2005, 23-48.

— : Zum Status und zur Geschichte des Textbegriffs. Eine Skizze. Zeitschrift für Literaturwissenschaft und Linguistik LiLi 77 (1990), 66-87.

Ogden, C.K./Richards, I.A.: The Meaning of Meaning. A Study of the Influence of Language upon Thought and of the Science of Symbolism. London 1923 (Deutsch: Die Bedeutung der Bedeutung. Frankfurt am Main 1974).

Rothkegel, A./Sandig, B. (Hgg.): Text – Textsorten – Semantik. Linguistische Modelle und maschinelle Verfahren. Hamburg 1984.

Scherner, M.: Art. „Text". In: Ritter, J./Gründer, K. (Hgg.): Historisches Wörterbuch der Philosophie, Band 10. Basel 1998, 1038-1044.

Wie die Schrift zu Text wurde

Ein komplexer medialer, mentalitäts- und sozialgeschichtlicher Prozeß

Ludwig D. Morenz

Vorüberlegung

Die Beiträge dieses Bandes stehen in vielfältigen intertextuellen Vernetzungen, wobei ich mit Blick auf die Frage nach der Herausbildung der Schrift in Ägypten und den Gewinn an textlicher Autonomie insbesondere auf zwei Aspekte hinweisen möchte. Im Anschluß an Gebhard Selz fragt sich: Wie wurde die Botschaft graphisch vereindeutigt und dadurch einerseits abgeschlossen, zugleich aber auf einer höheren Ebene komplexer und eben damit wiederum offener. Außerdem läßt sich an Konrad Ehlich anschließend fragen: Wie wurde im Rahmen der zerdehnten Kommunikationssituation an dem Problem der Verdinglichung des Textes gearbeitet.

Im folgenden lege ich nicht den weiten semiotischen, sondern einen (wenn auch bewußt nicht allzu scharf umrissenen) engeren – d.h. vor allem sprachbezogenen – Textbegriff zugrunde, der freilich im Horizont des weiteren zu sehen ist.

I. Graphische Voraussetzungen schriftlicher Texte

Grundsätzlich kann nach dem Textträger zwischen oralen und verschrifteten Texten unterschieden werden. Die oralen Texte allerdings sind für uns aus Zeiten vor der schriftlichen Aufzeichnung oder gar des Tonbandgerätes weitgehend verloren. Jedenfalls in die altägyptische, die mesopotamische oder die altisraelische Geschichte reicht keine *oral tradition* zurück.[1] Andererseits können wir als einer Art von anthropologischer Universalie von der präschriftlichen Existenz von Liedern, Erzählungen oder Berichten auch in diesen drei Kulturen ausgehen. Die Schrift wurde also gewiß nicht in einem textfreien Raum herausgebildet. Dabei ist dieser Sprech-Raum für uns allenfalls hypothetisch rekonstruierbar. Wenn ich mich im folgenden auf den Schrift-Raum konzentriere, ist dieser sehr viel weitere Sprachhorizont für die Textualität jedenfalls als Hinter- und Untergrund unbedingt mit zu bedenken.

Altägypten bietet m.E. das Material für eine Meistererzählung der Mediengeschichte, die zugleich ein angesichts des Überlieferungszufalls erstaunlich kohärentes Bild liefert und dabei ein konkret historisch verankertes Modell zu entwickeln erlaubt.

Für die folgenden Überlegungen lege ich ein vereinfachtes Modell der Herausbildung der Schrift zugrunde,[2] wobei in diesem Prozeß mit fließenden Grenzen die folgenden drei Hauptphasen unterschieden werden können (Schema 1).

Proto-Schrift	(+ Semantik, – Phonetik, – Syntax)	vor 3300 v. Chr.
Früh-Schrift	(+ Semantik, + Phonetik, – Syntax)	ab ca. 3300 v. Chr.
Entwickelte Schrift	(+ Semantik, + Phonetik, + Syntax)	2800/2700 v. Chr.

Schema 1) Phasen der Herausbildung der Schrift

Die Verschriftlichung von Sprache steht einerseits in einer langen medialen Tradition insbesondere der mündlichen Rede und der Bildnarrativik, während spezifische Wörter – am Anfang insbesondere Eigennamen – erst ab etwa 3300 v. Chr. phonetisch genau und damit eindeutig auflösbar fixiert wurden. Dabei läßt sich die der Kodierung von Sinn und Lautung dienende Kulturtechnik „Schreiben" als ein Abkömmling der über die Lautung bzw. über materielle visuelle Zeichen funktionierenden äl-

---

1 Erstaunlich weit zurückzuverfolgen in Zeiten vor der Schriftverwendung sind afrikanische Königschroniken oder die indischen Veden, inzwischen klassisch zur Frage der mündlichen Überlieferung: VANSINA, Oral Tradition. Für Altägypten fragt sich in diesem Zusammenhang, wie die auf dem Palermostein vor der I. Dynastie aufgeführten Könige zu interpretieren sind, Diskussion der Interpretationsmöglichkeiten bei MORENZ, Bild-Buchstaben, 205-212.

2 Ausführlich diskutiert in MORENZ, Bild-Buchstaben, vgl. besonders 278-286.

teren Kommunikationsweisen „Sprechen" und „bildlich Darstellen" verstehen, die der Kodierung von Sinn dient (Schema 2):[3]

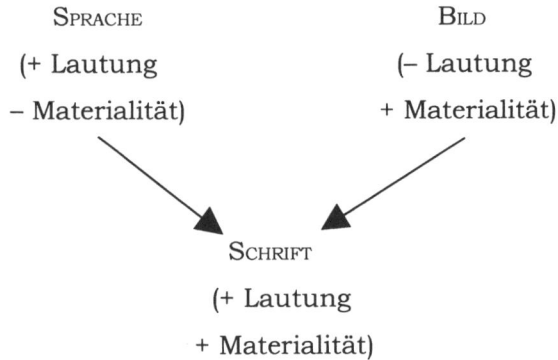

SPRACHE   BILD

(+ Lautung   (– Lautung

– Materialität)   + Materialität)

SCHRIFT

(+ Lautung

+ Materialität)

Schema 2) Schrift als Vereinigung von Sprache und Bild

Die Herausbildung der sowohl bildliche als auch phonetische Elemente in sich vereinigenden Kulturtechnik „Schreiben" mit ihrer engen Bindung an die Sprache rationalisierte die visuelle Kommunikation und führte zu einer ausgesprochen folgenreichen graphischen Vereindeutigungsmöglichkeit.

Allerdings wurde keinesfalls das komplexe System Sprache völlig verdinglicht,[4] sondern nur der Kern davon, der erst in der Lektüre wieder gleichsam mit Geist behaucht wurde.[5] Tatsächlich bestehen grundsätzlich durchaus recht offene Grenzen zwischen Mündlichkeit und Schriftlichkeit, wobei insbesondere an das in Altägypten aber auch dem Alten Orient und der klassischen Antike verbreitete Phänomen des lauten Lesens[6] zu erinnern ist.[7] Dabei muß grundsätzlich mit der Möglichkeit einer

---

3   Hier handelt es sich selbstverständlich um eine Vereinfachung. Auch die gesprochene Sprache ist an die Materialität – insbesondere die Luft – gebunden, doch handelt es sich hier um eine verhältnismäßig *dünne* Materialität. In diesem Rahmen kann sie vernachlässigt werden.

4   Auf die grundsätzliche Unmöglichkeit einer vollständigen Verschriftung der Rede wurde mehrfach hingewiesen, vgl. OESTERREICHER, Verschriftung und Verschriftlichung, 273 mit Anm. 13.

5   MORENZ, Beiträge, Kap. I Mündliches Überliefern, Geschriebenes, lautes und leises Lesen in Ägypten; SCHORCH, Die Rolle des Lesens (im vorliegenden Band).

6   Dabei ist zwischen einem individuellen murmelnden vor und für sich Lesen und einem an einen Hörerkreis orientierten deklamatorischen Lesen zu unterscheiden, MORENZ, Beiträge, 43-52.

7   ILLICH, Lectio Divina. Für den Alten Orient vgl. VOGELZANG/VANSTIPHOUT, Mesopotamien Epic Literature, für Altägypten: MORENZ, Beiträge, 43-52; aus mediae-

Doppelrezeption des Textes als zum Lesen und zum Hören bestimmt gerechnet werden.[8]
In Form der Schrift wurde ein Teil des medialen Systems einerseits abgeschlossener, zugleich aber auf einer höheren Ebene komplexer und damit wiederum offener, d.h. interpretationsbedürftiger und -fähiger. Mit dieser Abgeschlossenheit einher ging eine gewisse soziale Exklusivität, da die Kodierungs- und Dekodierungsregeln nur von einem kleinen Teil der Bevölkerung beherrscht wurden.[9] Obwohl Schrift als geheimnisvolles Informationssytem und Wissensspeicher für „Initiierte" in verschiedenen Kulturen eine geradezu magische Aura aufwies,[10] bleibt gegen den möglichen Vorwurf eines Graphozentrismus ein mit dieser Entwicklung der Informationstechnologie verbundener Rationalisierungsschub für das menschliche Denken und speziell die Kommunikation zumindest in der Tendenz unverkennbar. Zu den menschlichen Ausdrucksmöglichkeiten kam eine neue Dimension hinzu. Diese Überlegung besagt selbstverständlich nichts gegen andere verdauernde Kommunikationsformen, und etwa die Bildlichkeit wirkt in teilweise engem Wechselspiel neben und mit der Schrift bis heute fort.[11]

In der noch relativ wenig abgeschlossenen Früh-Schrift wurden fast nur Onoma phonetisch notiert, und die Fixierung syntaktischer Verknüpfungen blieb jedenfalls ausgesprochen selten. Eine der umfangreichsten syntaktischen Kombinationen dieser Zeit bietet eine Rebus-Schreibung aus den drei Elementen *bnr*, *sr* und *nḥḥ*, die entweder als Adverbialsatz – „der Herrscher ist angenehm, ewiglich" – oder aber als Phrase – „der angenehme Herrscher, ewiglich" – interpretiert werden kann (Fig. 1).[12]

Noch stärker satzartig wirkt die Inschrift eines Etikettenfragments aus der Zeit des *De(we)n-Chasty* (Fig. 2).[13] Hier können drei Kolumnen unterschieden werden, rechts der Königsname, in der Mitte vier Nomina – *tpj.w* = „Köpfe" (= Anführer), *ꜥ3.w* =

vistischer Perspektive handelt von diesem Phänomen BÄUML, Verschriftlichte Mündlichkeit.

8 BÄUML, Verschriftlichte Mündlichkeit, 259.
9 Literarizitätsraten sind für das Alte Ägypten notorisch schwierig zu bestimmen. Die Problematik beginnt bereits mit den Bevölkerungsschätzungen. Testschnitte in diese Richtung boten BAINES/EYRE, Four Notes.
10 Vgl. etwa VAN DER LEEUW, Phänomenologie, § 64: „Das geschriebene Wort", oder HARTUNG, Die Magie des Geschriebenen.
11 BOEHME, Der Wettstreit der Medien.
12 Prunk-Palette aus dem Louvre, s. MORENZ, Bild-Buchstaben, 179f.
13 PETRIE, The Royal Tombs, Taf. 16 und 20.

„Große", *pr-wr*-Heiligtum und *°f(nw.t)* = „Kopftuch" oder „Kopf-
tuchstadt" (= El Kab) – sowie links davon ein Paar laufender
Beinchen (⩕ = *jw/jy*). Letzteres kann wohl am besten als gra-
phischer Repräsentant einer Aktion verstanden werden: „kommen". Somit sind die beiden Kolumnen mit recht guter Wahrscheinlichkeit zu lesen als: „Kommen der Anführer (und) der
Großen (zum) *pr-wr*-Heiligtum in El-Kab" bzw. „Kommen der Anführer (und) der Großen (zum) *pr-wr*-Heiligtum; 1 Kopftuch".
Wegen des Striches unter dem Stoff–Semogramm ist letztere
Deutung vorzuziehen. Hier dürfte es sich um die Mengenangabe
eins handeln, während bei einer Stadtbezeichnung eher das Zeichen ⊗ als Determinativ zu erwarten wäre. Dieses Etikett bietet
also nicht nur eine Materialangabe, sondern stellt sie spezifisch
in einen ideologisch-funktionalen Kontext. Trotz ihrer stärker
narrativen Erscheinungsform ist jedoch selbst diese Botschaft
noch deutlich dem nominalen Stil der Frühschrift verhaftet.
Dazu paßt, daß die Aktion nicht durch eine finite Verbalform,
sondern durch den nominalen Infinitiv in Form des so bildhaf-
ten Zeichens der laufenden Beinchen ausgedrückt ist. Außerdem blieben selbst hier die Präpositionen unbezeichnet. Diese
Niederschriftsart weist auf eine Grundschwierigkeit in dieser
Stufe der Schrift: Grammatikbezüge wurden noch nicht ange-
zeigt, weshalb z.B. eine Direktionalität schriftlich unmarkierbar
war. Das schriftgeschichtlich Besondere an diesem Täfelchen
aber ist, daß die Aktion hier nicht wie sonst auf diesen Täfelchen und den Prunk-Objekten wie der *Nar-meher*-Palette durch
bildhafte Darstellungen, sondern durch ein schrifthaftes Zeichen ausgedrückt ist.[14] Demnach handelt es sich hier also um
eine Zwischenstufe, die gewissermaßen auf die entwickelte
Schrift vorverweist.

Erst in der entwickelten Schrift wurden auch verbale Formen
und grammatikalische Elemente wie Präpositionen, Pronomina
etc. systematisch phonetisch kodiert, der Text stärker – wenn
auch keineswegs vollständig – verdinglicht und damit das me-
diale System Schrift stärker abgeschlossen. Dabei ist mit einem
gewissen Übergang zwischen diesen Stadien zu rechnen. Wenn
dafür auch einzelne Indizien wie die besprochene Inschrift des
Täfelchens vorliegen, bleiben allerdings Versuchen einer fein-

---

14 Man beachte, daß bei *De(we)n* erstmals der Königsname phonetisch durch
    Einkonsonantenzeichen – ⌒⊐ und ∿∿∿ – notiert wurde, während davor
    die Namen ausschließlich mit semographischen Zeichen fixiert wurden.

gliedrigeren Differenzierung durch den Überlieferungszufall selbstverständlich enge Grenzen gesetzt.

II. Früh-Schrift, rudimentäre Textualität und starke Kontextgebundenheit

Ein wesentliches Problem in der Beurteilung der Textualität der Früh-Schrift ist, daß wesentliche Textelemente nur durch den situativen Kontext oder auch in Form bildlicher Darstellung ge- speichert, aber gar nicht schriftlich markiert wurden. Dies soll hier in aller gebotenen Kürze an den Beispielen der sowohl ad- ministrativen als auch repräsentativen Waren-Etiketten,[15] der Aufschriften auf Gefäßen und der monumentalen Inschriften aus dem 4. Jt. v. Chr. diskutiert werden.

II.1. Etiketten

Zusammen mit Siegelinschriften[16] zu den ältesten Belegen für phonetische Notation gehören die im Herrschergrab Uj von Aby- dos aus der Zeit um 3200 v. Chr. ausgegrabenen Etiketten (Fig. 3).[17] Auf ihnen stehen vor allem Namen. Die einzelnen Etiketten weisen jeweils nur ganz wenige Zeichen auf, etwa einen Ortsna- men oder die Kombination Herrschertitel + Herrschername. Schriftlich markiert ist hier also nur der Absender (bzw. alterna- tiv der Empfänger). Dies kann aus Satz-Perspektive als eine dop- pelte Ellipse verstanden werden, denn das Objekt selbst, der Empfänger (bzw. alternativ der Absender) und die Handlung werden nicht durch die Beschriftung, sondern erst durch den Kontext geliefert. Mit diesen nicht-schriftlichen Zusatzinforma- tionen kann dann vom Leser der Satz gebildet werden: „Objekt X wird von Ort bzw. Person Y (als Tribut oder als Handelsgut) an Z gegeben". Die bloße schriftliche Bezeichnung des Empfängers, aber auch die Gesamtaussage dieser Inschriften sind also hin- sichtlich Länge und Komplexität noch ziemlich weit von textli- cher Autonomie entfernt, werden erst im Rahmen einer Kontex- tualisierung deutbar. Der Leser muß also sehr viele Daten (z.B.

---

15 Zu dieser Doppelfunktion der Waren-Etiketten: MORENZ, Bild-Buchstaben, 98-100.
16 MORENZ, Bild-Buchstaben, 58-69.
17 MORENZ, Bild-Buchstaben, 69-100.

auch, aber nicht nur: Vokale, Intonation; dazu außerdem noch verschiedene semantische Vorinformationen) an das konsonantische Gerippe herantragen, um dieses graphische Skelett zu einem vollen Text zu entwickeln.

II.2. Aufschriften

Auf verschiedenen proto- und frühdynastischen Gefäßen wurden einzelne Schriftzeichen angebracht, die entweder den Sender, den Empfänger oder Angaben zu Quantität oder Qualität des Inhaltes fixieren.[18] Auch sie werden erst im materiellen und situativen Kontext lesbar, sind selbst nur Wörter, aber eben noch nicht Text im engeren Sinn.

Diese Art der Notation auf den Etiketten oder den Gefäßen ist also extrem kontextabhängig. Dementsprechend bedarf die Lektüre eines weitgehenden Vor-Wissens des Rezipienten, um den Text aus dem konsonantischen Skelett der Schriftzeichen zu erwecken.[19]

II.3. Monumentale Inschriften

Höher auf der Skala der Textlichkeit sind monumentale Inschriften zu verorten. Hier handelt es sich vorzüglich um Bildbeischriften, in denen Titel und Eigennamen, sowie Zahlen angegeben werden. Sie spielen zusammen mit bildlich dargestellten Aktionen, durch die Handlungen bzw. Zustände ausgedrückt sind. So ergibt sich etwa auf der Prunk-Palette des *Nar-meher* (Fig. 4) die in etwa folgendermaßen zu verbalisierende Botschaft:

> Der (ober-)ägyptische König *Nar-meher* erschlägt bzw. unterwirft seinen (nördlichen) Gegner *Wasch*, und in diesem Kampf wurden eine Menge Feinde erschlagen. Dies geschah im Bereich des (damals vielleicht noch autonomen) Stadtstaates *Buto*. Der König agiert dabei unter dem Patronat der Gottheit *Horus*. Außerdem ist er begleitet von seiner Hofelite, insbesondere seinem Siegelträger und dem Thronfolger. Mit diesem Ereignis wurde er zum Doppelkönig (*nsw bjtj*) des nunmehr vereinigten Ober- und Unterägypten.

---

18 Engel, Zu den Ritzmarken der I. Dynastie.
19 Für ähnliche Probleme aus mediaevistischer Sicht: Kuchenbuch, Teilen, Aufzählen, Summieren.

So kann eine Grundlesung der *Nar-meher*-Palette in aller gebotenen Kürze aussehen, wobei im intermedialen Zusammenspiel von Bild- und Schriftzeichen selbstverständlich noch sehr viel mehr Aspekte anklingen.[20] So offenkundig diese Botschaft stark königsideologisch stilisiert ist, dürfte ihr doch trotzdem ein gewisser historischer Hintergrund zuzusprechen sein. Die Prunk-Palette bietet ein deutlich textartiges und in einem gewissen Sinn multimediales Gewebe. Allerdings ergibt sich dessen Struktur erst im Zusammenspiel der bildlichen und schriftlichen Zeichen. Außerdem erhält der Betrachter keine völlig feste Leseinstruktion. Das Monument wird somit eher ikonographisch als vielschichtiges Werk interpretiert, denn als schrifthafter Text gelesen. Trotzdem ist hier aber, wie gesagt, eine gewisse narrative Kohärenz durchaus deutlich. Dabei wird die „verbale" Information pictorial geliefert, während die Schrift die individuellen *harten Fakten* – also die spezifischen Namen und Titel – als Subjekte und Objekte beisteuert.

II.4. Textformen

Im überlieferten Material können die folgenden (Proto-)Textformen der Frühschrift unterschieden und außerdem in einfache und komplexere Formen gruppiert werden.

Einfache Formen sind zweifellos die Vermerke, etwa die bloße Angabe von Namen auf den Etiketten. Etwas mehr Zusammenhang wird auch medial in elliptischen Sätzen ausgedrückt, in denen die bildliche Darstellung die Handlung (= Verb) repräsentiert, während Subjekt und Objekt inschriftlich benannt sind, etwa: „König *Nar-meher* (erschlägt/unterwirft) *Wasch*" (Prunk-Palette des Nar-meher, Fig. 4). Noch für diese frühe Phase der Schrift sind vereinzelt kurze Sätze ohne Verb anzusetzen, etwa die Infinitivphrase „Verehren des angenehmen Herrschers" – *dw3 sr bnr* (Fig. 5).[21]

Neben diesen überwiegend einzelnen Wörtern oder auch vereinzelten satzartigen Gebilden sind aber auch schon komplexere Formen zu belegen, insbesondere die Liste und die Litanei.

---

20 Letzte Diskussion bei Morenz, The Early Dynastic Period (erscheint in einem von P. Kousoulis herausgegebenen Sammelband, in Vorbereitung).
21 Siegel aus Tarchan, s. Morenz, Bild-Buchstaben, 178-182, und ders., The Role of the Memphite Area, Kap. II.1.

II.4.a) Liste

Eine frühe Form der Liste bietet das chronologische Verzeichnis
von Herrschern der I. Dynastie, die mit *Nar-meher* als dem ersten „dynastischen" Herrscher des im ausgehenden 4. Jahrtausend v. Chr. geschaffenen Nationalstaates der „beiden Länder"
(*t3.wj* = Ägypten) beginnen. Diese Liste ist auf Siegeln aus der
archaischen Nekropole von Abydos zu belegen (Fig. 6a und b),[22]
wobei eine frühe Form mit dem Namen eines neuen Herrschers
fortgeschrieben wurde.[23]
  Die Liste war als Notationsform in der proto- und frühdynastischen Zeit Ägyptens ausgesprochen produktiv und blieb dies
bis zum Ende der pharaonischen Zeit. Dafür genüge ein Hinweis
auf die Opferlisten[24] oder die Listen eroberter Gebiete, wie wir
sie fragmentarisch von der sogenannten Stierpalette kennen.[25]
Möglicherweise existierten auch bereits im frühen 3. Jt. v. Chr.
Rezeptlisten, bei denen nur Ingredienzien aufgeführt sind.[26]

II.4.b) Litanei

Ein früher Repräsentant der Litanei ist die Gründungslitanei der
Buto-Palette (Fig. 7). Hier wurde das Verb bildhaft inszeniert. Die
Interpretation wird dadurch erschwert, daß das Hacken eine semantische Ambiguität aufweist und entweder „gründen" (*grg*)
oder „zerstören" (*ḥb3*) bedeuten kann. Eine genauere Analyse
läßt jedoch die Deutung auf „gründen" – *grg* – zumindest favori-
sieren.[27] Neben diesem konstanten Element wurden jeweils das

---

22 DREYER, Ein Siegel.
23 Die Fortschreibung besteht in der Zufügung der Namen von *De(we)n* und
    der Königsmutter *Mer(et)-Neith*. Hier handelt es sich um das derzeit älteste
    konkrete faßbare Beispiel für die Fortschreibung eines Textes überhaupt.
    Gerade Königslisten sind ein prinzipiell in die Zukunft offener, zumindest
    potentiell unabgeschlossener Text. In besonders eindrucksvoller Weise zeigt
    die Stelenreihe aus Assur mit den jeweiligen Eponymen einen über mehrere
    Jahrhunderte fortgeschriebenen, monumentalisierten Text. Eine Untersu-
    chung zu dieser enormen Ausweitung des Textkonzeptes ist derzeit durch
    den Autor in Vorbereitung.
24 BARTA, Die altägyptische Opferliste; SCHEELE, Die Stofflisten.
25 MORENZ, Bild-Buchstaben, 172-174.
26 Diese sind zwar (noch) nicht zeitgenössisch zu belegen, können aber mindes-
    tens plausibel extrapoliert werden: VERNUS, La Naissance de l'écriture, 102.
27 Ausführlich diskutiert in: MORENZ, Bild-Buchstaben, 144-150.

Subjekt und das Objekt variiert. Damit ergibt sich die folgende
Lesung:

Horus	gründet	Eulenbezirk
Seth?	gründet	Reiherbezirk
[Geier?]	gründet	Ringerpaarbezirk
[Schlange?]	gründet	Käferbezirk
Löwe	gründet	*k3.w*-bezirk
SKORPION	gründet	Tempelbezirk
Falkenpaar	gründet	Palmenbezirk

Alle sieben Ortschaften (Eulenbezirk, Reiherbezirk, Ringer-
paarbezirk, Käferbezirk, *k3.w*-bezirk, Tempelbezirk, Palmenbe-
zirk) können mit guter Wahrscheinlichkeit als Bereiche des archaischen und schon protoägyptischen Stadtstaates *Buto*[28] identifiziert werden, der unter SKORPION (II.) in den neuen nationa-
len Territorialstaat integriert wurde und von da an bis zum Ende
der pharaonischen Geschichte ein wesentliches sakrales Zentrum bildete. Falke, Löwe und Falkenpaar auf Standarte können
jeweils als Königstitel interpretiert werden, während der Skorpion den Eigennamen des Herrschers SKORPION bezeichnen dürfte. Demnach ist hier eine sakrale Aktion des Herrschers SKOR-
PION in Bild und Schrift inszeniert.

Diese Litanei ist ein Teiltext im Rahmen der Darstellung eines herrscherlichen Triumphes. Leider ist nur sehr fragmentarisch das untere Drittel erhalten. Die Rückseite zeigt Beute mit
inschriftlicher Herkunftsangabe. Damit werden uns zumindest
zwei Aspekte dieser mutmaßlich komplexen Herrscherdarstel-
lung faßbar.

II.4.c) Triumph-Bericht

Verschiedene Prunk-Objekte, insbesondere die *Nar-meher*-Keule,
die *Nar-meher*-Palette (Fig. 4) und die Keule des SKORPION,
können als herrscherliche Triumph-Berichte „gelesen" werden.[29]
Die Textualität dieser komplexeren Formen wird wesentlich im
intermedialen Zusammenspiel von Bild und Schrift generiert.

---

28 Die Auffassung von *Buto* als eine Art Stadtstaat wird dargelegt in MORENZ,
The Early Dynastic Period (erscheint in einem von P. Kousoulis herausgegebenen Sammelband, in Vorbereitung).
29 MORENZ, Bild-Buchstaben, 144-156.

Der Text ist demnach bimedial konzipiert, wobei die Synästhesie die Informationsfülle beträchtlich steigert.

II.4.d) Bedeutung der Formen

Die Liste – ein scheinbar typisches Produkt der Schriftlichkeit, das wir wie in Ägypten auch aus dem frühen Mesopotamien kennen – ist weniger ein mediales als ein mentales Phänomen. Sie ist eine Form des Verwaltungs-Wollens – des Ordnens, Sammelns und Klassifizierens –, die sich nicht nur in den frühen Schriftkulturen (Ägypten und Sumer[30]), sondern auch in diversen oralen Kulturen findet. Die medialen Überlieferungsbedingungen führten zu dem medienarchäologischen Trugschluß, die Liste als ein spezifisches Produkt der Schriftlichkeit anzusetzen, das erst als Folge der Herausbildung der Schrift geschaffen wurde.[31] Eher gilt das Gegenteil, daß, metaphorisch gesprochen, der *Geist der Liste* die Entwicklung der Schrift beeinflußte. Auch für diese frühe Zeit der Schrift ist jedenfalls mit einer wechselseitigen Prägung von Medium und Mentalität zu rechnen, wie wir dies von Buchdruck oder gar Internet kennen, und wie dies vor allem von Seiten der Medien- und allgemeiner der Kulturwissenschaft seit den letzten Jahrzehnten ausgesprochen intensiv studiert wird.[32]

Eine Mischung der Formen „Bericht" und „Liste" bietet die sogenannte Stierpalette (Fig. 8).[33] Den Berichtsteil vertritt die Darstellung des einen Feind unterwerfenden Königs-Stieres. Darunter ist in Listenform eine Wiedergabe feindlicher und offenbar eroberter Territorien wie *m3-nw* – wahrscheinlich ein nubisches Toponym – angegeben.

---

30 Im Unterschied zur Altorientalistik wird die Bedeutung der Listen in der Ägyptologie bisher weniger herausgestrichen; vgl. jetzt aber EYRE, The Cannibal Hymn, 34, und KOUSOULIS, Spell III.

31 Wissenschaftsgeschichtlich ist diese Deutung mit der Hochschätzung der Schrift und der Abgrenzung der Hochkulturen gegen orale Kulturen im 19. und 20. Jh. zu verbinden. Insbesondere in der Altorientalistik bekam die Vorstellung einer schriftbedingten Listenwissenschaft ein großes Gewicht. Mit dem Verweis auf oral tradierte Listen in verschiedenen Kulturen soll die Bedeutung der Schrift für die sumerischen und die anderen altorientalischen Listen selbstverständlich nicht negiert werden, doch ist auf die komplexeren Zusammenhänge aufmerksam zu machen.

32 Beispielhaft ist GIESICKE, Sinnenwandel, Sprachwandel, Kulturwandel.

33 Vgl. dazu auch die Keule des SKORPION, MORENZ, Bild-Buchstaben, 151-154.

Vom Aspekt der Textualität her ist die Liste zwar ordnend, aber hier werden doch nur additiv Wort-Elemente miteinander verknüpft. Demgegenüber erscheint die Litanei komplexer, bietet Variationen eines Satzes. Noch sehr viel mehr narrative Kohärenz steckt im Typus des Triumph-Berichtes. Entsprechend steht dieser auf einer Skala von Textualität am höchsten.

III. Entwickelte Schrift, entwickelte Textualität, wachsende mediale Autonomie

III.1. Die Notation spezifisch sprachreferentieller Elemente

Etwa um 2800 v. Chr. wurde die Schrift in einem weiteren entscheidenden Schritt entwickelt, sofern nunmehr auch Verbalformen und andere grammatikalische Elemente notiert wurden.

So stammt der – von Satznamen abgesehen – älteste erhaltene Verbalsatz ausgerechnet von einer Siegelinschrift (Fig. 9). Hier wurde die berichtende Form gewählt, d.h. beide Handlungsträger stehen in der dritten Person. Die Redeform des Siegels entsprang vermutlich dem ritualisierten Kontext einer Gott-König-Rede, wie sie in nur etwas späterer Zeit monumentalisiert auf Tempelwänden standen (§ III.2). Es heißt:

sd3.t jḫ.t nb(.t) nb(.w).t
Njb d(m)ḏ.n=f t3.wj
   n z3=f nsw bjtj Pr-jb-sn

Siegeln aller Dinge (von) Gold [bzw. (aus) *Gold(stadt)* (= Ombos)].[34]

---

34 Vernus, La Naissance de l'écriture, 96, faßte *nbt* nicht als Toponym, sondern als Objektbezeichnung „Gold" auf: „Sceller tout objet en or (de) l'Ombite, après qu'il assigne les deux pays à son fils le roi du sud et nord Peribsen"; in diesem Sinn auch Kahl, Frühägyptisches Wörterbuch II, 229. Für diese Option ist auf den Titel *ḫtm.w nbw* – „Siegler des Goldes" (Kahl, Frühägyptisches Wörterbuch III, 228) zu verweisen. In der Kombination mit *jḫ.t nb.t* + Materialbezeichnung ist auf die Siegelinschrift IÄF III, Abb. 214 zu verweisen, auf der steht: „Siegeln aller Dinge (aus) Fett" – *sd3.t jḫ.t nb.t ᶜḏ*. Alternativ dazu ist auch ein Verweis auf eine Lokalität sinnvoll. Unterstützend kommt hinzu, daß der Ortsname *nb(w).t* tatsächlich aus der Zeit des Per-ib-sen in einer ganz ähnlichen Graphie belegt ist (Kaplony, IÄF III, Abb. 750 = Kahl, Frühägyptisches Wörterbuch II, 230). Dabei wurde *nb(w)t* hier nicht mit dem Stadtzeichen als Determinativ geschrieben, sondern mit dem goldenen Halskragen, wahrscheinlich um den wort-schrift-spielerischen Zusammenhang mit *njb* – dem *Goldenen* – hervorzuheben.

Der *Goldene* (= der Ortsgott von Ombos, Seth),
er vereinigte die beiden Länder
für seinen Sohn, den Doppelkönig Per-ib-sen.

Die erste Aussage verweist auf die administrative Funktion
des Siegels, die im folgenden mit einer königsideologischen Botschaft verknüpft ist. Hier ist *nbj* – „der *Goldene*" – als ein Epitheton aufzufassen, das parallel zu der Bezeichnung des Seth als
nbw.tj – „der von Ombos" – steht.[35]

Mit *d(m)ḏ.n=f* liegt, schrifthistorisch betrachtet, die älteste
bezeugte verbale Vergangenheitsform überhaupt vor. Wegen des
Überlieferungszufalls kann allerdings angenommen werden, daß
solcherart hochgradig formalisierte und schon satzhafte Wiedergabe von Rede der Götter an den König noch etwas älter war.
Mit dieser phonetischen Fixierung grammatikalischer Form wie
dem grammatikalischen Morphem *n* der Vergangenheitsform
sḏm.n=f und dem Personalpronomen *f* war die Möglichkeit zu einer neuen Dimension von Textualität eröffnet. Damit konnte der
Text gegenüber dem Kontext autonomer werden, und es wurde
deshalb möglich, auch komplexere Sachverhalte genauer auszudrücken. Somit wurde das graphische System einerseits abgeschlossener und damit eindeutiger dekodierbar, zugleich aber
durch die Komplexitätssteigerung auch noch offener für neue
und vielschichtige Informationen.

III.2. Der erste erhaltene, schriftlich fixierte narrative Text

Den ersten erhaltenen schriftlich formulierten komplexen narrativen Text der Menschheit überhaupt liefert der Schrein des Djoser aus Heliopolis. Damit kommt ihm mediengeschichtlich und
gerade auch unter dem Aspekt der Entwicklung von Textualität
eine herausragende Bedeutung zu. Deshalb wird er im Zentrum
dieser Betrachtung stehen, wobei in Rechnung zu stellen ist,
daß mögliche Vorläufer wegen des Überlieferungszufalls nicht
erhalten sein könnten. Immerhin dürften sie zumindest kaum
über die II. Dynastie hinaus reichen.

---

35 Vgl. bereits Morenz, Bild-Buchstaben, 244 mit Anm. 1019.

III.2.a) Historischer Kontext

Djoser war der erste Pharao der III. Dynastie, der etwa von 2740-2720 v. Chr. regierte.[36] Eine besonders prominente Gestalt aus seiner Regierungszeit war sein Wezir *Im-hotep*.[37] Dieser trug u.a. den Titel „Zunftmeister der Königsschreiber" (*mḏḥ zḥ3.w nsw*), der auf eine besondere Verbindung dieses Mannes mit der Schriftlichkeit verweist. Tatsächlich wurde er auch in der ägyptischen Erinnerung in besonderer Weise mit der Textlichkeit verbunden, wurde er doch als Autor einer Lebenslehre[38] angesetzt. Jedenfalls können wir für diese Zeit eine komplexe, weit über Änderungen des Zeicheninventars und der -formen hinausgehende Schriftreform postulieren, wobei der tatsächliche persönliche Einfluß des *Im-hotep* allerdings wegen des Überlieferungszufalls selbstverständlich nicht abzuwägen ist.

Heliopolis (*jwnw*) – primär Kultort des Sonnengottes – fungierte als das wesentliche Sakralzentrum des Alten Reiches.[39] Es könnte tatsächlich etwa in der Zeit des Djoser begründet worden sein. Auch dafür ist der zu besprechende Schrein des Djoser der älteste archäologische Beleg, während der Name *jwnw* ebenfalls erstmals auf Gefäßinschriften der III. Dynastie aus Elephantine zu belegen ist.[40] Wenn uns der Überlieferungszufall keinen Streich spielt, könnte der Sakralbau des *Djoser* also durchaus als eine Art Gründungsmonument für das Sakralzentrum Heliopolis[41] konzipiert worden sein.

---

36 Gelegentlich wurde *Djoser* als zweiter König der dritten Dynastie verstanden; für die Ansetzung als erster Herrscher der neuen Dynastie, siehe DREYER, Der erste König.

37 WILDUNG, Imhotep und Amenhotep.

38 Diese Zuschreibung kann ebenso wie die einer Lehre an den Königssohn Hor-dedef aus der IV. Dynastie als pseudepigraphisch klassifiziert werden. Bisher konnte diese Lehre noch nicht identifiziert werden, und wir wissen nicht, ob tatsächlich irgendeine Lehre unter dem Namen des Im-hotep umlief, oder ob er in einer Art fiktionaler Literaturgeschichte einfach nur als ein alter Autor angesetzt wurde.

39 RAUE, Heliopolis, widmete seine Untersuchung der Bedeutung von Heliopolis im Neuen Reich, bezog aber ältere Vorläufer mit ein.

40 DREYER, Drei archaisch-hieratische Gefäßaufschriften.

41 Die archäologischen Belege von Heliopolis sind wegen der ausgeprägten Zerstörungen nur dünn gesät. Buchstäblich herausragend ist der Obelisk von Sesostris I. in Matariya. Die Materiallage für das Alte Reich ist ausgesprochen spärlich, doch konnte für einige Fragmente aus Bubastis aufgrund ihrer Inschriften nachgewiesen werden, daß sie primär aus Heliopolis stammten: MORENZ, Zur ursprünglich heliopolitanischen Herkunft. Der Obelisk von Sesostris I. kann mit dem literarischen Text der Berliner Lederrolle (zuletzt

Eine herausragende Bedeutung des Sonnengottes bezeugt aber bereits der programmatische Name des zweiten Herrschers der II. Dynastie: *Ra-neb(i)* – wohl: „*Re* ist (mein) Herr". Demgegenüber kann die Besiedlung der Gegend bis in die prädynastische Zeit zurückverfolgt werden,[42] wobei als eine zumindest plausible *raison d'être* die Wegkreuzung von Kanal und Karawanenweg anzusetzen ist.[43] Jedenfalls aber wird mit dem Schrein des *Djoser* zumindest für uns ferne Betrachter der Beginn einer Tradition von Heliopolis als Wissenstresor faßbar, wie sie sich paradigmatisch in der Stele des Königs *Nefer-hotep* aus dem späteren Mittleren Reich ausgedrückt findet:

Es begehrte mein Herz zu sehen
Die Schriften der ersten Urzeit des Atum.[44]

Heliopolis wurde in einem metaphorischen Doppelvers geradezu als eine sinnstiftende Quintessenz der ägyptischen Kultur konzipiert, wenn es in der Vorhersage des *Neferti* am Ende des ersten Teils in einer Summe seiner Klagen heißt:

Es gibt kein Heliopolis mehr,
den Geburtsort eines jeden Gottes.[45]

Demnach kann Heliopolis trotz seiner ausgeprägt schlechten Erhaltung vom frühen Alten bis zum Neuen Reich als heilige Stadt Ägyptens *par excellence* und für die hohe Kultur Altägyptens zentraler Wissensspeicher verstanden werden. Es fungierte u.a. wahrscheinlich als Archiv der Pyramidentexte und anderer sakraler Texte wie der Sonnenlitanei (bzw. den Vorläufern davon).[46] Wenn trotz aller Zerstörungen dieses Ortes ausgerechnet von dort der älteste erhaltene narrative Text Ägyptens stammt, ist dies ein kulturhistorisch besonders schöner Zufall.

Hoffmann, Die Königsnovelle, 58-73 mit Literaturangaben auf S. 58) verbunden werden. Objekte aus dem Mittleren Reich sind aufgeführt bei Raue, Heliopolis, 85 Anm. 3.

42 Debono/Mortensen, The Predynastic Cemetery at Heliopolis.
43 Raue, Heliopolis, 29.
44 Raue, Heliopolis, 10.
45 Zum Text und seinem Aufbau: Blumenthal, Die Prophezeiung des Neferti, 1-27.
46 Morenz, Brandopfer.

III.2.b) Text und Kontext

Von diesem Bau des *Djoser* sind mehr als zehn Fragmente unterschiedlicher Größe erhalten. Demnach kann für eine Seite mit mindestens zwei Registern gerechnet werden. Für unsere Betrachtung soll der Gesamtaufbau wenigstens skizziert werden.[47] Im unteren Register wurde über einer Nischenfassade der von Standarten begleitete laufende König dargestellt. Dieses Königsregister, offenbar mit der Titulatur als Mittelachse, wurde mit einem Sternenband nach oben begrenzt. Darüber ist ein zweites Register zu rekonstruieren, das die Götterdarstellungen samt dem zugehörigen narrativen Text enthielt. Dieses erste Götterregister ist deutlich kleiner als das Königsregister. Über diesem ersten Götterregister kann noch ein zweites ergänzt werden, das mindestens Inschriften, aber vielleicht auch Bilder enthielt. Den oberen Abschluß bildete ein *ḫkr*-Fries. Wahrscheinlich war dieses Monument als ein Sedfest-Bau für *Djoser* konzipiert, mit dem Pharao in einer engen Beziehung zu den Göttern inszeniert wurde.

Der in fünf Kolumnen angeordnete narrative Text stand also in einem bildlichen und schriftlichen sakralen Kontext und war offenbar der einzige narrative Text auf diesem Monument. Eine entsprechend hohe Bedeutung kommt ihm zu. In besonders enger Verbindung stand er mit der ihm vorgängigen Darstellung eines namentlich bezeichneten und bildlich dargestellten Gottes. Dieses Muster von Bild und Text wurde mehrfach wiederholt, wobei der Name des jeweiligen Gottes variiert wurde. Erhalten sind Seth (Fig. 11) sowie „der Goldene" (*nbw*) – also der Sonnengott –, und dazu kommen noch weitere – insgesamt mindestens vier, aber wahrscheinlich noch mehr – Gottesdarstellungen. Hier war also ein Götterkollektiv dargestellt, wahrscheinlich eine Frühform der *Neunheit von Heliopolis*.[48] Ein jeder Gott dieses Kollektivs wird als Sprecher eines identischen Textes dargestellt. Dieser Text bietet einen performativen Sprech-Akt, der durch die Niederschrift in Stein gleichsam für die Ewigkeit gefroren und monumentalisiert ist.

---

47 Eine Gesamtrekonstruktion ist in Vorbereitung.
48 Die Konzeptionen von Götterkonstellationen und ihre historischen Wandlungen untersucht BARTA, Untersuchungen.

III.2.c) Der Rede-Text der Götter

Durch Überschneidungen der Textfragmente kann der Gesamttext dieser fünf Kolumnen mit großer Wahrscheinlichkeit vollständig rekonstruiert werden (Fig. 10). Gegenüber meinem ersten Versuch in dieser Richtung erlaubt das bisher unpublizier-
te Fragment mit der Darstellung des Gottes Seth (Fig. 11) noch
eine Verbesserung der Rekonstruktion der ersten Kolumne.[49]
Der schräge Strich kann offenbar zu dem Zeichen *Sign-list* T 12
(= *r(w)ḏ*) ergänzt werden. Demnach heißt es nicht, wie von mir
noch 1999 angenommen,

pr pn nfr ᶜ3 wr.t
„dieses überaus schöne/vollkommene Haus",

sondern:

pr pn nfr r(w)ḏ wr.t
„dieses schöne/vollkommene, sehr feste Haus".

Mit dieser Aussage wird eben auf den Bau selbst, auf dem
diese Inschrift angebracht war, Bezug genommen. In einem gewissen Sinn handelt es sich also um eine Bauinschrift. Insgesamt ist demnach zu lesen (Fig. 10):

NN nb n pr pn nfr rwḏ
    j.jr.n nn ḥr nṯrj ḫ.t

ḏd mdw   *dj.n(=j) n=fᶜnḫ nb ḫr=n*
           dj.n(=j) n=f w3s nb ḫr=n
ḏd mdw   *dj.n(=j) jr=f ḥb.w-sd ᶜš3.w wr.w*
ḏd mdw   *jr.n(=j) jsw nn*
           jr.n=f n ḥ.t nṯr.w
ḏd mdw   *m jḫ.t nb(.t) mr.t=f ḏ.t*

jn NN

---

49   Als eine weitere kleine Verbesserung ist auch noch anzufügen, daß gemäß
dem Fragment mit der Darstellung des Seth – und entsprechend auch bei
den anderen Fragmenten – hinter *pr* kein ideographischer Strich zu ergänzen ist.

Gott NN, der Herr von diesem schönen/vollkommenen,
sehr festen Haus,
     das dieser *Horus Netjeri-chet* (= *Djoser*) gemacht hat:

Worte sprechen: Ich gebe für ihn alles Leben, das bei uns ist,
                  Ich gebe für ihn alles Wohlergehen,
                  das bei uns ist,
(Worte sprechen:) Ich veranlasse, daß er macht sehr viele
                  Sed-Feste,
(Worte sprechen:) Ich mache den Lohn für das,
                  was er getan hat
                  Für die Korporation der Götter
(Worte sprechen:) Bestehend aus allen Dingen,
                  die er liebt ewiglich.

Dieser im Sinne der Sprech-Akt-Theorie J. L. Austins und seiner Nachfolger als performativ zu verstehende Text[50] ist eine narrative Expansion der Kernformel *dj ᶜnḫ* – „Leben geben", wie sie auf frühen Siegelinschriften sowohl inschriftlich steht als auch bildlich dargestellt ist. Sie steht z.B. auf einer Siegelinschrift des *Djoser* (Fig. 12)[51] in einer kombiniert bild-schriftlichen Darstellung. Diese *dj-ᶜnḫ*-Inschriftformel kann bis in die II. Dynastie (*Per-ib-sen*) zurückverfolgt werden.[52] Wenn der Überlieferungszufall nicht völlig trügt, kann also eine eng mit der „Residenz" verbundene Schriftreform etwa für die Zeit des *Per-ib-sen*[53] angesetzt werden, die dann unter *Djoser* fortgesetzt wurde.

Auch auf dem Schrein steht der schematisierten Darstellung der Gottheit neben dem Eigennamen die Formel *dj ᶜnḫ ḏd w3s 3w.t-jb ḏ.t* – „Geben: Leben, Dauer, Herzensfreude, ewiglich" – beigeschrieben, die der Rede-Text noch einmal narrativ auflöst. Außerdem ist im intermedialen Zusammenspiel von Bild und Schrift bemerkenswert, daß im Bild gerade nicht der Akt des Leben-Gebens dargestellt ist, sondern dieser Aspekt einzig über die Inschrift in Form der Formel und des narrativen Textes ausgedrückt wird.

Die am Anfang von Kol. 2 als Brückenphrase eingeführte und dann in Kol. 3–5 wiederholte Formel *ḏd mdw* indiziert ein

---

50 Austin, How to do Things, fortgeführt von Searl, Ausdruck und Bedeutung.
51 Kaplony, Inschriften, Abb. 304.
52 Beispiele finden sich in der Inschriftensammlung von Kaplony, etwa Kaplony, Inschriften, 753.
53 Vgl. dafür insbesondere den in § III.1 besprochenen ersten erhaltenen komplexen Verbalsatz eben aus der Zeit des Per-ib-sen.

komplexes Verhältnis von verschriftlichter Mündlichkeit,[54] allerdings nicht einer alltagssprachlichen, sondern einer herausge-
hobenen zeremonialen Mündlichkeit, die durch ihre elaboriert
geformte Sprache charakterisiert ist. Obwohl in den Horizont der
Rede gestellt, liegt hier deutlich eine konzeptionelle Schriftlichkeit vor. Wenn uns auch die Umgangssprache der Zeit unbekannt bleibt, handelt es sich bei diesem Text mit an Sicherheit
grenzender Wahrscheinlichkeit um eine in den Worten Wulf
Oesterreichers „diastratisch/diatopisch als „hoch" markierte Va-
rietät der entsprechenden Sprache".[55] Demgegenüber kann das
Phänomen der „Schriftlichkeit im Duktus der Mündlichkeit" (B.
Schlieben-Lange)[56] erstmals für die in Elitegräbern des Alten
Reiches fixierten Arbeiterreden, -rufe und -lieder[57] gefaßt werden. Darin zeigt sich ein deutlicher weiterer Gewinn der Schriftlichkeit an schriftinterner Reflexivität und Variabilität. Wie weit
es sich hier tatsächlich um primär orale Kompositionen handelt,
kann im konkreten Einzelfall allerdings selten sicher entschieden werden.[58]

Wir können davon ausgehen, daß dieser verschriftete und
dabei auf dem Schrein von Heliopolis gleichsam versteinte
Sprechakt nicht notwendig des aktuellen Lesers bedurfte, sondern seine schiere Präsenz eine gleichsam schrift-magische
Wirksamkeit garantierte. Wahrscheinlich können wir den Text
insofern wörtlich verstehen, als er einem Gott in den Mund gelegt wurde und von daher *sub specie aeternitatis* gelten sollte.
Demnach wurde der ideale Sprecher in Wort und Bild konstituiert – *und das Wort ward Stein*, wie wir in lockerer Anlehnung an

---

54 Zu diesem Terminus und seinen Implikationen: OESTERREICHER, Verschriftung
    und Verschriftlichung; zur Problematik in Altägypten: MORENZ, Beiträge, 37-43.
55 OESTERREICHER, Verschriftung und Verschriftlichung, 276.
56 So die prägnante Formulierung von SCHLIEBEN-LANGE, Traditionen des Spre-
    chens, 131.
57 Philologisch grundlegende Erfassung der Texte bei ERMAN, Reden, Rufe und
    Lieder.
58 Einen besonderen Fall bietet das zweimal in Schrift gefaßte „Drescherlied" in
    El-Kab aus der Zeit Thutmosis III. bzw. Ramses III./IX. (GUGLIELMI, Reden,
    Rufe und Lieder, 66-69). Der gleiche Herkunftsort deutet auf eine lokale
    Komposition hin, die über Jahrhunderte tradiert wurde. Unter Beibehaltung
    der geprägten Struktur wurde der Text semantisch modifiziert und gekürzt.
    Strukturelle Gleichheit bei lexikalischer Modifikation erscheint, wie der Kul-
    turvergleich zeigt, als ein typisches Phänomen mündlicher Überlieferung
    (man vergleiche z.B. die serbische oder die altgriechische Heldendichtung,
    hierzu: FRÄNKEL, Dichtung und Philosophie, 16-24), die hier sekundär ver-
    schriftlicht wurde.

den Prolog des Johannes-Evangeliums sagen könnten. Wie weit daneben auch die aktuellen menschlichen Lektüren für die intendierte Wirkung eine Rolle spielte, können wir mangels Quellen nicht prüfen. Jedenfalls erscheint sie von der mutmaßlichen Intention her gesehen nicht unbedingt notwendig. Zur Illustration dieser Möglichkeit genüge ein kulturvergleichender Hinweis auf die ostasiatische Praxis der Gebetsmühlen, in denen der Text nur mechanisch bewegt werden muß, um Präsenz und Wirkung zu entfalten.

Verglichen etwa mit der Sinuhe Dichtung als dem Höhepunkt der ägyptischen Literatur ist dieser Text mit seinen etwa 50 Wörtern[59] zwar ausgesprochen kurz, doch bedeuten im Vergleich zu seinen Vorgängern mit nur 1 bis etwa 10 Wörtern diese etwa 50 Wörter eine enorme Steigerung der textlichen Länge. Vor allem ist aber noch über das rein Quantitative hinaus die Vielfalt an verwendeten Wortarten bemerkenswert.[60] Neben Substantiven (Eigennamen, Abstrakta und Konkreta) und Adjektiven (*nfr, rwḏ*) wurden auch Verben (finit; daneben auch Subjunktiv und Relativform), Pronomina, Präpositionen sowie Artikel (sowohl der vorangestellte Demonstrativ-Artikel *nn* als auch der bestimmte, nachgestellte Artikel *pn*) schriftlich fixiert. Außerdem sind im Text des *Djoser* zwei Zeitebenen miteinander kombiniert: Vergangenheit – „was er getan hat" – und Gegenwart – „ich gebe". So wird die göttliche Belohnung für eine voraufgängige Aktion des Königs ausgedrückt, eine Spielart des *do ut des*, also von Gabe und Gegengabe.[61] Dieser Text ist ausgesprochen kohärent komponiert, entfaltet tatsächlich eigentlich nur ein Thema: die immaterielle Gabe des jeweiligen Gottes an den König als Entgelt für dessen materielle Gabe an den Gott. Eben dies war ein zentraler Aspekt von Kultpraxis und Theologie der ägyptischen hohen Kultur.

Der eigentlichen Götterrede wurde ein Paratext[62] vorangestellt, der den Sprecher und den Adressaten mit dem Eigennamen und bestimmten Qualifizierungen vorstellt. Darauf folgt, in

---

59   Hier wird das in diesem Text insgesamt viermal geschriebene ḏd mdw nur einmal gezählt.

60   Tatsächlich könnten (vielleicht nur wegen des Überlieferungszufalls nicht erhaltene) ältere Listen durchaus sehr viel länger gewesen sein. Allerdings waren sie eben grammatisch eintönig, verfügten sie doch weder über Verbformen noch Partikel noch Präpositionen.

61   Grundlegend die weitere Forschung bestimmend wirkte Mauss, Essai sur le don.

62   Terminologie in Anlehnung an Genette, Seuils.

vier Kolumnen angeordnet, der eigentliche Sprech-Akt selbst. Wenn jede dieser Kolumnen mit der Formel „Worte sprechen" eingeleitet wird, handelt es sich um eine bewußte graphische Textgestaltung. Jedenfalls für die letzte Kolumne ist dieses „Worte sprechen" nicht Teil des eigentlichen Textes, sondern ein spezifisches graphisches Signal dafür, daß hier die Gottheit redet.

III.2.d) Text im Kontext

Der graphisch inszenierte Sprech-Akt kann also folgendermaßen schematisiert werden (Schema 3):

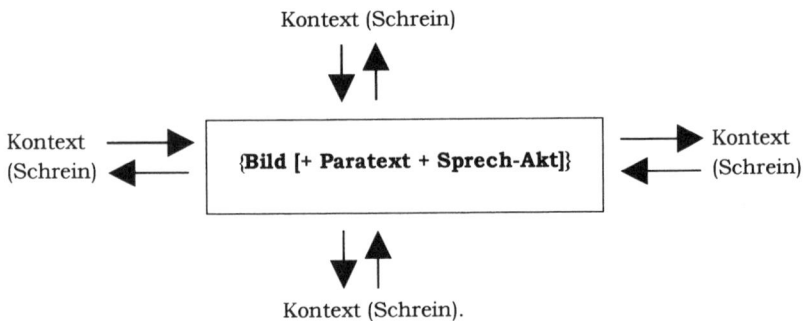

Kontext (Schrein)

Kontext (Schrein) → **{Bild [+ Paratext + Sprech-Akt]}** → Kontext (Schrein)

Kontext (Schrein).

Schema 3) Verschriftlichter Sprech-Akt im Kontext

Der narrative Text ist also deutlich nicht selbstständig, sondern eng in einen durch Bild und Architektur gegebenen Kontext eingebunden. Dieser Schrein steht in einem weiteren Kontext: dem Sakralbezirk von Heliopolis, und für eine umfassende Deutung könnte der Bezugsrahmen noch viel weiter gespannt werden. Auf diesem Weg entstand eine Art Gesamtkunstwerk, von dem aus der geschriebene Text seine spezifische Funktion und Bedeutung bezieht. Dabei ist auch bemerkenswert, wie stark hier die Grenzen von Bild und Schrift verfließen. Das Gottesbild (Fig. 11) ist quasi-hieroglyphisch und verweist als bildhaftes Semogramm auf die Vorstellung „(männliche) Gottheit". Bei gleichartiger Ikonographie wird die individuelle Charakteristik nur durch den Eigennamen – etwa Seth – gegeben. Der Sprecher ist also im Zusammenspiel von Bild und Schrift repräsentiert. Damit wird der Rede-Text kontextualisiert und personalisiert. Dabei sind die bildliche Darstellung und der Paratext in der dritten Person gehalten. Nachdem so die Akteure vorgestellt sind, wechselt der Text zur eigentlichen – durch die Formel *ḏd mdw* eingeleiteten – Rede, die in der dialogischen Ich-Du-Form verfaßt ist.[63]

In dieser Darstellung erscheinen Bild und Sprache, die im Prozeß der Herausbildung zur Schrift verschmolzen wurden (s. Abschnitt I), nunmehr auf einer mediengeschichtlich höheren Ebene wieder getrennt voneinander, um im Wechselspiel vereint die Botschaft auszudrücken. Das Gesamtkunstwerk aus Architektur, Bild und Schrift kann auf einer höheren Ebene wiederum als Text – diesmal im Sinne des semiotischen Textbegriffes – verstanden werden, doch forderte dessen Lektüre und Kommentierung einen neuen Vortrag.

Ausblick

Die in Abschnitt III behandelte Narrativierung der Schrift hatte Vorläufer wie das Etikettenfragment von Fig. 2, worin das irgendwie zwischen Schriftzeichen und Ikon oszillierende Zeichen der laufenden Beinchen – ⩘ – semographisch eine Aktion indiziert. Bereits in der I. Dynastie klingt also ein Bedürfnis nach verbaler Notation an, das im Bereich der Ideologie verortet werden kann. Gerade ein Vergleich mit der Siegelinschrift des *Per-ib-sen* (Fig. 9) oder dem Text vom Schrein des *Djoser* (Fig. 10) aus der späten II. bzw. frühen III. Dynastie zeigt aber den dramatischen Unterschied auf. Hier wurde eine Handlung gerade eben graphisch indiziert, während dort subtile Aspekte der Sprache wie Zeitlichkeit, Relationalität oder Kausalität eindeutig auflösbar graphisch markiert sind.

Die hier diskutierten Kolumnen vom Schrein des Djoser zeigen eine ausgesprochen entwickelte Textualität. Von dieser Zeit an wurden in Ägypten verschiedenste narrative Texte schriftlich verfaßt, vorzüglich in der sakralen Sphäre. Aus dem Alten Reich ist insbesondere an verschiedene religiöse Texte zu denken, wo-

---

63 Dies ist die typische Struktur etwa auch der ägyptischen Selbst-Präsentationen (sog. Autobiographien). Dort funktioniert *NN ḏd* – „sagt" – bzw. *NN ḏd=f* – „er sagt" – als eine Brückenphrase, mit der der Übergang von der in der dritten Person verfaßten *objektiven* Vorstellung des Actors zur in der ersten Person verfaßten *subjektiven* Rede geschlagen wird, s. MORENZ, Geschichte(n), 215.

bei wir ein großes und diverses Korpus in den Pyramidentexten finden. Im privaten Bereich ist eine allmähliche Narrativierung der Selbst-Präsentationen zu beobachten. Nachdem im früheren Alten Reich fast nur Epitheta und Titel wiedergegeben wurden, gestalteten Autoren diese Gattung in der V. und VI. Dynastie deutlich erzählerischer.[64] Dies und die weiteren Linien bis hin zur *schönen* (*nfr*) Literatur des Mittleren Reiches[65] weiter zu verfolgen, wäre selbstverständlich ein komplexes neues Thema.[66]

Einen wesentlichen medialen Ursprung aber hat dieses textliche Wachstum in der hier diskutierten Entwicklung der Schrift etwa um 2850-2750 v. Chr. Damit wurde das Feld zu einer differenzierten schriftgebundenen Textlichkeit weit aufgestoßen, die ihrerseits auf die oralen Kompositionen und das Universum der Bilder zurückwirkte.

Zusammenfassung

Das Bedürfnis nach ausgeprägter Textualität bewirkte eine wesentliche Entwicklung der Schrift. In dem langfristigen, mehrhundertjährigen Prozeß der Herausbildung der Schrift sind drei Phasen zu unterscheiden:

Proto-Schrift	(+ Semantik, – Phonetik, – Syntax)	vor 3300 v. Chr.
Früh-Schrift	(+ Semantik, + Phonetik, – Syntax)	ab ca. 3300 v. Chr.
Entwickelte Schrift	(+ Semantik, + Phonetik, + Syntax)	2800/2700 v. Chr.

Dabei diente die Früh-Schrift der Fixierung einzelner Wörter. Darüber hinaus wurden Wörter zu Proto-Texten zusammengestellt, insbesondere Litanei und Liste. Die schriftlich fixierte Botschaft war also noch ausgesprochen kontextabhängig.

Demgegenüber führte die entwickelte Schrift zur Gewinnung an Autonomie des Textes. Dazu trug die Fixierung grammatikalischer Elemente wesentlich bei. Diese Fortentwicklung der Schrift kann im Feld des Imaginären verortet werden (Sakralwelt, Königsideologie).

Ausführlich diskutiert wird der älteste erhaltene komplexe

---

64 BAINES, Forerunners of Narrative Biographies, KLOTH, Beobachtungen, dies., Die (auto-)biographischen Inschriften.

65 PARKINSON, Poetry and Culture.

66 Den Hintergrund und die Voraussetzung für die Verschriftung schöner Rede (*mdw nfrw*) in Form fiktionaler Texte bildete eine weitere Medienrevolution unter der thebanischen XI. Dynastie.

Text der Menschheit, der etwa um 2720 v. Chr. für einen sakralen Schrein in Stein gemeißelt wurde.

Bibliographie

Austin, J. L: How to do Things with Words. Cambridge, Mass. 1962.

Bäuml, F. H.: Verschriftlichte Mündlichkeit und vermündlichte Schriftlichkeit, in: Schaefer, U. (Hg.), Schriftlichkeit im frühen Mittelalter. Tübingen 1993 (ScriptOralia; 53), 254-266.

Baines, J. R.: Forerunners of Narrative Biographies, in: Leahy, A./Tait, J. (Hgg.), Studies in Ancient Egypt in Honour of H. S. Smith. London 1999 (Occasional Publications; 13), 23-37.

Baines, J. R./Eyre, C. J.: Four Notes on Literacy. GM 61 (1983), 65-96.

Barta, W.: Die altägyptische Opferliste. Berlin 1963 (MÄS; 3).

— : Untersuchungen zum Götterkreis der Neunheit. München/ Berlin 1973 (MÄS; 28).

Blumenthal, E.: Die Prophezeiung des Neferti. ZÄS 109 (1982), 1-27.

Boehme, H.: Der Wettstreit der Medien im Andenken der Toten, in: Belting, H./Kamper, D. (Hgg.), Der zweite Blick. Bildgeschichte und Bildreflexion. München 2000, 23-43.

Debono, F./Mortensen, B.: The Predynastic Cemetery at Heliopolis. Mainz 1988 (AV; 63).

Dreyer, G.: Ein Siegel der frühzeitlichen Königsnekropole von Abydos. MDAIK 43 (1987), 33-43.

— : Drei archaisch-hieratische Gefäßaufschriften mit Jahresnamen aus Elephantine, in: Osing, J./Dreyer, G. (Hgg.), Form und Maß: Literatur, Sprache und Kunst des alten Ägypten: FS Gerhard Fecht. Wiesbaden 1987 (ÄAT; 12), 98-109.

— : Der erste König der 3. Dynastie, in: Guksch, H./Polz, D. (Hgg.), Stationen. Beiträge zur Kulturgeschichte Ägyptens. FS Stadelmann. Mainz 1998, 31-34.

Engel, E. M.: Zu den Ritzmarken der I. Dynastie. LingAeg 5 (1997), 13-27.

Erman, A.: Reden, Rufe und Lieder auf Grabbildern des Alten Reiches, in: ders., Akademieschriften II (Wiederabdruck). Leipzig 1918, 229-288.

Eyre, C.: The Cannibal Hymn. A Cultural and Literary Study. Liverpool 2002.

Fränkel, H.: Dichtung und Philosophie der frühen Griechen. München 1962.

Genette, G.: Seuils. Paris 1987.

Genzmer, F.: Edda II. Götterdichtung und Spruchdichtung. Jena 1922.

Giesicke, M.: Sinnenwandel, Sprachwandel, Kulturwandel. Frankfurt/M. 1992.

Guglielmi, W.: Reden, Rufe und Lieder auf altägyptischen Darstellungen der Landwirtschaft, Viehzucht, des Fisch- und Vogelfangs vom Mittleren Reich bis zur Spätzeit. Bonn 1973 (Tübinger Ägyptologische Beiträge; 1)

Hartung, W.: Die Magie des Geschriebenen, in: Schaefer, U. (Hg)., Schriftlichkeit im frühen Mittelalter. Tübingen 1993 (ScriptOralia; 53), 109-126.

Hoffmann, B.: Die Königsnovelle. Strukturanalyse am Einzelwerk. Wiesbaden 2004 (ÄAT; 62).

Illich, I.: Lectio Divina, in: Schaefer, U. (Hg)., Schriftlichkeit im frühen Mittelalter. Tübingen 1993 (ScriptOralia; 53), 19-35.

Kahl, J.: Frühägyptisches Wörterbuch. Wiesbaden 2002-.

Kaplony, P.: Inschriften der ägyptischen Frühzeit. Wiesbaden 1963 (ÄA; 8).

Kloth, N.: Beobachtungen zu den biographischen Inschriften des Alten Reiches. SAK 25 (1998), 189-205.

— : Die (auto-)biographischen Inschriften des ägyptischen Alten Reiches: Untersuchungen zur Phraseologie und Entwicklung. Hamburg 2002 (BSAK; 8).

Kousoulis, P.: Spell III of the Metternich Stela: Magic, Religion and Medicine as a Unity. GM 190 (2002), 53-63.

Kuchenbuch, L.: Teilen, Aufzählen, Summieren, in: Schaefer, U. (Hg.), Schriftlichkeit im frühen Mittelalter. Tübingen 1993 (ScriptOralia; 53), 181-206.

Mauss, M.: Essai sur le don. Paris 1923-1924.

Morenz, L. D.: Beiträge zur Schriftlichkeitskultur im Mittleren Reich und in der Zweiten Zwischenzeit. Wiesbaden 1996 (ÄAT; 29).

— : Zur ursprünglich heliopolitanischen Herkunft zweier Fragmente *Ppy* I. aus Bubastis. DE 45 (1999), 61-64.

— : BRANDOPFER (*sfr.t/srf.t ḥtp.t*). Eine Parallelüberlieferung in den Pyramidentexten und in der Sonnenlitanei sowie eine hypothetische dritte Quelle. Lingua Aegyptia 6 (1999), 105-109.

— : Geschichte(n) der *Zeit der Regionen* (Erste Zwischenzeit) im Spiegel der Gebelein-Region: Eine fragmentarische *dichte Beschreibung*. Habilitationsschrift, Tübingen 2001.

— : Bild-Buchstaben und symbolische Zeichen. Die Herausbildung der Schrift in der hohen Kultur Altägyptens. Freiburg/Göttingen 2004 (OBO; 205).

— : The Role of the Memphite Area in the Development of Writing, in: Coppens, F. et al. (Hgg.), Saqqara and Abusir. Prag 2007 (im Druck).

Oesterreicher, W.: Verschriftung und Verschriftlichung im Kontext medialer und konzeptioneller Schriftlichkeit, in: Schaefer, U. (Hg.), Schriftlichkeit im frühen Mittelalter. Tübingen 1993 (ScriptOralia; 53), 267-292.

Parkinson, R.: Poetry and Culture in Middle Kingdom Egypt. A Dark Side to Perfection. London 2002.

Petrie, W. M. F.: The Royal Tombs of the First Dynasty I. London 1900 (EEF; 18).

Raue, D.: Heliopolis und das Haus des Re. Berlin 1999.

Scheele, K.: Die Stofflisten des Alten Reiches. Wiesbaden 2005 (MENES; 2).

Schlieben-Lange, B.: Traditionen des Sprechens. Traditionen einer pragmatischen Sprachgeschichtsschreibung. Stuttgart 1983.

Searl, J.: Ausdruck und Bedeutung. Untersuchungen zur Sprechakt-Theorie. Frankfurt 1982.

van der Leeuw, G.: Phänomenologie der Religionen. Tübingen 1933.

Vansina, J.: Oral Tradition as History. London 1985.

Vernus, P.: La Naissance de l'écriture dans l'Égypte Ancienne. Archéo-Nil 3 (1993), 75-108.

Vogelzang, M. E./Vanstiphout, H. L. J. (Hgg.): Mesopotamien Epic Literature: Oral or Aural. Lewiston 1992.

Wildung, D.: Imhotep und Amenhotep. Gottwerdung im Alten Ägypten. München 1977 (MÄS; 36).

Abbildungen

Fig. 1) Prunkpalette aus dem Louvre

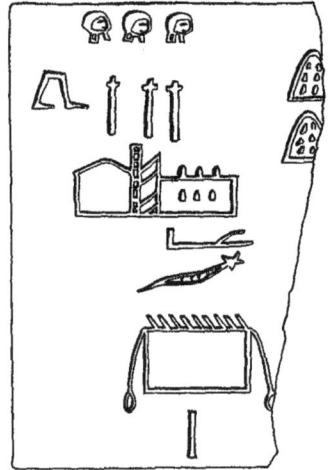

Fig. 2) Etiketten-Fragment aus der Zeit des Dewen-Chasty

Fig. 3) Etiketten aus dem Grab Abydos Uj

Fig. 4) Palette des Nar-meher

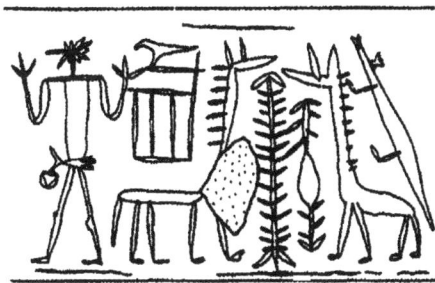

Fig. 5) Siegelinschrift aus Heluan

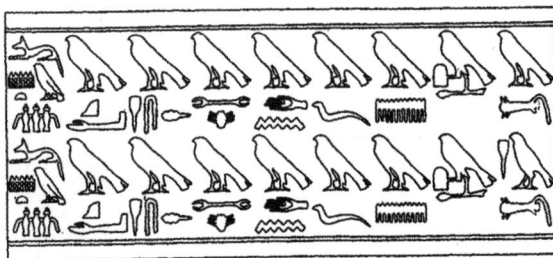

Fig. 6a) Königsliste von einem Siegel aus Abydos, Grundform

Fig. 6b) Königsliste von einem Siegel aus Abydos, Fortschreibung

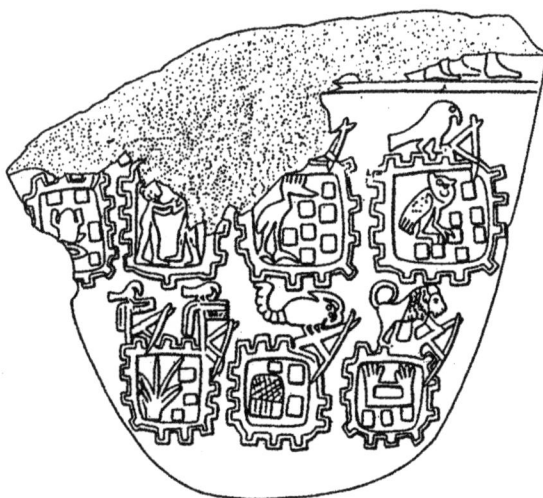

Fig. 7) Buto-Palette

Fig. 8) Stier-Palette

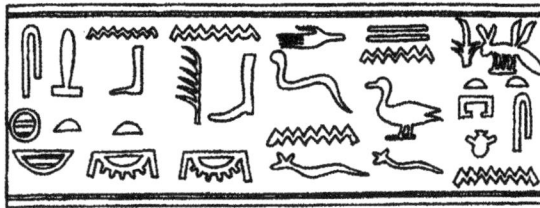

Fig. 9)
Siegelinschrift des
Per-ib-sen

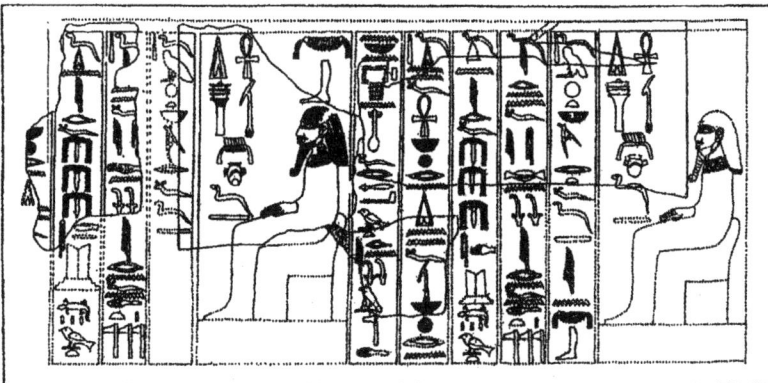

Fig. 10) Schrein des Djoser

Fig. 11) Fragment des Sakralbaus aus Heliopolis mit der Darstellung des Seth

Tora als Text im Deuteronomium

JOACHIM SCHAPER

„Dies sind die Reden, die geredet Moscheh zu ganz Jisrael dies-
seits des Jarden" – so Dtn 1,1 in der Übersetzung von Leopold
Zunz.[1] Zu Recht übersetzt er דברים mit „Reden": Das Deuteronomium gibt sich als Sammlung von Reden des Mose. In 1,5 heißt
es dann: בעבר הירדן בארץ מואב הואיל משה באר את התורה הזאת. Oft wird
so übersetzt, wie es die Lutherbibel vorführt: „Jenseits des Jordans im Lande Moab fing Mose an, dies Gesetz auszulegen, und
sprach...". באר pi. ist aber eben *nicht* als Auslegung zu verstehen, wie G. Braulik und N. Lohfink jüngst überzeugend dargelegt haben. Hier geht es vielmehr darum, daß der Tora Rechtskraft verliehen wird.[2]

Worauf aber bezieht sich – und darum geht es uns hier zunächst – der Ausdruck התורה הזאת, nicht zuletzt im Blick auf Dtn
1,1? Offensichtlich verweist „diese Tora" nicht auf die „Reden"
des Mose, die in 1,1 zur Sprache kommen; dort haben wir es
nicht mit einer *Buch*überschrift zu tun, sondern mit der Überschrift des ersten Redeganges des Deuteronomiums,[3] und in diesem ersten Redegang findet sich kein Textsegment, auf das sich
התורה הזאת beziehen könnte. Vielmehr handelt es sich in 1,5 und
4,8 um kataphorische Verweise auf das, was schließlich in der
Überschrift in 4,44 mit וזאת התורה eingeleitet wird und in 5,1 beginnt.[4] Folgt man also der Fabel des Deuteronomiums – „Fabel"
im literaturwissenschaftlichen Sinn –, und dies will ich hier zunächst tun, dann folgt von Dtn 5,1 an der Text „dieser Tora".
Das Ende „dieser Tora" ist weniger leicht auszumachen;[5] dazu

---

1   Die vierundzwanzig Bücher der Heiligen Schrift nach dem masoretischen
    Text. Übersetzt von Leopold ZUNZ.
2   Vgl. BRAULIK/LOHFINK, Deuteronomium 1,5; vgl. jetzt auch SCHAPER, The public-
    ation.
3   Vgl. aaO., 234.
4   Vgl. aaO., 236.
5   Vgl. aaO., 244, für die verschiedenen Optionen.

später mehr. In Dtn 31,9 wird dann dargestellt, wie diese Tora, die bisher nur mündlich vorlag, verschriftet wird: ויכתב משה את התורה הזאת. Die Inkraftsetzung führt also hin zur Verschriftlichung, ist aber nicht identisch mit ihr. Der Übergang vom Gesprochenen zum Geschriebenen wird hier thematisiert, der Übergang vom Diskurs zum Text dargestellt, und dies wiederum in einem Text, nämlich dem des Deuteronomiums selbst. Was passiert bei der Verschriftlichung eines Diskurses? In den Worten V. Bitis:

> „Indem die Äußerung oder der Diskurs zum T[ext] wird, wird die Sprachlichkeit der Kommunikation durch die Schriftlichkeit der Übertragung ersetzt, was bedeutet, dass der T[ext] nicht mehr dem Autor gehört, sondern sich seine Bedeutung verselbständigt und stabilisiert."[6]

In diesem Zusammenhang zitiert Biti Ricoeur: „Das Problem des richtigen Verstehens läßt sich nicht mehr durch die einfache Rückkehr zur ‚Intention des Autors' lösen."[7]

So handelt es sich bei der Verschriftlichung des Diskurses um einen ganz entscheidenden Punkt: Verschriftlichung ermöglicht das, was D. R. Olson als „autonomen Diskurs"[8] bezeichnet hat – autonom, weil der Diskurs von seinem Autor abgelöst ist. W. J. Ong vergleicht den autonomen Diskurs des Textes mit ähnlichen Phänomenen in mündlichen Kulturen und schreibt:

> "Oral cultures know a kind of autonomous discourse in fixed ritual formulas [...], as well as in vatic sayings or prophesies (sic), for which the author himself or herself is considered only the channel, not the source. The Delphic oracle was not responsible for her oracular utterances, for they were held to be the voice of the god. Writing, and even more print, has some of this vatic quality. Like the oracle or the prophet, the book relays an utterance from a source, the one who really 'said' or wrote the book. The author might be challenged if only he or she could be reached, but the author cannot be reached in any book."[9]

Ganz dementsprechend gibt das Deuteronomium, gemäß seiner eigenen Fabel, die Äußerungen des göttlichen Autors, die

---

6 BITI, Literatur- und Kulturtheorie, 799.
7 RICOEUR, The model of the text, 529-562, zitiert nach BITI, Literatur- und Kulturtheorie, 799.
8 OLSON, On the language and authority of textbooks, 186-196.
9 ONG, Orality and literacy, 77-78.

dieser mündlich teils selbst und direkt, teils durch sein Sprach-
rohr Mose getan hat, schriftlich wieder. Damit wird der Hörer
bzw. Leser des Textes von Gott und von Mose getrennt, aber zugleich zu ihnen auf neue Weise in Beziehung gesetzt. Er ist auf
den Text angewiesen, und er kann nicht hinter den Text zurück.
Das Deuteronomium beschreibt selbstreflexiv die Textualisierung der Selbstoffenbarung Jhwhs, aus der ein solcher Text entsteht – zu zeigen, was das religionsgeschichtlich bedeutet, darum geht es mir in dieser Studie.

Zu diesem Zwecke müssen wir zunächst nachverfolgen, wie
und warum diese Textualisierung laut Deuteronomium vor sich
geht. Das soll hier nur kurz skizziert werden. Daraufhin möchte
ich auf die Materialität des Schreibens hinweisen, also auf die
ganz konkreten Aspekte der Verschriftlichung der Tora, wie sie
das Deuteronomium darstellt und fordert.

Grundlegend für die Präsentation des Deuteronomiums ist ja
seine Einteilung in vier Redegänge, die mittels des Systems aus
vier Überschriften durchgeführt wird, wie P. Kleinert dies im
Jahre 1872 erstmals herausarbeitete[10] – eine Theorie, die zu
Recht in der Sekundärliteratur stark rezipiert worden ist. Diese
vier Überschriften finden sich in 1,1 (אלה הדברים), 4,44 (וזאת
התורה), 28,69 (אלה דברי הברית) und 33,1 (וזאת הברכה). Auf diese
Überschriften, die jeweils gleichsam die „Gattungen" des Folgenden angeben,[11] folgen Redeeinleitungen, deren jede „die Wurzel
אמר [enthält], wie das im Deuteronomium bei Redezitaten grundsätzlich üblich ist", wie N. Lohfink feststellt.[12]

Mir geht es im folgenden besonders um den zweiten Redegang (4,44-28,68), der, wie oben gezeigt, „diese Tora" enthält. Er
ist der einzige, der mit dem expliziten Hinweis auf eine „Tora" eröffnet wird: „Und dies ist die Tora, die Mose den Kindern/Söh-
nen Israels vorlegte." Formulierungen wie וזאת התורה bzw. התורה
הזאת finden sich noch, außer in den genannten Passagen, in Dtn
4,8; 17,18.19; 27,3.8.26; 28,58.61; 29,28; 31,9.11.12; 31,24;
32,46. In der großen Mehrheit der genannten Passagen tritt diese Formulierung – oder besser, mit Braulik, diese „geprägte
Wendung"[13] – in Verbindung mit כתב „schreiben" auf, wird also
die Weisung Gottes als zu verschriftende Weisung dargestellt:
Der Diskurs wird zum Text. Die Textualisierung der mündlich

---

10 Kleinert, Das Deuteronomium und der Deuteronomiker, 166-168.
11 Vgl. Lohfink, Die An- und Absageformel, 57.
12 Vgl. aaO., 57.
13 Braulik, Die Mittel deuteronomischer Rhetorik, 117.

erteilten Weisung wird hauptsächlich im zweiten Redegang thematisiert, ist dort aber selten auf התורה הזאת bezogen (Dtn 5,22 [19]; 6,9; 9,10; 10,2.4; 11,20; 17,18; 24,1.3; 27,3.8; 28, 58.61). Zum Umfang dieses Redeganges sagt Lohfink, daß „[d]as von der Überschrift B angesagte Mosedokument (‚Tora‘) [...] vielleicht nur der Text von Deuteronomium 5-26 [ist], doch vermutlich gehört auch Deuteronomium 28 dazu." Und er fügt hinzu:

> „Diese Tora wird von Kapitel 27 unterbrochen, wo sogar angeordnet wird, wie diese Tora später in einer Inschrift festgehalten werden soll (27,3.8). Hier schieben sich mehrere Redeeinleitungen und eine etwas aus dem Rahmen der Umgebung fallende Anweisung für ein späteres Ritual im Westjordanland [...] in den eigentlichen Tora-Text ein."[14]

Hier ist anzumerken und zu präzisieren, daß Dtn 27,3 und 27,8 sich mit der in beiden Fällen gebrauchten Formel התורה הזאת auf 4,44 zurückbeziehen: וזאת התורה. Durch diese Inclusio wird deutlich zum Ausdruck gebracht, was da einst im Westjordanland auf die Steine geschrieben werden soll, nämlich die Tora von 5,1-26,19. Es ist dieser Textbereich, auf den in Dtn 1,5 und 4,8 kataphorisch mit „diese Tora" hingewiesen wird. In Kap. 28 taucht die Wendung התורה הזאת ebenfalls zweimal auf, und zwar in folgendem Zusammenhang. In V. 58 heißt es: „Wenn du nicht beobachten wirst auszuüben all die Worte dieser Lehre, die in diesem Buche geschrieben sind" (Zunz). In V. 61 findet sich: „auch jegliche Krankheit und jegliche Plage, die nicht geschrieben ist in dem Buche dieser Lehre (בספר התורה הזאת)" (Zunz).

Auch in diesen beiden Versen liegt also ein Bezug zu Dtn 4,44 vor, aber gleichsam um eine Kategorie weniger direkt: Der ספר, das Ergebnis der Textualisierung der Tora, von dem im ganzen zweiten Redegang und auch vorher nichts zu hören war (mit Ausnahme von Dtn 17,18), wird von hier an und bis Kapitel 31 als Endprodukt der Verschriftung massiv ins Spiel gebracht; vgl. Dtn 28,58.61; 29,19.20.26; 30,10; 31,24.26 (siehe die dieser Studie beigefügte Übersicht).

Zunächst stellt sich die Frage: Was bedeuten diese Beobachtungen im Blick auf die Entstehungsgeschichte des Deuteronomiums? Nach Beantwortung dieser Frage werde ich mich den Schlußfolgerungen widmen, die hinsichtlich der Religionsgeschichte zu ziehen sind, und dabei besondere Aufmerksamkeit

---

14 LOHFINK, Die An- und Absageformel, 59.

der Vorstellung von Gott als Autor und dem Gotteswort als Text widmen.

Nun also zur Entstehungsgeschichte, genauer: zu der Frage, welchen Aufschluß über die Entstehungsgeschichte uns der zweite Redegang geben kann. Zunächst zur Überschrift in 4,44. Unter dieser Überschrift ist sehr verschiedenes Gut versammelt, und Kap. 27 sticht aus dem Zusammenhang des zweiten Redeganges noch einmal ganz besonders hervor. Am einfachsten ist wohl die Frage nach dem Alter des Überschriftensystems und damit nach dem Alter der Überschrift über dem zweiten Redegang zu klären. Diese Überschrift gilt insgesamt für den von 5,1 bis 28,68 sich erstreckenden Abschnitt.[15] Die von 4,44 bis 5,1 reichende Überschrift „muß", wie Lohfink zu Recht sagt,

> „[...] diachron mehrschichtig sein. Die jetzt führende Überschrift in 4,44 scheint als letztes Element vor alles andere davorgesetzt worden zu sein. Sie bringt das Wort ‚Tora' ein, das vor allem in späten Texten von Kapitel 28 ab eine Rolle spielt. So könnte im Kernbestand der zweiten Überschrift des Systems vielleicht ein älterer Ansatzpunkt für das Gesamtsystem vorgegeben gewesen sein."[16]

In der Tat ist auffällig, daß in Kapp. 27 und 28 und dann besonders in Kapp. 29-32 der Begriff תורה, besonders in der Verbindung von תורה und ספר, ins Spiel gebracht wird. Mir scheint, daß bei genauer Analyse Anhaltspunkte für eine relative Datierung zu entdecken sind, wenn wir unsere Beobachtungen nun präzisieren.

Um dies zu tun, widmen wir uns dem Gebrauch von ספר, תורה und כתב im Deuteronomium, besonders im zweiten und dritten Redegang (vgl. Übersicht). Zunächst einmal ist auffällig, daß im ganzen großen Textbereich Dtn 5-26 der Begriff תורה, der in der Überschrift ja die zentrale Rolle spielt, nur in Kap. 17 vorkommt: Dort geht es in VV. 11, 18 und 19 nicht um die Tora im allgemeinen, sondern spezifisch um ein Exemplar der Tora, das der König sich anfertigen lassen soll:

וכתב לו את משנה התורה הזאת על ספר

---

15 Vgl. Lohfink, Die An- und Absageformel, 59 und Sonnet, The book within the book, 17f, 184f.
16 Lohfink, Die An- und Absageformel, 70.

Dies ist, in V. 18 und gemeinsam mit V. 19, der einzige Rückbezug auf וזאת התורה in 4,44; in V. 11 werden ganz allgemein תורה und משפט erwähnt. Das ist eine magere Ausbeute für den ganzen großen Bereich von Kap. 5 bis Kap. 26, insbesondere, wenn man bedenkt, daß allein in den Kapp. 27 und 28 fünfmal mit התורה הזאת auf וזאת התורה Bezug genommen wird. Doch dazu später.

Zu Dtn 5-26 fällt weiterhin auf, daß – obwohl die תורה fast nie erwähnt wird – das Schreiben eine große Rolle spielt. Gott schreibt seine „Worte" auf (Dtn 5,22; 9,10; 10,2.4), und die Israeliten sollen „diese Worte" „auf die Pforten des Hauses und auf die Tore" schreiben (6,9; 11,20). Darüber hinaus ist vom Schreiben des königlichen Exemplars der Tora die Rede, die wir gerade erwähnten (17,18), und vom Schreiben des Scheidebriefes. Es ist also, so kann man zusammenfassen, gerade hier in Dtn 5-26, daß wir die hervorstechendsten Äußerungen zu Gott als Autor seiner mündlichen und schriftlichen Worte finden, oder, anders gesagt, daß Gott als Autor und Schreiber dargestellt wird. Und gerade hier ist auch der Begriff תורה auffällig *ab*wesend. Was niedergeschrieben wird, sind immer die „Worte" (דברים) Gottes.

Anders in Kapp. 27 und 28. Da wird befohlen, „alle Worte *dieses Gesetzes*" (vgl. 4,44) im Westjordanland als Inschriften auf den Steinen anzubringen (Dtn 27,3.8) und unbedingt an „allen Worten *dieses Gesetzes*" festzuhalten (27,26). In Kap. 28 ist zusätzlich von dem ספר die Rede, in dem die תורה aufgezeichnet ist (28,58; vgl. besonders 28,61: בספר התורה הזאת).

Es legt sich also vom Befund hinsichtlich des Gebrauchs von תורה, ספר und כתב her nahe, die Kapitel 5-26 und die Kapitel 27 sowie 28 differenziert zu verstehen. Wahrscheinlich ist, gegen Lohfink, anzunehmen, daß Dtn 28 eben doch nicht zu dem „von der Überschrift B angesagte[n] Mosedokument"[17] gehört. Vielmehr wäre diesem Dokument Dtn 5,1-26,19 zuzurechnen. In diesem ganzen, überaus umfangreichen Dokument kommt nur in Dtn 17,18-18 die „geprägte Wendung"[18] התורה הזאת vor. Dagegen findet sie sich, wie wir sahen, allein in Kap. 27 dreimal und in Kap. 28 zweimal. Ich hatte bereits erwähnt, daß Kap. 27,3.8 mit התורה הזאת die Formulierung וזאת התורה in 4,44 aufnimmt und die beiden Verse damit eine Inclusio um 5,1-26,19 bilden. Wie ich mittlerweile hoffentlich deutlich gemacht habe, geht es nicht an, alle Erwähnungen von תורה z.B. unterschiedslos einem „No-

---

17 LOHFINK, Die An- und Absageformel, 59.
18 Vgl. oben, Anm. 13.

misten" („DtrN") zuzuordnen. Vielmehr geben die unterschiedlichen Kombinationen, in denen תורה benutzt wird, zutreffende diachrone Rückschlüsse erst dann, wenn man für die diffizile Frage nach der Bedeutung von Schreiben und Schriftlichkeit im Deuteronomium sensibilisiert ist.

Dies wird vom Befund im dritten Redegang nochmals bestätigt, wo ספר, תורה und כתב besonders häufig zusammen auftreten und sich in 29,20; 30,10 und 31,26 eine Formulierung findet, die so nirgendwo sonst auftritt: בספר התורה הזה „in diesem Buch der Lehre".

Zwar war schon vor 29,20 ein ספר erwähnt worden (vgl. z.B. בספר הזה in 28,58 und בספר התורה הזאת in 28,61), aber nie war deiktisch-selbstreflexiv auf „dieses Buch der Lehre" hingewiesen worden. Folgen wir genau dem Sprachgebrauch und der Konzeptualisierung von Schriftlichkeit und Schreiben im Deuteronomium, können wir nun seine Entstehungsgeschichte zumindest teilweise rekonstruieren, indem wir Elemente für die Rekonstruktion einer relativen Chronologie in die Hand bekommen. Es ergibt sich folgendes Bild: In den Kapiteln 5-26 erscheint Gott als Autor und Schreiber und schreiben Menschen. Gott und Menschen schreiben die „Worte" Gottes nieder, so z.B. in 5,22; 6,9; 9,10; 10,4 (דברים bezeichnet in manchen Fällen den Dekalog, in anderen Einzelbestimmungen, in wiederum anderen das ganze Gesetz),[19] aber nie findet im Zusammenhang mit דברים oder דבר eine Auseinandersetzung mit der Tatsache der Verschriftlichung oder gar dem Konzept „Text" bzw. „Textualisierung" statt. Das findet sich im zweiten Redegang erst in den Kapiteln 27 und 28 und im dritten Redegang dann noch ausführlicher in den Kapiteln 29-31. Die Auseinandersetzung mit Text und Textualisierung taucht erst dort auf, wo man also über die Vieldeutigkeit von דבר und דברים hinausgekommen ist und mit einem Begriff das Gesetz bzw. die Weisung konzeptualisiert. Damit – und erst damit – ging einher nicht nur die Erwähnung der Verschriftlichung, sondern die intellektuelle Auseinandersetzung mit dem Konzept der Textualisierung und mit deren Konsequenzen für die Konzeptualisierung der Landnahme sowie für die Religionsausübung, wie sie sich z.B. in 27,3.8 darstellt. Innerhalb dieser Reflexion der Textualisierung der Religion sind zwei Stadien zu unterscheiden: das der Erwähnung von Verschriftlichung der תורה im allgemeinen (27,3.8) und das der Verschriftlichung der תורה als ספר (29,20; 30,10; 31,24), so daß dann von einem

---

19 Vgl. Braulik, Die Mittel deuteronomischer Rhetorik, 121, 123, 126.

ספר תורה die Rede sein kann (29,20; 30,10; 31,26). Die Konzeptualisierung der Verschriftlichung des Gotteswortes wird also immer präziser in Worte gefaßt.

Versucht man diese Beobachtung für die Erforschung der Entstehungsgeschichte des Deuteronomiums zu nutzen, so ergibt sich, daß die Kapp. 5-26 den frühesten Teil des zweiten Redegangs bilden, der später um die Kapp. 27 und 28 ergänzt worden ist. Noch später sind die zum Vier-Überschriften-System gehörigen Überschriften in Dtn 4,44 und 28,69.[20] Dtn 4,44 faßt die älteren und jüngeren Teile, denen es voransteht, unter der Formulierung וזאת התורה zusammen, die die Rede von התורה הזאת in den Kapiteln 27 und 28 aufgreift und damit einen Großabschnitt תורה konstituiert. Der Begriff תורה, und auch die Formulierung התורה הזאת, taucht zwar auch im dritten Redegang auf, der ja die Überschrift אלה דברי הברית trägt, bezieht sich dort aber immer zurück auf die Tora von Dtn 5-26 (die offenbar mittlerweile als ספר vorlag). Die Formulierung התורה הזאת ist, ganz anders als הדברים האלה, kontextunabhängig.[21] Von Kap. 27 an, das haben wir gesehen, findet sich die Formulierung התורה הזאת, die in den Kapiteln 5-26 nur sporadisch auftrat, häufiger, und zwar in der Regel mit כתב und besonders mit ספר. Braulik und Lohfink behandeln das Problem ausschließlich auf synchroner Ebene und stellen fest:

> „Die von Kapitel 27 an sich häufenden Belege für התורה הזאת verbinden sich zum größeren Teil mit den Themen Niederschrift und Urkunde. Sie führen damit in den Zusammenhang des Bundesschlusses und der dokumentarischen Grundlage der zu ihm gehörenden Eidleistung, auch – in 27,3.8 – zu seiner inschriftlich hergestellten Öffentlichkeit, und schließlich zu den Institutionen für die Weitergabe des Wissens um die übernommenen Verpflichtungen an die kommenden Generationen. Das muß hier nicht im einzelnen dokumentiert werden."[22]

Aber hier wird es erst richtig interessant, und so möchte ich die Frage nach den religions- und allgemeingeschichtlichen Hintergründen und der kulturanthropologischen Einordnung dessen stellen, was wir uns hier gemeinsam angesehen haben.

Die beherrschende Rolle des Schreibens in zentralen Texten des Deuteronomiums ist deutlich geworden, ebenso wie die Entwicklung von einer nicht näher reflektierten Darstellung Gottes

---

20 Vgl. LOHFINK, Die An- und Absageformel, 70f.
21 BRAULIK/LOHFINK, Deuteronomium 1,5, 41.
22 BRAULIK/LOHFINK, Deuteronomium 1,5, 46.

als Autor und Schreiber hin zu einer selbstreflexiven Darstellung der schriftlichen Produktion des Tora-Buches, des „Buches im Buch", wie es J.-P. Sonnet genannt hat.[23]

Diese Entwicklung, die ich hier aus dem Text des Deuteronomiums in relativer Chronologie herauszuarbeiten versucht habe, deckt sich übrigens sehr schön mit textexternen Beobachtungen, und zwar in der Syropalästinischen Archäologie. Hier sind zahlreiche Siegelfunde besonders aus dem siebten Jahrhundert zu beachten, die auf die Existenz einer Unzahl von Dokumenten aus Papyrus und Pergament, die die klimatischen Bedingungen Judas nicht überlebten, schließen lassen. Für die Zeit vom achten bis zum frühen 6. Jh. v. Chr. läßt sich aufgrund inschriftlicher Funde eine explosionsartige Zunahme in der Benutzung von Schreibmedien konstatieren. Ostraka, Siegel, Siegelabdrükke,[24] Gewichte, Inschriften und Graffiti legen Zeugnis ab von einer vergleichsweise weitverbreiteten Lese- und Schreibfähigkeit.[25] Das berühmteste Einzelbeispiel ist der Lachisch-Brief Nr. 3, von einem jungen Offizier an seinen Vorgesetzten gesandt, in dem der Untergegebene seine Lese- und Schreibfähigkeit nachdrücklich betont. Auch das Mesad-Hashavyahu-Ostrakon ist hier wichtig. Nicht nur in den höheren Gesellschaftsschichten waren Lese- und Schreibkenntnisse verbreitet, sondern auch – wenn wohl auch nur in Form einer „restricted literacy" – in weiteren Teilen der Bevölkerung, worauf besonders die hohe Zahl anikonischer, oftmals primitiv gearbeiteter und somit billiger Siegel hindeutet.[26]

Die wachsende Urbanisierung Judas in der spätvorexilischen Zeit ging mit erhöhter wirtschaftlicher Aktivität, einer wachsenden Alphabetisierungsrate im Volk und dem vermehrten Gebrauch von Schreibmedien Hand in Hand. Dieser vermehrte Gebrauch von Schreibmedien führte zu einer immer differenzierteren Nutzung der „Technologie" des Schreibens,[27] und die zunehmend selbstverständliche Rolle dieser „Technologie" in der judäischen Gesellschaft spiegelt sich in der Literatur, die diese Gesellschaft hervorbrachte. So konnte es geschehen, daß man nun auch und vor allem Gott als Autor und Schreiber, ja *als den Inbegriff und das Urbild des Autors und Schreibers* in die religiöse

---

23 Vgl. den vollen Titel von SONNET, The book within the book.
24 Vgl. AVIGAD/SASS, Corpus of West Semitic stamp seals.
25 Vgl. SCHNIEDEWIND, How the Bible became a book, 100.
26 Vgl. ebd.
27 Zu dieser Terminologie vgl. GOODY, Technologies of the intellect, 132-151.

Literatur einführte. *Neu* war jetzt, daß Offenbarung und Schreiben, Gottes gesprochenes Wort und der schriftliche Text, sich voneinander trennten, zugleich aber auch eine neue Verbindung miteinander eingingen. Offenbarung war nun ohne eine schriftliche Niederlegung derselben nicht mehr möglich – vgl. Dtn 5-26! – und ist später gar nicht mehr ohne ihre „Publikation" als Buch und öffentliche Inschrift denkbar;[28] vgl. Dtn 31,24 und 27,3.8. Ja die Offenbarung als Text spielt eine ganz zentrale Rolle bei der Eroberung des Landes Israel:[29] Mit der in Dtn 27,3.8 befohlenen inschriftlichen Darstellung „dieser Tora" wird dann beim Übergang ins Land und schließlich auf dem höchsten Berg des zuerst eroberten Gebietes gleichsam der *claim* auf das Land abgesteckt und dasselbe symbolisch in Besitz genommen (Dtn 27,3.8; Jos 8,3-32; Jos 24,25-27).[30] Um Inbesitznahme nämlich handelt es sich: Gemäß den von J. Assmann benutzten Kategorien haben wir es hier mit „performativer Schriftlichkeit" zu tun. Eine monumentale Inschrift ist auf dem Berg Ebal zu errichten, so Dtn 27,8, und zu dieser Monumentalität „gehört", so Assmann,

> „[...] was man ihren ‚demarkatorischen' Charakter nennen könnte. [...] Die Stele kommemoriert also den Vertrag, indem sie die Grenze markiert. Zwischen Territorialität und Inschriftlichkeit besteht eine innere Beziehung. Die Inschrift ist das ortsfest gemachte Wort."[31]

Soweit zur Inschrift. Wie steht es nun aber mit „diesem Buch der Lehre" (ספר התורה הזה), das daraufhin מצד ארון ברית יהוה אלהיכם, also neben der Bundeslade, deponiert wird? Es ist das Gegenstück zu der stationären Inschrift auf dem Berg Ebal – gemeinsam mit der Bundeslade *begleitet* diese Buchrolle der Tora das Volk auf seinem Weg, während die Tora auf dem Berge Ebal über ihm wacht.

Das offenbarte Wort Gottes wirkt also in seiner fixierten Form als Text. Als gleichsam *materialiter*, fast magisch wirksamer Text steckt es die Grenzen des Landes ab und ist zugleich, in anderer Aktualisierung, aber eben auch als Text, Begleiter

---

28 Vgl. jetzt SCHAPER, The publication. Zu Gott als Schreiber und Autor vgl. SCHAPER, A theology of writing.

29 Vgl. dazu jetzt SCHAPER, The living word engraved in stone.

30 Vgl. ASSMANN, Altorientalische Fluchinschriften, 240. Zu באר in Dtn 27,8 vgl. BRAULIK/LOHFINK, Deuteronomium 1,5, 36-38.

31 ASSMANN, Altorientalische Fluchinschriften, 240.

des Gottesvolkes, bis es im Tempel zur Ruhe kommt, wo es end-
gültig zum Mittelpunkt dieses Volkes wird. Hier liegen die Wurzeln des Umgangs des Judentums mit der Offenbarung *als Text*.
Der Weg des Offenbarungswortes aus dem Munde JHWHs
über die schriftliche Fixierung auf den Tafeln bis hin zur Aufbe-
wahrung der Tafeln in der Lade und der Deponierung des aufgeschriebenen Gesetzes neben der Lade und auf dem Ebal ist der
Weg der JHWH-Religion vom Kult zum Text.[32] Die literaturge-
schichtlichen Stadien dieses Weges sind aus dem Deuteronomium erhebbar und widerspruchsfrei mit den entsprechenden Stadien auf dem Weg der Alphabetisierung der judäischen Gesellschaft zu korrelieren. Man sieht, wie die Frage nach der Geschichte des Schreibens in der judäischen Gesellschaft, die eine
kulturanthropologische ist, einen ganz neuen Blick auf die Geschichte der *Texte* und damit auf die Religionsgeschichte und
die allgemeine Geschichte eröffnet. Einen kleinen Ausschnitt haben wir in dieser Studie betrachtet. Wir haben gesehen, wie
schnell die Frage nach der Geschichte des Schreibens hier zugleich mitten in die Geschichte Judas und in das innere Sanc-
tum der Theologie führt, zum Offenbarungsbegriff. Das Deuteronomium ist das erste Zeugnis jenes Verständnisses von Religion,
das J. Goody die „Orthodoxie des Buches" genannt hat.
Wenn der Diskurs zum Text wird, dann entsteht das, was
W. J. Ong, D. R. Olson u.a. als „autonomen Diskurs"[33] bezeichnet haben. Der Text löst sich vom Autor, und zwar sowohl in der
erzählten Welt des Deuteronomiums, in der sich die Offenbarung als Text vom göttlichen Autor löst, indem sie von Mose in
der Buchrolle niedergelegt wird, als auch in der Welt des Lesers,
der das Deuteronomium als Offenbarungs-Text las und liest.
Dieser Text ist nachprüfbar und wird als unverletzlich und un-
verrückbar deklariert – Dtn 4,2! –, wie dies nur bei einem
schriftlichen Text möglich ist. Auf diese Weise kann nur ein Text
normativ sein, weil er überprüfbar ist. Zugleich aber eröffnet
sich der Abgrund zwischen der schriftlich niedergelegten, „ewi-
gen" Norm und der alltäglichen Praxis – immer wieder beobachtet von der zeitgenössischen Anthropologie und unübertrefflich

---

32 Vgl. den voraussichtlich im Jahre 2008 herauskommenden, von mir heraus-
    gegebenen Sammelband von Arbeiten zu ebendiesem Thema.
33 ONG, Orality and literacy, 77-78 („The new world of autonomous discourse")
    im Anschluß an HIRSCH, The philosophy of composition, 21-23, 26, OLSON, On
    the language and authority of textbooks, 187-194 und CHAFE, Integration
    and involvement, 35-54.

illustriert bereits von II Reg 22-23! –, ein Abgrund, der sich in einer weniger textualisierten Religion gar nicht eröffnen *könnte*. Das Buch schafft die Orthodoxie, es ermöglicht überhaupt erst das Konzept von Orthodoxie. Im Deuteronomium und seinem Weg vom דבר Gottes zum ספר התורה gehen wir diesen Weg zur „Orthodoxie des Buches" (Goody) mit. Wer den sich nun eröffnenden Abgrund überbrücken wollte, mußte den unveränderbaren Text mit den ständig sich ändernden Verhältnissen immer neu zur Deckung bringen. Das war die Geburtsstunde der Schriftauslegung in Juda. Mit der „Orthodoxie des Buches" geht in paradoxer Weise die Notwendigkeit einer hermeneutischen Klärung und einer exegetischen Auseinandersetzung mit dem Offenbarungs-*Text* einher. Abgesichert und autorisiert durch die Darstellung Gottes als Autor und Schreiber transformierte das Schreiben das Konzept von Offenbarung, und die textualisierte *Offenbarung* gebar die *Kritik*. Im Deuteronomium laufen alle diese Fäden zusammen. Eben deswegen markiert es den Beginn der JHWH-Religion und ihrer Transformationen als Buch- und damit (!) als Weltreligion.

Übersicht:
Belege für תורה, כתב und ספר im Deuteronomium

	תורה	כתב	ספר
1,5	התורה הזאת		
4,8	התורה הזאת		
4,13		ויכתבם	
4,44	וזאת התורה		
5,22		ויכתבם	
6,9		וכתבתם	
9,10		כתבים באצבע אלהים	
10,2		ואכתב	
10,4		ויכתב	
11,20		וכתבתם	
17,11	התורה		
17,18	התורה הזאת	וכתב	על ספר
17,19	התורה הזאת		
24,1		וכתב	ספר כריתת
24,3		וכתב	ספר כריתת
27,3	התורה הזאת	וכתבת	
27,8	התורה הזאת	וכתבת	
27,26	התורה הזאת		
28,58	התורה הזאת	הכתובים	בספר הזה
28,61	התורה הזאת	כתוב	בספר
29,19		הכתובה	בספר הזה
29,20	התורה	הכתובה	בספר [התורה] הזה
29,26		הכתובה	בספר הזה
29,28	התורה הזאת		
30,10	התורה	הכתובה	בספר [התורה] הזה
31,9	התורה הזאת	ויכתב	
31,12	התורה הזאת		
31,19		כתבו	
31,22		כתבו	
31,24	התורה הזאת	לכתב	על ספר
31,26	התורה		ספר [התורה] הזה
32,46	התורה הזאת		

Literaturverzeichnis

Assmann, J.: Altorientalische Fluchinschriften und das Problem performativer Schriftlichkeit, in: Gumbrecht, H. U./Pfeiffer, K. L. (Hgg.), Schrift. München 1993 (Materialität der Zeichen; A 12), 233-255.

Avigad, N./Sass, B.: Corpus of West Semitic Stamp Seals. Jerusalem 1997.

Biti, V.: Literatur- und Kulturtheorie. Ein Handbuch gegenwärtiger Begriffe. Reinbek bei Hamburg 2001 (Rowohlts Enzyklopädie).

Braulik, G./Lohfink, N.: Deuteronomium 1,5 באר את התורה הזאת: „und er verlieh dieser Tora Rechtskraft", in: Kiesow, K./Meurer, Th. (Hgg.), Textarbeit. Studien zu Texten und ihrer Rezeption aus dem Alten Testament und der Umwelt Israels. Festschrift für Peter Weimar zur Vollendung seines 60. Lebensjahres mit Beiträgen von Freunden, Schülern und Kollegen. Münster 2003 (AOAT; 294), 34-51 (= N. Lohfink, Studien zum Deuteronomium und zur deuteronomistischen Literatur V. Stuttgart 2005 [SBAB; 38], 233-251).

Braulik, G.: Die Mittel deuteronomischer Rhetorik erhoben aus Deuteronomium 4,1-40. Rom 1978 (Analecta Biblica; 68).

Chafe, W. L.: Integration and Involvement in Speaking, Writing, and Oral Literature, in: Tannen, D. (Hg.), Spoken and Written Language. Exploring Orality and Literacy. Norwood, NJ 1982, 35-54.

Goody, J.: Technologies of the Intellect. Writing and the Written Word, in: ders., The Power of the Written Tradition. Washington/London 2000 (Smithsonian Series in Ethnographic Inquiry), 132-151.

Hirsch Jr., E. D.: The Philosophy of Composition. Chicago/London 1977.

Kleinert, P.: Das Deuteronomium und der Deuteronomiker. Untersuchungen zur alttestamentlichen Rechts- und Literaturgeschichte. Bielefeld/Leipzig 1872.

Lohfink, N.: Die An- und Absageformel in der hebräischen Bibel. Zum Hintergrund des deuteronomischen Vierüberschriftensystems, in: Gianto, A. (Hg.), Biblical and Oriental Essays in Memory of William L. Moran. Rom 2005 (Biblica et Orientalia; 48), 49-77.

Olson, D. R.: On the Language and Authority of Textbooks. Journal of Communication 30 (1980), 186-196.

Ong, W. J.: Orality and Literacy. The Technologizing of the Word. London/New York 2002 (Erstauflage New York 1982).

Ricoeur, P.: The Model of the Text: Meaningful Action considered as a Text. Social Research 38 (1971), 529-562.

Schaper, J.: A Theology of Writing: Deuteronomy, the Oral and the Written, and God as Scribe, in: Lawrence, L./Aguilar, M. (Hgg.), Anthropology and Biblical Studies. Avenues of Research. Leiden 2004, 97-119.

— : The 'Publication' of Legal Texts in Ancient Judah, in: Knoppers, G./Levinson, B. (Hgg.), Pentateuch as Torah. New Models for Understanding Its Promulgation and Acceptance. Winona Lake, Indiana 2007 (im Druck).

— : The Living Word Engraved in Stone. The Interrelationship of the Oral and Written and the Culture of Memory in the Books of Deuteronomy and Joshua, in: Barton, S./Stuckenbruck, L./Wold, B. (Hgg.), Memory in the Bible and Antiquity. Tübingen 2007 (im Druck).

Schniedewind, W.: How the Bible Became a Book. The Textualization of Ancient Israel. Cambridge 2004.

Sonnet, J. P.: The Book within the Book. Writing in Deuteronomy. Leiden 1997 (Biblical Interpretation Series; 14).

Zunz, L.: Die vierundzwanzig Bücher der Heiligen Schrift nach dem masoretischen Text. Neudruck Tel-Aviv 1997.

Offene und geschlossene Texte im frühen Mesopotamien

Zu einer Text-Hermeneutik zwischen Individualisierung und Universalisierung

GEBHARD J. SELZ

Eine konsensuelle Beantwortung der ontologischen Frage, was denn ein Text sei, scheint nahezu unmöglich. Kontext, Subtext, Metatext, Hypertext sind Begriffe, deren ubiquitäre Verwendung nicht unbedingt auf ihre Klarheit verweist. Aus diesem Grunde und, wie ich zu zeigen hoffe, auch aus einer speziellen altorientalischen Perspektive, gehe ich zunächst aus von einer sehr allgemeinen Bestimmung: „Text ist alles, was zeichenhaft strukturiert ist." Daraus folgt zunächst, daß Schriftlichkeit kein notwendiges Merkmal eines Textes ist, auch wenn die allgemeine Verwendung dies oft impliziert. Die hier verwendete, aus der Semiotik entnommene Bestimmung öffnet unsere Überlegungen zunächst in zweierlei Hinsicht: Als konstituierend für unsere Frage nach dem Text zeigt sich die Frage nach den Regeln oder „Codes", nach denen Phänomene als Zeichen ausgewählt werden; über den Begriff des Zeichens selbst verweist sie auf Kulturphänomene als Kommunikationsphänomene. Im gegenwärtigen Kontext zurücktreten vorläufig Beobachtungen, die K. Ehlich im Zusammenhang mit der „Materialität" von Schrift machte. Er beschreibt Schrift als „die am meisten veräußerlichte Form sprachlichen Handelns, das durch das Schreiben in bloße Virtualität zurückgenommen wird." Er begreift „Texte als das, was die Elemente einer in sich zerdehnten Sprechhandlung miteinander vermittelt".[1] Mit anderen Worten, Text wird hier verstanden als Resultat einer Verdinglichung von sprachlichen Handlungen, die in mehreren Abstraktionsschritten erfolgte. Demgegenüber ist der hier gewählte Ansatz insofern unterschie-

---

1 EHLICH, Schrift, 92.

den, indem Schrift und Text nicht (ausschließlich) unter dem Blickpunkt der verdinglichten ephemeren und linearen Sprechakte betrachtet werden. Es wird statt dessen ein Modell zugrunde gelegt, das lediglich allgemein eine Strukturiertheit von Zeichen als Merkmal von Texten unterstellt. Dieses könnte man, wenn man so will, als „multimediales" Modell bezeichnen.[2]

Texte, die Gegenstand der Altorientalistik sind, sind zunächst geschlossen in der Hinsicht, daß die Zeichenauswahl abgeschlossen ist, und der Satz der Regeln oder Codes – wenn auch nur theoretisch – komplett vorliegt. Dennoch ist die Geschlossenheit solcher Texte nur relativ; auch diese Texte sind zu einem Gutteil nur verständlich, weil uns ihre Codes vertraut sind oder vertraut scheinen. Dabei unterstellen wir eine grundsätzliche Kommunikationsabsicht von Texten; eine davon zu unterscheidende unabhängige Repräsentationsabsicht ist wenig überzeugend. In den Termini der Sprechakttheorie läßt sich zudem sagen, daß sich hinter einem Text ganz unterschiedliche illokutionäre Akte verbergen können. Daß das Perlokutionspotential von den räumlichen, zeitlichen u.a. Gegebenheiten abhängt – kontextabhängig ist – scheint evident.

Werfen wir einen Blick auf einige sumerische Personennamen: lugal-téš-ĝu$_{10}$, lugal-anzú^{mušen}, lugal-men$_x$ (= ĜÁxEN), lugal-ig-gal und lugal-bàd bedeuten wörtlich „Der Herr/König (ist/hat) meine Lebenskraft", „Der Herr/König (ist/hat) ein(en) Donnervogel", „Der Herr/König (ist/hat) eine Krone", „Der Herr/König (ist/hat) eine ‚große Tür' " und „Der Herr/König (ist/hat) eine (Schutz-)Mauer". Im Referenten dieser Präposition hat man zunächst den irdischen Funktionsträger angenommen, d.h. man nahm an, daß der Namensgeber oder der Namensträger durch den Akt der Namensgebung eine besondere Loyalität zum Ausdruck bringen wollte. Für alle hier genannten Namen lassen

---

2 Ehlich betont die Bedeutung von Visualität und Taktilität, die bei der Ausformung der frühen Schriften deutlich wahrnehmbar ist (EHLICH, Schrift, 94f). In diesem Zusammenhang (aaO., Anm. 2) verweist er darauf, daß in „Gebets-Hilfen wie dem Rosenkranz und ähnlichen Phänomenen anderer Religionen [...] sich diese taktile Memorienunterstützung bis heute erhalten hat". Für den hier gewählten Ansatz kennzeichnender sind vielleicht die Architektur basierten Erinnerungskonzepte, etwa „theatre memory system of Robert Fludd", wie es von YATES, The Art of Memory, 310-354 beschrieben wird. Solche Modelle – vgl. auch die Architektur-Konzepte eines M. Butor nach GOMOLLA, Lesbare Architektur – scheinen mir den Vorteil zu haben, daß neben der zeitlich-linearen auch die räumlich-allokative Struktur von Texten in den Blick genommen wird; vgl. weiters ECO, Einführung, 312-336.

sich jedoch auch Formen nachweisen, in denen die Funktions-
bezeichnung lugal durch den Namen eines Gottes, hier des
Staatsgottes des Kleinstaates Lagasch, Nin-G̃irsu-k, ersetzt
wird. Ähnliche Beispiele für den Austausch von Funktionsbe-
zeichnung und Gottesnamen sind zahlreich. Die Mehrdeutigkeit
der Aussagen ist also Absicht: Funktionsträger und Gottheit
werden hier nicht nur verglichen, sondern sogar identifiziert.[3]
Daß auch die Prädikate ein vielschichtiges Verständnis ermöglichen, sei hier nur am Rande erwähnt. Die Fülle von intertextuellen Bezügen und Konnotationen, die diese Namen aufweisen, ist
groß; die Beschreibung der Illokution, der mit den Namen verbundenen Redabsicht, ist nicht ohne Probleme und möglicher
Weise nicht eindeutig möglich (Dank; Warnung, Drohung, Bitte
o.ä.).

In der Antike wie heute ist die Autorschaft nicht nur des
Senders sondern auch des Empfängers der Botschaft eine notwendige, wenn auch keinesfalls eine beliebige. Gleichwohl besitzen alle Texte, alle Mengen von strukturierten Zeichen, neben
ihren Denotaten eine unüberschaubare Menge von Konnotaten,
darunter auch solche, die in der Antike nicht vorhanden oder
ggf. anders codiert gewesen sind. Eine historische Semiotik besitzt demnach die Aufgabe, den geschichtlichen Wandel von Zeichen und Codes zu erfassen.

In diesem Zusammenhang verdient die Tatsache Erwähnung, daß – bis auf wenige Ausnahmen[4] – die Verfasser mesopo-

---

3   Vgl. bereits SELZ, Rezension zu Alberti/Pomponio, Pre-Sargonic and Sargonic
     Texts from Ur, 303 und siehe zur geschichtlichen Bedeutung SELZ, Götter
     der Gesellschaft. Dagegen hat WESTENHOLZ, The Sumerian City-State, 4, die
     Auffassung vertreten, entsprechende Namen bezögen sich (nur) auf den
     „Herrscher".

4   Zu nennen sind hier zunächst jene Erzählungen, deren Autorschaft der
     Tochter des altakkadischen Herrschers Sargon, Enhedu'ana, zugeschrieben
     werden, die als Hohepriesterin des Mondgottes Nanna-r in Ur vermutlich die
     Absicht verfolgte, einen gesamtstaatlichen Synkretismus der unterschiedli-
     chen Glaubensvorstellungen des Landes herbei zu führen. – In einer 2001
     erschienen Arbeit habe ich mich mit diesen Texten beschäftigt und darauf
     hingewiesen, daß diese Literaturwerke eine hohe Bedeutung für die Rekon-
     struktion historischer Diskurse besitzen, zumindest für jene Art von Histo-
     rie, die vom reinen Sammeln vorgeblich sich selbst erklärender Fakten end-
     gültig Abschied genommen hat (SELZ, Sex, Crime, and Politics). In der Nach-
     folge der viel diskutierten Thesen von C. Wilcke und K. Volk bin ich dabei
     leider im Versuch, die literarisch geschilderten Ereignisse mit bekannten
     historischen Vorgängen zu parallelisieren, gelegentlich über das Ziel hinaus-
     geschossen und A. Westenholz hat mich brieflich auf diese Schwachstellen
     hingewiesen; vgl. auch grundsätzlich COOPER, Literature and History. Die

tamischer Texte unbekannt bleiben und meist allenfalls der Kompilator – vorzugsweise in späten Texten – namentlich erwähnt wird. Ganz im Gegensatz dazu läßt sich beobachten, daß seit der Mitte des 3. Jahrtausends auch in literarischen Texten Schreibernamen aufscheinen. Diese Personen besaßen offensichtlich die Verantwortung für die „Korrektheit" des Textes in ganz ähnlicher Weise, wie die Verwaltungsbeamten in den Urkunden namentlich für die Korrektheit der notierten Transaktion „zeichneten". Diesen Befund möchte ich so interpretieren, daß er das Bewußtsein multipler Autorschaft oder die Wurzeln in mündlicher und namenloser Überlieferung widerspiegelt. Bereits daraus ergibt sich als Konsequenz, daß sich hinter diesen Texten nicht nur ganz unterschiedliche illokutionäre Akte verbergen können, sondern daß diese Tatsache auch bewußt eingesetzt wurde. Auch die beim Hörer oder Leser hervorgerufenen Wirkungen waren sicher – und das ist geradezu ein Merkmal literarischer Texte – vielfältig. Mit der „Laufzeit" eines Textes und mit dem größeren Abstand zur Entstehungssituation wird dies noch verstärkt. Eine historische Textwissenschaft muß dieser Tatsache Rechnung tragen, und unter dem Aspekt einer „textpragmatischen Literaturwissenschaft" hat Hardmeier daher unlängst von „geschlossenen und offenen kommunikativen Handlungsspielen" gesprochen.[5]

Dies alles bedeutet: Wir haben es bei altorientalischen Texten im Normalfall nicht mit individuellen sondern mit gesellschaftlichen oder gruppenspezifischen Kodierungen von Text zu tun. Wir nehmen dies als überzeugenden Hinweis dafür, daß die Textoffenheit und d.h. eine weit gefächerte Palette von Deutungen unter Einbeziehung des „Lesers" in der ausdrücklichen Absicht vieler mesopotamischer Texte gestanden hat. Mehr noch, das in Mesopotamien bis ins 1. Jahrtausend hineinreichende Konzept eines holistischen Weltbildes zeitigt eine bemerkenswerte Folge. Zeichen und Texte transportierten nicht nur Sinn, sie wurden zum Produzenten von Sinn, weil das substanzlogische Denken von der Grundauffassung ausgeht, noch das Geringe und Unbedeutende könne, weil es eben Teil der Welt ist, auf das

---

Schwierigkeit „literarische" Texte für die Geschichtsschreibung nutzbar zu machen, sollte allerdings nicht dazu führen, diese völlig außer Acht zu lassen. Man begäbe sich einer wichtigen Quelle.

5 HARDMEIER, Textwelten, 54-56; vgl. auch 25-30. Der Autor bietet unter dem speziellen Blickwinkel der biblischen Textwissenschaft auch einen sehr guten, empfehlenswerten Überblick über Methoden und Perspektiven der Textforschung.

Weltganze verweisen. Alles konnte empirisch untersucht werden. Alles ist auch Zeichen, und deren Interpretation konnte gelernt werden. Nicht nur Opferschaubefunde, deren ritualisierte
Erhebung sich in der Vorgeschichte verliert, sondern z.B. auch
topographische Charakteristika u.a.m. sind daher in ihrem Bezug zu Welt und Mensch von größter Bedeutung. Auch die
Stern- und Planetenkonstellationen wurden in der mesopotamischen Astronomie gedeutet als „Himmelsschrift", die es zu lesen
und zu „interpretieren" gelte.[6]

Im folgenden geht es mir zunächst um einen speziellen
Aspekt, nämlich aufzuweisen, wie in Mesopotamien die Schrift
entsteht aus dem Bedürfnis heraus, die Texte zu schließen, oder
auch die Anzahl der Codes zu reduzieren. Ich verstehe demnach
unter geschlossenen Texten eben diejenigen, die sich mühen,
den Informationsgehalt zu präzisieren, möglichst wenige Deutungen zu ermöglichen. Unter dem hier zugrunde gelegten Textverständnis, seien hier zunächst einige „Bildertexte" besprochen. Zum Ausgangspunkt diene eine Abrollung eines Rollsiegels,[7] die sich supplementär auf einer mit früher Schrift beschriebenen Zähltafel befindet:

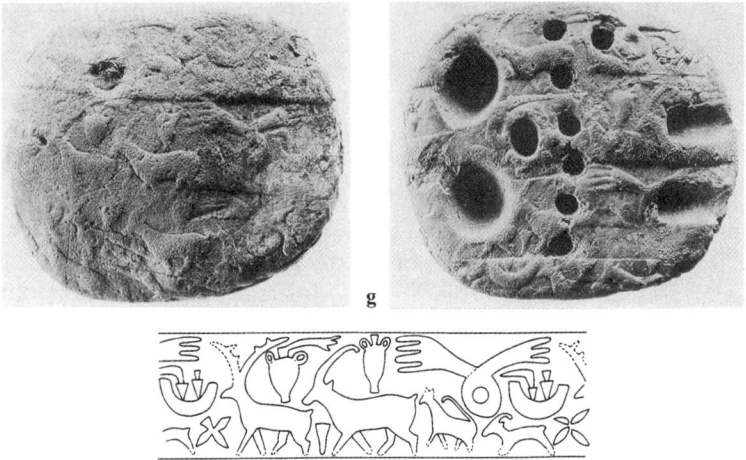

g

Abb. 1: Gesiegelte Zähltafel vom Jebel Aruda

---

6 Daraus mag sich letztlich noch die Bedeutung herleiten, die dem Tierkreis
   in der „Kunst des Erinnerns" etwa bei Metrodorus von Skepsis bis Giordano
   Bruno oder Robert Fludd zukommt; vgl. YATES, The Art of Memory, 53-56,
   197-227 bzw. 321f.
7 BOEHMER, Uruk, 115 vermutet „Elam" als Ort der Erfindung des Rollsiegels.

Neben dem nach links gerichteten Tierzug finden sich Darstellungen von Vogel, Gefäß, Blüte(?) und Boot, die in ihrer em-
blematischen Konzeption noch an ältere Stempelsiegel erinnern,
deren Allokation aber nach unbekannten Prinzipien erfolgte.
Dennoch erkennen wir hier eine grundsätzliche Neuerung gegenüber dem einfachen Stempelsiegel, bei dem bei der Abbildung, etwa eines Schafes, der Großteil des Textes uns unbekannt bleibt. Die Abrollung eines Rollsiegels erlaubt dagegen
eine Präzisierung der ikonographischen Information, die von einfacher Pluralität des dargestellten Objektes bis hin zur Information „[Gaben-]Prozession" reichen kann. Festzuhalten ist in unserem Zusammenhang, daß Siegelabrollungen eine objekt-inhä-
rente Möglichkeit, ja gerade zu einen Zwang zur systematischen
linearen oder sequentiellen Anordnung von Zeichen aufweisen.
Mehr als bei anderen visuellen Darstellungsmöglichkeiten wird
nun mehr eine quasi-narrative Struktur von Zeichen möglich,
wie folgendes Beispiel zeigt:[8]

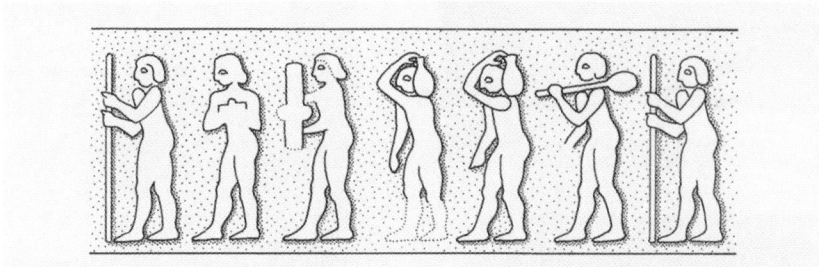

Abb. 2: Rollsiegel: Gabenbringer, aus Uruk

Wenn dann – vermutlich etwas später – das Ziel einer solchen Prozession – hier eine schematisierte Gebäudefassade –
dargestellt wird, so liegt in der Tat ein narrativer Text vor.

---

8   Umgekehrt finden sich allzumal in den frühesten Schriftzeugnissen eine An-
    ordnung der Zeichen, die nicht der phonetischen Sequenzialisierung des ge-
    lesenen/gesprochenen Textes entspricht. Man hat daher zurecht bemerkt,
    daß „die Entwicklung der Schrift [...] ihr Fundament in der Herstellung von
    Anordnungen" habe (CANCIK-KIRSCHBAUM/MAHR, Anordnung, 104).

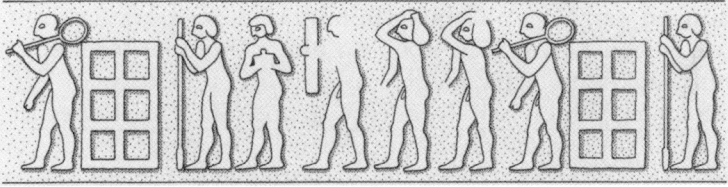

Abb. 3: Rollsiegel: Gabenbringerprozession, aus Uruk (Uruk V)

Abb. 4: Uruk-Vase – „Text"

Die Narrative der berühmten und vielfach besprochenen Uruk-Vase(n) dienen in unserem Zusammenhang als Beispiel dafür, daß die Texte zunehmend komplexer werden.[9]

Solche Texte enthalten eine Fülle von Informationen; sie erlauben, gleich einem literarischen Text, mehrere – natürlich nicht beliebige – Interpretationen. Sie sind höchstwahrscheinlich bereits absichtsvoll als „offene" Texte konzipiert. Der Betrachter/Leser ist von Anfang als „Autor" gefordert. Darüber hinaus weisen sie eine sekundäre „Offenheit", eine Unvollständigkeit, auf, da andere Textbestandteile als verloren gelten müssen – ein Problem, das sich grundsätzlich bei jedem „historischen" Text stellt und das sich mit dem zeitlichen Abstand des Empfängers vom Absender verschärfen kann.

Man hat zurecht unterstrichen, daß die übliche Auffassung, die ältesten Zeichen der Uruk-Schrift seien „Piktogramme", als obsolet zu gelten hat. Die Prinzipien oder Operationen der Zeichenformation sind in jüngster Zeit vor allem durch die Forschungen von Glassner deutlicher geworden.[10] Für die Herleitung des Grundzeichens für Kleintiere, d.i. das Zeichen für Ziege, habe ich die Herleitung aus dem gestischen Zeichen für „Hälfte" (die zwei gekreuzten Zeigefinder) vorgeschlagen, ein Wort, das im Sumerischen homophon ist mit dem Wort für Ziege(nbock). Mit dem so gewonnenen Zeichen für Ziege, die neben dem Schaf das typischste Kleinvieh der Region gewesen ist, wird nun auch das Zeichen für Schaf gebildet, in dem man ihm das Zeichen für „Kreis, Rund" als Rahmenzeichen hinzufügt, d.h. das Schaf ist das „Runde Kleinvieh" *par excellence*.

Hier wird im Ansatz deutlich, wie die Schrift sich als eigenes Zeichensystem aus den Bildgrammatiken emanzipiert, und zwar durch Selbstreferentialität, Analogien, Kombinationen, Modifikationen und Reduktionen. Allerdings hat sich im Alten Orient die Schrift nie vollkommen von den Bildsemantiken gelöst. Noch im 1. Jahrtausend, ja, in bestimmten gelehrten und poetischen Texten sogar verstärkt, werden solche Zeichen gezielt zur Öffnung der Texte eingesetzt, worauf ich unten noch zurückkommen werde. In welchem Maße die „Schrift" noch lange den ikonischen Gestaltungsprinzipien unterworfen bleibt, läßt sich aus der Tatsache ablesen, daß sich in ihr das relative jungen Prinzip

---

9 Für eine der zahlreichen Beschreibungen und Deutungsversuche dieser Narrative vgl. SELZ, Five Divine Ladies, 30-32.

10 S. GLASSNER, Signes d'écriture, und ders., Écrire à Sumer; vgl. SELZ, Schrifterfindung, 189-195; s. auch KRISPIJN, The Early Mesopotamian Lexical Lists.

der Sequentialisierung erst langsam durchsetzt. Noch lange folgt
die Zeichenanordnung nicht der Lesefolge, sondern „graphischen" Prinzipien, deren Bedeutung oder Informationsgehalt
noch wenig erforscht ist.[11] Die Absicht gesprochene Texte – phonetisch – wiederzugeben ist sogar noch jünger.

Die Einführung phonetischer Elemente in die Schrift – sie erfolgte von wenigen noch diskutierten frühen Beispielen abgesehen[12] zunächst im Bereich der Eigennamen – zeugt von einem
weiteren Bemühen, die Offenheit schriftlicher Texte zu vermin-
dern: Universelle Bezüge von Texten werden zugunsten einer Individualisierung weiter zurückgedrängt. Neue Regeln der Text-
strukurierung, z.B. aufgrund der Sprechakte, gewinnen merk-
lich an Bedeutung. Mesopotamische Quellen bezeugen im Bereich der Schrift und selbst im Bereich der Sprache jedoch an-
dauernde und zum Teil erneuerte Universalisierungstendenzen.
Dabei speisen sich Textöffnungen höherer Ordnung vornehmlich
aus immer komplexer werdenden intertextuellen Bezügen.

Man erkannte nun die Möglichkeit, mit Hilfe der Schrift Informationen über die Grenzen von Raum und Zeit hinweg mit einer bis anhin nicht gekannten Präzision zu übermitteln.[13] Die
Schrift bot die Möglichkeit, „Texte" aus ihrer situativen Mehrdeutigkeit zu isolieren und das in einem Maße, wie es zuvor
nicht möglich war. Auch wenn wir in vieler Hinsicht die frühen
Uruk-Texte noch wenig verstehen, so können wir doch das Entstehen der frühen Schriftsysteme in wesentlichen Punkten
nachzeichnen: Zunächst gelang es der Forschergruppe um Hans
Nissen in Berlin, in den Wirtschaftsurkunden die unterschiedlichsten Maßsystem zu isolieren, wobei der Zusammenhang von
Zahl und Gezähltem oft noch nicht aufgegeben war, so daß wir
in der Folge eine große Anzahl unterschiedlicher Maß-Systeme
antreffen.[14] Da weiterhin die Zeichenentwicklung und auch die
Zeichensemantik sich in die späteren altmesopotamischen
Schriftsysteme fortsetzte, können wir ein gewisses Verständnis
dieser sich zunehmend schließenden – das heißt sich um Infor-
mationspräzisierung bemühenden – Texte erreichen. Es sei hier
nur erwähnt, daß die Polysemie von Zeichen erst durch Klassifi-

---

11 Hier sei auf die Arbeit von CANCIK-KIRSCHBAUM/MAHR, Anordnung, verwiesen;
    der Rekurs auf „ästhetische" Allokationsprinzipien erscheint mir allerdings
    insgesamt als unbefriedigend.

12 Vgl. KREBERNIK, Von Zählsymbolen zur Keilschrift, 64f und SELZ, Schrifterfin-
    dung, 180f. 185.

13 Vgl. SELZ, Schrifterfindung, und MORENZ, Bild-Buchstaben.

14 Vgl. GREEN/NISSEN, Zeichenliste, 117-166.

katoren, dann aber auch durch phonemische Lesehilfen weiter eingeschränkt wird. Die zeitgenössischen lexikalischen Listen bemühen sich zudem um eine Systematisierung. Abgesehen von ihrem praktischen Nutzen, scheint der Sinn dieser Listen doppeldeutig. Die listenmäßige Kontextualisierung eines Wortes diente sicher ebenfalls dem Ziel der Eindeutigkeit; d.h. man mühte sich um Präzision der Begriffe. Zum anderen wurden dadurch offensichtlich kontextuelle und intertextuelle Bezüge aufgezeigt, aber auch festgeschrieben. Man kann also diese Listen auch verstehen als Ausdruck einer Deutungshoheit der Wirklichkeit; sie besaßen letztlich eine eminente politische Funktion. Am deutlichsten findet dies wohl seinen Ausdruck in der so genannten Tribut-Liste, deren Anfang nach den Beobachtungen von Englund einen mythologischen Verweis enthält. Nach diesem wird hier berichtet vom Ursprung(?) von Anweisungen und (geheimer(?)) Kenntnisse.

Die folgende kleine spät-Uruk-zeitliche Urkunde[15] illustriert wie Zeichenbildungen – hier im Bereich der Taxonomie von Kleintieren – in geschriebenen Texten verwendet wurden.

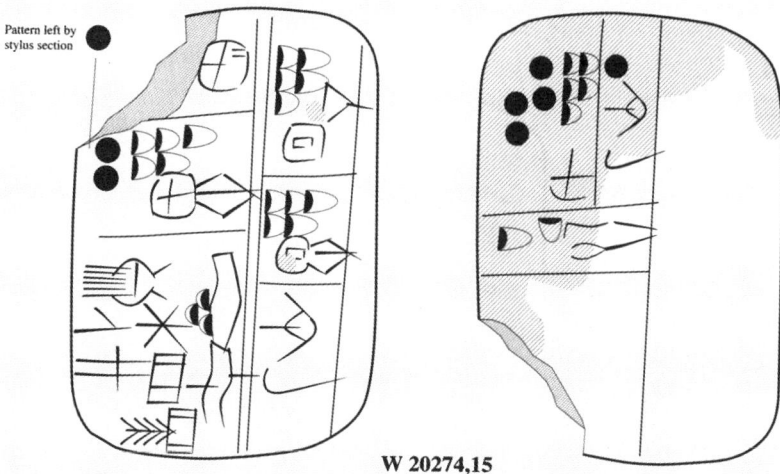

W 20274,15

Abb. 5: Abrechnung über eine Herde von Schafen

---

15 Aus ENGLUND/NISSEN, Archaische Verwaltungstexte, Tafel 40.

In der linearen Anordnung des Textes, auch wenn sie in dieser Periode in den einzelnen Kästchen = Zeilen noch nicht konsequent durchgeführt wurde, läßt sich zudem das wichtige Strukturprinzip dieser Texte erkennen: Serialisierung oder Sequenzialisierung. Die Verbindung mit den bei den Rollsiegeln erstmals systematisch verwendeten linearen Zeichenanordnung scheint mir offenkundig.

Praktikabiliät und das zunehmende Bedürfnis nach Eindeutigkeit der Information sind mit der Herausbildung der Schrift unmittelbar verbunden. Es sind Verwaltungs- und Managementbedürfnisse, die zur Produktion einer besonderen Art von Texten nötigte, die ich als vergleichsweise geschlossene Texte bezeichnen möchte.[16] Bestes Beispiel sind hier die seit der Frühzeit der Schrift in Mesopotamien so zahlreichen „Urkunden" aus dem Bereich der Verwaltung. Die Umschrift des oben abgebildeten und insgesamt relativ oft behandelten Textes W 20274, 15,[17] einer Abrechnung über Schafe, ergibt folgendes Bild (wobei zu beachten ist, daß hier durch die große Umschriftpräzision das Bild eines eher hermetischen Textes entsteht):

W 20274,15

O0101   [ ] ; U_8

O0102 $2N_{14}$ $5N_1$; $UDUNITA_a$

O0103   ; NE_a PAP_a $ḪAL_a$ $ŠURUPPAK_a$ PA_a NAM_2 RAD_a
               $ŠE_a$ +NAM_2

O0201 $5N_1$; SAL $SILA_{4c}$

O0202 $5N_1$; $SILANITA$

O0203   ; U_4 +$1N_{57}$ BAR

R0101a ⌜$5N_{14}$ $5N_1$⌝ ; ⌜UDU_a⌝

R0101b ⌜$1N_{14}$⌝ ; ⌜U_4+$1N_{57}$ BAR⌝

R0102 ⌜$1N_1$ $1N_8$⌝ ; ⌜$KISIM_a$⌝

R0103 ; [ ]

Abb. 6: Moderne Transliteration der Urkunde von Abb. 5

---

16 Inwieweit es andere Bedürfnisse gab, die zu einer „Schrifterfindung" führen konnten und in welchem Rahmen die Zeichen auf den prädynastischen Täfelchen aus dem Grab des U-J in Abydos zu verstehen sind, muß hier außer Acht gelassen werden. Vgl. DREYER, Umm el-Qaab I; MORENZ, Bild-Buchstaben, 69-100 (mit umfangreichen Literaturhinweisen).

17 Aus ENGLUND/NISSEN, Archaische Verwaltungstexte, 45 bzw. Tafel 40.

Uns mögen zwar solche Texte nicht nur schlicht unverständlich, sondern sogar mehrdeutig erscheinen; allein, dies liegt an unsere Unkenntnis der Kontexte, der Codes, hängt nicht mit der Absicht einer offenen Semantik zusammen. Die Bedeutung dieser Texte lag in der Übermittlung möglichst präziser Informationen. Das Deutungsproblem liegt also zum Teile im ephemeren Charakter dieses Texttypus. Das Bemühen, möglichst präzise Texte zu produzieren, betrifft vor allem die in der Altorientalistik so genannten „Alltagstexte"; also Texte mit einer bestimmten Funktion, wobei Verwaltungsdokumente, Inventuren, Distributionsanweisungen und Planungsvorschreibungen am Anfang standen. Das Problem lag also darin, möglichste geschlossene Texte, frei von unerwünschten semantischen Interferenzen zu produzieren.

Anders, aber keinesfalls geringer ist das Problem bei kontinuierlich überlieferten Traditionstexten. Denn ohne Zweifel verändern verschiedene Selektionsprozesse, durch die ein Text zum kulturellen Zentraltext wird, diesen Text selbst.[18] Hierfür ließen sich aus dem Alten Orient zahlreiche Beispiele namhaft machen. Eine große Rolle spielt aber bei solchen Texten auch, daß sie in gewissem Umfang auf überzeitliche oder gar universelle Zeichen zurückgreifen können. Dies korreliert dann selbstverständlich mit einer gewissen Ahistorizität, wenn nicht sogar Enthistorisierung der Botschaft.

Genannt sei hier nur ein Beispiel: Der Text „Ninurta und die Steine" (Lugal-e) ist wohl der im Altertum am häufigsten kopierte narrative Text Mesopotamiens. Noch durchaus erkennbar ist die historische Verortung im Kontext der Mythologie des Staates Lagasch unter jenem Herrscher Gudea, der der offiziellen Tradition in der Ur III-Zeit – aus welchen Gründen immer – als eher obsolet gegolten hat. Die Rezipienten des ersten Jahrtausends lasen oder hörten den Text ganz offensichtlich primär unter dem kulturspezifischen altmesopotamisch – vorderorientalischen Makro-Text des „Chaos-Kampfes".

Nochmals zurück zum Siegel, speziell zum Rollsiegel, das unsere Frage, was denn ein Text sei, illustrierte. Eine Jahrtausende alte, lange – wenn wir Stempel und Unterschriften in unsere Überlegungen mit einbeziehen – sogar ununterbrochene Tradition verbindet Siegel mit dem Diskurs von Autorität und Herrschaft. Dabei wird oft ein Individualitäts-Kontext unterstellt; der dabei rekonstruierte Megatext ist aber möglicherweise

---

18 Vgl. z.B. Assmann, Von ritueller zu textueller Kohärenz.

nicht immer korrekt. Aller Wahrscheinlichkeit nach wird mit den Rollsiegeln zunächst nämlich die Verfügungsgewalt von Institutionen markiert. Das Verständnis der „Rollsiegeltexte" ist darüber hinaus weiter eingeschränkt. Kontextbestandteile wie Verwendung; Zeitpunkt der Abrollung; Absender und (erster) Empfänger der Information – ja sogar der präzisere Sinn der Information selbst, etwa die Funktion als „Lieferschein" für eine Lieferung von Schafen oder Autoritätsvermerk eines Schafhirten bleiben nur Möglichkeiten. Gelegentlich läßt sich durch andere Funde eine oder mehrere Möglichkeiten der beabsichtigten Information erschließen, d.h. der illokutionäre Akt kann manchmal rekonstruiert werden. Die Reihung von Schafen und Widder auf der Uruk-Vase z.B. beweist, daß die Darstellung eines Schafzugs die Ablieferung von Opfertieren zu einem bestimmten Festanlaß bedeuten kann. Andererseits sind andere Siegelabrollungen bekannt geworden, welche die Darstellungen einer Szene mit einem Tiere fütternden Typus Mensch[19] mit der Darstellung von zwei Gefäßen des Typs der Uruk-Vase verbindet. Der Sinngehalt solcher Darstellungen erhellt sich hier wechselseitig: Schafzug und Festdarstellung sind intertextuell aufeinander bezogen. Selbst die Darstellung eines einzelnen Schafes mag die entsprechenden Kontexte evozieren. Diese Texte sind allerdings offen – sozusagen „offene Kunstwerke" – insofern, als sie bei den verschiedenen Empfängern nicht nur ähnliche sondern auch sicher teilweise divergierende Texte geschaffen haben, oder in der Terminologie der Sprechakttheorie, es ergeben sich möglicher Weise ganz unterschiedliche Perlokutionsakte. In einem weiteren Rahmen sind diese Texte also Bestandteil ganz unterschiedlicher Diskurse.

Die Möglichkeiten der Schrift, ziemlich genaue Informationen relativ unabhängig von Ort und Zeit zu übermitteln, führte schon kurz vor der Mitte des 3. Jahrtausends zu ihrer Verwendung in juristischen Texten, insbesondere zur Dokumentation der Übertragung von Verfügungsrechten, in den so genannten Kaufurkunden.[20] Uns interessiert hier, daß auch diese Texte trotz ihrer relativen Geschlossenheit Teil eines nicht verschrifteten Mega-Textes gewesen sind. Darauf hin weisen zum Beispiel begleitende so genannte „symbolische Rechtshandlungen", wie der ausdrücklich erwähnte Publizitätsakt, das „Veröffentlichen

---

19 In diesem sehen wir üblicher Weise eine typisierende Darstellung des zeitgleichen Herrschers.

20 Vgl. dazu SELZ, Wirtschaftskrise – Legitimationskrise – Staatskrise.

eines Verfügungstransfers" durch das Einlassen des auf einem Tonnagel verzeichneten rechtlichen Tatbestandes in die Wand des erworbenen Hauses.[21]

G 408; KH; H. 9,4 cm

Abb. 7: Gefäß mit Weihinschrift des Lušaga an die Göttin Baba „für sein eigenes Leben und das Leben seiner Frau und seines Kindes"

Aber nicht nur bei Texten rechtlichen Inhalts scheitert eine Sonderung in Alltagstexte bzw. Traditionstexte, wie wir sie im Anschluß an altorientalistischen Sprachgebrauch bezeichnet haben. Auch die typisch sumerische Gattung der Weihinschriften, läßt sich hier nicht einfach einordnen. Gegenstand dieser Texte ist die Aufzeichnung eines Pietätsaktes, den ein Mensch für eine Gottheit durchführte. Die Grundstruktur ist entsprechend: „Für die Gottheit [Name] hat die Person (/Herrscher) [Name, Titel] [dieses Objekt] geweiht/diese Tat durchgeführt."

---

21 Vgl. MALUL, gag-rù.

Schriftlich werden diese Texte oft nur unvollständig fixiert. Wesentliche Teile, wie z.B. häufig das Weiheobjekt als Inschriftenträger,[22] werden im Text manchmal nicht ausdrücklich benannt, wie das Beispiel eines Gefäßes mit Weihinschrift vom Ende des 3. Jt. v. Chr. zeigt (siehe Abb. 7):[23]

^{d}ba-ba$_6$ / nin-a-ni / lú-ša$_6$-ga /nam-ti-la-ni-šè /
ù nam-ti-dam-dumu-na-šè a mu-na-ru

„Der (Göttin) Baba, seiner Herrin, hat Lušaga für sein Leben und das Leben seiner Frau und seines Kindes (diese Alabasterschale im Tempel) geweiht."

Andere Inschriften sind noch weitaus defektiver: eine ganze Inschrift kann nur aus dem Namen der Gottheit und/ oder dem Namen des Weihenden bestehen. Die Inschrift selbst ist also nur ein kleiner Teil des zu rekonstruierenden Textes, der im Idealfall durch die archäologische Beobachtung der Fundumstände wirklich „gelesen" werden kann.

Diese Beobachtung hat Konsequenzen: Im Sinne der eingangs gegebenen Definition von „Text" kann selbst eine unbeschriftete Statuette o.ä. als Bestandteil eines Textes verstanden werden. Ein Teil dieser Texte, wie etwa die in Gründungsdepositen beerdigten Tafeln und Gründungsfiguren – also die Weiheobjekte die bei der Errichtung von Gebäuden vergraben wurden – blieben zudem verborgen und konnten allenfalls, wenn sie später einmal aufgefunden wurden, von der Frömmigkeit des Erbauers Zeugnis ablegen. Hier wird deutlich, daß wir nicht einfach unser modernes Modell von Kommunikationssituationen auf den alten Orient übertragen können. Erneut stellen sich in diesem Zusammenhang auch Fragen nach den Konzepten von Verfassern und Adressaten.[24]

Andere Texte, die zur so genannten Traditionsliteratur rechnen, bemühen sich um die Deutungshoheit der Wirklichkeit. Daher müssen sie „offener" sein, können jedoch auf der anderen Seite andere Texte marginalisieren, in dem sie sich zu Zentraltexten entwickeln. Die ältesten inschriftlichen Beispiele für diese

---

22 Allerdings findet sich immer wieder auch in den frühen Weihinschriften durchaus auch eine explizite Nennung des Weiheobjektes; vgl. z.B. die Nennung des Zwiebelmörser: bur-sum-GAZ En. 1 18, oder des Ritualgefäßes des Nin-Ĝirsu-k in Ent. 34 bzw. der Enanatum-Statue in En. I 26.
23 Vgl. BRAUN-HOLZINGER, Weihgaben, 196 G 408 mit Abb. Tafel 13.
24 Vgl. SELZ, Sumerer, 27f.

Texte sind Uruk-zeitlichen lexikalischen Listen. Die bereits erwähnte „mythologische" Einleitung der so genannten Tribut-Liste scheint mit ihrem Rekurs auf den geheimen Ursprung dieses Wissens aufs Beste den Zusammenhang von Deutungshoheit und zugrundeliegender absichtvolle Offenheit dieser Traditionstexte zu bestätigen.

Ein schönes Beispiel für die Text-Offenheit aus viel späterer Zeit ist der Bericht über die Menschenschöpfung in Atraḫasīs. Ein zuletzt von Cancik-Kirschbaum behandelter neuassyrischer Ritualtext über die Königsschöpfung, macht sich diese Offenheit zunutze. Er berichtet von der Erschaffung der Gattung König, dem māliku-amēlu, ganz parallel zur Erschaffung der Gattung Mensch, lullû-amēlu, durch die „Muttergöttin" Bēlet-ilī in der Menschenschöpfung des Atraḫasīs-Textes. Sicher zurecht sieht Cancik-Kirschbaum darin den Versuch des sargonidischen Königtums, seine Herrschaft als eine durch einen „Schöpfungsakt begründete Staatsform" zu legitimieren.[25]

Wir können heute diesen Text nicht ohne die Kontexte eines Herrschaftsdiskurses lesen. Intertextuelle Bezüge zu neuzeitlichen Texten über Herrscher oder Genies oder ‚Übermenschen' sind in gewissem Umfange zu Bestandteilen des Textes geworden. Es wird deutlich, wie wir dabei fast unausweichlich zu Mit-Autoren dieses Textes geworden sind.

Aus der intendierten Offenheit eines Textes ergab sich aber keinesfalls eine Beliebigkeit der Interpretation. Bereits die Kanonisierung der „Traditionstexte" war ganz ohne Zweifel verknüpft mit den unterschiedlichsten gesellschaftlichen Interessen, weitgehend fernab von Zufällen oder Beliebigkeiten. Allerdings ist dabei davor zu warnen, solche Texte einfach als Ausgeburt von Propaganda bestimmter Kreise anzusehen. Es gibt durchaus, wenn in Mesopotamien auch relativ seltene Elemente von Kritik an machthabenden Gesellschaftsschichten, wie sie z.B. in manchen in der Schule tradierten Sprichwörtern vorkommt, oder wie sie *ex post* den geradezu nihilistisch anmutenden Selbstreflexionen der altakkadischen Könige zugeschrieben wurde: „Es ist mir wurscht, was der Gott sagt, ich kümmere mich um das Meinige." Die kritische Anwendung der Selbstkritik des Naram-Sin etwa ist nicht allein eine weitere verspätete Kritik an der Herrschaft dieses Herrschers; sie richtete sich durchaus auch gegen den Sinn von Herrschaft und Macht überhaupt.

25　Cancik-Kirschbaum, Konzeption, 20.

Die immer inhärente Möglichkeit der Öffnung eines Textes wurde im Bereich der „Traditionstexte" systematisch betrieben; dabei ist dieser Versuch zum einen Hinweis auf die bereits etablierte Funktion eines Textes als „Traditionstext", zum anderen wird offensichtlich versucht, einer Beliebigkeit der Textinterpretation vorzubeugen, die Öffnung solcher Texte zu systematisieren und auch zu steuern. Zeugnis dafür ist in der Keilschriftliteratur eine größere Anzahl von Mischna-ähnlichen Kommentaren. Hier nur ein Beispiel aus einem späten Kommentar. Der Namen der alten Muttergöttin Lisi(n), für deren Namen wir keine überzeugende Herleitung besitzen, erfährt hier die folgenden „Interpretationen":[26]

^{d}li$_9$-si$_4$	qa-lu-ú i-ša-tam	Lisi	der mit Feuer verbrennt
si$_4$ gu-nu-ú	si qa-lu-ú		si$_4$ ist ein „guniertes" Zeichen
			von si brennen
izi	i-šá-tú	izi (=li$_9$) Feuer	
šá-niš	qà-lu ni-qà		Zweitens: der Opfer verbrennt
šal-šiš	ba-nu-ú qá-lu		Drittens: Der Schöne, der Verbrenner
si	ba-nu-ú	si	schön
izi(li$_9$)	qá-lu	izi(=li$_9$) (ver)brennen	

Solche Passagen finden sich vor allem in der Spätzeit der Keilschriftüberlieferung sehr oft; am bekanntesten ist vielleicht der Kommentar zum babylonischen Weltschöpfungsepos. Das Verfahren, nach dem solche Texte und Textbestandteile analysiert werden, habe ich nach der gelehrten Etymologie für den Stadtnamen Babylon und dessen explikativen Schreibungen als „Babilismus" bezeichnet; es ist gleichermaßen analytisch und synthetisch und bedient sich morphematischer ebenso wie bildlicher Techniken. Die verwendeten Verfahren sind aus den Anfängen der Schriftentwicklung bereits bekannt: Vergleichung und Analogie, Metonymie und Synekdoche und andere so genannte Metaphern spielten eine hervorragende Rolle. Mesopotamische Metatexte beschäftigen sich entsprechend mit dem Zeichen im Zeichen; dem Wort im Zeichen; dem Zeichen im Worte und dem Wort im Wort.[27]

Nun gibt es durchaus einen Skeptizismus innerhalb der Altorientalistik gegenüber der Beschäftigung mit solchen Phänomenen, gemahnen sie uns doch allzu sehr an „wilde" oder „unwis-

---

26 Vgl. Livingstone, Mystical and Mythological Explanatory Works, 57.
27 Vgl. überblickartig Selz, Babilismus.

senschaftliche" Spekulationen. Man kann die einschlägigen
Quellen jedoch auch anders interpretieren; es dürfte in diesen
gelehrten Kompendien gerade nicht darum gegangen sein, die
Texte nur im Sinne abstruser Gelehrsamkeit zu öffnen, sondern
eher darum, eine beliebige Offenheit der Texte zu vermeiden.
Kommentierung der skizzierten Art kann man daher beschreiben als ein Phänomen der Textzentralisierng. Kommentiert werden nicht marginale, ephemere Texte, sondern jene, die innerhalb sozio-kultureller Prozesse einer Hierarchisierung und Privi-
legierung unterworfen waren. Die Absicht solcher Kommentare
ist also eine Standardisierung der möglichen kontextuellen oder
intertextuellen Bezüge. Das Bemühen um Öffnung und Schließung eines Textes kann also gleichzeitig erfolgen, ja beides steht
zueinander oft in einem wechselseitigen Bezug.

Es ergibt sich nun die Frage nach den zugrunde liegenden
„offenen Texten", die im Verfahren der mesopotamischen gelehrten Kommentierung geschlossen werden. Der Empfänger einer
Botschaft, der Leser eines Textes oder der Betrachter ikonischer
Zeichen entziffert diese im Rahmen der ihm momentan oder per-
manent zugänglichen Codes. Das Entscheidende dabei ist, daß
es große Mengen von Codes gibt, die kommunikabel sind, deren
Entschlüsselung entweder auf gruppenspezifischen, historischen oder gar universellen Gemeinsamkeiten beruht.

Hier folgt ein weiteres Beispiel aus der späten Keilschriftliteratur und zwar nach der von Livingstone aufgrund der „god description texts" gegebenen Zusammenstellung, jener Gleichun-
gen, die die Texte zwischen den Körperteilen eines männlichen
Gottes und verschiedenen Gegenständen herstellen.[28] Diese Zusammenstellung liest sich wie ein Text aus einem Handbuch zur
Metaphorik:

Gegenstände:	Bäume, Früchte und Pflanzen
Harfe: Hand	Tamariske: Haarschopf
Trommel: Unterkiefer	Palmwedel: Backenbart, Schnurrhaare
Kesselpauke: Herz	Zeder: Knie
Wetzstein: Zunge	Pappel/Zypresse: Gestalt
	Palme: Rückgrat
Metalle	Obstbaum: Knochen
Gold: Sperma	Mispelbaum: Fußknöchel

---

28 Vgl. Livingstone, Mystical and Mythological Explanatory Works, 103.

Silber: Schädel   Wacholder: Hüften
Blei: Ohrenschmalz   Eiche: Flanken
Tiere   Myrrhe: Fett
Katze: Blut/Herzblut   Binse: Nasenschleim
Hund: feine Glieder   Apfel: Fußknöchel
Löwe: gröbere Glieder   Feigen: Brust/Brüste
Schwein: Eingeweide   getrocknete Datteln: Fleisch
Rebhuhn: Tropfen von Herzblut   Traube/Rosine: Augapfel
Rabe: Muttermal (?)   Salat: Brust/ Brüste[29]
Schlange: Penis   Rohr/Rohrbündel: Finger
Fisch: Brust/Brüste   Lauch: Achselhaare
                                         Boxdorn: Leistenbehaarung
Speisen   Dornenpflanze: Achselhaare
Honig: Eiter   Dornbusch: Brust-Haare
Öl: Tränen   Granatapfel: Knie
Scone: Fleisch

Livingstone versuchte zu zeigen, daß „the text has a more precise philosophical and theological meaning."[30] Eine systematischere Evaluation kann hier nicht erfolgen. Ein Beispiel muß genügen: Im akkadischen Menschenschöpfungsepos Atraḫasīs wird die Schaffung des Menschen wie folgt beschrieben: Als die Götter den Menschen erschufen, um ihm die leidige Fronarbeit aufzubürden, mischten sie Lehm mit dem Blut eines geschlachteten Gottes. Eine zentrale Passage des Textes schließt nach erfolgter Schöpfung des Ur-Menschen lullûm ab mit dem Satz: aḫ-ri-a-ti-iš u₄-mi up-pa i ni-iš-me „Für alle zukünftige Tage mögen wir die Pauke hören!" (Z. I 214); darauf folgt: i-na ši-i-ir i-li e-ṭe-em-mu li-ib-ši „Im Fleisch des Gottes möge der eṭemmu (‚Geist') vorhanden sein." (Z. I 215).

Die aus der obigen Liste gewonnene Gleichung „Kesselpauke = Herz" bestätigt sehr schön eine Annahme von Claus Wilcke, daß an dieser Stelle ein „Wortspiel" vorliege. Es kann kein Zweifel bestehen, daß sich „Pauke" auch im Menschenschöpfungsepos auf den pochenden Herzschlag bezieht. Es ist der „Geist", der die Bewegung veranlaßt.[31]

---

29 Beachte, daß in den sumerischen Liebesliedern „Salat" eine beliebte Metapher für „Haar", auch „Schamhaar" ist; s. auch hier „Lauch".

30 Vgl. LIVINGSTONE, Mystical and Mythological Explanatory Works, 93 und 104-112.

31 Vgl. WILCKE, Weltuntergang, und s. dazu die Rezension von SELZ in WZKM 89 (1999), 350-355. Das Wortspiel zwischen eṭemmu und ṭēmu, das erste Wort „enthält" das zweite, ist der Dichtung überhaupt zentral und wird an mehre-

Die Verwendung des „Bildes" eines Paukenschlags für den
Herzschlag öffnet den Text zu einer Fülle intertextueller Bezüge,
nämlich für alle expliziten und impliziten Kontexte, in denen die
Pauke geschlagen wurde, oder in denen das Instrument eine
Rolle spielt: Feste, Musik und Kult, vielleicht sogar bis hin zur
„Marschmusik". Im weiteren Sinne meint es die Bedingung für
„Leben", das „Lebensprinzip" oder „Lebenskraft". Andere Texte
nun berichten uns von der rituellen Präparation solcher Pauken,
wobei selbst die „technischen" Ritualhandlungen auf mythologische „Texte" hin geöffnet werden. Darüber daß nun die Pauke
aufgrund der inter-textuellen oder meta-textuellen Bezüge selbst
erst belebt werden muß, berichtet uns ein berühmter später Ritualtext, der von der Mundöffnung der Pauke berichtet, also jenen magischen Vorgang beschreibt, durch den die Pauke selbst
zu einem lebenden Wesen wird.[32] Entsprechende Mundöffnungs-
rituale (und Mundwaschungsrituale) dienten sonst im Alten Orient – ganz wie in Ägypten – zur so genannten magischen Bele-
bung von Statuen. Wenn ein funktionsähnliches Ritual sich mit
der Mundwaschung von Statuen beschäftigt, ist – wie man überzeugend zeigen konnte – der Kontext jener der Säuberung des
Säuglings, insbesondere seiner Mundhöhle, nach der Geburt.

In welchem Umfang die Schrift als eine typische Form von
Weltzeichen verstanden wurde, zeigen die Texte der „babylo-
nisch-assyrischen Morphoskopie" in den so genannten „physio-
gnomischen Omina". Hierbei handelt es sich um eine Art „Eig-
nungsprüfung". Quasi im Personalbüro des Königs wurden die
Stellenbewerber, und der vorhandene Mitarbeiterstab einer um-
fassenden Musterung unterzogen, um Schaden abzuwenden von
der Gesellschaft und deren Chief Executive Officer, dem König.
Ein Beispiel aus der Serie Alamdimmû III 76-81 zeigt,[33] wie auch
körperliche Merkmale als Keilschriftzeichen mit ominöser Bedeutung gedeutet wurden:

> „Wenn die Gestalt der Stirn eines Mannes (folgendes Merkmal
> aufweist) – ist auf der Stirn eines Mannes das DIĜIR-Zeichen
> gezeichnet, ist dieser Mann böse;

---

ren Stellen benutzt.

32 S. bereits LIVINGSTONE, Mystical and Mythological Explanatory Works, 104.
    Zum Ritual der Belebung der *Lilissu*-Pauke vgl. SELZ, The Holy Drum, 178
    und 20 n. 215; s.a. Walker/Dick, The Induction, 10f.

33 BÖCK, Die babylonisch-assyrische Morphoskopie, 93.

wenn das LAK-Zeichen gezeichnet ist, wird die Hand des Königs
diesen Mann ergreifen,

wenn das BA-Zeichen gezeichnet ist, wird diesem Mann Böses
widerfahren;

wenn das ZI-Zeichen gezeichnet ist, werden die Söhne ihr Va-
terhaus aufrichten [...]"

Es handelt sich bei solchen Verfahren um einen kognitiven
Ordnungsversuch, ein „cognitive mapping", um einen Ausdruck
der kulturell dominierten Selbstvergewisserung eine Gesellschaft
und ihrer Aktanten, von besonderer Bedeutung bei allen limna-
len Erfahrungen und Handlungen. Nach einer derartigen Befun-
derhebung erfolgte dann in apotropäischen Ritualen der Versuch die Zukunft „präskriptiv" zu beeinflussen

Im nachfolgenden soll nun gezeigt werden, daß der infolge
der Wissensvernetzung allüberall verwendete Begriff des Hyper-
textes auf den hier erhobenen Befund recht gut angewendet
werden kann. Unter Hypertext verstehen wir Supertexte, die einzelne Texte oder Textteile netzartig und nicht-linear verbindet.
Bei der hier verwendeten Textdefinition („alles, was zeichenhaft
strukturiert ist") wurde bewußt auf die Inklusion des Merkmals
der Linearität verzichtet, die dem landläufigen Verständnis eines
(verschrifteten) Texte allerdings inhärent ist.[34] Man hat argumentiert, daß der assoziative Charakter, der den Verbindungen
einer Hyptertextstruktur eignet, der Struktur des menschlichen
Denkens entgegenkommt und daß sich komplexe Informationen
dadurch einfacher darstellen lassen. Und in der Tat verwenden
die von der Antike bis ins Mittelalter entwickelten Methoden zur
„Kunst des Erinnerns" mit ihrer Gliederung des Wissens unter
Verwendung von mentalen „Räumen" und „Bildern" Techniken
der Wissensvernetzung, deren Verbindung zu Hypertext-Konzep-
ten offenkundig scheint.[35] Hypertexte setzen der im verschrifteten Text angelegten Individualisierung allerdings eine gegenläu-
fige Tendenz zur Universalisierung entgegen. Hypertexte sind
prinzipiell offene Texte, „erweiterbar und unvollständig", es wird

---

34 Zu den angenommenen Widersprüchen zwischen „strukturalem" und „seri-
    ellem" Denken und dem Problem der Ahistorizität des Strukturalismus vgl.
    Eco, Einführung, 378-394.
35 Vgl. YATES, The Art of Memory, und CARRUTHERS, The Book of Memory. Den
    Hinweis auf diese beiden Werke, die für weitere Forschungen im Bereich der
    altmesopotamischen Listenwissenschaft überaus anregendes Material bie-
    ten, verdanke ich meinem Kollegen Michael Jursa.

die „konzeptuelle Trennung des einen Textes von anderen Texten aufgelöst".[36] Begriffe wie Vollendung und abgeschlossenes Werk können auf Hypertexte prinzipiell nicht angewendet werden. Auch die Rolle von Autor und Leser ist eine andere und nähert sich deutlich einem offenen Textkonzept, wie wir es eingangs für die multimedialen Texte zu beschreiben suchten und dessen Wirksamkeit wir auch in verschrifteten Texten nachzuweisen suchten.

> „Der Leser eines Hypertextes kann jederzeit die Rolle eines Autors annehmen und dem Text, den er liest, Verknüpfungen (Links) zuordnen oder zusätzlichen Text hinzufügen."[37]

Eine Text-Hermeneutik könnte sich in Zukunft in diesem Zusammenhang die Aufgabe stellen, die Beziehungen zwischen den Begriffen in Form eines semantischen Netzes zu rekonstruieren. Dies ist von erhebliche Bedeutung genau dann, wenn wir unsere Texte als historische Quellen betrachten und wenn wir die sekundäre moderne (hypertextuelle) Öffnung des Textes reduzieren suchen(, die bei einer ästhetischen Rezeption von Literatur allerdings durchaus ihren Platz hat). Nur so kann die Beliebigkeit einer (Hyper-)Textkonstruktion und einer Textinterpretation entgegen gesteuert werden, nur so können Texte als historische Quelle nutzbar gemacht werden und nur so können ungewollte und oft sinnlose Verknüpfungen, die den Nutzer des WorldWideWeb so oft desillusionieren, zumindest minimiert werden.

Zusammenfassende Hypothesen

1. Ein Textkonzept, das sich allein auf verschriftete oder gar sogenannte „Traditionstexte" beschränkt, ist hermeneutisch obsolet.

2. Die Verschriftung von Texten erfolgt aus dem Bedürfnis der Präzisierung, der Reduktion von Mehrdeutigkeiten und anderen möglichen semantischen Feldern.

3. Das spezialisierte und sich mehr und mehr verselbständigende Zeichensystem der Schrift bietet zugleich die Möglich-

---

36 Landow, Der neu konfigurierte Text, 162.
37 Landow, Der neu konfigurierte Text, 158.

keit zu einer neuen Öffnung von Texten. Sie ermöglicht neue Bedeutungsverknüpfungen, neue Universalisierungen.

4. In der Schrift gewinnt die lineare Struktur von Texten eine erhebliche „overte" Bedeutung. Insofern individualisiert der verschriftete Text hinsichtlich Ort und Zeit.

5. Kennzeichen eines verschrifteten Textes ist nicht die Verbindung zur Phonetik, sondern die Zeichensystematik (Selbstreferentialität) und lineare Struktur der Zeichen.

6. Nicht-lineare Strukturen im Sinne eines semantischen Netzes – ganz ähnlich modernen Hypertext-Strukturen – besitzen auch bei verschrifteten Texten nach wie vor eine hervorragende Bedeutung. Keine Textinterpretation einschlägiger altorientalischer Texte sollte diesen universellen Textanspruch außer Acht lassen.

7. Die – möglichst – adäquate Interpretation altmesopotamischer Texte bedarf einer historischen Semiotik, die auf die unterschiedlichsten Diskurse Bedacht nimmt. Universelle wie historisch begrenzte Codes müssen sorgfältig erforscht und beschrieben werden.

8. Bei den Interpretationen oder Decodierung der Botschaften ist daher nicht der Widerspruchsfreiheit, sondern der Adäquatheit das entscheidende Gewicht beizumessen.

9. Da alle Decodierung nicht ohne die Autorschaft des Rezipienten vor sich gehen kann, ergibt sich die Forderung, die Empfängercodes nach Möglichkeit zu bestimmen und offenzulegen. Anders formuliert, die Art und Weise und der Umfang, in dem der Leser zum Autor wird, sind nach Möglichkeit zu bestimmen.

10. Im hier vorgestellten Sinne ist „Text" kein statisches unveränderliches Produkt. Text – insbesondere „offener Text" – entsteht in einer wechselseitigen Beziehung zwischen Produzent und Rezipient. Diese Beziehung ist vielschichtig und vielgestaltig, keinesfalls aber beliebig.

Literatur

Assmann, J.: Von ritueller zu textueller Kohärenz, in: Das kulturelle Gedächtnis. München 1999, 87-103 (Neudruck in: Kammer, S./Lüdeke, R. (Hgg.), Texte zur Theorie des Textes. Stuttgart 2005, 247-270.

Black, J./Cunningham, G./Robson, E./Zólyomi, G.: The Literature of Ancient Sumer. Oxford 2004.

Böck, B.: Die babylonisch-assyrische Morphoskopie. Wien 2000 (AfO, Beiheft; 27).

Boehmer, R. M.: Uruk: Früheste Siegelabrollungen. Mainz 1999 (Ausgrabungen in Uruk-Warka; 24).

Braun-Holzinger, E. A.: Mesopotamische Weihgaben der frühdynastischen bis altbabylonischen Zeit. Heidelberg 1991 (Heidelberger Studien zum Alten Orient; 3).

Cancik-Kirschbaum, E.: Konzeption und Legitimation von Herrschaft in neuassyrischer Zeit: Mythos und Ritual. WdO 26 (1995), 5-20.

Cancik-Kirschbaum, E./Mahr, B.: Anordnung und ästhetisches Profil. Die Herausbildung einer universellen Kulturtechnik in der Frühgeschichte der Schrift. Kunsthistorisches Jahrbuch für Bildkritik 3/1 (2003), 97-114.

Carruthers, M.: The Book of Memory. A Study of Memory in Medieval Culture. Cambridge 1990.

Cooper, J. S.: Literature and History: The Historical and Political referents of Sumerian Literary Texts, in: Abusch, T. et al. (Hgg.), Historiography in the Cuneiform World. Bethesda, Md. 2001 (Proceedings of the XLVe Rencontre Assyriologique Internationale; Pt. 1), 131-147.

Dreyer, G.: Umm el-Qaab I. Das prädynastische Königsgrab U-j und seine frühen Schriftzeugnisse. Mainz 1998 (AV; 86).

Eco, U.: Einführung in die Semiotik. München 1972.

— : Das offene Kunstwerk. Frankfurt am Main 1973.

— : Lector in fabula. Die Mitarbeit der Interpretation in erzählenden Texten. München 1990.

Ehlich, K.: Schrift, Schriftträger und semiotische Struktur, in: Greber, E./Ehlich, K./Müller, J. D., Materialität und Medialität von Schriftt. Bielefeld 2002, 91-111.

Englund, R. K.: Text from the Late Uruk Period, in: Bauer, J./Englund, R. K./Krebernik, M., Mesopotamien. Späturuk- und Frühdynastische Zeit. Freiburg/Göttingen 1998 (Orbis Biblicus et Orientalis; 160/1).

Englund, R. K./Nissen, H. J.: Archaische Verwaltungstexte aus Uruk: Die Heidelberger Sammlung. Berlin 2001 (Archaische Texte aus Uruk; 7).

Glassner, J.-J.: Signes d'écriture et classification: L'exemple des Ovi-Caprinés. Topoi Suppl. 2 (1999), 467-475.

— : Écrire à Sumer. L'invention du cunéiforme. Paris 2000.

Gomolla, St.: Lesbare Architektur und architektonischer Text. Metaphern und deren Überwindung bei Michel Butor (2002): http://www. metaphorik.de/02/gomolla

Greber, E./Ehlich, K./Müller, J. D.: Materialität und Medialität von Schrift. Bielefeld 2002.

Green, M. W./Nissen, H. J.: Zeichenliste der archaischen Texte aus Uruk. Berlin 1987 (Ausgrabungen der Deutschen Forschungsgemeinschaft in Uruk-Warka; 11, Archaische Texte aus Uruk; 2).

Hardmeier, Ch: Textwelten der Bibel entdecken. Grundlagen und Verfahren einer textpragmatischen Literaturwissenschaft. Band 1/2. Gütersloh 2003.

Krebernik, M.: Von Zählsymbolen zur Keilschrift, in: Greber, E./Ehlich, K./Müller, J. D.: Materialität und Medialität von Schrift. Bielefeld 2002, 51-71.

Krispijn, Th. J. H.: The Early Mesopotamian Lexical Lists and the Dawn of Linguistics. Jaarbericht van het Vooraziatisch-Egyptisch Gezelschap „Ex Oriente Lux" 32 (1991-92), 12-22.

Landow, G. P.: Der neu konfigurierte Text, in: in Kammer, S./Lüdeke, R. (Hgg.), Texte zur Theorie des Textes. Stuttgart 2005, 152-167 (gekürzte deutsche Fassung von: Hypertext. The Convergence of Contemporary Critical Theory and Technology. Baltimore/London 1992, 35-70).

Livingstone, A.: Mystical and Mythological Explanatory Works of Assyrian and Babylonian Scholars. Oxford 1986.

Malul, M.: Studies in Mesopotamian Legal Symbolism. Kevelaer/ Neukirchen-Vluyn 1988 (AOAT; 221).

— : gag-rù: sikkatam maḫāṣum/retûm. OrAnt 26 (1987), 1-19.

Morenz, L. D.: Bild-Buchstaben und symbolische Zeichen. Die Herausbildung der Schrift in der hohen Kultur Altägyptens. Fribourg/Göttingen 2004 (OBO; 205).

Orthmann, W.: Der Alte Orient. Frankfurt/M. et al. 1985 (Propyläen Kunstgeschichte; 18).

Selz, G. J.: Rezension zu Alberti/Pomponio, Pre-Sargonic and Sargonic Texts from Ur (1986). OLZ 85 (1990), 299-308.

— : The Holy Drum, the Spear, and the Harp. Towards an Understanding of the Problems of Deification in Third Millennium Mesopotamia, in: Finkel, I. J./Geller, M.(Hgg.), Sumerian Gods and Their Representations. Groningen 1997 (Cuneiform Monographs; 7).

— : Wirtschaftskrise – Legitmiationskrise – Staatskrise. AfO 46-47 (1999-2000), 1-44.

— : Schrifterfindung als Ausformung eines reflexiven Zeichensystems. WZKM 90 (2000), 169-200.

— : Five Divine Ladies: Thoughts on Inana(k), Ištar, In(n)in(a), Annunītum, and Anat, and the Origin of the Title 'Queen of Heaven'. Nin: Journal of Gender Studies in Antiquity 1 (2000), 29-62.

— : Sex, Crime, and Politics. Zur Interpretation sumerischer Literaturwerke. Überlegungen zu Inana-k und Šukaletuda. Journal of Ancient Civilizations 16 (2001), 37-58.

— : 'Babilismus' und die Gottheit ᵈnindagar, in: Loretz, O./ Metzler, K. A./Schaudig, H. (Hgg.), Ex Mesopotamia et Syria Lux: Festschrift M. Dietrich. Münster 2002 (AOAT; 281), 647-684.

— : Sumerer und Akkader. München 2005.

— : Götter der Gesellschaft – Gesellschaft der Götter. Zur Dialektik von Abbildung und Ordnung, in: Colloquien der Deutschen Orient-Gesellschaft 4 (2006), *im Druck*.

Veldhuis, N. C.: The Sur₉-Priest, the Instrument ᵍⁱˢAl-gar-sur₉, and the Forms and Uses of a Rare Sign. AfO 44-45 (1997-98), 115-128.

— : Sumerian Proverbs in their Curricular Context. JAOS 120 (2000), 383-399.

Walker, Ch./Dick, M. (Hgg.): The Induction of the Cult Image in Ancient Mesopotamia. The Mesopotamian Mīs Pî Ritual. Helsinki 2001 (State archives of Assyria literary texts; 1).

Westenholz, A.: The Sumerian City-State, in: Hansen, M. H. (Hg.), A Comparative Study of Six City-State Cultures. Copenhagen 2002, 23-42.

Wilcke, C: Weltuntergang als Anfang, in: Jones, A. (Hg.), Weltende. Beiträge zur Kultur- und Religionswissenschaft. Wiesbaden 1999, 63-112; vgl. die Rezension von G. J. Selz, WZKM 89 (1999), 350-355.

Yates, F.A.: The Art of Memory. London 1992 (Erstauflage 1966).

Abbildungsverzeichnis

1. Gesiegelte Zähltafel vom Jebel Aruda, aus: BOEHMER, Uruk, 138.
2. Rollsiegel; Gabenbringer; aus Uruk (Uruk V), aus: BOEHMER, Uruk, Tafel 3.
3. Rollsiegel; Gabenbringerprozession; aus Uruk (Uruk V), aus: BOEHMER, Uruk, Tafel 7.
4. Uruk-Vase - „Text"; aus: ORTHMANN, Der Alte Orient, Abb. 69.
5. Abrechnung über eine Herde von Schafen, aus: ENGLUND/NISSEN, Archaische Verwaltungstexte, Tafel 40.
6. Moderne Transliteration des vorstehenden Textes, aus: ENGLUND/NISSEN, Archaische Verwaltungstexte, 45 (Bibliographie, aaO., 21).
7. Gefäß mit Weihinschrift des Lušaga an die Göttin Baba „für sein eigenes Leben und das Leben der Frau seiner Kinder", aus: BRAUN-HOLZINGER, Mesopotamische Weihgaben, Tafel 13; vgl. S. 196.

II.

Wechselwirkungen zwischen Mündlichkeit und Schriftlichkeit

The Textualization of Torah in Jeremiah 8:8

WILLIAM M. SCHNIEDEWIND

From our perspective ancient Judah had many texts, but did they have the idea of "text"? There is no ancient Hebrew term for text. Rather, we have the all-encompassing term סֵפֶר that is used for a variety of text-artifacts. It is only in the later Persian period that a more rich vocabulary for different types of text-artifacts and genres develops. This raises the question of whether ancient Judah even had "texts," at least in the modern sense of the term. A dictionary definition for "text" is a physical (i.e., written) form of language that is conceived in terms of content rather than its physical form. Did the ancient Judaeans conceive of text-artifacts in this manner? And, when did they begin to conceive of texts in this manner? The development of terminology such as "text" and "textualization" have cultural dimensions that reflect the history of writing and its role in human society. In this paper I will suggest that a biblical passage like Jeremiah 8:7-9 reflects an emergence of the "text" in ancient Judah as well as the beginnings of the textualization of ancient Judaean society.

Jeremiah 8:8 has been a subject of varied interpretation among scholars. The typical debate centers around whether Deuteronomy is the torah critiqued in verse 8, although this seems unlikely to many scholars.[1] One commentator writes, "This short passage is one of the most difficult to understand in the entire book."[2] He muses that it is not possible that the prophet refers to some bogus law code or that he condemns the Book of Deuteronomy itself. In a popular account R. E. Friedman, for instance, argued that the prophet Jeremiah himself was the deuteronomist; therefore, Jeremiah 8:8 could not be referring to the Book of Deuteronomy. As a result, Friedman seizes

---

1   See CARROLL, Jeremiah, 228-230; WEINFELD, Deuteronomy and the Deuterono-
     mic school, 158-171; contra, e.g., RUDOLPH, Jeremia, 109.
2   NICHOLSON, Jeremiah 1-25, 86.

on Jeremiah 8:8 as a deuteronomic critique of the Priestly document.[3] This misses one of the critical aspects of Jeremian critique, namely the critique of a written text as a replacement of oral tradition and teaching. Parenthetically, one might argue that the Book of Deuteronomy itself problematizes this issues since it casts itself as a speech—that is, as teaching—but is given to us as the product of scribes—that is, as a text.

Before discussing textualization in Jeremiah 8:8 and more broadly in ancient Judah, it is necessary to reflect on our own terminology and the recent scholarly discourse concerning the text. The ontological problem about what is a text has cultural dimensions. For example, the increasing use of computer databases for "texts" have forced literary scholars to revisit some fundamental questions in literary theory. The computer-based "text" is not immutable in the same way as the printed page. The text is represented and accessed in different ways on the printed page and on the computer. Indeed, this change may be compared to the different way that the "text" was accessed in an ancient scroll as compared to the codex—a development that also had important cultural consequences.[4] The theoretician Allen Renear advocated a "Content-Object" approach to texts that can be useful for biblical scholars to consider. He outlines five properties that constitute texts: (1) real (or "physical"), (2) abstract (i.e., the content that constitutes texts is abstract, not material), (3) intentional (i.e., texts are, necessarily, the product of mental acts), (4) hierarchical (the structure of texts is fundamentally hierarchical), and (5) linguistic.[5] Content-Object theory "represents texts as a structure (typically a hierarchy) of content objects."[6] Texts are not in this view merely a sequence of lexical entities such as words, sentences or paragraphs. Renear argues for the superiority of this content-object approach suggesting that "the reason that this model of text is so functional and effective is because it reflects what text really is."[7] Rather than seeing this model as "superior," as the partisans of the Content-Object approach have claimed, I would suggest that the Content-Object necessarily reconceived the text because of a

---

3   See FRIEDMAN, Who wrote the Bible?, 188-206.
4   See MALLON, Quel est le plus ancien exemple, 1-8; MARTIN, The history and power of writing, 59-60.
5   See RENEAR, Practical ontology; and RENEAR/MYLONAS/DURAND, Refining our notion.
6   RENEAR, Theory and practice, 109.
7   RENEAR, Theory and practice, 100.

new medium and presentation—namely, the computer database —in the same way that the earlier technologies such as the alphabet, the codex, or the printing press resulted in changing roles for the text in society. As Walter Ong pointed out in his now classic work, Orality and Literacy: The Technologizing of the Word, changing technology (as well as social contexts) can lead to different ways of understanding the "text" and its role in society.

Here one might argue that Literary Theory has come full circle. When Stanley Fish asked the question: Is There a Text in This Class?, he was first of all arguing for the authority of the interpretative community.[8] But ultimately Fish ended up asking an ontological question; namely, in the aftermath of Reader-Response theory, does the object of literary theory exist? Is there a text? The text becomes in the post-modernist view a subjective thing whose meaning is embedded in the community. Or, as Robert Scholes suggested, a text is merely a Rorschach blot onto which a reader projects their culturally determined assumptions.[9] This debate can prod us into asking different types of questions about texts in antiquity. When we look back into ancient Judah and early Judaism, the interesting question is whether a text-artifact was understood as autonomous or embedded in the community. Indeed, the ancient debate about the authority of the Oral Torah, that is, a text embedded in its interpretative community, can be seen as a precursor to the above mentioned modern literary critical ruminations. The critical question here, however, is how ancient social groups understood text and text-artifacts.

In the case of our biblical texts, recognition that ancient Israel was first an oral society suggests that content (i.e., the oral tradition) often preceded the physical artifact of a written document. In Renear's terminology, the abstract preceded the real. Moreover, there is an important intentionality in transferring the abstract into the real, and then to imbuing this written artifact with hierarchical value. It is this process that I envision when using the expression "the textualization of ancient Israel."

The distinction between text and text-artifact had practical ramifications in antiquity, particularly in the practice of ritual and magic. When writing within a text-artifact is an object itself, writing can be imbued with properties that do not reside in the

---

8   FISH, Is there a text in this class?.
9   SCHOLES, Textual powers, 152.

same way in the spoken language. Thus, for example, written language in the Ritual of Bitter Water (Numb 5:23-24) is an ingredient. Likewise, the written name in the Book of Life is a physical object that determines the fate of an individual (Ps 69:29; Exod 32:32-33). For this reason, the writing down of names in a list (i.e., the taking of a census) was a dangerous objectification of the essence of a person that was accompanied by some ritual intervention (e.g., Exod 30:11-16; also note Numb 1:47-53 and 2Sam 24). The particular significance that ancient near eastern (and other) cultures gave to the objectification of language in writing may be associated with the view that writing was a gift of the gods. As such, it was separate from speech.

Textualization of Ancient Judaism

But what was the text in ancient Judah? Jeremiah 8:7-9 seems to be the first explicit reflection about the nature of the text in ancient Judah.[10] And, Jeremiah 8:8 explicitly describes the textualization of torah:

> "How can you say, 'We are wise, and the torah of YHWH is with us,' when, in fact, the false pen of the scribes has made it (i.e., the torah) into a lie?"

Scholarly debate, as we have mentioned above, has centered on the content of the torah rather that the textualization process. It is worthwhile to set this text in its larger context in vv. 7-9 to emphasize that Jeremiah is concerned about the authority of oral versus the written word rather than the exact content of the torah. The reference to a "lie" (שֶׁקֶר) in Jeremiah 8:8 recalls one of Jeremiah's more trenchant critiques concerning the days of Josiah: "Yet for all this her false sister Judah did not return to me with her whole heart, but only by a lie (שֶׁקֶר)" (Jer 3:10; see vv. 6-10). Clearly, there was some dissatisfaction with Josiah's reforms. The intertextual allusion between Jeremiah 3:10 and

---

10 There is an unfortunate tendency among scholars to discuss vv. 4-7 as separate from vv. 8-9; see, for example, McKANE, Jeremiah I-XXV, 182-186; xxx. R. CARROLL, however, perceptively ponders whether v. 8-9 "is intended as a response to the assertion of v. 7" (Jeremiah, 228). Carroll ultimately rejects this possibility, but if we consider the issue of v. 8 to be the basis of religious authority, then v. 7 must be seen as leading into the critique in v. 8 that culminates in v. 9 with the rejection of the divine oracular word.

8:8 to the pretense of Judah's return during the Josianic reforms utilizes the same Hebrew vocabulary, it was a שֶׁקֶר—a lie.
The wider context of Jeremiah 8:8, however, puts the nature of
this lie into perspective. In Jeremiah 8:7-9, this written Torah of
YHWH is juxtaposed with different types of oral tradition:

> "Even the stork in the heavens knows its times; and the turtle-
> dove, swallow, and crane observe the time of their coming; but
> my people do not know the tradition (מִשְׁפָּט) of YHWH. How can
> you say, 'We are wise, and the Law (Torah) of YHWH is with us,'
> In fact, the false pen of the scribes has made it into a lie? The
> wise shall be put to shame, they shall be dismayed and taken;
> since they have rejected the word (דָּבָר) of YHWH, what wisdom is
> in them?"

What is clear is that the Torah of YHWH in 8:8 refers to a written text, although scholars usually debate which text. The issue,
however, is not which text, but the authority of any written text
as opposed to oral tradition. We as scholars in a context where
the law is a text tend to blur the distinction between torah and
Torah, that is, between teaching and the canonical books of
Moses. Henri Cazelles, for example, suggests that Jeremiah
"makes an appeal to observe the law in certain passages (e.g.,
6:19),"[11] however, torah is teaching in 6:19, it is parallel with the
prophetic word, and it is certainly not an appeal to the authority
of a written text. This semantic shift from torah as teaching to
Torah as a written text gets too easily glossed over or lost in our
modern translations. Yet, it was exactly this textualization of
torah that Jeremiah is critiquing.

Evidence for the textualization of ancient Judaean culture
begins with the semantic development of torah and other terminology for writing. There is no term for "text" in Classical Hebrew. Indeed, the technical vocabulary for writing is quite limit-
ed in Standard Biblical Hebrew,[12] and Late Biblical Hebrew begins to remedy this lacuna by adding technical terminology bor-
rowed from the Achaemenid chancellery.[13] In Standard Biblical
Hebrew, term סֵפֶר is used for a broad range of writing; the lexi-

---

11 CAZELLES, Jeremiah and Deuteronomy, 91.
12 I accept the distinction between "Standard Biblical Hebrew" and "Late Bibli-
    cal Hebrew" that has been illustrated in a variety of studies; see the survey
    by SÁENZ-BADILLOS, A history of the Hebrew language, 50-129.
13 See, for example, HURVITZ, The origins and development of the expression
    mglt spr, 37*-46*.

con of Köhler/Baumgartner, for example, gives the following definition: "inscription; something written, letter, scroll."[14] If there
were a word for "text" in Classical Hebrew, it would be סֵפֶר. Each
of the critical terms in Jeremiah 8:7-9 — תורה, משפט, דבר — have
undergone semantic development related to the changing role of
text in Judaean culture.

The term מִשְׁפָּט derives from the root שׁפ״ט meaning "to judge,
decide." The root appears in Mesopotamian personal names that
can be traced back to the Amorite word *špṭ* "to exercise authority, pass judgement."[15] משפט refers to the whole legal process,
that is, what has been decided ("a decision"), is being decided ("a
case"), or shall be decided ("justice"). It may usually be rendered
as "judgment" or "dispute," but frequently refers to customary
law and thus is translated, "custom, manner."[16] משפט derives
from the decisions of a judge, the שׁוֹפֵט. The judge can be either
human or divine. Johnson notes that משפט has an "oral, audible
nature"; thus, the Levites "announce משפט" (Deut 17:11), משפט is
on the lips of the king (Prov 16:10), and משפט is spoken by God
(Ps 105:5). משפט also follows well-established tradition or
practice, thus Judah was supposed to follow "the משפט of the
fathers" and not that of the nations (e.g., Ezek 11:12; 20:18).
When the Assyrians transplant foreigners into the land of Samaria (2Kgs 17:26-34), the new settlers do not understand the
religious "custom" of the land. They are taught the משפט of the
land to protect them from lion attacks, but also still continue to
follow their former customs. There are customs regarding the
installation of a king (e.g., 2Kgs 11:14), about foreign religious
practice (e.g., 1Kgs 18:28), and each people have their own
customs (e.g., Judg 18:7). משפט maintains the sense of orality
even in Late Biblical Hebrew. However, it was increasingly used
to refer to the Mosaic Torah, which was more and more associated with a written text in Second Temple period. For
example, one passage in the Damascus Document reads: "it is
written, "Return to God with weeping and fasting" [Joel 2:12].
And, in another place it is written, "Rend your hearts and not
your garments" [Joel 2:13]. Anyone who rejects these regulations
(מִשפטים)" (4Q266 frag. 11:5). The judgment is written: "this mat-

---

14 KOEHLER/BAUMGARTNER, The Hebrew and Aramaic lexicon of the Old Testament,
    ad loc.

15 See HUFFMAN, Amorite personal names in the Mari texts, 268.

16 See KOEHLER/BAUMGARTNER, The Hebrew and Aramaic lexicon of the Old Testa-
    ment, *ad loc.* and TDOT 9:87.

ter shall be written down by the Overseer with an engraving tool, and his judgment (משפטו) is sealed." Although there is an eventual textualization of this term, it remains essentially a term identified with the orality in Jeremiah 8:7 and will serve as a counterpoint to the written transformation of torah in verse 8.

Likewise, the juxtaposition of torah with the "word of Yₕwₕ" in v. 9 is quite instructive. Just as the torah will be textualized in Judaism, so also "the word of Yₕwₕ" will be transformed from the oral word of the prophet to the written word of Moses. In Jeremiah 8:9, "the word of Yₕwₕ" is no doubt still a reference to the oracular word of the prophet himself (e.g., Jer 1:2, 4; 2:1, 4; etc.). The well-known Hebrew term דָּבָר "word" derives from the root דב"ר. It is sometimes considered onomatopoeic for "speaking" relating it to the term דְּבוֹרָה "bee." The verb form, which appears primarily in the Piel conjugation, refers to "speaking."[17] A semantic, if not etymological, parallel in Akkadian, *dabābu* "to speak, talk; recite,"[18] might also be considered onomatopoeic. The term דבר is used primarily for speech in the Hebrew Bible. The expression "word of Yₕwₕ," which appears in Jeremiah 8:9, is almost invariably a technical term for the prophetic word in the Hebrew Bible. The expression occurs about 240 times in the Hebrew Bible.[19] It is most frequently employed in stereotypical formulas referring to the prophetic word. For instance, the formula, "and the word of Yₕwₕ came to [the prophet]," occurs 112 times in the Hebrew Bible.[20] Frequently, the "word of Yₕwₕ" ap-

---

17 Barr considers the relationship between the noun and the verb forms "not certain" (The Semantics of Biblical Language, 129-138); reservations about the relationship between the noun and verb forms stem from etymologies that connect the root *d-b-r* with Arabic *dabara* "to be behind"; however, there is no compelling reason to reject the obvious connection of the Hebrew terms on the basis of a highly questionable (and meaningless) Arabic etymology.

18 See *AHw*, 147; *CAD*, III, 2-14.

19 See Grether, Name und Wort Gottes, 63-67, for the distribution of this phrase in the Old Testament. E.g., 1Sam 15:10; 2Sam 7:4; 1Kgs 6:11; 1Kgs 22:19; Isa 28:13; 66:5; Jer 1:2; Ezek 12:1. The phrase "the word of God" occurs only three times in the Hebrew Bible. In 2Sam 16:23, it means "the word of a god"; in 1Kgs 12:22 it is synonymous with "the word of Yₕwₕ" (cp. 2Chr 11:2); in 1Chr 26:32 it means "a divine matter (דבר)" ("a royal matter"). The phrase "the word of God," without the definite article attached to *Elohim*, occurs three times and refers to a divine revelation, perhaps through a dream (cf. 1Chr 17:3; also Judg 3:20 and 1Sam 9:27).

20 See Grether, Name und Wort Gottes, 67-68, for a complete listing of the occurrences and variations of this formula. E.g., Gen 15:1; 1Sam 15:10; 2Sam 7:4; 1Kgs 6:11; Jer 1:4; 2:1; 13:3; 14:1 ; Ezek 1:3; 3:16; 6:1; 12:17; Jonah

pears as part of a prophetic fulfillment formula, "according to the word of YHWH." YHWH's word could also be described as "the word of his servant" or "the word of the prophet."[21] The words of the prophets were in fact the words of YHWH. In light of this, Oskar Grether correctly concluded, "D'bar jahwe ist fast überall terminus technicus für die prophetische Wortoffenbarung."[22] Subsequent studies have agreed with his assessment, and Gerhard von Rad writes, "There can be, therefore, no doubt but that this collocation was used as a technical term for an oral prophetic revelation."[23]

Biblical literature does not ordinarily use the "word of YHWH" as a legal term or to refer to a written legal code. Not surprisingly, the phrase occurs only six times in the Pentateuch (Gen 15:1, 4; Exod 9:20, 21; Numb 15:31; Deut 5:5). In some of these cases, the "word of YHWH" refers unambiguously to the prophetic word. Genesis 15 employs the "word of YHWH" in the classical intermediation formula, "the word of YHWH came to...". Exodus 9 employs the "word of YHWH" in terms of obedience and disobedience to the prophetic word. On the other hand, in Numb 15:31 the "word of YHWH" parallels the term "commandment" (מִצְוָה) and it is clear that the "word of YHWH" is used as a legal term. However, this case is exceptional.

The "word of YHWH" is conspicuous by its absence in wisdom literature. For instance, it does not appear in the Torah psalms. In fact, the "word of YHWH" is omitted from the list of terms for the law in Psalm 19:8-10 that includes "the torah of YHWH," "the decrees (עֵדוּת) of YHWH," "the precepts (פִּקּוּדֵי) of YHWH," "the commandment (מִצְוַת) of YHWH," and "the judgments (מִשְׁפְּטֵי) of YHWH." The "word of YHWH" is also wanting in Psalm 119, which is otherwise effuse in its use of terms for the law. If the "word of YHWH" were a legal phrase used by scribes to refer to a written code, we might have expected it to be used in wisdom literature. This silence, when coupled with the frequent use of the "word of YHWH" in the prophetic books, demonstrates that the "word of YHWH" did not refer to a legal code or written texts in biblical literature.

The debate whether the "word of YHWH" could be a legal phrase arises particularly from Deuteronomy 5:5, the preface to

---

1:1; 3:1; Hag 2:10; Zech 1:1; 4:8; 6:9; 7:1; Dan 9:2; 2Chr 11:2; 12:7.

21 Isa 44:26; Jer 28:9. Also the plural, "the words of the prophets," Jer 23:16; 1Kgs 22:13.

22 GRETHER, Name und Wort Gottes, 76.

23 VON RAD, Old Testament Theology, II, 87; see also *TDOT* 3:111-116.

the so-called "Ten Commandments."[24] The deuteronomic preface describes the "commandments" as the "word of Y$_{HWH}$." This might imply that the "word of Y$_{HWH}$" is a legal term in Deuteronomy 5:5. Yet, there is debate concerning integrity, antiquity, and import of this reading. The Samaritan Pentateuch, LXX, and Peshitta suggest the reading "words of Y$_{HWH}$." Exodus 20:1, the preface to the "Ten Commandments" in Exodus, supports these versions reading, "And God spoke all these words." The MT reading in Deuteronomy 5:5 probably resulted from haplography; in other words, an original "words (דְּבְרֵי) of Y$_{HWH}$" became the "word (דְּבַר) of Y$_{HWH}$." Thus, it seems that "the words of Y$_{HWH}$" is the better reading.

In any case, the MT's reading the "word of Y$_{HWH}$" highlights the role of Moses as a prophet that Deuteronomy develops and that later Jewish literature highlights. It should be recalled that the deuteronomic school considered Moses the prophet par excellence (Deut 18:15; 34:10). In particular, Deuteronomy 34:10 indicates the special role of Moses' Sinai revelation: "And no other prophet like Moses arose in Israel who Y$_{HWH}$ knew face to face." The emphasis here on Moses' "face to face" intimacy with Y$_{HWH}$ recalls the Sinai revelation where God speaks and Moses reports the oral encounter. Deuteronomy associates Moses' "face to face" intimacy with the oral reception of the so-called "Ten Commandments." In Deuteronomy 5:4-5 we read,

> "Y$_{HWH}$ spoke with you face to face on the mountain from the fire. I was standing between Y$_{HWH}$ and you at that time to tell you the word of Y$_{HWH}$ because you were afraid of the fire and did not ascend the mountain."

Moses' recapitulation of that encounter (cp. Exodus 19; 20:19-20) prefaces the "commandments." The people refuse to ascend the mountain and Moses buffers the people, meeting with Y$_{HWH}$ face to face. Verse 22 [ET, 19] concludes the "commandments" saying,

> "These words Y$_{HWH}$ spoke to your whole congregation at the mountain, a great voice from the midst of the smoking fire and cloud, and he wrote them on two stone tablets and he gave them to me."

---

24 See the discussion in *TDOT* 3:116-17 and the literature cited there.

The reference to "these words" in the conclusion here supports the versions reading in v. 5. The MT reading in Deuteronomy 5:5 then probably resulted from haplography, but should not be seen as a purely mechanical error. The Deuteronomistic portrait of Moses as the prophet par excellence would have influenced this scribal error.

It should be clear now that biblical literature generally employs the "word of YHWH" almost universally as the oral word of God delivered through the prophet—one telling exception is the latest strata of biblical literature. In the post-exilic Book of Chronicles, the "word of YHWH" comes to refer to the entire Mosaic legislation. The term occurs fifteen times in the books of Chronicles. Three of the fifteen cases are directly dependent on the book of Kings and refer to the prophetic word.[25] In six of the remaining twelve cases, the "word of YHWH" refers to the prophetic word. But in the other six cases, the "word of YHWH" refers to a written Mosaic law.[26] In some cases, the reference to Mosaic legislation is explicit. For example, in 1 Chronicles 15:15 and 2 Chronicles 35:6 a Mosaic reference qualifies the technical term the "word of YHWH":

---

25 1Chr 10:13; 11:3, 10; 15:15; 22:8; 2Chr 11:2 (//1Kgs 12:22, "the word of God"); 12:7; 18:4, 18 (//1Kgs 22:5, 19); 19:11; 30:12; 34:21 (cp. 2Kgs 22:13); 35:6; 36:21, 22.

26 A detailed discussion of what the Chronicler's *Torah* was is beyond the scope of this work. However, Shaver's assertion that the Chronicler's law book was not the Pentateuch is dubious. Shaver is obviously correct that "there can no longer be any doubt that the legal material in the Chronicler's History Work assumes a wide range of pentateuchal legislation." Yet, Shaver notes the Chronicler harmonizes legal traditions from D and P, relies mostly on later legislative strata, and cites otherwise unknown legal traditions. From this SHAVER asserts that "the exact content of the Torah canon was not yet fixed" (Torah and the Chronicler's history work, 128). Shaver's reasoning is faulty. By a similar approach, we might assume from an analysis of the Mishnah that the Rabbi's *Torah* was also not yet fixed. Or, by an examination of the Temple Scroll (11QTemple), that the Qumran community's *Torah* was not fixed. Rather, the very act of harmonization assumes canonization because the exegete is forced to explain the text and conform it with practice. Although there is no way of ascertaining with surety when the Pentateuch became fixed, there is nothing in Chronicles that would lead us to believe it was not. In fact, the Chronicler's frequent use of "as it is written" in phrases like "as it is written in the Torah, in the book of Moses" (2Chr 24:4) suggests a written Torah book. There is no evidence from Chronicles that indicates that there was more than one written collection of Mosaic teachings.

"And the levites carried the ark of God just as Moses commanded according to the word of Y<small>HWH</small>, on their shoulders with poles
(1Chr 15:15)."

"Slaughter the Passover sacrifice and sanctify yourselves and
prepare for your brothers to perform it according to the word of
Y<small>HWH</small> through Moses (2Chr 35:6)."

The Chronicler here uses the term the "word of Y<small>HWH</small>" for a
written legal code rather than a prophetic word. The identification is made explicit by the phrases, "just as Moses commanded" and "through Moses." In both these cases the term the "word
of Y<small>HWH</small>" goes beyond the so-called "Ten Commandments." In
1 Chronicles 15:15, the "word of Y<small>HWH</small>" refers to the functions of
the cultic personnel described in Numbers 4. In 2 Chronicles
35:6, the "word of Y<small>HWH</small>" refers to prescriptions for the Passover
sacrifice.[27] The Chronicler's identification of the "word of Y<small>HWH</small>"
as a term for the law is most explicit when the Chronicler replaces "the words of the scroll" in his Vorlage with the "word of
Y<small>HWH</small>." This is illustrated by the differences between 2 Kings
22:13 and 2 Chronicles 34:21:

"Come, inquire of Y<small>HWH</small> on my behalf and on behalf of the people
and all Judah concerning the words of the scroll that was
found; for great is the wrath of Y<small>HWH</small> which has been poured out
on us because our father did not listen to the words of this
scroll and perform everything which was written concerning us
(2Kgs 22:13)."

"Come, inquire of Y<small>HWH</small> on my behalf and on behalf of those who
remain in Israel and Judah concerning the words of the scroll
that was found; for great is the wrath of Y<small>HWH</small> which has been
poured out on us because our father did not obey the word of
Y<small>HWH</small> and perform everything that was written in this scroll
(2Chr 34:21)."

The Chronicler replaces the phrase "listen to the words of
this scroll" with "obey the word of Y<small>HWH</small>." There are two significant parts to this alteration. First, the term "to obey" (שמר), replaces "to listen" (שמע). The root שמע "to obey, keep" is a legal
term often used to enjoin people to "keep or observe" legal in-

---

27 See S<small>HAVER</small>, Torah and the Chronicler's history work, 109-110, 114-16, 118.
    For discussions of the Levites unique role in Josiah's Passover, see R<small>UDOLPH</small>,
    Chronikbücher, 329; W<small>ILLIAMSON</small>, Chronicles, 405-6.

structions.[28] This term gives the "word of YHWH" an explicit legal context in the Chronicler's version. The legal term "to obey" is never used with the oracular term the "word of YHWH" in the Hebrew Bible, except in the Book of Chronicles. Second, the phrase, "the words of this scroll," is replaced by "the word of YHWH." The "words of this scroll" refer to the legal stipulations of the covenant. Thus, the "word of YHWH" is explicitly equated with the written Mosaic law. The word of YHWH is thus a text. It is only in the books of Chronicles that the "word of YHWH" becomes a reference to legal stipulations.

In the ambiguous context of 1 Chronicles 10:13, the confluence of the "word of YHWH" and the term "to obey" (שׁמ״ר) indicates a legal rather than prophetic background. In that verse, the Chronicler adds a postscript to the account of Saul's last battle (cp. 1Sam 31:1-13) that explains why Saul died and David replaced him:

> "And Saul died for his transgression that he committed against YHWH. He did not keep the word of YHWH, even consulting a medium to seek advice (1Chr 10:13)."

Commentators most often have pointed to 1 Samuel 13, 15, and 28 to explain the reference, "he did not keep the word of YHWH."[29] Chapters 13 and 15 point to Saul's disobedience to the prophet Samuel and thereby the prophetic word (the "word of YHWH"). Mosis regards the reference as a general evaluation of Saul's reign with no specific referent.[30] However, the terms "to obey" (שׁמ״ר) and "to rebel" (מע״ל) specifically indicate a legal, cultic context. As we pointed out above, "to obey" is only used in legal contexts. The term "to rebel," as Milgrom points out, is a legal term that denotes cultic infidelity.[31] Indeed, the Chronicler explicitly refers to the witch of Endor incident (1Sam 28:7-19). In consulting a medium, Saul breaks a legal injunction, which is known from deuteronomic law (see Deut 18:11). The witch of Endor incident epitomizes Saul's failure to seek YHWH. And it is this failure that finally results in Saul's death. Thus, Chronicles'

---

28 E.g., 1Sam 13:13; 1Kgs 11:11; Gen 17:19; Exod 23:15; Deut 5:12.
29 See CURTIS, Chronicles, 182-183; RUDOLPH, Chronikbücher, 96-97; WILLIAMSON, Chronicles, 95.
30 See MOSIS, Untersuchungen zur Theologie des chronistischen Geschichtswerkes, 28-41.
31 MILGROM, Cult and conscience, 16-35; also see MOSIS, Untersuchungen zur Theologie des chronistischen Geschichtswerkes, 29-33.

use of the "word of Yʜᴡʜ" represents a step in an ongoing process that resulted in the textualization of the Torah. The "word of Yʜᴡʜ" in Chronicles as both the prophetic word and the written word, i.e., the law, subsumes both prophetic oracles and the Mosaic law under the broader category of the "word of Yʜᴡʜ." Biblical literature usually employs the "word of Yʜᴡʜ" as the prophetic word, but the deuteronomistic depiction of Moses as both prophet and lawgiver portends the merging of prophecy and law as "the word of Yʜᴡʜ." Chronicles then comes to apply the "word of Yʜᴡʜ" to the Mosaic law and thereby the "word of Yʜᴡʜ" and "the Torah of Moses" both become the prophetic word. The book of Daniel actually uses the term Torah for prophetic literature "his Torah given through the prophets" and places the Torah of the prophets alongside "the Torah of Moses" (Dan 9:10-11). Rabbinic Judaism would attempt to restrict prophecy and Torah to a single revelation; for example, Exodus Rabbah teaches,

> "The prophets received from Sinai the messages they were to prophesy to subsequent generations. [...] Not only did all the prophets receive their prophecy from Sinai, but also each of the sages that arose in every generation received his wisdom from Sinai" (xxviii, 6).[32]

We have now given some context to the textualization reflected in Jeremiah 8:7-9. It needs to be understood, first of all, on its own terms. Namely, it must be situated in the social and cultural developments in ancient Palestine and nascent Judaism. In my earlier work,[33] I have laid out some of the historical and cultural developments that led to the textualization of ancient Israel. The tension between oral tradition and textual authority began to emerge in late Iron Age Judah and would vie for centuries. Eventually, the modern situation—the "Gutenberg Galaxy" as it has been called—of a society dominated by textual authority would emerge. Scholars have increasingly reflected on how our own viewpoint has framed and influenced the questions that scholars have asked and the answers we have given. Fortunately, new technologies for texts have engaged recent scholarship and led us to rethinking the nature of the text—not only for our modern situation but also for the ancients.

---

32 See Uʀʙᴀᴄʜ, The Sages, 304-14.
33 See Sᴄʜɴɪᴇᴅᴇᴡɪɴᴅ, How the Bible became a book.

Abbreviations

AHw   Akkadische Handwörterbuch
CAD   Chicago Assyrian Dictionary
MT   Masoretic Text
TDOT Theological Dictionary of the Old Testament. Edited by G.
      Botterweck, H. Ringgren, and H.-J. Fabry. Translated by
      Douglas W. Stott. Grand Rapids 1994-.

Cited Literature

Barr, J.: The Semantics of Biblical Language. Oxford 1961.

Carroll, R.: Jeremiah. Old Testament Library. Philadephia 1986.

Cazelles, H.: Jeremiah and Deuteronomy, in: Perdue, L./Kovacs,
    B. (edd.), A Prophet to the Nations: Essays in Jeremiah Stud-
    ies. Winona Lake 1984, 89-112.

Curtis, E. L./Madsen, A. A.: The Books of Chronicles. Edinburgh
    1910.

Fish, S.: Is There a Text in This Class?: The Authority of Inter-
    pretive Communities. Cambridge 1980.

Friedman, R. E.: Who Wrote the Bible? New York 1987.

Grether, O.: Name und Wort Gottes im Alten Testament. Giessen
    1934 (BZAW; 64).

Huffman, H.: Amorite Personal Names in the Mari Texts. Balti-
    more 1965.

Hurvitz, A.: The Origins and Development of the Expression *mglt
    spr.* A Study in the History of Writing-Related Terminology in
    Biblical Times [*Hebrew*], in: Fox, M. V. et. al. (edd.), Texts,
    Temples, and Traditions: a Tribute to Menahem Haran.
    Winona Lake 1996. 37*-46*.

Koehler L./Baumgartner, W.: The Hebrew and Aramaic Lexicon
    of the Old Testament. Translated and edited by M. E. J.
    Richardson. Leiden 1994-2000.

Mallon, J.: Quel est le plus ancien exemple connu d'un
    manuscrit latin en forme de codex. Emerita 17 (1949), 1-8.

Martin, H.-J.: The History and Power of Writing. Chicago/Lon-
    don 1994.

McKane, W.: Jeremiah I-XXV. Volume 1. International Critical
    Commentary. Edinburgh 1986.

Milgrom, J.: Cult and conscience: the *asham* and the priestly doctrine of repentance. Leiden 1976 (Studies in Judaism in late antiquity; 18)

Mosis, R.: Untersuchungen zur Theologie des chronistischen Geschichtswerkes. Freiburg i. Br. 1973 (Freiburger theologische Studien; 92).

Nicholson, E.: Jeremiah 1-25. Cambridge: Cambridge University Press, 1973.

Ong, W.: Orality and Literacy: The Technologizing of the Word. Padstow, Cornwall 1982.

von Rad, G.: Old Testament Theology, Volume II: The Theology of Israel's Prophetic Traditions. Translated from German edition. New York 1960.

Renear, A.: Practical Ontology: The Case of Written Communication, in: Johannessen, K./Nordenstam, T. (eds.), Culture and Value: Philosophy and the Cultural Sciences. Kirchberg am Wechsel 1995.

— : Theory and Practice: The Textbase Methodology of the Brown University Women Writers Project. South Central Review 11 (1994), 100-109.

Renear, A./Mylonas, E./Durand, D.: Refining Our Notion of What Text Really Is: The Problem of Overlapping Hierarchies, in: Research in Humanities Computing. Oxford/New York 1996.

Rudolph, W.: Chronikbücher. Tübingen 1955.

— : Jeremia. Tübingen 1968.

Sáenz-Badillos, A.: A History of the Hebrew Language. Translation J. Elwolde. Cambridge 1993.

Schniedewind, W.: How the Bible Became a Book: the Textualization of Ancient Israel. Cambridge 2004.

Scholes, R.: Textual Powers: Literary Theory and the Teaching of English. New Haven 1985.

Shaver, J.: Torah and the Chronicler's History Work. An Inquiry into the Chroniclers's References to Laws, Festivals, and Cultic Institutions in Relationship to Pentateuchal Legislation. Atlanta 1989.

Urbach, E.: The Sages: Their Concepts and Beliefs. Jerusalem ²1979.

Weinfeld, M.: Deuteronomy and the Deuteronomic School. Oxford 1972.

Williamson, H. G. M.: 1 and 2 Chronicles. Grand Rapids 1982.

Die Rolle des Lesens für die Konstituierung alttestamentlicher Texte

STEFAN SCHORCH

Hebräische Schrift und Konsonantengerüst

Schrift verzeichnet generell nur einen Ausschnitt derjenigen linguistischen Informationen, die zur vollständigen Reproduktion einer sprachlichen Äußerung notwendig sind. Und weil das Alte Testament eine Sammlung verschriftlichter Texte ist, teilt die alttestamentliche Wissenschaft weitestgehend das Schicksal sämtlicher Altphilologen: Wie beispielsweise Altorientalisten, Ägyptologen oder Gräzisten werden auch die Alttestamentler mit nur rudimentären Hinweisen auf die historische Textgestalt versorgt, besonders in bezug auf die originale Phonetik, Betonung oder Prosodie derjenigen Texte, die Gegenstand ihrer Arbeit sind.

Diese soeben beschriebene, Schrift und Schriftlichkeit ohnedies inhärente Problematik erfährt nun allerdings angesichts der Besonderheiten der nordwestsemitischen Schriften – und damit auch der hebräischen Schrift – noch eine Steigerung, und zwar auch im Vergleich zu den Überlieferungen der großen antiken Nachbarkulturen in Mesopotamien und Ägypten: Die hebräische Schrift verzeichnet Vokale nämlich nur in wenigen Fällen, und die schriftlichen Zeichen dienen im wesentlichen der Wiedergabe der Konsonanten.[1] Der Kern der alttestamentlichen Tradition stellt also zunächst keinen Text oder Texte, sondern vielmehr ein Konsonantengerüst dar. Der in der alttestamentlichen Fachsprache gebräuchliche *terminus technicus* „Konsonantentext" ist demgegenüber völlig irreführend: Zum „Text" wurde und wird dieses Konsonantengerüst erst durch die Lesung, welche das Konsonantengerüst durch insbesondere Vokale, Akzente und In-

---

1 Zur Problematik s. BARR, Reading a script without vowels, 74-79.

terpunktion ergänzt.[2] Ein Beispiel mag die Bedeutung der Vokalisierung verdeutlichen:

In Gen 15 wird die Zeremonie eines Bundesschlusses zwischen Abram und Gott beschrieben. Nachdem Abram die Tiere geschlachtet und zerteilt hat, stürzen sich Raubvögel auf die vermeintliche Beute. In V. 11 setzt der Masoretische Text fort:

(„Und als die Raubvögel auf die Stücke herniederstießen...")

MT:　　וַיַּשֵּׁב אֹתָם אַבְרָם

„...da scheuchte Abram sie davon."

Die Übersetzung der Septuaginta bietet demgegenüber Text mit einer stark abweichenden Bedeutung:

LXX:　　καὶ συνεκάθισεν αὐτοῖς Αβραμ

„...da setzte sich Abram mit ihnen nieder."

Diese im Vergleich mit dem masoretischen Text durchaus skurril anmutende Übersetzung läßt sich dadurch leicht erklären, daß der Übersetzer einen mit dem masoretischen Text identischen Konsonantenbestand in einer von jenem signifikant abweichenden Art und Weise vokalisierte:

*LXX:　　*וַיֵּשֶׁב אִתָּם אַבְרָם

Deutlich ist, daß der griechischen Übersetzung die Ableitung der Verbform von der Wurzel יש״ב zugrundeliegt. Diese Lesung des Verbs aber führte nun wiederum dazu, daß das folgende אתם nicht als *nota accusativi* aufgefaßt werden konnte, sondern von der Präposition את „mit" abgeleitet werden mußte. Unter texthistorischer Perspektive ist wahrscheinlich, daß die masoretische Vokalisierung mit der *lectio difficilior* den ursprünglichen Text bewahrt. Der Septuagintaübersetzer hingegen hatte einerseits offenkundig Schwierigkeiten mit der von dem seltenen Verb נש״ב abgeleiteten Verbform und konnte sich andererseits leicht einer weitaus geläufigeren Vokalisierungsalternative des identischen Konsonantenbestandes bedienen.[3] Das Resultat dieser Lesung

---

2　Vgl. auch die ähnlichen Gedanken bei BARR, Reading a script without vowels, 78.

3　S. hierzu BARR, Vocalization, 4 sowie SCHORCH, Wie lasen die griechischen Übersetzer, 104f.

ist in der Septuaginta dokumentiert und zeigt, in welch hohem
Maße die abweichende Lesung die Überlieferung umprägte.

Im Vergleich beider Textzeugen wird zudem deutlich, daß die
Lesung ein entscheidendes Element der Textbildung darstellt,
indem die eigentliche Entstehung des Textes der Lesung nicht
vorausgeht, sondern ihr folgt.

Entscheidend ist nun, daß diese Lesung ursprünglich kein
Bestandteil der Überlieferung des hebräischen Bibeltextes war.
Erst zwischen dem 7. und dem 10. Jh. n. Chr. wurden inner-
halb der jüdisch-rabbinischen Tradition durch die sogenannten
Masoreten supplementäre Zeichensysteme entwickelt, welche
der Aufzeichnung der Lesung dienen konnten.[4] Damit wurde die
Lesung zu einem festen Bestandteil der schriftlichen Überliefe-
rung.

Diese Überführung der Lesung in die schriftliche Tradition
ist allerdings nicht mit dem Zeitpunkt identisch, zu welchem die
Lesung überhaupt Bestandteil der Textüberlieferung wurde.
Vielmehr war die Lesung nachweislich bereits mehrere Jahrhun-
derte vor ihrer schriftlichen Fixierung ein integrierter Bestandteil der jüdischen Überlieferung der hebräischen Bibeltexte, und
zwar als orale Tradition. Aufgrund ihrer gemeindeöffentlichen
und allgemeinen Vermittlung im Unterricht, ihrer regelmäßigen
Repetition in der synagogalen Schriftlesung und ihrer identitäts-
stiftenden Funktion innerhalb der jüdischen Gemeinden besaß
diese orale Lesetradition kein geringeres Maß an Stabilität als
ihre schriftliche Ausfertigung durch die Masoreten. Zudem wurde sie traditionell als mit der schriftlichen Überlieferung gleichursprünglich betrachtet, wie das folgende Diktum aus dem babylonischen Talmud bereits für das späte 3. Jh. n. Chr. belegt:[5]

אמר רבי יצחק מקרא סופרים ועיטור סופרים וקריין ולא כתיבן וכתיבן ולא
קריין הלכה למשה מסיני.

Rabbi Isaak sagte: Die korrekte Lesung, Auslassungen sowie
Qere und Ketib sind eine Überlieferung von Mose am Sinai.[6]

Wie oben bereits angedeutet, läßt sich diese Behauptung histo-

---

4   S. Tov, Der Text, 31-39. Zur Frage einer Frühgeschichte des öffentlichen
    Lesens aus der Tora s. Schiffman, The early history.
5   Zur Datierung s. Dotan, Masorah, §1.3.1. Die Auffassung, daß die schrift-
    liche Überlieferung und die Vokalisierung gleich ursprünglich seien, wurde
    auch durch die Exegeten und Dogmatiker der altprotestantischen Ortho-
    doxie rezipiert, s. Schorch, Die Vokale, 1f.
6   bNed 37b

risch allerdings nicht rechtfertigen:[7] Die Lesung war definitiv
nicht von Anfang an Bestandteil der Textüberlieferung, sondern
zwischen der Aufzeichnung (bzw. der Endredaktion) der alttestamentlichen Bibeltexte und dem Zeitpunkt, da die orale Lesetradition Bestandteil der Überlieferung wurde, klafft je nach bibli-
schem Buch eine Lücke von mehreren Jahrhunderten. Die alttestamentliche Exegese behandelte diese Schwierigkeit auf verschiedene Weise:

1.) Eine besonders innerhalb der christlichen Theologie verbreitete Tendenz neigte und neigt dazu, die Bedeutung der Vokalisierung zu marginalisieren. Dabei wird einerseits die historische Bedeutung der masoretischen Vokalisierungsüberlieferung bestritten und diese als eine Art mittelalterlicher
Kommentar zur antiken schriftlichen Überlieferung der Konsonanten betrachtet.[8] Andererseits wird mindestens implizit
davon ausgegangen, daß die schriftliche Überlieferung der
Konsonanten ausreichend sei, die Bedeutung eines bestimmten hebräischen Bibeltextes zu erheben. Beide Postulate sind
allerdings äußerst problematisch: Erstens gehen die masoretischen Vokalisierungen, wie bereits erwähnt, nachweislich
auf ältere Traditionen zurück. Und zweitens ist die Vokalisierung an vielen Stellen keineswegs beliebig, sondern durchaus bedeutungstragend. Zudem unterliegen im allgemeinen
die von der traditionellen Vokalisierung absehenden Lesungen insofern einem hermeneutischen Zirkelschluß, als ihre
rekonstruierten Vokalisierungen meistens den durch die masoretische Überlieferung vorgegebenen Paradigmen folgen
und damit voraussetzen, was sie zu negieren vorgeben.

2.) Eher konservativ oder traditionell eingestellte Exegeten und
in jüngerer Zeit verstärkt auch die Vertreter der sogenannten
kanonischen Exegese versuchen, dem dargestellten Problem
durch eine Monopolisierung der masoretischen Vokalisierungsüberlieferung auszuweichen. Anders als die zuvor dar-
gestellte Marginalisierung der Vokalisierung ist dieses Verfahren in sich konsistent und hat von daher durchaus seine
wissenschaftliche Berechtigung. Allerdings zielt es, und zwar
auf Grund der Tatsache, daß Lesung und Textkonstituierung
nicht voneinander zu trennen sind, von vornherein nur auf
die letzte masoretische Überlieferungsform des Textes ab. Im

---

7   Vgl. Steuernagel, Lehrbuch der Einleitung, 84f § 22,3.
8   S. Schorch, Die Vokale, 2-7

Hinblick auf die historische Dimension der alttestamentlichen Texte (Textwachstum, Redaktionen, Fortschreibungen etc.) ist dieses Vorgehen daher von vornherein kaum leistungsfähig.

3.) Eine dritte Option schließlich geht über das im vorigen Punkt beschriebene Verfahren hinaus, indem es die masoretische Vokalisierungsüberlieferung als einen Überlieferungsstrang neben weiteren begreift, also insbesondere der samaritanischen Lesung und der hinter der griechischen Übersetzung stehenden hebräischen Lesung. Aus dem Vergleichen und der historischen Einordnung dieser Quellen können dann Rückschlüsse gezogen werden, welche die texthistorische Rekonstruktion der jeweiligen Lesungen erlauben. Deutlich ist, daß diesem Verfahren explizit das Verständnis von Textgeschichte als Geschichte des Lesens zugrundeliegt. Seine Problematik liegt in der schwierigen Quellenlage in bezug auf die Lesungen. So ist etwa eine vollständige außermasoretische Vokalisierungsüberlieferung nur für die Tora bezeugt, und zwar durch die samaritanische Tradition.[9] Diese schwierige Quellenlage ist zusammen mit einer deutlichen Überbetonung der schriftlichen Überlieferung wohl auch der Grund dafür, daß dieses Verfahren bislang eher eine wissenschaftliche Randexistenz führt. Es scheint mir allerdings den einzigen Weg darzustellen, welcher erstens dem für die hebräische Überlieferung besonders charakteristischen untrennbaren Zusammenhang von mündlicher und schriftlicher Überlieferung gerecht wird, und zweitens sowohl die synchrone als auch die diachrone Dimension der alttestamentlichen Überlieferungsstränge berücksichtigt.

Im folgenden möchte ich auf diese beiden zuletzt genannten Punkte genauer eingehen, und werde nun zunächst den Zusammenhang zwischen mündlicher und schriftlicher Überlieferung anhand einiger Beispiele erläutern. Im Anschluß daran möchte ich in einigen grundsätzlichen Überlegungen darstellen, wie sich die alttestamentliche Textgeschichte als Geschichte des Lesens rekonstruieren läßt, also als die Geschichte zeitlich aufeinanderfolgender, aufeinander bezogener und voneinander abhängiger Textkonstitutionen.

---

9   S. hierzu Schorch, Die Vokale, 7-10.

Lesen als Textkonstruktion

Die mündliche Lesung hebräischer Bibeltexte kann keineswegs als lediglich sekundär gegenüber der schriftlichen Überlieferung des Konsonantenbestandes betrachtet werden, und zwar weder als sekundär in historischer Hinsicht noch auch als sekundär in bezug auf die Bedeutung für die Konstitution des Textes. Dieser Umstand zeigt sich besonders deutlich an den nicht seltenen Stellen, an welchen die mündliche Lesung die schriftliche Überlieferung beeinflußt, verändert und geprägt hat.

Im folgenden soll ein besonders prominenter Beleg für dieses Phänomen dargestellt und diskutiert werden. Es handelt sich dabei um den Spruch über Simeon und Levi aus dem Segen Jakobs in Gen 49,5-7:[10]

MT	Sam
שִׁמְעוֹן וְלֵוִי אַחִים	שמעון ולוי אחים
כְּלֵי חָמָס מְכֵרֹתֵיהֶם :	*כַּלּוּ* חמס *מַכְרֲתֵיהֶם*
בְּסֹדָם אַל תָּבֹא נַפְשִׁי	בסודם אל תבוא נפשי
בִּקְהָלָם אַל *תֵּחַד* כְּבֹדִי	בקהלם אל *יְחַר* כבודי
כִּי בְאַפָּם הָרְגוּ אִישׁ	כי באפם הרגו איש
וּבִרְצֹנָם עִקְּרוּ ־שׁוֹר :	וברצונם עקרו שור
אָרוּר אַפָּם כִּי עָז	*אָדִיר* אפם כי עז
וְעֶבְרָתָם כִּי קָשָׁתָה	*וְחֲבְרָתָם* כי קשתה
אֲחַלְּקֵם בְּיַעֲקֹב	אחלקם ביעקב
וַאֲפִיצֵם בְּיִשְׂרָאֵל :	ואפיצם בישראל :

In einer synoptischen Übersetzung lassen sich die Gemeinsamkeiten und Differenzen dieser beiden Überlieferungen, die historisch betrachtet auf ein- und denselben Ausgangstext zurückgehen, folgendermaßen darstellen:

---

10 Die Differenzen zwischen beiden Versionen sind kursiviert. Die Vokalisierung des samaritanischen Textes folgt der mündlich tradierten samaritanischen Toralesung, wurde aber graphisch an die masoretische Vokalisierung adaptiert, um die leichte Vergleichbarkeit der beiden Versionen zu ermöglichen, vgl. hierzu die Ausführungen in Schorch, Die Vokale, 76-79.

Masoretischer Text	**Samaritanischer Text**

Simeon und Levi sind Brüder.

| **Werkzeuge** der Gewalt | Es **beendeten** Gewalt |
| sind ihre **Schwerter**. | ihre **Bundesschlüsse**. |

In ihre Absprache soll meine Seele nicht kommen,

mit ihrer Versammlung meine Herrlichkeit nicht

| **sich einen**. | **zürnen**. |

Denn in ihrem Zorn töteten sie Männer,

und in ihrem Mutwillen lähmten sie Stiere.

| **Verflucht sei** | **Herrlich ist** |

ihr Zorn, denn er ist mächtig

| und ihr **Grimm** | und ihre **Gemeinschaft** |

denn er/sie ist stark.

Beide Lesungen beruhen auf einem Konsonantengerüst mit praktisch identischer schriftlicher Überlieferung. Die Zeichen ו und י sind in der hebräischen Schrift oft ununterscheidbar, wie etwa die paläographische Evidenz der Manuskripte aus Qumran sowie die häufigen י-ו-Wechsel im Verlauf der Überlieferung der Hebräischen Bibel zeigen. Entsprechendes gilt auch für die graphische Nähe der Zeichen ד und ר.[11] Es ist daher deutlich, daß die Formen כלי/כלו sowie ארור/אדיר auf gemeinsame, graphisch praktisch identische Ausgangsformen zurückgehen. Entsprechendes gilt auch für den ר-ד-Wechsel bei תחד und יחר.[12] Eine anderes Phänomen liegt demgegenüber bei dem Wechsel zwi-

---

11 Das Vorkommen spezifischer Buchstabenwechsel läßt auch Rückschlüsse auf die Zeit zu, in der diese Wechsel in die textliche Überlieferung kamen. So stellte E. Tov aufgrund einer Untersuchung der Konsonantenwechsel zwischen dem Masoretischen Text und der hebräischen Septuagintavorlage folgendes fest: „The only interchanges which occur frequently in most books of the LXX are ו/ד and ו/י. [...] In view of the lack of distinction between *waw* and *yod* in most of the Qumran scrolls, it seems that the books of the LXX which show a preponderance of ו/י interchanges would reflect a relatively late stage of the textual transmission. [...] On the other hand, all other books display earlier stages in the development of the Hebrew script, as the interchange ו/ד is possible in both the square Aramaic script and the earlier paleo-Hebrew script, and is actually more likely in the paleo-Hebrew script." (Tov, Interchanges of consonants, 264-266).

schen עברתם und חברתם vor: Die Zeichen ע und ח sind zwar keineswegs graphisch identisch, doch ist es ihre Lesung in einigen hebräischen Dialekten, u.a. im Samaritanischen Hebräisch.[13] Damit aber waren die Wörter עברתם und חברתם in der Lesung einiger früher Tradenten dieses Textes phonetisch identisch. Offenkundig ist folglich, daß durch unterschiedliche Lesungen das ursprünglich identische Konsonantengerüst in verschiedene Richtungen interpretiert wurde: der samaritanischen Lesung liegt eine positive Wertung der Taten von Simeon und Levi zugrunde, der masoretischen Lesung eine scharfe Mißbilligung. Diese differierenden Auffassungen beruhen letztlich auf einer unterschiedlichen Sicht auf das Geschehen, das sowohl in der samaritanischen als auch in der masoretischen Tora in Gen 34 berichtet wird:

Als Rache für die Schändung ihrer Schwester Dina töteten Simeon und Levi alle männlichen Einwohner der Stadt des Vergewaltigers Sichem, welche sie zuvor arglistig getäuscht hatten.

Das Beispiel zeigt, daß die schriftliche Überlieferung hebräischer Texte zahlreiche Leerstellen aufweißt, die durch eine spontane oder eine tradierte supplementäre Interpretation aufgefüllt werden müssen, um das schriftliche Überlieferungsgut als Text zu lesen. Damit aber muß das Lesen als ein entscheidender Faktor der Textkonstitution betrachtet werden. Zudem wirkt diese mündliche Konstitution des Textes in der Lesung aber auch wieder zurück auf die schriftliche Überlieferungsgestalt, formt und prägt sie.

Mechanismen der Textkonstruktion durch Lesen

Konrad Ehlich hat in einem bekannten Aufsatz gezeigt, daß Texte aus dem „Bedürfnis nach Überlieferung" entstehen.[14] Dem ist gewiß zuzustimmen, scheint mir aber mindestens in bezug auf die alttestamentliche Überlieferung noch eine weitere Seite zu haben: Texte entstehen aus dem Bedürfnis nach Rezeption.

Wie oben gezeigt, verstärkt die Defektivität der hebräischen Schrift die Wechselwirkungen zwischen Lesen und Textkonstitu-

---

12 Eine andere Ursache hat hingegen die Differenz im Präformativ der Verbform: Sie ist grammatisch begründet und beruht auf der Adaption der Verbform an den maskulinen Gebrauch von כבוד.
13 S. hierzu BEN-HAYYIM, A grammar of Samaritan Hebrew, 38–43.
14 EHLICH, Text und sprachliches Handeln.

tion, so daß der Versuch berechtigt erscheint, die altestamentliche Literar- und Textgeschichte auch als Geschichte des Lesens zu begreifen und zu rekonstruieren.

Im folgenden möchte ich daher einen groben Überblick über die Geschichte der Textkonstitution oder Textualisierung durch Lesen im Alten Israel geben. Im Verlauf dieser Geschichte lassen sich m.E. vier verschiedene und dabei mit einigen Überlappungen mehr oder weniger aufeinander folgende Phasen unterscheiden, und zwar:

1. Metatraditionale Textualisierung
2. Paratraditionale Textualisierung
3. Metatextuale Textualisierung
4. Intratraditionale Textualisierung

Die erste Phase, hier „metatraditionale Textualisierung" genannt, ist davon gekennzeichnet, daß eine bestimmte schriftliche Aufzeichnung überhaupt als Überlieferung entdeckt, anerkannt und rezipiert wird. Ein ungelesen in einer Bibliothek oder einem Archiv lagerndes hebräisches Skript ist noch keine Tradition, sondern es wird zu einem solchen erst durch das Bedürfnis nach Rezeption, also durch Lesen. Genau an diesem Punkt liegt eine der wesentlichen Differenzen zwischen der alttestamentlichen Prophetie und beispielsweise den prophetischen Briefen aus Mesopotamien: Während letztere zwar archiviert wurden,[15] aber die Rezeption des Archivgutes einen relativ beschränkten Umfang gehabt zu haben scheint, wurzelt die Entstehung beispielsweise der großen prophetischen Bücher der Hebräischen Bibel gerade in der traditionsstiftenden Rezeption der frühesten prophetischen Aufzeichnungen, welche als die Keime der späteren Buchwerdung zu betrachten sind. Deutlich ist, daß dabei zunächst noch kein Text im Sinne einer im Umfang klar abgegrenzten und mit einer eindeutigen Funktion versehenen Größe gestiftet wurde. Vielmehr entstand in dieser Phase erst das Bewußtsein von Tradition als Text, also so etwas wie ein flexibler textueller Rahmen, welcher zunächst ein Schriftstück als Text rezipierte, sodann der Überlieferung des Rezipierten diente und dabei schließlich für die Aufnahme weiterer Überlieferungsgutes offen war: eine Tradition. Zugleich war damit aber der erste Schritt der Entwicklung eines – wenngleich möglicherweise noch

---

15 S. hierzu Nissinen, Spoken, 247f.

sehr kurzen – hebräischen Schriftstückes zu einem biblischen Buch getan.

Die zweite Phase setzt diese erste Phase voraus und geht deutlich über sie hinaus. Nachdem die Idee eines Textes entstanden und dieser Text in einen Rezeptionsprozeß überführt worden ist, kommt es zur Ausbildung von Paratraditionen: Das Überlieferungsgut wird paraphrasiert, nacherzählt oder poetisch reformuliert, z.T. auch erheblich erweitert, wobei diese Paratraditionen parallel zur Basistradition tradiert werden und in Rückwirkung auf die Basistradition diese textualisieren. Daher soll diese Phase als „Paratraditionale Textualisierung" bezeichnet werden.

Die Paratraditionen beruhen auf der Rezeption der Basistradition, also auf einer bestimmten Lesung des zuvor bereits als Tradition anerkannten Schriftstückes. In umgekehrter Richtung betrachtet, etablieren diese Paratraditionen jedoch ein bestimmtes Verständnis des Überlieferungsgutes, an welchem sich die Lesung dann orientieren kann. Solche Paratraditionen sind bereits innerhalb der Hebräischen Bibelüberlieferung selbst wie auch außerhalb derselben breit belegt. Daß sie tatsächlich Einfluß auf die Konstituierung von Texten genommen haben, mag das folgende Beispiel aus Gen 6,4 belegen:

(„In jenen Tagen gab es auf der Erde die Riesen, und auch später noch, nachdem die Gottessöhne zu den Menschentöchtern gekommen waren ...")

MT: וְיָלְדוּ לָהֶם – „(...) und diese ihnen Kinder geboren hatten."

Sam: *וַיּוֹלִידוּ לָהֶם* – „(...) und sich Kinder gezeugt hatten."[16]

Die Differenz zwischen der masoretischen und der samaritanischen Lesung geht höchstwahrscheinlich auf den Einfluß einer parabiblischen Tradition auf die samaritanische Tradition zurück, die ansonsten aus dem Äthiopischen Henochbuch (= Henoch 1) bekannt ist. Diese parabiblische Tradition ist in bezug auf die sexuellen Beziehungen zwischen den Göttersöhnen und den irdischen Frauen sehr explizit.[17]

---

16 Dieselbe Lesung ist auch durch die Septuaginta bezeugt: καὶ ἐγεννῶσαν ἑαυτοῖς (= *LXX: *וַיּוֹלִידוּ לָהֶם*).

17 S. I Hen 6:2; 7:1f; vgl. DIMANT, I Enoch 6–11, 231.

Und als die Menschenkinder zahlreich geworden waren, da wurden ihnen in jenen Tagen schöne, reizvolle Töchter geboren. Und die Engel, die Söhne der Himmel, sahen sie und begehrten sie und sprachen zueinander: Auf, wir wollen uns Frauen aus den Menschenkindern wählen und uns Kinder zeugen. [...] Und sie nahmen sich Frauen, und jeder wählte sich eine aus, und sie begannen, zu ihnen einzugehen und sich mit ihnen zu vermischen [...].[18]

Die vom Samaritanus bezeugte Vokalisierung der Verbform als Hif. stellt gleichfalls einen expliziten Bezug auf sexuelle Beziehungen her. Vom Konsonantengerüst her zu urteilen, ist sie indes grammatisch problematisch und daher jedenfalls weniger naheliegend als die masoretische Vokalisierung, so daß die Schlußfolgerung, sie sei erst sekundär unter dem Einfluß dieser Paratradition zustandegekommen, sehr naheliegend ist.[19] Ein weiteres Beispiel für den Einfluß von Paratraditionen auf die Lesung und über diese vermittelt auf die Überlieferungsgestalt des Textes wurde mit Gen 49,5-7 bereits oben in anderem Zusammenhang behandelt.

Deutlich zeigt sich daher, wie eine Paratradition die Lesung der schriftlichen Vorlage und damit den Text selbst bestimmen und konstituieren kann. Zugleich kommt es in dieser Phase der Rezeption zu einer zunehmenden Fixierung der Überlieferung, weil die Paratraditionen die Basistradition auf eine bestimmte Deutung hin determinieren.

Paratraditionen lassen sich bereits innerbiblisch nachweisen, so etwa in den zahlreichen Aufnahmen der Exoduserzählung.[20] Zu beachten ist darüber hinaus, daß es auch nach Abschluß der Phase der „Paratraditionalen Textualisierung" noch weiterhin Paratraditionen gab. So nehmen beispielsweise die jüdischen Midraschim Paratraditionen auf, darunter auch sehr alte, und entwickeln selbständig neue.[21] Aufgrund der zunehmenden Verfestigung des Textbestandes ist jedoch der Einfluß dieser jüngeren Paratraditionen auf die Überlieferung des (Proto-)Masoretischen Textes als minimal zu veranschlagen. Einen beträchtlichen Einfluß haben sie aber auf die jüdischen Targumim.

---

18 Übersetzung aus: UHLIG, Das äthiopische Henochbuch, 461-780.
19 S. SCHORCH, Die Vokale des Gesetzes, 102f.
20 S. KITCHEN, Exodus.
21 SEELIGMANN, Voraussetzungen, 152-157.

Eine dritte Phase des Lesens alttestamentlicher Texte setzte ein, als diese zunehmende Verfestigung des Überlieferungsgutes schließlich zum Begriff eines abgeschlossenen Textes führte. Der historische Leser berief sich nun nicht mehr nur auf die Präsenz einer erweiterbaren Tradition, sondern ging von der Präsenz eines Textes aus. Ich möchte daher diese Phase mit der Bezeichnung „Metatextuale Textualisierung" belegen.

Ein deutlicher Beleg für diesen Umschwung sind die verstärkt ab dem 3. Jh. v. Chr. einsetzenden Harmonisierungen des Textes der Tora, durch welche Parallelüberlieferungen einzelner Textpassagen (z.B. der Zehn Gebote) aneinander angeglichen wurden.[22] Je nach Überlieferungsstrang wurden diese Harmonisierungen unterschiedlich konsequent durchgeführt, bezeugen aber jedenfalls, daß nunmehr die Tora als Ganzes als *ein Text* betrachtet wurde. Interessant ist, daß diese harmonisierenden Tendenzen nicht in allen Traditionen der hebräischen Bibelüberlieferung gleichermaßen gewirkt haben.

Schließlich kam es *in der vierten Phase* ab dem späten 2. Jh. v. Chr. zur Herausbildung fester Lesetraditionen.[23] Diese wurden zwar bis ins 7. Jh. n. Chr. hinein fast auschließlich oral tradiert, etablierten sich aber dennoch als von der schriftlichen Überlieferung untrennbarer Bestandteil. Ich möchte hierbei von einer „Intratraditionalen Textualisierung" sprechen, weil die Textualisierung nun erstmals nicht durch eine traditionsextern vermittelte Lesung getragen wird, sondern auf einer traditionsinternen Überlieferung beruht. Damit aber wurden von hier ab *Texte* Gegenstände der alttestamentlichen Überlieferung, gekennzeichnet von der festen Verknüpfung der schriftlichen mit der mündlichen Überlieferung. Das Ausmaß wie das Bewußtsein dieser Verknüpfung spiegeln sich bereits in dem oben zitierten rabbinischen Diktum,[24] welcher die oral tradierte Lesung der schriftlichen Überlieferung gleichursprünglich setzt:

אמר רבי יצחק מקרא סופרים ועיטור סופרים וקריין ולא כתיבן וכתיבן ולא קריין הלכה למשה מסיני.

Rabbi Isaak sagte: Die korrekte Lesung, Auslassungen sowie Qere und Ketib sind eine Überlieferung von Mose am Sinai.

---

22 Eshel, Dating.
23 S. Schorch, Die Vokale des Gesetzes, 39-61.
24 S.o., Anm. 144.

Die Kodifizierung der Lesung durch die Masoreten[25] über-
führte die Überlieferung der Lesung vom Mündlichen ins
Schriftliche, bedeutete jedoch im Hinblick auf die Art und Weise
der Textkonstituierung keine wesentliche Änderung.

Deutlich ist, daß die genannten Phasen der Textkonstitution
durch Lesen weitestgehend historisch konsekutiv waren, also
aufeinander folgten und mindestens teilweise auch die jeweils
früheren Phasen voraussetzten. *Cum grano salis* ist also davon
auszugehen, daß die Entstehungsgeschichte derjenigen alttestamentlichen Bücher, für die eine längerfristige literarische Entwicklung angenommen werden muß, von diesen vier aufeinan-
derfolgenden Phasen in hohem Maße geprägt worden ist.

Zusammenfassung

Lesen konstituiert nicht nur den Leser, sondern auch den Text.
Daher wird die schriftliche Überlieferung des Textes durch die
orale Realisierung und Tradierung von Leseprozessen beeinflußt
und verändert. Diese spezifische Verbindung von Oralität und
Literalität ist in bezug auf die alttestamentliche Überlieferung
insofern von besonderer Relevanz, als die hebräische schriftliche
Tradition aufgrund weitestgehend fehlender Vokalisierung und
Interpunktion mindestens bei komplexeren Prosatexten sowie
bei Texten in poetischer Sprache oft nicht eindeutig und daher
in einem sehr hohen Maße interpretationsbedürftig war. „Lesen"
im alttestamentlichen Kontext ist daher ein im Hinblick auf die
Texte stark produktiver Vorgang.
    Es hat sich gezeigt, daß dieser produktive Vorgang verschie-
dene Phasen durchlaufen hat, die auf je spezifische Art und
Weise Texte konstituiert und damit Einfluß auf die Überlieferungsgestalt der Texte genommen haben.

---

25 S.o., bei Anm. 145.

Bibliographie

Barr, J.: Vocalization and the analysis of Hebrew among the ancient translators, in: Hartmann, B. et al. (Hgg), Hebräische Wortforschung: Festschrift zum 80. Geburtstag von Walter Baumgartner. Leiden 1967, 1-11.

— : Reading a script without vowels, in: Haas, W. (Hg.), Writing without vowels. Manchester/Totowa, N.J. 1976, 71-100.

Ben-Hayyim, Z.: A grammar of Samaritan Hebrew: based on the recitation of the law in comparison with the Tiberian and other Jewish traditions (revised edition in English with assistance from Abraham Tal). Jerusalem/Winona Lake, Indiana 2000.

Dimant, D.: I Enoch 6–11: A fragment of a parabiblical work. JJS 53 (2002), 223-237.

Dotan, A.: Art. „Masorah", in: Encyclopaedia Judaica (CD-ROM Edition, Version 1.0). Jerusalem 1997.

Ehlich, K.: Text und sprachliches Handeln: Die Entstehung von Texten aus dem Bedürfnis nach Überlieferung, in: Assmann, A. et al. (Hgg.), Schrift und Gedächtnis: Beiträge zur Archäologie der literarischen Kommunikation. München 2003, 24-43.

Eshel, E./Eshel, H.: Dating the Samaritan Pentateuch's compilation in light of the Qumran biblical scrolls, in: Fields, W. W. et. al. (Hgg.), Emanuel: Studies in Hebrew Bible, Septuagint and Dead Sea Scrolls in Honor of Emanuel Tov. Leiden/Boston 2003, 215-240.

Kitchen, K. A.: Art. „Exodus, The", in: Anchor Bible Dictionary. New York et al. 1992 (Elektronische Version).

Nissinen, M.: Spoken, Written, Quoted, and Invented: Orality and Writtenness in Ancient Near Eastern Prophecy, in: Ben Zvi, E./Floyd, M. H. (Hgg.), Writing and Speech in Israelite and Ancient Near Eastern Prophecy. Atlanta 2000, 235-271.

Schiffman, L. H.: The early history of public reading of the Torah, in: Fine, S. (Hg.), Jews, Christians, and Polytheists in the Ancient Synagogue; Cultural Interaction during the Greco-Roman Period. London 1999, 44-56.

Schorch, S.: Die Vokale des Gesetzes: Die samaritanische Lesetradition als Textzeugin der Tora. Band 1: Genesis. Berlin/ New York 2004 (BZAW; 339).

— : Wie lasen die griechischen Übersetzer den Konsonantentext der Tora? (hebr.), in: Zipor, M. A./Avioz, M. (Hgg.), Morashtenu Studies, vol. II-III: Dr. Zvi Betzer – In Memoriam. Rehovot 2004, 103-117.

Seeligmann, I. L.: Voraussetzungen der Midraschexegese, in: Congress Volume Copenhagen 1953. Leiden 1953 (VT.S; 1).

Steuernagel, C.: Lehrbuch der Einleitung in das Alte Testament mit einem Anhang über die Apokryphen und Pseudepigraphen. Tübingen 1912 (Sammlung theologischer Lehrbücher).

Tov, E.: Der Text der Hebräischen Bibel: Handbuch der Textkritik. Stuttgart 1997.

Uhlig, S.: Das äthiopische Henochbuch, in: Jüdische Schriften aus hellenistisch-römischer Zeit, Band V: Apokalypsen. Gütersloh 1984, 461-780.

Code-switching: The Public Reading of the Bible in Hebrew, Aramaic and Greek[*]

WILLEM SMELIK

Context and Reading

Among the variables which define a text, context takes pride of place: what a text means to whom and where. Context is far from constant, as postmodern theory points out, but proper attention to the iteration of a text in extratextual conditions, the range and variety of possible contextualizations tells us more about that text;[1] not so much about the established context for proper interpretation, but about the multiple contexts of textual instantiation.

While differences in context may have informed the way the Bible was read by Jewish communities in Palestine and the diaspora, rabbinic literature describes the public recitation of the written Torah as consistent, with little room for variation. The public reading of Torah and portions of the Prophets should be accompanied by an oral-performative translation, verse by verse, so that each Hebrew verse would be followed by an Aramaic version. The resultant bilingual, antiphonal text is commonly regarded as the norm in the Palestinian synagogues of Late Antiquity.

But in Late Antique Palestine the context of public reading was far from uniform: the coastal area and the Hellenistic cities, Jerusalem, Idumea, the (Lower and Upper) Galilee and the

---

[*]   Thanks are due to the editors of this volume, Dr Stefan Schorch and Dr Ludwig Morenz, for their organization of the conference "Was ist ein Text? – Ägyptologische, altorientalistische und alttestamentliche Perspektiven" (24-26. 6. 2005), Bielefeld, at which a shorter version of this article was presented.

1   STROHM, Theory and the Premodern Text, 105. Cf. CLARK, History, Theory, Text: Historians, 130-55.

Golan did not share the same conditions and history,[2] and they were probably not consistent in the degree to which they conformed to the legal decisions of rabbinic leaders.[3] Neither was the linguistic context uniform. Greek, Aramaic and Hebrew were used in different combinations, and with different levels of competence.[4] On the basis of papyri, inscriptions, literature, coins, and the dissemination of imperial decrees in Greek, it seems safe to assume that Greek had established itself as a *lingua franca* throughout the area and as the vernacular of part of its Jewish population.[5] This contextual aspect of public reading, notwithstanding scholarly attention to the *Sitz im Leben* of the Targum in the synagogue, remains largely unexplored. Do the rabbinic rules about the public recitation of the Torah presuppose an already regularised situation, or are they intended to promote and impose such conditions? I propose here to explore whether the rabbinic sources show glimpses of a form of public recitation which was not restricted to the Hebrew/Aramaic variety prescribed in rabbinic literature.

The Text is Oral

The significance of oral performance for the composition and transmission of Ancient Near Eastern texts in general and rabbinic literature in particular has long been recognized.[6] Since silent reading was rare and reading aloud the rule,[7] the reception of texts involved the melodious recitation of a written text by a literate reader, to whom the non-literate audience would listen. The melody would help project the reader's voice and facilitate memorisation.[8]

---

2 SMITH, Palestinian Judaism, 81.
3 See GOODMAN, State and Society, 93-118; COHEN, The Place of the Rabbi, 157–173; SCHWARTZ, Imperialism and Jewish Society, 66-74. Cf. WILLIAMS, The Contribution of Jewish Inscriptions, 93: "Literary sources both Jewish and Graeco-Roman tend to give the impression that Judaism in classical antiquity was homogeneous. Inscriptions give the lie to that."
4 There are many surveys of the language situation. For a brief survey, see SMELIK, The Targum of Judges, 2-10.
5 See Lifshitz, Jérusalem sous la domination romaine, 457-459; MEYERS/ STRANGE, Archaeology, 56; VAN DER HORST, Greek in Jewish Palestine, 154-174.
6 GERHARDSSON, Memory and Manuscript; ELMAN/GERSHONI, Transmitting Jewish Traditions; JAFFEE, Torah in the Mouth.
7 BLANCK, Das Buch in der Antike, 71; HEZSER, Jewish Literacy, 461.
8 GERHARDSSON, Memory and Manuscript, 163-64; SMELIK, Orality, 49-81.

There are some indications in rabbinic literature that the number of people who could do this was sparse. In certain synagogues, only a single person was able to read the Torah or the Hallel (t. Meg. 3.12; t. Pes. 10.8). The ruling, that the Torah was to be read on market days, when inhabitants of "satellite" villages would visit the "mother" town, may also reflect the unavailability of either rare and costly manuscripts or competent readers in rural synagogues.[9] Similarly, when Mishnah and Tosefta allow children to read (whilst avoiding the situation, that an adult would translate; t. Meg. 3.21) their leniency appears to address a dearth of readers. Jewish literacy in Late Antiquity may not have amounted to more than a tenth of the population, and probably even less than that.[10] Whilst estimates are open to discussion—a more contextual estimate for men attending the synagogue may well have been slightly higher, but eye diseases, so common in the Ancient Near East as attested in ancient medicine, may have meant that the eyesight of local literates did not remain undimmed—it is clear that most Jews would not have been able to read a complex literary text. Deciphering the letters was not enough. The Hebrew Torah had neither vowels to assist the reader, nor accentuation to mark melody and interpunction. Accordingly, the majority of illiterate and semi-literate Jews under Graeco-Roman rule would familiarize themselves with the Torah by listening to its public recitation in the synagogue by a literate peer, either in Hebrew or in translation. The Torah was known in its oral-performative *Gestalt*.[11]

But the oral format of reading a text is only half the story: as a repeated action, reading implies that the text would already have been known (and interpreted). Audiences would have heard the text before, and thus had some sort of memory of it. In learned circles, familiarity with the text was a prerequisite. The importance of fore-knowledge for the rabbinic act of interpretation emerges from the brief way in which the interpreted text is quoted; *a word is enough to the wise*. Their memories were trained; they had to be. Without chapter and verse numbering, introduced by Archbishop Stephen Langton from Canterbury in the 13th century, references would not have been easy to find.

---

9   Cf. Sifrei Deut. §301.
10 See Hezser, Jewish Literacy, 496. See also Schwartz, Imperialism and Jewish Society, 10; Bar-Ilan, Illiteracy as Reflected in the Halakhot, 11; idem, Illiteracy in the Land of Israel, 54.
11 So already Bowker, The Targums and Rabbinic Literature, 12.

Written texts were not always available. If they were, scrolls had to be rolled back and forth, and so did not lend themselves easily to consultation, whether חומשין or ספרים were used;[12] the individual books of the Pentateuch were about the maximum a papyrus scroll could contain. The codex, which would have made referencing easier, seems to have come into use only after the Arab conquest, with a possible exception for a non-Biblical text in Greek.[13]

All who wanted to participate in any study or debate would need a memorized version of the Torah. But the ability to quote any given biblical verse is only a first requirement when following the intricacies of rabbinic discussions; a scholar would also need a thorough knowledge of traditional exegesis, as well as halakhic concepts and terminology. Sages quoted from a vast array of traditions, and selected those parts which were useful for their arguments. In many instances, a quotation is not just brief, the part relevant to the topic under discussion is not even quoted and has to be supplemented to make sense of the argument. Even though the extant texts underwent a long process of composition and redaction which may have led to some reduction, the brevity of quotations seems indisputable, as it appears to be a characteristic of all stages of the texts. The discussions and interpretations did not, by default, constitute a commentary on the Bible, taking their cue from biblical verses and following their order of appearance; rather, they follow their own logic which determines the selection of quotations. So the Torah would circulate, as would its interpretation, and interpretative traditions and motifs lent themselves to be reused in new discursive contexts. Thus we encounter certain motifs which have been employed in distinct documents in different ways and couched in different languages.[14] The original context of such traditions may or may not play any part in its new instantiation;

---

12 The complete Torah and its individual books were considered to be of equal sanctity in y. Meg. 3.1,74a: תורה וחומשין קדושה אחת הן.

13 HEZSER, Jewish Literacy, 136; VAN DER HORST, Neglected Greek Evidence, 277–296.

14 For an example involving both Hebrew and Aramaic, see the instructive motif of the rivalry between the mountains when God was about to reveal his Torah; SMELIK, Targum of Judges, 414-429. For a different use of a received tradition, see the attribution of a Targum to Onqelos in b. Meg. 3a, where Palestinian sources which dealt with Greek language and Aquila have been reused and interpreted as traditions buttressing the Aramaic Targum of "Onqelos"; see SMELIK, Translation as Innovation, 25-49.

the traditions about Adam, for example, may have been informed by an anti-Gnostic sentiment, but that sentiment did not
necessarily influence new ways of marshalling these traditions
to make a different point.[15]

Public Speakers as Interpreters

Responsibility for the oral delivery of speeches and translations
lay with the *turgeman* or *meturgeman*, "interpreter" or "orator",
who accompanied his master and presented his master's words,
which were whispered into his ear, to the audience.[16] As a public
speaker,[17] elsewhere called an *amora*, he would faithfully repres-
ent the words of his superior, but not necessarily *verbatim*, and
since he was a learned man himself, he could deliver orations
independently.[18]

The way a *turgeman* communicated a rabbi's teaching to the
public was compared to Aaron as Moses' spokesman.[19] In this
capacity, he would not necessarily translate in the sense of in-
terpreting a sage's word into another language, but rather
render his words audible. By contrast, references to a *turgeman*
in court, some of which are known to have been an *amora* of a

---

15 Niditch, Cosmic Man, 137-146, emphasizes the contextual meaning of Ber.
    R. 8 over against the supposedly anti-gnostic implications of the First
    Adam-traditions, but in truth a new deployment of certain motifs does not
    exclude the possibility of a previously quite different use of the same motifs.
16 Cf. b. Hag. 16a; b. M. Qat. 21a.
17 See, e.g., b. Taan. 4b; b. Hag. 14a. For the *turgeman* as an *amora*, see Ber.
    R. 70.15.
18 Cf. b. San. 7b: "When the Nasi's house once appointed an incompetent
    judge, he said to Judah b. Nahmani, the interpreter of Resh Laḳish: 'Go and
    stand at his side as interpreter.' Standing by him, he [the interpreter] bent
    down [to hear what the judge would teach], but he did not say anything at
    all. Thereupon R. Judah opened his discourse: 'Woe unto him who says to
    wood: Awake!; to dumb stone: Arise! Can this teach? Behold, it is overlaid
    with gold and silver, and there is no breath in it at all!' (Hab. 2,19). But the
    Holy One, blessed be He, will call to account those who set [unqualified
    judges] up, as it is is said: 'But the Lord is in His holy Temple; let all the
    earth, keep silence before Him' (Hab. 2,20)." The biblical verse serves as
    harsh criticism of the appointment of someone unsuitable for the position of
    judge (possibly highlighted by the fact that an interpreter exposes him). See
    also b. Ket. 8b; b. Sot. 37b, 40a; b. Hag. 16a; b. Git. 60b.
19 See the Targums to Exod. 4,16; Tan. וארא 10; Exod. R. 3.17; 8.3; ShirR
    1.10,1 [1.52]. Moses is later instructed to appoint an interpreter to Joshua:
    Sifrei Deut. §305; Sifrei Num. 140.

sage, undoubtedly refer specifically to language interpretation,[20] as do those to the interpreter in the synagogue (e.g., m. Meg. 4.4, t. Meg. 2.5). The differences between these functions were blurred to the extent that the term מתורגמן or תורגמן denotes both functions. Moreover, at least some holders of this "office" fulfilled both functions, including translation of Hebrew into Aramaic.[21] Consequently, orators may also have been responsible for occasional translations of aggadic traditions when addressing the public rather than the sage's pupils, although direct evidence for this latter practice is sadly missing.

The practice of oral-performative interpretation is the subject of a baraita attributed to R. Judah bar Ilai,[22] which exemplifies some of these functions. The text of t. Meg. 4(3).41 according to MS Vienna reads:

> "[1] Something written in the singular they modify[23] into the plural; [something written] in the plural they modify into the singular.
> [2] Says R. Judah, 'Anyone who translates a verse literally[24] is a liar; who adds something is a reviler'.
> [3] An interpreter who stands before a sage is neither permitted to leave anything out nor to add anything or to change anything, except if [the interpreter] is his father or his master."[25]

This baraita treats the oral delivery of a Sage's words by his interpreter on the same terms as the translation of a Biblical verse. The last statement [3] refers to the interpreter of a sage while [2] and perhaps [1] refers to the bible translator who de-

---

20   m. Mak. 1.9; t. San. 7.7; y. Yeb. 16.7, 16a; y. Ned. 10.10(8), 42a; b. Men. 65a; b. Mak. 6b; b. San. 17a; Num. R. 9.34.

21   See, e.g., Ber. R. 70.15; TanB ויצא 20. Contrast FRAADE, Rabbinic Views, 267 n. 35.

22   Visotzky wearily sighed that we have more than enough interpretations of this baraita; see VISOTZKY, Saturday Morning Live, 88-94. Indeed, since the baraita is hard to project against its historical background, it has triggered a wide variety of interpretations, none of which are verifiable.

23   This translation deviates from those most commonly given; for a discussion, see below.

24   For the meaning of כצורתו, lit. "according to its form", i.e. plainly, see Midr. Exod. (Buber), 34 (27), "Since everyone who expounds a verse plainly without Midrash and without the Thirteen Rules with which the Torah is expounded, to him applies what Scripture says: 'The fool walks in darkness' (Qoh. 2.14)."

25   [3] is also quoted in y. Meg. 4.10(9), 75c, followed by a tradition about R. Pedat, the amora of R. Yassa.

livered his interpretation in public.[26] The restrictions imposed on the *meturgeman* as an *amora* [3] are couched in terms of a *topos* on translation and interpretation, which, if done properly, has no additions and no omissions, nor any changes.[27] This restriction recalls Philo's description of how the translators of the Septuagint worked "without taking away, adding, or altering anything."[28] Philo used this maxim to defend the expository type of translation which the Septuagint represents, rather than a slavishly literal translation.[29]

My translation of [1] is not the usual one; the commonly accepted rendition of the baraita is:

> "A verse which is written in the singular they do *not* present in the plural; and one which is written in the plural they do *not* present in the singular." [my emphasis][30]

This latter interpretation follows a single text, the London manuscript, which contains the word "not" twice whereas MS Vienna has neither; MS Erfurt and the *editio princeps* only contain the second instance of אין.[31] The reading of MS London is probably preferred because it rings true: we expect a rabbinic trope on translation to say that nothing should be changed.[32]

---

26 In the first statement [1] the word כתב "writ" presumably refers to a biblical text (Rabbenu Hananel reads הכתוב; b. Meg. 25a); note that [2] uses פסוק.

27 In this connection it is interesting to observe that y. Meg. 4.9,75c has a different version of [3]: "An interpreter who stands before a sage is not permitted to change, *modify*, or add anything..."

28 In the translation of F. H. Colson: Philo, Life of Moses 2.34 (vol. 6 LCL edition).

29 Even though in his view the translators set out to preserve the "original form and shape" of the Biblical text, while text and translation became "one and the same, both in matter and in words", the decisive point is that the process of translation was guided by divine inspiration. See also Brock, To Revise or Not to Revise, 320. Indeed the Septuagint has been praised for certain of its deviations from the original; see Veltri, Eine Tora für den König Talmai.

30 For this translation, see Neusner, The Tosefta, 653.

31 Lieberman, תוספתא, 364; idem, תוספתא כפשוטה, 5, 1221.

32 Lieberman points out that the version with two negations is supported by the *Rishonim*, but that hardly comes as a surprise, as it is the reading which prima facie makes more sense, or more precisely, is less unexpected; the reading without negations is the *lectio difficilior* much less likely to be a correction in contrast to the reading with negations. Since the rule *lectio difficilior praevalet* can easily be plied according to prejudice, it should be qualified; see Albrektson, Difficilior Lectio Probabilior, 5-18; Tov, Textual Criticism, 302-305.

But the anomaly of the single negation suggests a marginal gloss that stole into the base text, in two MSS at one position, and only once at both positions. Dropping the negation twice is a far more unlikely scribal error than its insertion by puzzled scribes and glossators who expected "translation" to be under tight control.

The absence of negations is likely to be original for two other reasons. It is an established targumic translation strategy to avoid disparity in number.[33] Although this strategy appears to have been applied without consistency in the extant Targums, modifications of singulars into plurals and *vice versa* are attested frequently enough to call rabbinic opposition to this phenomenon into question. Moreover, contemporary rhetorical practice shows that transformation of singular into plural and *vice versa* were among the very basic oral transformations of written traditions.[34] Rhetoricians were trained in adapting the number of phrases. Against this background it makes perfect sense to start this short series of sayings with common rhetorical practice, since the passage as a whole reflects the practice of public speaking.

The traditional reason to prefer both negations is the apparent contradiction between [1] (without negations) and [3], which includes the prohibition against changing anything.[35] The classic example of a challenged modification is to use a euphemism in the pericope of forbidden sexual relationships, והמכנה בעריות (m. Meg. 4.9), which is interpreted as בערייתא דאבוי ובערייתא דאימיה

---

33 Churgin, Targum Jonathan, 53.

34 For the *chreia*, see Jaffee, The Oral-Cultural Context, 31-37.

35 See Lieberman, תוספתא כפשוטה, 1221f. Absence of change was related to meaning, not exact wording. The translation of the verse, "And they saw the God of Israel" is a point in case (Tosafot Qid. 49a, quoting Rabbenu Hananel). Here both a literal translation and an unwarranted supplementation, "And they saw the angel of God", are out of court. The correct translation is, "And they saw the glory of Israel". t. Meg. 3.39-40 provides some examples of required and approved euphemisms. The examples given in the Tosefta are instances of *ketiv/qere* which went on to become a standard feature in the manuscripts (ranging from 848 to 1566 instances; see Tov, Textual Criticism, 58-63. What is interesting here is that the euphemisms are compulsory (even though the written text is left as it is): some changes do not count as such in expository translation. As rabbenu Hananel wrote (b. Meg. 25a): "whoever renders the Name literally is a liar, and who adds to it, *except from our Targum*, is a reviler" (my emphasis). The reference to "our Targum" is derived from b. Qidd. 49a. The Tosafot claim that the Targum was given at Sinai (Qidd. 49a) on the basis of b. Meg. 3a.

"[when he translates] the shame of his father and the shame of his mother" (Lev. 18.7; see y. Meg. 4.10[9],75c).[36] The context refers to speaking in public (הדא דאת אמר בציבור),[37] as the resulting action (משתקים) implies. But despite the public context and the use of the same verb, the euphemism cannot be used to explain the baraita, because it represents a change from second to third person singular, not in number. Nor does the Tosefta restrict itself to the euphemisms of incestual relationships.

Targum as Miqra's Antiphon

Most of the rabbinic references to the context of translation relate to the synagogue service, where the distinction between the Hebrew source text and its oral-performative translation was to be zealously maintained.[38] In the proper format of code-switching from Hebrew to translation, each text was recited by a different person, the reader (קורא) and "he who interprets" (מתרגם), who would alternate their recitation by one verse in the Torah and, at least in theory, by three verses in the portion of the Prophets.[39] To add further emphasis, the interpreter had to recite the translation by heart without recourse to a written version, highlighting its oral properties in contrast to the Holy Writ.[40] The two voices (or possibly three in case of the Prophets, and four or more in case of the scroll of Esther) would alternate with one another in an orderly fashion,[41] thus creating a text in two languages and, possibly, two different melodies[42] while the voices were pitched at a similar level (b. Ber. 45a).

---

36   SHINAN, המכנה בעריות משתקין אותו, 171-177; Idem, אגדתם של מתורגמנים, 197-202.
37   Applied to one who says "We give thanks, we give thanks", but equally valid for the first two examples in m. Meg. 4.9; cf. LIEBERMAN, תוספתא כפשוט, 1221f. See also b. Meg. 25a.
38   See esp. BERLINER, Targum Onkelos, 84-88; ALEXANDER, The Targumim and the Rabbinic Rules, 14–28; FRAADE, Rabbinic Views.
39   For more details, see SMELIK, Orality.
40   It would be wrong to believe that the text was fluid or spontaneously made up in the process of oral interpretation: the rabbis still sought to control the wording of the interpretation, and it is reasonable to assume that the translational choices were compulsory to a large extent. See ALEXANDER, The Targumim and the Rabbinic Rules, 25. This is not to say that the actual translation as practised in the synagogues always adopted rabbinic decisions.
41   For the number of people involved, see t. Meg. 4(3).20; y. Ber. 5.3,9c/y. Meg. 4.1,74d; b. Meg. 21b; b. Rosh. Hash. 27a. Cf. m. Meg. 4.1; R. Hananel Meg. 21a.

The motives for this format betray a sensitivity regarding the status of translations. Perhaps more than with any other genre, the rabbis felt a need to distinguish between the Torah and its translation(s):

> "Ulla said: Why do they say that the one who reads from the Torah should not assist the interpreter? So that they should not say that the Targum is written in the Torah."[43]

The careful distinction between the written text and its oral interpretation is the ingenious resolution of the opposition to translation (against the background of the diverse language situation and actual practice). The translation was at once distinguished from the Torah and Prophets and yet inextricably bound to them, framed as a counterpoint to the recitation of the Hebrew source text and tied to the traditional method of learning. The vestiges of this custom are indeed discernible in manuscript formats, translational structure and stemmatological contamination of manuscript evidence.[44]

Rabbinic literature includes several lists of texts which were "neither read nor interpreted", "read but not interpreted", or "read and interpreted". The passages range from narratives about sexual misconduct in the Torah and Prophets to ones which were associated with esoteric teachings.[45] In the manuscripts, certain verses have indeed been left untranslated; the Masoretic note לא מתרגם בציבורא, "not to be translated in public", was subsequently extended to additional pentateuchal and prophetic passages not included in any of these lists.[46]

All this by and large reflects the rabbinic legal representations of translational practices over the course of several centuries rather than any actual practice of the first centuries CE (the manuscript evidence is distinctly later!). References to actual practice reveal a reality different from the halakhic norm(s) up to the fourth century CE. The Yerushalmi relates of a third generation Palestinian amora who saw, on separate occasions, some-

---

42   The Yemenite practice of oral translation employs a different melody for the Targum than for the Torah; whether this reflects ancient practice, cannot be determined.

43   b. Meg. 32a; cf. Midr. Tan. וירא 5.

44   For a detailed examination of format, notations, texture and contamination, see Smelik, Orality, 71-80.

45   Alexander, The Rabbinic Lists of Forbidden Targumim.

46   Klein, Not to be Translated in Public.

one who combined the functions of reciting the Hebrew and translating, and someone who used a written text for the translation.[47] Nor do the Palestinian Targums always follow contemporary rabbinic rulings.[48] In other words, the selective, formative aspects of the rabbinic portrayal of translation requires more attention than they are usually given.

Ideals and Marginalised Practices

In his study of the evidence for the establishment of reading the Torah in public, Schiffman claims that the "Torah and the Prophets were already translated into Aramaic in tannaitic times, even in the earliest strata of our texts".[49] As the main evidence for these "earliest strata" he cites m. Meg. 4.4:

> "Who recites the Torah should read no fewer than three verses. He may not read to the interpreter more than a single verse and, in the case of the portion of the Prophets, three [verses]. If the three of them constitute three distinct paragraphs, they read them one by one. They skip [from place to place] in the Prophets but not in the Torah. And how far may one skip? [Only] so much that the interpreter will not have stopped [during the rolling of the scroll]."

To Schiffman, and it is probably fair to say to many others as well, this "passage shows that translation was the norm".[50] But at this point certain questions are worth asking. Is it possible to project this conclusion into the early Tannaitic period? Is the representation of what *should* be done an accurate portrayal of what *was* done? Does the crystallization of the bilingual reading practice obscure reflections on other, alternative and contemporaneous, or possibly previous, practices?

---

47 y. Meg. 4.1, 74d; see York, The Targum in the Synagogue. The same tractate mentions a translation not deemed acceptable, which has been preserved in Targum Pseudo-Jonathan.

48 HEINEMANN, Early Halakhah in the Palestinian Targumim.

49 SCHIFFMAN, The Early History, 53f. Cf. GERHARDSSON, Memory and Manuscript, 68.

50 The same opinion is held by (the new) Schürer: "As the language in which Scripture was read was no longer familiar to the whole people, a translation had to be provided. The reading was therefore accompanied by a targum, a continuous rendering into Aramaic"; SCHÜRER, The History of the Jewish people , vol. 2, 452f.

While it has long been generally assumed that the Aramaic Bible translation had been introduced into the synagogue service by first century CE, there is no evidence for this assumption until the mid-second century of the common era.[51] All the Mishnah proves is when the practice was *regularised* by Tannaim, namely in the Usha-period,[52] not when and where individual communities employed translations in their services, not even whether the directive was generally followed up in their own times. What is required, is independent corroboration of the bilingual reading practice, together with a far more rigorous attention to "textual resistance" to the accepted construction of history than has been offered in the past. Dissonant voices have too often be re-aligned, or marginalised, if not drowned out by the eventually emerging dominant opinion.

There are several passages that, juxtaposed to m. Meg. 4.4, undermine its deceptively uniform "testimony". The Toseftan counterpart to tractate Megillah adds several details to the discussion of public reading, including 3.13:

> "As for a synagogue of those who speak a foreign language (לעוזות), if they have someone who can read in Hebrew they begin in Hebrew and conclude in Hebrew. If they have only one who can read [in Greek],[53] only one reads."

Tellingly, the Tosefta implies, but does not say explicitly, that in between the Hebrew opening and ending the bulk is read in translation. While the language is not specified, it presumably refers to Greek speaking communities (לעז usually does).[54] This was not a situation which the rabbis deemed felicitous, but one which simply existed. The very wording "If there is someone who can read Hebrew" suggests that even this may not be the case. If no Hebrew speaker is available, we must assume that everything is read in translation. Lieberman suggests that the insistence on

---

51 Grabbe, Synagogues in Pre-70 Palestine, 401-10; Safrai, The Origins of Reading, 187–193; Smelik, The Targum of Judges, 31-39.
52 So rightly Safrai, The Origins of Reading, 189.
53 Since the situation that only one can read in Hebrew has already been discussed in the previous Tosefta, which requires a blessing before and after not mentioned here, the present stipulation concerns the public reading in Greek. Cf. n. 57 below. For the Tosefta, see Lieberman, תוספתא כפשוטה, 1179.
54 Note however the use of לעז יווני followed by בכל לעז in b. Meg. 18a, both of which indicate that other languages are possibly referred to as well.

a Hebrew beginning and ending is related to the blessings,[55] but by the same token the insistence on a Hebrew framework signals the priority of the Hebrew text. Communities without any literate Hebrew speaker would presumably have to make do without the blessings, as their reader(s) are not required to stand up and sit down.[56]

Just as the Mishnah, the Tosefta "expects" a translation to accompany the public recitation of the Torah (e.g. t. Meg. 3.20-21), but it refers to situations in which no Hebrew can be used; the Mishnah passes over such possibilities in silence. The Mishnah, redacted at a time when the centre of Jewish Palestine had moved to the Aramaic heartland, Galilee, obliterates the custom of reading in Greek which would have been relevant to the coastal areas and certain cities including Jerusalem before the Second Revolt, and possibly in some locations even thereafter. Yet the Tosefta does not stand alone. Discussing the number of people who read on several occasions, the Yerushalmi relates (y. Meg. 4.3, 75a):

> "Those who speak a foreign language [Greek] do not follow this custom; rather, one reads the whole parashah."

As for Egypt, this "foreign" custom is corroborated by Philo,[57] but it is unclear whether the observation relates to Palestine or the Diaspora, or whether they read it in Hebrew or in Greek. To what extent does illiteracy also imply difficulty in following a long literary text in a language that was not the vernacular? Following the Tosefta, it seems unlikely that they read the bulk of the text in a language no one was able to understand.

That some would read the Torah in Greek, even in Palestine, is not unexpected. According to the majority opinion in m. Meg. 1.8 (biblical) scrolls may be written in any language, while R. Shimeon ben Gamaliel argues that only Greek was allowed. It is often overlooked that the majority opinion apparently considers written translations as halakhically valid at the beginning of the

---

55 Cf. Lieberman, תוספתא, 365, cf. m. Meg. 4.2: "he who begins the reading of the Torah and he who completes the reading of the Torah says a blessing before and afterward."

56 If only one person can read in Hebrew, he has to stand and sit down seven times, no doubt related to the blessings; when he cannot read in Hebrew, there is no mention of standing and sitting (t. Meg. 3.12-13).

57 Eusebius, Praeparatio Evangelica, viii 7,13; text quoted in Schürer, The History of the Jewish people , vol. 2, 448 n. 102.

Amoraic period.[58] In the Palestinian gemara on this mishnah the
minority opinion of Rabban Shimeon ben Gamaliel, possibly re-
sorting to an older tradition but not necessarily so, has become
the majority opinion.

In silencing the obvious preferences of foreign language
speakers, m. Meg. 4.4 takes a stand which should not necessarily be construed as the only historically plausible situation, and
only "the norm' inassofar the Mishnah decided this way (but, as
the Tosefta and Yerushalmi show, apparently not all rabbis).
And even when the Torah was recited in Hebrew, it would be
wrong to assume that there would always have been an instant-
aneous translation, or even that the translation would necessarily have been in Aramaic rather than Greek.[59] Does the Greek
translation lend itself far less convincingly for the interlocution-
ary position the rabbis had assigned to the practice of translation within the synagogue Shabbat service? Not necessarily.
Nicholas de Lange observed that code-switching between Hebrew
and Greek among Greek-speaking Jews resembles the rabbinic
use of Hebrew and Aramaic to some extent.[60] A Hebrew/Greek
recitation is not implausible: the one-to-one translation of
Aquila, favoured by Palestinian rabbis to Aramaic, is suited to a
bilingual recitation. In the words of Philip Alexander,

> "The puzzling features of Aquila begin to make sense if Aquila is
> not seen as a free-standing translation, to be read in isolation,
> but as a crib to understand students to understand the Hebrew
> Bible."[61]

He does not suggest a liturgical use of Aquila's translation,
but the very fact that its oddity may have led to a second, more
idiomatic Greek, though literal translation of Symmachus, fol-

---

58 Veltri, Eine Tora für den König, 119f, 146-151, offers a good discussion of
this mishnah, where the majority opinion allows (biblical) scrolls to be written in any language, while R. Shimeon ben Gamaliel argues that only Greek
was allowed. But after demonstrating that the expression לכתוב בכל לשון cannot refer to translitteration only, but means "to write in another language"
(whether or not as a translation), he bypasses the relevance of the majority
opinion which would require him to qualify his premise that rabbinic literature distinguishes between two modes of translation.

59 Interestingly, in Scythopolis the Christians had their Greek lectionary translated into Aramaic in the late third century CE. See Millar, The Roman Near
East, 198f.

60 De Lange, Hebrew/Greek Manuscripts, 262.

61 Alexander, How Did the Rabbis Learn Hebrew, 71–89.

lowing rabbinic doctrine, in third-century Caesarea, renders the possibility of a liturgical purpose at least a possibility.[62]

Translation always remained optional.[63] People were not always available to perform the oral translation (y. Meg. 4.3, 75a):

> "R. Hananiah ben Pazzai replied, have we not learned that the *maphtir* (last reader) may not read less than 21 verses in the Prophets? The reason is, when there is no interpreter there. But if there is an interpreter present, one reads [to] him three [verses at a time]."

The absence of a translation did not invalidate the reading.[64] Taking my scepticism one step further, I wonder whether the translation was *always* carried out orally. Tannaitic sources take the existence of written translations for granted (cf. m. Meg. 1.8). The actual mishnah which excludes translations from the Holy Writ also implies that they are written (m. Yad. 4.5). However, other instances seem to imply that translations were (still) considered Holy Writings. When m. Shab. 16.1 requires *genizah* for translations, this is an ambiguous stipulation: does it imply that these writings are holy, or not? The Tosefta takes the former view, and categorizes translations together with Holy Writings, as does the Yerushalmi.[65]

All the same, the Mishnah seems to assume an oral-performative translation in its restriction of the functions people can fulfill in the synagogue service. The distribution of certain public functions in the synagogue reveals a hierarchy of sorts in the suitability of various classes of Jewish men (m. Meg. 4.6). The lowest treshold is reserved for the translation: a minor, a blind person, and one dressed in ragged clothes may perform the translation. The Torah, on the other hand, may not be recited by either a blind person (who cannot read) or an improperly dressed male (who might embarrass the community). At this juncture, all rabbinic sources seem to agree.[66] That a blind per-

---

62 For Symmachus, see SALVESEN, Symmachus in the Pentateuch.

63 ALEXANDER, The Targumim and the Rabbinic Rules, 23.

64 See also y. Meg. 4.1, 74d; discussed in SMELIK, Language, Locus and Translation, 210f.

65 See SMELIK, Rabbinic Reception, 260-267 for a full discussion.

66 See m. Meg. 4.6; t. Meg. 3.21, 27f; y. Meg. 4.6(5),75b; Tan. תולדות 7; Sopherim 14.12. b. Meg. 24a/b remains silent on this particular subject. The Tosefta adds the ruling, that an adult should not translate on behalf of a minor (3.21).

son could perform the translation, points to its oral nature, at
least in theory.

Another hierarchy concerns what is recited, at least according to the Tosefta, Yerushalmi and Bavli; the Mishnah remains
silent on this topic.[67] The Tosefta, followed by the Yerushalmi,[68]
stipulates that only one person may read the Torah at a time,
followed by a single translator. For the portion of the Prophets,
two people may translate simultaneously, but two people may
never recite the Hebrew simultaneously. For the Megillah, two
may read and two may translate simultaneously; according to
the Bavli, almost anything goes, as up to ten people may read
and up to ten may translate. There is a twofold hierarchy, of
source and target text: the Torah ranks at the top, the Megillah
at the bottom, while the translation of the Torah is also regu-
lated slightly more strictly than that of the Prophets.

The Torah of Seventy Languages

Thus far I have argued that the sources leave open the possibilities of a monolingual Hebrew, monolingual Greek, bilingual
Hebrew/Aramaic and, perhaps only hypothetically, Hebrew/
Greek recitation of the Torah and portion of the Prophets. The
Mishnah largely obliterates this variety in practice. By contrast,
when the Mishnah refers to a *multilingual* Torah (m. Sot. 7.5), it
preserves an attitude towards translations which was signific-
antly modified in other sources:

> "And afterwards they brought stones and built an altar and
> plastered it with plaster. And they wrote on it all the words of
> the Torah in seventy languages, as it is written, 'Very plainly'
> (Deut. 27,8)."

---

67 m. Meg. 4.1, 4; t. Meg. 4(3).20; y. Ber. 5.3,9c / y. Meg. 4.1,74d; b. Meg. 21b
    (cf. R. Hananel Meg. 21a); b. Rosh. Hash. 27a.
68 It is interesting to note that an odd baraita is preserved in the Yerushalmi:
    "It is taught: Two read in the Torah, but two may not read in the Prophets.
    R. Ulla said: there are [several distinctive] parts to be read in the Torah, but
    not in the Prophets." R. Ulla understands the baraita as indicating the fact
    that the Torah is read by several persons, but this seems an ingenuous
    solution: the Torah has seven distinct sections to be read, not two. The con-
    text, moreover, is that of a simultaneous recitation.

The Hebrew באר היטב refers to the clarity of its script, but the Mishnah takes the plainness of the Torah as its full meaning, laid out in the seventy languages of the world. These translations were *written*. That appears to have been too much for the authors of the Palestinian Targum, in the version of Pseudo-Jonathan:

> "And you will write on these stones all the words of this Torah, an inscribed and distinct script, read in one language and translated into seventy languages",

with the translation implied as an oral performance.[69] The written translations of the Mishnah possibly reflect a time or place with less concern with written versions of the Torah, written by Jews, unlike later. The Mishnah does not stand entirely alone. In Sifrei Deut. §343 God reveals the Torah in four different languages;[70] and in the same section, He reveals it to other nations in their language, since they understood it. This inclusive attitude towards translations was modified by the targumist(s) in one way, as we have seen, and by the Tosefta/Yerushalmi in another (t. Sot. 8.6, followed by y. Sot. 7.5, 21d):[71]

> "R. Judah says, 'They inscribed it [the Torah] on the stones of the altar'. They said to him, '[If so], how would the nations of the world learn the Torah?' He said to them, 'This teaches that the Omnipresent moved every nation and kingdom to send their scribes, and they translated what was written on the stones into seventy languages. At that moment the verdict against the nations of the world was sealed for destruction."

In this version, the nations rather than the Israelites prepare the 70 translations. Moreover, these translations only serve as evidence against them, that they cannot claim innocence and ignorance in their transgressions. The translations no longer function as an inference from Deut. 27.8, to make the Torah as explicit and clear as possible *for the Jewish community*, but as an indictment of the nations. The tosefta reveals a completely differ-

---

69 So also the FragTg-P and a Cairo genizah fragment (MS T.-S. B 8.8, f. 1v); see KLEIN, The Fragment-Targums, vol. 1, 111, 220; idem, Genizah Manuscripts, 351. Cf. FragTg-VNL and TgNeof which omit "in one language", but still seem to make the same point.

70 Cf. Gottlieb, Language Understanding in Sifre Deuteronomy, 82-84.

71 For seventy languages, see also b. Men. 65a; cf. m. Sheq. 5.1; b. Sot. 33a; y. Meg. 1.11(8),71b.

ent attitude to the value of translations, with apologetic over-
tones, than the mishnah.

There is a sensitivity here, ultimately leading to the rejection
of the seventy languages as suitable for the Torah. The trans-
ition may be reflected in another Palestinian tradition (y. Meg.
1.11(8),71b):

> "It is written, 'Now the whole earth had one language and a few
> words' (Gen. 11,1). R. Eleazar and R. Johanan [disputed its
> meaning]. One of them said, 'For they were speaking seventy
> languages', the other said, 'For they were speaking the language
> of the Unique One of the World, the holy tongue'. Bar Qappara
> taught, 'God enlarge Japeth, and let him dwell in the tents of
> Shem' (Gen. 9,27) means that they will speak the language of
> Japeth [= Greek] in the tents of Shem."

The contrast between R. Eleazar's reference to seventy languages and R. Johanan's reference to a single language echoes
the contrast between Gen. 10,31, which suggests that each na-
tion had its own language, and 11,1 where all peoples speak the
same language and the same words. This contrast is resolved in
R. Eleazar's opinion, where the single language is identified with
the full linguistic spectrum of the seventy languages. R. Johanan, by contrast, takes Hebrew to be the unifying language
spoken by all peoples—quite possibly reflecting the view that
their languages all derived from Hebrew. In his commentary on
Zeph. 3,14-18, Jerome calls Hebrew the mother of all languages,
lingua Hebraica omnium linguarum matrix. Thus the notion of
Hebrew as the primordial tongue is accommodated in both
views, but they put a different value on the use of other languages. If the unity of the world, and their shared language, is
tantamount to the seventy languages of the world as per R.
Eleazar's view, this would surely boost the reputation, and more
importantly the legitimacy of Torah translations. The context,
after all, of this passage is the interpretation of m. Meg. 1.8,
raising the question whether all scriptures may be written "in
any language", as Sages held, or rather in Hebrew and Greek
only, as Rabban Shimeon b. Gamaliel said.

The final point made by Bar Qappara is almost as revealing:
the insistence that the use of Greek is valid on the basis of Gen.
9,27 does not just take the "middle" ground between the positions held by R. Elezar and R. Johanan, while in support of R.

Shimeon b. Gamaliel's opinion, but would also raise Greek to the level of the universal language.

The multilingual Torah is not just the full Torah, but is also a vestige of a period which placed less premium on the Hebrew language as the Holy Tongue.

Monolingual Greek

Despite the rabbinic preference for Hebrew/Aramaic recitation, and the hypothetical possibility of a Hebrew/Greek variety, it is clear from rabbinic sources that a monolingual Greek reading prevailed in areas where Greek speakers dominated. In Palestine and the Roman diaspora the language of the Torah was not Hebrew by default, as we have seen (t. Meg. 3.13). Thus Rabban Shimeon ben Gamaliel permitted the use of Greek besides Hebrew (m. Meg. 1.8),[72] Palestinian sages advocated the use of Aquila (y. Meg. 1.9), while Babylonian Sages explored the limits of the exemption resulting in the permission to use a written Greek translation in the *Aramaic* speaking heartland of Babylonian Jewry (b. Meg. 8b-9b).[73] At least in some Late Antique Palestinian synagogues—although we do not know how many— the oral instantiation of the Torah occured in Greek.[74] As Lieberman wrote more than half a century ago,

> "The dependence of the Jewish preachers in Palestine on Greek translations of the Bible was probably much greater than we can judge from the material preserved in Midrashic literature. It is only natural that a preacher in a synagogue where the Shema was read in Greek quoted verses of the Bible accompanied by their standard Greek translations. The latter were probably

---

72 VELTRI interprets Rabban Shimeon ben Gamaliel's statement as the introduction of a leniency in the context of previously prevailing strictness, but both the context (the anonymous assumption is that all languages are allowed) and history argue against this interpretation. It is possible, however, that no explicit ruling on the uses of languages had been accepted.

73 For a fuller discussion of the latter passage, see the reference in n. 90 below.

74 I omit Justinian's Novella 146 from the present discussion, since I focus on Palestine and, by and large, the period before Justinian's reign. Recent studies are sceptical about its presumed support for a Jewish practice of public recitation in Greek, and consider this document as a piece of Christian self-definition at the expense of the Jews; VELTRI, Die Novelle, 125; RUTGERS, Justinian's Novella, 385-407.

eliminated either when the sermons were recorded in writing or when the Midrashim were compiled."[75]

A bilingual Hebrew-Aramaic reading of the Torah cannot have satisfied the Greek-speaking jews of Caesarea, who read the Shema in Greek, and they were unlikely to be alone in this regard.[76]

Of the inscriptions found to date in Palestine, apparently about 55% are in Greek; of the synagogue inscriptions, about a third.[77] Despite the fact that an epigraphical language does not necessarily reflect the vernacular of those who commissioned the inscription,[78] the often poor quality of the language used indicates that knowledge of Greek extended to the lower classes as well.[79] Would they have commanded Greek to the extent that they would have understood a Greek Bible translation? The very *raison d'être* of Greek translations like those by Aquila and Symmachus, which were produced in Palestine during the second century CE, either under auspices of rabbinic authorities (Aquila, following rabbinic traditions) or in close proximity to their circles (Symmachus, as shown by Salvesen) suggests as much.[80] Bereshit Rabba 36.8 likewise reflects that Greek was spoken in at least some of the Palestinian synagogues: "Let the words of the Torah be said in Japhet's language [Greek] amidst the tents of Shem". Traditionally, the Septuagint had been treated with the same respect accorded to the Hebrew Scriptures, claiming divine inspiration for its very wording.[81]

This understanding of translations was not to remain. Notions of Hebrew as a pure, primordial and divine language

---

75 Lieberman, The Greek of the Synagogue, 59.

76 See y. Sot. 7.1, 21b, discussed in Smelik, Language, Locus and Translation, 209f.

77 Van der Horst, Greek in Jewish Palestine; Roth-Gerson, Greek Inscriptions from the Synagogues.

78 So much is clear from the emergence of Hebrew inscriptions on Italian tombstones from the 7th c. CE onwards. For the disparity between inscriptions and vernacular, see Leiwo, From Contact to Mixture, 125, and Adams, Bilingualism at Delos, 193.

79 Goodenough, Jewish Symbols, 123; Lieberman, Greek in Jewish Palestine, 13; van der Horst, Greek in Jewish Palestine, 159, 166.

80 For the Jewish identity of Symmachus, see Salvesen, Symmachus in the Pentateuch. In his review (JJS 43 [1992], 145-47) Alexander suggested that Symmachus' version may have been directed at Greek-speaking Jews of the Galilee. For Aquila, see, e.g., Silverstone, Aquila and Onkelos.

81 Brock, To Revise or Not to Revise, 301–338.

destined for the end of days coalesced into the concept of Hebrew as the Holy Tongue.[82] Whilst the use of translations as substitutions for the original conflicted with the rabbinic insistence on the use of Hebrew for reading the Torah, the unassailable standing of the Greek translations even among the rabbis themselves prevented them from rooting out established practices. But they did stamp a preference for Hebrew on their rulings. The obligation to read the scroll of Esther could be fulfilled by hearing it in one's own language, unless one understood Hebrew as well; in the latter case, Hebrew was compulsory.[83] At this point the sources are, however, inconsistent, and contradictory opinions exist, expressed explicitly in y. Meg. 2.1, 73a and b. Meg. 18a, while appearing between the cracks of other texts.

The Mishnah makes allowances for the fact that Greek speakers are used to hear the scroll of Esther in Greek (m. Meg. 2.1):

> "Who reads the scroll [of Esther] backwards has not fulfilled his obligation.
> [If] he reads it by heart, [or if] he reads it in a translation in any language, he has not fulfilled his obligation.
> But they read it in Greek [a foreign language] to those who speak Greek.
> Still, he who speaks Greek but heard it in Hebrew [Ashurit],[84] has fulfilled his obligation."

Translations *seem* to have no bearing on the obligation to hear the scroll in Hebrew, but there is an palpable tension between the insistence upon Hebrew and the practice of Greek recitation.[85] But following R. Shimeon b. Gamaliel, not all translations are alike: there is a difference between a translation in any language and reading Esther in Greek [3]. These Greek ver-

---

82 AARON, Judaism's Holy Language, 49-107.
83 m. Meg. 2.1; t. Meg. 2.6; y. Meg. 2.1, 73a; b. Meg. 18a; y. Sot. 7.1,21b; see SMELIK, Rabbinic Reception.
84 "Ashurit" cannot refer to script in this context, but denotes Hebrew as a language.
85 As I have argued previously, and in more detail, in "Rabbinic Reception", 256-258.

sions were most likely *written* ones,[86] as claimed by R. Samuel
(y. Meg. 2.1, 73a):

> "If it was written in accord with the law in Greek, one may carry
> out his obligation by reading it in Greek."

Conform Rabban Shimeon ben Gamaliel's ruling in m. Meg.
1.8, such "authorised", written Greek translations may not have
had a parallel in any language other than Hebrew (they may
have existed, but were not condoned). As such, Greek translations ranked as Sacred Scripture.[87] In this mishnah, there is a
gap between the third and last sentence: those who speak Greek
but hear the Hebrew version, fulfil their obligations; what about
Greek speakers who do *not* hear the Hebrew, but only the Greek
from a written text?

The equality of Greek and Hebrew was controversial. The
rabbis reclassified translated Scripture as Oral Torah, despite
the fact that the notion of translations as written Torah lingered
on.[88] But the resignification did not fully apply to Greek versions, although attempts were made, most evidently in m. Yad.
4.5:

> "[Holy Scriptures] impart uncleanness to hands only if written
> in Assyrian characters, on parchment, and with ink."

The requirement of square script became a powerful argument in the attempts to reduce the influence of written translations. Particularly instructive is the parallel in the Tosefta to m.
Meg. 2.1, discussed above (t. Meg. 2.6, my emphasis):

> 1. [If] he recites it in Greek [a foreign language], those who
> speak Greek thereby fulfil their obligation.
> 2. [If] he recites it in Hebrew [*Ashurit*], both those who under-
> stand *and those who do not understand* (ואין שומעין) thereby ful-
> fill their obligation.

---

86 The verb קרא is closely associated with a written text, in contrast to אמר or
    תרגם, but does not necessarily imply the written word, as the phrase קראה על
    פה demonstrates.

87 See y. Shab. 16.1, 15b/c: "He who says that they defile the hands [also
    holds that] they may save them from a fire, and he who says that they do
    not defile the hands [holds the view that] they may not save them from a
    fire."

88 SMELIK, Rabbinic Reception.

3. Under all circumstances they fulfil their obligation only if it is written *in square script [Ashurit], in the Hebrew language* (אשורית בלשון עברית), on a scroll, in ink.

While the Mishnah is ambiguous, the Tosefta is inconsistent. Greek speakers fulfil their obligation in Greek [1] only if the scroll is written in Hebrew [3]. The incoherence of this tosefta is conspicuous, unless we assume that they translated the Hebrew text on the spot into Greek, and that such an oral translation also qualifies—which would contradict 2.5 ("[If] he read it by heart") and all other rabbinic sources.

How do we make sense of the text as it stands? Both Veltri and Lieberman regard the words בלשון עברית as a gloss, because they are missing in m. Meg. 2.1;[89] Lieberman adds that these "unnecessary" words are absent in MS London (Tosefta) and Rashba's exemplar of the Tosefta. If they are a gloss, the original meaning is slightly different: the scroll must be written in the square Hebrew script, Ashurit, but not necessarily in the Hebrew language. If the recital of the translation in [1] is as-sumed to be performed from a translation written in square script conform [3] without the gloss, the tosefta makes sense—according to Lieberman—but even following this interpretation the awkward *pas de deux* between [1] and [2] still remains. And this assumption is by no means self-evident, but based on later harmonizations which break the link between *Ashurit* as both the Hebrew language and the square script used for Bible scrolls.[90]

If the words are a gloss, we should do well to remember that MS London also omits ואין שומעין in [2], removing every difficulty in the Tosefta.[91] So is this a late editorial harmonization or an authentic original reading? The word אשורית in [2] refers to some-thing being heard, hence language; the parallellism between [1]

---

89 VELTRI, Eine Tora für den König, 120f; LIEBERMAN, תוספתא כפשוטה, vol. 4, 1144f.
90 The question prompts itself, what purpose the insistence on square script serves, if not an emphasis on the original language? The issue of script is al-ways raised in connection with the question whether a translation was ac-ceptable or not. The separation between script and language at this juncture is an attempt to harmonize conflicting traditions. For the link between script and language, see my forthcoming article "Breaking the Links Between Script and Language, Writing and Translation". The physical form of the text carried implications for its translatability, and wherever text-immanent cri-teria determine the script to be essential, they also press for the original lan-guage of the text. See, e.g., m. Sot. 7; b. Sot. 32a-33b; y. Sot. 7.1, 21b.
91 Recall the harmonization in t. Meg. 3.41, discussed above, p. 128.

and [2] indicates the same; the gloss בלשון עברית in [3] is therefore an explanatory gloss, entirely consistent with [2]. The parallel mishnah, which is hardly decisive to determine a later gloss in the tosefta, does not remove the tension in the tosefta itself (t. Meg. 2.6): Even without the gloss in [3], the first two rulings [1] and [2] pull in different directions, and even if a Greek scroll written in Hebrew characters is possible (specimens have been preserved in the Cairo Genizah!), who is fooling who here? It's still Greek.

The significant qualification in [2] that even those who hear but do not understand Hebrew, nonetheless fulfil their obligation, suggests a proclivity toward reading in Hebrew only, which does not go well with the first ruling. Thus the tosefta combines various takes on the use of languages for public reading, with possibly a pull towards new directions represented by the qualification, that even those who do not understand Hebrew, can fulfil their obligation by hearing the text in Hebrew.[92]

The importance of the latter qualification cannot be overestimated, but was not generally shared. In the Babylonian *gemara* on m. Meg. 2.1, the opposite opinion is upheld, after explaining that the translation "is written in the Greek vernacular" (b. Meg. 18a):

> "Rab and Samuel both said: 'The Greek vernacular is kosher for all people'. But surely it teaches: 'Greek to the Greeks' [who understand Greek, instead of] the rest of the world, [for which Greek is] not [valid]? They agreed with Rabban Shimeon ben Gamaliel, as we have learned: 'Rabban Shimeon ben Gamaliel says: Even the scrolls were only allowed to be written in Greek' (m. Meg. 1.8)."

In other words, this passage envisages Greek translations of the Megillah and it even airs the opinion that Greek is valid for those who do not even understand that language, as some medieval *posqim* still maintained. This was doubtlessly a pragmatic look; Greek speaking communities had little use for Hebrew.

The Tosefta itself gives another pointer. t. Meg. 2.5 recalls the case of R. Meir's visit to Minor Asia, where "he did not find a Megillah written in Hebrew".[93] The emphasis is on a Hebrew scroll in an area where Greek would have been the vernacular.

---

92 This position is hardened in Soph. 1.7-8 and SefT 1.6.
93 Cf. y. Meg. 4.1, 74d; b. Meg. 18b; b. Ber. 36.8.

This clearly represents a less pragmatic view. It seems, therefore, unwarranted to eliminate the tension in 2.6 altogether, as it is inherent to the tradition at this stage. This tosefta provides an excellent example of different rulings and practices which were not yet completely harmonized with the concept of translation as oral Torah and the insistence on the Written Torah in Hebrew. The ambiguity in the parallel mishnah seems to corroborate this view.

Conclusions

In Late Antiquity, the public recitation of the Bible was an important aspect of the synagogue service. Rabbinic literature imposes a rather uniform and detailed practice of translation on local communities, both to render the biblical text intelligible and to distinguish Torah from its interpretation. Whether these rules reflect the practice of bilingual reading in the second and third century CE, remains unproven. But it must be regarded as highly unlikely that the regularisation of public translation took place before the Usha-period, if only because of the enormous diversity of linguistic competence in Palestine before the main centre of Judaism was localized in the Galilee. The allowance made for written Greek translations attest to the needs of Jews in the Hellenistic cities. The bilingual Hebrew/Aramaic recitation only made sense in post-Bar Kokhba Palestine and the Babylonian diaspora, but the practice of monolingual Greek recitation smouldered for a long time afterwards.

References

Aaron, D. H.: Judaism's Holy Language, in: Neusner, J. (ed.), Approaches to Ancient Judaism: New Series, XVI. Atlanta 1999, 49-107.

Adams, J. N.: Bilingualism at Delos, in: Adams, J.N./Janse, M./Swain, S. (eds.), Bilingualism in Ancient Society: Language Contact and the Written Text. Oxford 2002, 168–194.

Albrektson, B.: Difficilior Lectio Probabilior – A Rule of Textual Criticism and Its Use in OT Studies. OTS 21 (1981), 5-18.

Alexander, P. S.: How Did the Rabbis Learn Hebrew?, in: Horbury, W. (ed.), Hebrew Study from Ezra to Ben-Yehuda. Edinburgh 1999, 71–89.

— : The Rabbinic Lists of Forbidden Targumim. JJS 27 (1976), 177-191.

— : The Targumim and the Rabbinic Rules for the Delivery of the Targum, in: Emerton, J. A. (ed.), Congress Volume Salamanca 1983. Leiden 1985 (VT.S; 36),14–28.

Bar-Ilan, M.: Illiteracy in the Land of Israel in the First Centuries C.E., in: Fishbane, S. (ed.), Essays in the Social Scientific Study of Judaism and Jewish Society 2. Hoboken 1992, 46-61.

— : Illiteracy as Reflected in the Halakhot Concerning the Reading of the Scroll of Esther and the Hallel. PJAAR 54 (1987), 1-12.

Berliner, A.: Targum Onkelos. Berlin 1884.

Blanck, H.: Das Buch in der Antike. München 1992.

Bowker, J.: The Targums and Rabbinic Literature: An Introduction to Jewish Interpretations of Scripture. Cambridge 1969.

Brock, S. P.: To Revise or Not to Revise: Attitudes to Jewish Biblical Translation, in: Brooke, G. J./Lindars, B. (eds.), Septuagint, Scrolls and Cognate Writings: Papers Presented to the International Symposium on the Septuagint and its Relations to the Dead Sea Scrolls and Other Writings (Manchester 1990). Atlanta 1992, 301-338.

Churgin, P.: Targum Jonathan to the Prophets. New Haven 1907 [=1927].

Clark, E. A.: History, Theory, Text: Historians and the Linguistic Turn. Cambridge, MA 2004.

Cohen, S. J. D.: The Place of the Rabbi in Jewish Society of the Second Century, in: Levine, L. I. (ed.), The Galilee in Late Antiquity. New York 1992.

Colson, F.H.: Philo, Life of Moses. Cambridge, Mass. 1935 (The Loeb classical Library; 6).

de Lange, N.: Hebrew/Greek Manuscripts: Some Notes. JJS 46 (1995), 262-270.

Elman, Y./Gershoni, I.: Transmitting Jewish Traditions: Orality, Textuality and Cultural Diffusion. New Haven 2000.

Fraade, S. D.: Rabbinic Views on the Practice of Targum, in: Levine, L. I. (ed.), The Galilee in Late Antiquity. New York 1992, 253-286.

Gerhardsson, B.: Memory and Manuscript: Oral Tradition and Written Transmission in Rabbinic Judaism and Early Christianity (repr.). Grand Rapids 1998.

Goodenough, E. R.: Jewish Symbols in the Greco-Roman Period. New York 1965.

Goodman, M.: State and Society in Roman Galilee A.D. 132-212. London ²2000.

Gottlieb, I. B.: Language Understanding in Sifre Deuteronomy: A Study of Language Consciousness in Rabbinic Exegesis. Ann Arbor 1973.

Grabbe, L. L.: Synagogues in Pre-70 Palestine: A Re-Assessment. JThS 39 (1989), 401-410.

Heinemann, J.: Early Halakhah in the Palestinian Targumim. JJS 25 (1974), 114-122.

Hezser, C.: Jewish Literacy in Roman Palestine. Tübingen 2001 (TSAJ; 81).

Jaffee, M.: The Oral-Cultural Context of the Talmud Yerushalmi: Greco-Roman Rhetorical Paideia, Discipleship, and the Concept of Oral Torah, in: Elman, Y./Gershoni, I.: Transmitting Jewish Traditions: Orality, Textuality and Cultural Diffusion. New Haven 2000, 27-73.

— : Torah in the Mouth: Writing and Oral Tradition in Palestinian Judaism 200 BCE–400 CE. New York 2001.

Klein, M. L.: Not to be Translated in Public. JJS 39 (1988), 80–91.

— : The Fragment-Targums of the Pentateuch. Rome 1980.

— : Genizah Manuscripts of Palestinian Targum to the Pentateuch. Cincinnati 1986.

Leiwo, M.: From Contact to Mixture: Bilingual Inscriptions from Italy, in: Adams, J. N./Janse, M./Swain, S. (eds.), Bilingualism in Ancient Society: Language Contact and the Written Text. Oxford 2002, 103–127.

Lieberman, S.: תוספתא. New York 1962.

— : The Greek of the Synagogue, in: ders. (ed.), Greek in Jewish Palestine: Studies in the Life and Manners of Jewish Palestine in the II-IV Centuries C.E. New York 1942, 29-67.

— : תוספתא כפשוטה. New York 1962.

— : Greek in Jewish Palestine. New York 1965.

Lifshitz, B.: Jérusalem sous la domination romaine. Histoire de la ville depuis la conquête de Pompée jusqu'à Constantin (63 a.C.-325 p.C.). ANRW II, 8. Berlin/New York 1977.

Meyers, E. M./Strange, J. F.: Archaeology, the Rabbis and Early Christianity. Nashville 1981.

Millar, F.: The Roman Near East 31 BC — AD 337. Cambridge, MA 1993.

Neusner, J.: The Tosefta . Peabody 2002.

Niditch, S.: Cosmic Man as Mediator in Rabbinic Literature. JJS 34 (1983), 137–146.

Rahmani, L. Y.: A Catalogue of Jewish Ossuaries in the Collections of the State of Israel. Jerusalem 1994.

Roth-Gerson, L.: Greek Inscriptions from the Synagogues in Eretz Israel. Jerusalem 1987.

Rutgers, L. V.: Justinian's Novella 146 Between jews and Christians, in: Kalmin, R./Schwartz, S. (eds.), Jewish Culture and Society under the Christian Roman Empire. Leuven 2003, 385-407.

Safrai, Z.: The Origins of Reading the Aramaic Targum in Synagogue, Immanuel 24/25 (1990), 187–193.

Salvesen, A.: Symmachus in the Pentateuch. Manchester 1991.

Schiffman, L. H.: The Early History of Public Reading of the Torah, in: Fine, S. (ed.), Jews, Christians, and Polytheists in the Ancient Synagogue: Cultural Interaction during the Greco-Roman Period. London 1999, 44–56.

Schürer, E. M.: The History of the Jewish People in the Age of Jesus Christ (174 B.C.–A.D. 135), G. Vermes, F. Millar and M. Goodman (eds.). Edinburgh 1973-1987.

Schwartz, S.: Imperialism and Jewish Society from 200 BCE to 640 CE. Princeton 2001.

Shinan, A.: אגדתם של מתורגמנים. Jerusalem 1979, 197-202.

— : המכנה בעריות משתקין אותו. Sinai 79 (1975–1976), 171-177.

Silverstone, A. E.: Aquila and Onkelos. Manchester 1931.

Smelik, W. F.: The Targum of Judges. Leiden 1995 (OTS; 36).

— : Orality, Manuscript Reproduction, and the Targums, in: den Hollander, A./Schmidt, U./Smelik, W. F. (eds.), Paratext and Metatext in Jewish and Christian Traditions. Leiden 2003, 49-81.

— : Translation as Innovation in b. Meg. 3a, in: Teugels, L./Ulmer, R. (eds.), New Developments in Midrash Research. Piscataway 2004, 25-49.

— : Language, Locus and Translation Between the Talmudim. Journal for the Aramaic Bible 3 (2001), 199-224.

— : The Rabbinic Reception of Early Bible Translations as Holy Writings and Oral Torah. Journal for the Aramaic Bible 1,2 (1999), 249-272.

Smith, M.: Palestinian Judaism in the First Century, in: Davis, M. (ed.), Israel: Its Role in Civilization. New York 1956.

Strohm, P.: Theory and the Premodern Text, Medieval Cultures 26. Minneapolis 2000, 99-111.

Tov, E.: Textual Criticism of the Hebrew Bible. Assen 1992.

van der Horst, P. W.: Greek in Jewish Palestine in Light of Jewish Epigraphy, in: Collins, J. J./Sterling, G. E. (eds.), Hellenism in the Land of Israel. Notre Dame 2001, 154-174.

— : Neglected Greek Evidence for Early Jewish Liturgical Prayer? JSJ 29 (1998), 277–296.

Veltri, G.: Eine Tora für den König Talmai. Tübingen 1994 (TSAJ; 41).

— : Die Novelle 146 Περι Εβραιων: Das Verbot des Targumsvortrags in Justinians Politik, in: Hengel, M./Schwemer, A. M. (eds.), Die Septuaginta zwischen Judentum und Christentum. Tübingen 1994 (WUNT; 72), 116-130.

Visotzky, B.: Saturday Morning Live; New Studies on Aramaic Renditions of the Torah. Prooftexts 14 (1994), 88-94.

Williams, M.: The Contribution of Jewish Inscriptions to the Study of Judaism, in: Horbury, W./Davies, W. D./Sturdy, J. (eds.), The Cambridge History of Judaism. III. The Early Roman Period. Cambridge 1999, 75-93.

York, A. D.: The Targum in the Synagogue and in the School. JSJ 10 (1979), 74-86.

III.

Die materielle Dimension von Texten

Text – Situation – Format
Die materielle Gegenwart des Textes

EVA CANCIK-KIRSCHBAUM

1. In der keilschriftlichen Überlieferung Mesopotamiens scheint der „Text" als typisches Produkt (nicht nur) des Schreibens nicht selbst Gegenstand systematischer Betrachtung gewesen zu sein. Zwar thematisiert eine mythologische Erzählung am Rande die Erfindung der Schrift, systematisieren Kompendien Formular und Grammatik, führen die Curricula der Schreiberausbildung an verschiedene Textgattungen heran, entwickelten babylonische Gelehrte eine hochspezialisierte Form der Zeichen-Hermeneutik, doch haben sich Abhandlungen textwissenschaftlicher Art bislang nicht gefunden. Parameter, die einen altorientalischen Textbegriff (oder etwa deren mehrere) bestimmt haben könnten, müssen also aus dem überkommenen Textmaterial selbst entwickelt werden.

Im folgenden soll das Phänomen der multiplen Textgestalt assyrischer Königsinschriften des 1. Jahrtausends in den Blick genommen werden. Die Aufmerksamkeit richtet sich dabei auf die so vielfältigen Erscheinungsformen von Texten, in denen die Interdependenz von Text, Situation und Format konstitutiv wirksam wird.

Unter der Gattungsbezeichnung „Königsinschriften" faßt die Assyriologie eine große Gruppe inhaltlich und formal heterogener Textsorten zusammen. Verschiedene Ansätze zu ihrer Klassifizierung sowie eine uneinheitliche Nomenklatur belegen die Schwierigkeit, die konventionell darunter vereinigten „Texte" taxonomisch zu erfassen.[1] Die Könige von Assur, deren älteste In-

---

1 Der Ausdruck „Königsinschriften" bzw. „Herrscherinschriften" bleibt als Pseudo-Gattungsbegriff unscharf, da er nicht auf formal-typologischen, sondern vielmehr auf inhaltlichen Kriterien basiert. Einen Überblick über die verschiedenen Textsorten, die den „Königsinschriften" innerhalb der keilschriftlichen Überlieferung zugeordnet werden, bietet der Artikel „Königsin-

schriften aus dem frühen 2. Jahrtausend v. Chr. stammen, treten in eine im Alten Zweistromland bereits im 3. Jt. v. Chr. gepflegte Tradition der monumentalisierenden verschrifteten Selbstdarstellung ein. Aus relativ einfachen Formen entwickeln sich im Laufe der Zeit eine Vielzahl von Subtypen. All diesen Texten – seien es nun Eigentumsvermerke, Bauinschriften, Votivinschriften oder ausführliche Tatenberichte – ist ein im weitesten Sinne kommemorativer Charakter eigen. Innerhalb dieser über zweieinhalb Jahrtausende währenden Text-Tradition zeichnen sich die assyrischen Herrscherinschriften des 1. Jahrtausends durch eine besonders eindrucksvolle inhaltliche und formale Vielfalt aus.[2]

2. Je nach Art des Interesses, wird der „Text" assyrischer Annalen durch die Wahl des methodischen Zugriffes unterschiedlich konstituiert, woraus sich bereits auf dieser Ebene unterschiedliche Textbegriffe ergeben.[3] Die Erschließung assyrischer Königsinschriften erfolgt traditionell im wesentlichen auf drei Ebenen, nämlich:

a) durch die *Philologische Methode*, das heißt das Entziffern und Übersetzen der Texte, sowie ihre Edition in geeigneter Form. Eine Vielzahl von Konventionen wurde seit der Entzifferung der Keilschriften entwickelt, um dem Problem der Versionen, der vielen Manuskripte etc. gerecht zu werden. Levine weist zu Recht auf folgenden Punkt hin:

---

schriften" (D. O. Edzard, J. Renger) im Reallexikon für Assyriologie VI, besonders §1.

2   Für die Entwicklung der assyrischen Königsinschriften von den Anfängen bis in das späte 8. Jh. sind noch immer grundlegend Borger, Einleitung sowie Schramm, Einleitung. Vgl. weiter ARINH. In den letzten beiden Jahrzehnten wurde im Rahmen des Editionsprojektes „Royal Inscriptions of Mesopotamia" das Inschriftenmaterial der assyrischen Herrscher in Umschrift und Übersetzung vorgelegt (RIMA 1 bis 3), für das erste Jahrtausend bis zum Beginn der Herrschaft Tiglatpilesars III. vgl. RIMA 2 und 3. Die gewaltige Masse der Texte der Sargoniden ist hierin allerdings nur zu Teilen enthalten. Diese sind inzwischen durch verschiedene Einzeluntersuchungen erschlossen; zu Salmanassar III. vgl. Yamada, The construction of the Assyrian empire; zu Tiglatpilesar III. vgl. Tadmor, The inscriptions of Tiglath-Pileser III; zu Sargon vgl. Fuchs, Die Annalen des Jahres 711 v.Chr. sowie Fuchs, Die Inschriften Sargons II.; zu Sanherib vgl. Frahm, Einleitung in die Sanherib-Inschriften; zu Asarhaddon vgl. Borger, Die Inschriften Asarhaddons; zu Assurbanipal vgl. Borger, Beiträge zum Inschriftenwerk Assurbanipals.

3   Levine, Manuscripts, 54.

„Indeed, we often speak of the text of king X's nth campaign without being aware that the text may not exist, and instead three, four, or five texts may exist, all with different wordings, which can contain different messages."[4]

b) durch die *Historische Methode*, für die z.B. Olmstead steht, der in seinem Büchlein „Assyrian Historiography" aus dem Jahre 1916, die assyrischen Königsinschriften als historische Quellen klassifiziert. Neben die „Ereignisgeschichte" ist mittlerweile die Auseinandersetzung mit Funktionen, Ideologien und Topik der assyrischen Königsinschriften getreten.[5]

c) durch die *Formgeschichte* schließlich, die als textwissenschaftliche Methode zur Untersuchung assyrischer Königsinschriften in den 20er Jahren des 20. Jhs. eingeführt wurde.[6] Baumgartner notiert dazu:

„In der Assyriologie ist bis jetzt ob der Fülle anderer Arbeit die form- oder literargeschichtliche Betrachtungswiese wenig zur Geltung gekommen [...] Im übrigen ist es kein Zufall, dass wir, die wir uns gerade diesen Problemen zugewandt haben, beide vom Alten Testament herkommen, wo diese Betrachtungsweise heute völlig eingebürgert ist und bereits eine Reihe schöner Ergebnisse zu verzeichnen hat."[7]

Diese drei Methoden haben ihre je eigene Berechtigung. Doch indem eine jede von ihnen in gewisser Weise isolierend arbeitet, also Text, Situation und Format trennt, tritt die genetische Verbindung zwischen diesen Aspekten in den Hintergrund.

3. Das Inschriftenwerk assyrischer Herrscher des 1. Jahrtausends[8] ist typischerweise ein umfangreiches,

---

4   LEVINE, Manuscripts, 57.
5   RENGER, Aspekte von Kontinuität und Diskontinuität in den assyrischen Königsinschriften, 169.
6   S. MOWINCKEL, Die vorderasiatischen Königs- und Fürsteninschriften, 278, „wo er dieselben großzügig und feinsinnig auf Form und Stil, auf Zweck und Tendenz untersucht", so BAUMGARTNER, Zur Form der assyrischen Königsinschriften.
7   BAUMGARTNER, Zur Form der assyrischen Königsinschriften, 313.
8   Ähnliche Phänomene lassen sich auch für die Überlieferungssituation der Herrscherinschriften anderer Epochen der altorientalischen Geschichte beobachten.

„characterized by a large number of manuscripts for what is often called the same text; or it is charaterized by texts that vary one from the other in what have been treated as insignificant details."[9]

Doch nicht nur die Vielzahl von mehr oder weniger übereinstimmenden Textvertretern überrascht. Das annalistische Werk kennzeichnet zudem eine spezifische Text-Dynamik, eine beständige Veränderlichkeit der Textgestalt, die dem Fortgang der Ereignisse geschuldet ist. Nicht nur tritt neben die Form der Erzählung „Jahr-für-Jahr" der Typ des zusammenfassenden Textes („summary inscriptions"). Die redaktionelle Fortschreibung führt dazu, daß die Ereignishorizonte früherer Jahre ihre Gestalt verändern, gekürzt oder gar gänzlich gestrichen werden. So entsteht – gerade im Falle von lange währenden Regentschaften ein ganzes Spektrum von unterschiedlich situierten Fassungen. Es zeigt sich, daß eine ganze Reihe von Faktoren den „Operationsraum" des Textes bestimmen. Es zeigt sich weiter, daß die Frage nach den Konstituenda von „Text" auch das Spannungsverhältnis zwischen statischen und dynamischen Aspekten als spezifischen Eigenheiten dieser Gattung berücksichtigen muß.

4. Der externe wie interne Operationsraum des Textes wird durch eine Vielzahl von Faktoren bestimmt, darunter die folgenden:

a) *Intendierte Mehrfachüberlieferung:* Die Herrscherinschriften zeichnen sich, sieht man einmal von singulären Votiv-Objekten ab, durch intendierte Mehrfachüberlieferung aus. Dabei sind zwei Typen dieser multiplen Überlieferung zu scheiden. Zum einen wurden Inschriften in mehreren (identisch lautenden) Exemplaren gefertigt, die dann z.B. als Bau- oder Gründungsinschriften in den Gebäudekomplexen an mehreren prominenten Stellen deponiert wurden. Zum anderen wurden Inschriften zu ein- und demselben Ereigniszusammenhang in unterschiedlichen Fassungen (Versionen) gefertigt.

b) *Vielfalt der Textträger:* Die Textträger weisen eine große Vielfalt an Materialien und Formaten auf. Einen großen Anteil nehmen Schriftträger aus Ton ein, in Form von Tafeln, Zylindern, Prismen, Ziegeln etc. Ein anderes wichtiges Material ist

---

9 LEVINE, Manuscripts, 54.

Stein, der vor allem im Zusammenhang des (skulptierten) Bauschmuckes als Textträger dient, daneben finden sich aber auch Felsreliefs, Stelen und Statuen. In geringerem Umfange fanden wertvollere Gesteine und Metall (Gold, Silber, Kupfer, Blei) Verwendung. Die Bedingungen des Textträgers, der seinerseits durch seinen Funktions- oder Anwendungszusammenhang konditioniert ist, beeinflussen Textform und Textgestalt.

c) *Intendierte Schriftlichkeit:* Die Texte sind explizit „schriftlich". Eine vor- oder parallel verlaufende mündliche Überlieferung kann ausgeschlossen werden.

d) *Autor:* Der „Autor" – und hierin unterscheiden sich die Königsinschriften grundlegend von den meisten anderen literarischen Texten – ist bekannt. Denn all diese Texte nehmen für sich den König als „Urheber" und „Verfasser" in Anspruch, wer auch immer der eigentlich Kompositeur solcher Inschriften gewesen sein mag. Der Text ist also das Ergebnis eines bewußten Aktes, einer Intention zur schriftlichen Niederlegung eines strukturierten sprachlichen Gebildes.[10]

e) *Synchronizität:* Königsinschriften sind grundsätzlich mit ihren Verfassern bzw. Auftraggebern synchron.[11] Sie gehören (jedenfalls normalerweise) nicht zum Kanon der tradierten Literatur.

f) *Adressaten:* Königsinschriften sind für unterschiedliche, stets jedoch „bekannte" Rezeptionshorizonte bestimmt, und werden auf diese Adressaten ausgerichtet. Es sind dies Gottheiten, nachfolgende Herrscher, der Hofstaat, Gesandte. Je nach Funktionszusammenhang war eine optische, akustische oder fiktive Perzeption des Textes intendiert. In diesen Kontext gehört auch das Phänomen der nichtsichtbaren, verborgenen bzw. der nicht lesbaren Inschriften.

Bereits aus der Zusammenschau dieser textdeterminierenden Merkmale wird deutlich, daß *der Text* einer ganzen Reihe von „äußeren" Bedingungen gehorcht.

---

10 Zum Charakter dieser Textsorte s. Renger, Königsinschriften als Genre.
11 Auch jenen fingierten archaistischen Inschriften, die gelegentlich aus legitimatorischen Gründen von späteren Herrschern hergestellt wurden, wird natürlich die intendierte frühere Zeitebene unterstellt.

5. Hinzu treten nun dynamische Aspekte, die textintern ein hohes Maß an Veränderlichkeit bedingen. Die innere Struktur annalistischer Königsinschriften folgt einem allgemein gültigen Schema, einer äußeren Gliederung: im Einleitungsbereich finden sich regelmäßig Königsname, Titulaturen und Prädikationen; nicht selten ist eine Götterinvokation an den Anfang gestellt, zumal wenn der Adressat eine Gottheit ist. Der Hauptteil enthält den eigentlichen Tatenbericht – seien es militärische *res gestae*, seien es zivile Unternehmungen – ein Baubericht; Segenswünsche bzw. Fluchformeln beschließen den Text. Innerhalb dieser Abschnitte werden häufig Phrasen und Phrasengruppen gebraucht, die als „Textbausteine" in verschiedenen Textzusammenhängen Verwendung finden. Der Gebrauch von Versatzstücken läßt sich regelmäßig beobachen – und ist beispielsweise im Falle der Inschriften Sargons II. plausibler als die Vorlagen-Theorie.[12]

Annalistische Texte existieren jedoch häufig in verschiedenen Fassungen, die sich durch unterschiedliche Gewichtung einzelner Themen bzw. die Ausführlichkeit der Darstellung unterscheiden. Es handelt sich hier um offene, dynamische Texte. Die Könige des ersten Jahrtausends ließen mit schöner Regelmäßigkeit während ihrer Regentschaft erzählende Annalen anfertigen, die dann – mit Dauer der Regierungszeit – immer umfangreicher wurden. Das Zufügen neuer Ereignisse ging mit der Manipulation älterer Textbestände einher: Kürzung, Umschreibung, Erweiterung sind typische „redaktionelle Eingriffe", welche annalistische Texte kennzeichnen. Diese Tatsache stellt sich für den Historiker auf der Suche „nach dem, was wirklich war" überaus problematisch dar. Wie bewertet man die Veränderung von Zahlenangaben im Text, wenn die Anzahl der getöteten Feinde in einer ersten Fassung mit 14.000, in der nächsten mit 20.500 und schließlich mit 29.000 angegeben wird? Und auch der edierende Philologe wird auf der Suche nach dem „Urtext" an der Variabilität der jährlich wechselnden Fassungen verzweifeln.

Solche Veränderlichkeit des Textes wird wesentlich durch die jeweilige Entstehungssituation, die Zweckbestimmung und schließlich durch das Format generiert. Die unterschiedlich ausführliche Darstellung von Ereignisgruppen, ihre kompositorische Zusammenstellung hat beispielsweise Johannes Renger vergleichend für das Inschriftenwerk Sargons untersucht.[13] So

---

12 Vgl. dazu z.B. die Synopse bei RENGER, Königsinschriften als Genre, 114.
13 RENGER, Versstrukturen, besonders 432f.

wird zum Beispiel evident, daß die unterschiedliche Länge der Einleitungspassagen sich offenbar einesteils an dem verfügbaren Raum auf dem Schriftträger orientierte, andererseits aber auch der Gestaltungsfreiheit des jeweiligen „Schreibers" unterlag. Renger merkt an:

> „Die Liste der Beute Sargons in Urartu erscheint in ausführlicher Form in Sargon 8, 352ff., ausführliche wörtliche Auszüge daraus in dem Prisma aus Assur und Ninive und eine stark gekürzte Version in den Inschriften aus Khorsabad."[14]

Ein- und derselbe Text wird hier also offenbar unterschiedlichen Funktionskontexten angepaßt. Renger weist zudem darauf hin,

> „in welchem Maße die Formulierung der einzelnen Aussagen neben faktischen Vorgaben und einer davon bedingten Exaktheit im sprachlichen Ausdruck auch von subjetiven stilistischen Überlegungen oder Vorlieben der Schreiber bestimmt sein konnte...."[15]

Dabei kann es sich um lexikalische Abweichungen, veränderte Konstruktionen, Veränderung der Reihenfolge, etc. handeln. Das bedeutet wiederum, daß das Verhältnis von „Autor" und „Text" mit Blick auf diese Konstellationen neu zu überdenken ist. Die (einmal?) „autorisierte" Grundfassung eröffnet hinreichend Raum für individuelle Formgebung.[16]

Die Text-Dynamik kann auch auf Teilbereiche eines Textes beschränkt sein, z.B. findet sich ein und derselbe Kriegsbericht in Kombination mit unterschiedlichen Bauberichten, wie es zum Beispiel in den Texten Sanheribs aus Ninive mehrfach belegt ist. Die königlichen Schreiber passen dabei dem Baufortschritt entsprechend den Baubericht der Texte an, behalten aber den Feldzugsbericht bei.[17]

---

14 RENGER, Königsinschriften als Genre, 110, Zitat S. 76.
15 RENGER, Versstrukturen, 432.
16 „Aus alledem wird m.E. deutlich, daß die Schreiber Sargons vorhandene und in anderen Texten bereits formulierte Aussagen nicht nur durch synonyme Formulierungen zu ersetzen wußten [...], sondern wie sie sie auch – je nach Erfordernis – in unterschiedlichem strukturellen Zusammenhang sinnvoll zu gebrauchen vermochten." (RENGER, Versstrukturen, 431f, und ähnlich bereits ders., Königsinschriften als Genre, 119).
17 FRAHM, Einleitung in die Sanherib-Inschriften, 37.

6. Eine grundsätzliche Schwierigkeit aller für das Inschriftenwerk der assyrischen Könige entwickelten klassifikatorischen Systeme besteht darin, daß keines dieser Systeme sich wirklich konsequent umsetzen läßt. Für die Frage nach dem Textverständnis sind sie in isolierter Form zudem kaum brauchbar. Diatopische wie auch diachronische Anordnungen scheitern meist am unzureichenden Originalbefund und sind im wesentlichen unter historischen Gesichtspunkten interessant. Eine Ordnung nach „Schriftträgern", d.h. ein „externes" textuelles Kriterium, gibt zwar Auskunft über die Referenzebene der Texte – sichtbar, unsichtbar – vernachlässigt aber die situationsbezogene Dimension. Die typologische Anordnung schließlich drängt die komplexe Beziehung der verschiedenen Subgattungen in den Hintergrund. Als Beispiel für die Interdependenz der verschiedenen Kriterien sei der Befund für Sanherib bei Eckhart Frahm zitiert:

„Große Inschriften sind in den ersten Jahren der Regentschaft Sanheribs nur für Ninive und das nahegelegene Tarbisu hergestellt worden, und sie waren bis 700 ausschließlich auf Tonfäßchen angebracht, deren Verwendung danach völlig eingestellt wurde; ‚chronological summaries' gibt es erst relativ spät (nach dem fünften Feldzug); beschriftete Stierkolosse sind nur in Ninive ans Tageslicht gekommen, und nur dort hat man Reliefbeschriften auf Wandorthostaten entdeckt; längere Texte, die ausschließlich der königlichen Bautätigfkeit gewidmet sind, fanden sich – in Ninive – auf keinen anderen Schriftträgern als auf Stierkolossen (und Tontafeln)."[18]

Konsens über die Nomenklatur, welche das Verhältnis der verschiedenen Textvertreter zueinander deutlich machen könnte, besteht in der assyriologischen Sekundärliteratur nicht. Die in der klassischen Philologie, der Mediävistik oder aber in der Hebraistik etablierte Textkritik ist wiederum nur bedingt auf die Situation der Keilschriftliteratur übertragbar. Es scheint daher sinnvoll, mit Malcolm Russell den Begriff „Text" zunächst durch „verbale Komposition" und seine Persistenz in einem Medium als „Inschrift" aufzusplitten. Mit Editionen bezeichnet man die verschiedenen, durch Hinzufügung, Auslassung, Kürzung, Erweiterung oder Umstellung erzeugten Fassungen. Eine Fassung oder Edition kann durch mehrere Textvertreter repräsentiert sein, die

---

18 FRAHM, Einleitung in die Sanherib-Inschriften, 33.

orthographische und layouttechnische Varianten aufweisen können.

7. Hinsichtlich der Frage „Was ist ein Text?" ist schließlich auch die Perspektive der Wahrnehmung zu berücksichtigen. Die Perzeption durch einen Leser, durch Publikum, durch Adressaten und Nicht-Adressaten konstituiert abermals eine andere Dimension des Textes. Assyrische Königsinschriften waren nicht nur auf unterschiedlichen Textträgern angebracht, sie waren auch in unterschiedlichem Umfange „sichtbar" bzw. „nicht-sichtbar". Zu den grundsätzlich nicht-sichtbaren Texten zählten die in den Baukörpern verborgenen Gründungs- und Eigentumsinschriften, die Türangelsteine und anderes.

Eine ganz andere Form der „Unsichtbarkeit" dokumentieren die auf Tontafeln überlieferten Annalen. Die Tontafeltexte dienten primär dem internen Gebrauch, indem sie zum Beispiel als Vorlagen bzw. Entwürfe für die monumentalen Formate fungierten. Wir kennen vor allem aus der Bibliothek Assurbanipals in Ninive Entwürfe auf Tontafeln, die später als Vorlagen für die Monumentaltexte dienten. Die Entstehung eines solchen Textes durchläuft also mehrere Stadien. Auch Abschriften monumentaler Inschriften für Archiv- bzw. Bibliothekszwecke sind belegt, wie aus entsprechenden Abschriftvermerken deutlich wird. Aufgrund ihrer funktional andersartigen Ausrichtung sind die Entwürfe und Abschriften einer Monumental-Inschrift „unsichtbar", jedoch ist diese „Unsichtbarkeit" von anderer Art als diejenige der „verborgenen" Inschriften.

Sichtbar hingegen waren die Inschriften, die auf den Schwellen und Steinplatten, den Skulpturen, z.B. den Lamassu-Figuren, den Wandreliefs der assyrischen Paläste, den öffentlich aufgerichteten Stelen und Felsreliefs angebracht waren.[19] Inwieweit diese Texte zum „Lesen" gedacht waren, überhaupt gelesen werden konnten, ist an anderer Stelle zu verhandeln. Von besonderem Interesse ist in diesem Zusammenhang die Verbindung von Text und Bild, die für die Gruppe der sichtbaren Inschriften im ersten Jahrtausend zunehmend an Bedeutung gewinnt. Die Verbindung von Text und Bild ist für annalistische Texte assyrischer Herrscher bereits im ausgehenden 2. Jahrtausend bezeugt. Anders als z.B. im Falle von Einzelbildnissen, die z.T. ebenfalls mit Inschriften versehen wurden, mußte im Falle der Annalen eine Form gefunden worden, die große Mengen von Text

---

19 S. dazu ausführlich RUSSEL, The writing on the wall.

und dynamisch-erzählende Darstellungen aufnehmen konnte. Verschiedene Denkmälertypen dokumentieren das Bemühen, die Beziehung von Text und Bild in Szene zu setzen.[20] Zur Genüge bekannt sind die gewaltigen Orthostatenreliefs, welche die Repräsentationsbereiche assyrischer Residenzen schmückten.[21]

Aus der Regentschaft Salmanassars III.[22] dokumentieren zwei Monumente, der sogenannte Schwarze Obelisk und die Bronzebeschläge aus Balawat zwei gänzlich unterschiedliche „Erzählformen". Der schwarze Obelisk wurde in Kalhu gefunden. Er zeigt im oberen Drittel auf allen vier Seiten jeweils fünf Bildfriese mit Szenen aus der Regentschaft des Königs. Jede Szene wird durch einen begleitenden Text erklärt, der jeweils oberhalb der Szene auf dem Zwischensteg angebracht ist. Die übrigen Flächen des Obelisken sind bedeckt mit den Annalen des Königs, die bis in das 31. Jahr der Herrschaft Salmanassars III. führen.[23] Die Bildszenen sind „in Augenhähe" angebracht und ziehen die Aufmerksamkeit des Betrachters unmittelbar auf sich. Doch wird – gerade auch im sichtbaren Verhältnis von Bild und dem sehr viel umfangreicheren Textanteil deutlich, daß die Bilder nicht den Text ersetzen, sondern nur Ausschnitte, Höhepunkte illustrieren.

Ganz anders im Falle der Bronze-Beschläge von den Balawat-Toren, die zu den eindrucksvollsten Funden aus den Grabungen Hormuzd Rassams in Balawat, dem antiken Imgur-Enlil zählen. Aus der Zeit Salmanassars III. haben sich große Stücke von insgesamt 16 Beschlag-Bändern erhalten, welche sich von den Drehpfosten über die Türflügel spannten. Sie gehörten als Ensemble zu einem monumentalen hölzernen Tor. Jedes der Bänder ist in zwei Register geteilt und mit narrativen szenischen Darstellungen versehen, in denen Ereignisse aus der Regierungszeit Salmanassars III. erzählt werden. Die Rekonstruktion des ursprünglichen Funktionszusammenhanges ist problematisch, da die Fundsituation nicht dokumentiert ist. Insbesondere die Anordnung der Bänder – und damit die Frage des „Erzählflusses" dieses Bildtextes ist Gegenstand der Diskussion.[24]

---

20 Zum Problem des bildlichen Erzählens s. Güterbock, Narration in Anatolian, Syrian, and Assyrian art.
21 Lumsden, Narrative art and ampire.
22 Zu Salmanassar III. s. Yamada, The construction of the Assyrian empire.
23 Die Texte sind übersichtlich zusammengestellt unter RIMA 3, A.0.102.14.
24 Nach der Erstedition s. King, The Bronze reliefs from the gates of Shalmaneser III; Unger, Die Wiederherstellung des Bronzetors von Balawat, zuletzt Hertel, The Balawat Gate Narratives of Shalmaneser III.

Thomas Hertel hat gezeigt, daß die bildliche Komposition der Bänder durch eine Reihe von Schlüssel-Darstellungen gerahmt wird, die den geographischen Raum der königlichen Feldzüge abstecken. Die „vier Weltgegenden", die den Herrrschaftsanspruch des assyrischen Königs markieren, sind in den oberen unteren Eckpositionen der Bänder festgehalten und „rahmen" so das gesamte innere Erzählgeschehen. Die Bronzebänder weisen, ähnlich dem Obelisken – zwei Textformen auf: Zum einen insgesamt 24 Beischriften, die sich auf die einzelnen Bänder verteilen, haben sich erhalten.[25] Sie kommentieren direkt die Szenen unter Vermeidung umständlicher Einleitungen und fungieren in gewisser Weise als visuelle Kapitelüberschriften. So heißt es z.B. „Tribut von den Schiffen von Tyros und Sidon nahm ich entgegen" oder „Ich betrat den Quellbereich des Flusses, opferte den Göttern und errichtete mein königliches Bildnis" oder „Schlacht gegen das Land Hamath". Ein fortlaufender annalistischer Text befindet sich auf den Bronzestreifen, welche den Türanschlag schützten – und zwar in zweifacher Ausführung.[26] Die Tatenberichte führen bis in das Jahr 850 und brechen dann abrupt ab. Anders als im Falle des Obelisken wird angesichts der Monumentalität der Tore deutlich, daß die Bilder der oberen Register für einen normalen Betrachter kaum zu erkennen, geschweige denn die Beischriften oder gar der Annalentext lesbar war. Obelisk und Torbänder dokumentieren zwei gänzlich unterschiedliche Umsetzungen eines Erzähl-Konzeptes, das in der Darstellung königlicher Taten auf die Verbindung von Text und Bild setzt.

8. Mit Blick auf die Frage nach den Aspekten von „Text" im Bereich der Keilschriftliteratur hat diese Skizze zu den annalistischen Texten assyrischer Könige des 1. Jahrtausends vor allem die Diskontinuitäten, die Veränderlichkeit, die Heterogenität des materiellen Befundes herausgestellt. Die Dynamik der Texte ergibt sich einerseits aus den Zeitläuften selbst, in deren Verlauf jüngere Ereignisse ältere überlagern, zurückdrängen, relativieren. Sie ergibt sich andererseits aus den unterschiedlichen funktionalen Kontexten der Texte, die als Grenzmarken, als repräsentative Displays, als Wandschmuck oder als Rechenschaftsbericht dienen. Die Königsinschriften kommemorieren die

---

25   Zusammengestellt in RIMA 3 A.0.102.63-86. Zu den Beischriften s. RUSSEL, The writing on the wall, 79-82.
26   Zum Text RIMA 3 A.0.102.5.

Person des Herrschers, seinen Namen, seine Taten, substanzialisieren in gewisser Weise diese Gestalt dauerhaft. Dieser Anspruch der Sichtbarkeit „für alle Zeit" wird in den Inschriften immer wieder thematisiert. Die Vielfalt der Materialien, die unterschiedlichen Anbringungsorte, die Vielzahl der Exemplare sollen diesen Anspruch verwirklichen. Denn anders als die im Strom der *tradierten Literatur*, jenem *„Stream of tradition"* überlieferten Texte, die auf diese Weise „Ewigkeitswert erhielten", mußten die personalisierten Herrscherinschriften durch die schiere Zahl und Vielfalt „überdauern". Es fehlt daher umgekehrt das Bedürfnis, den Text in einer und ebendieser Textgestalt zu konservieren. Anders als Hymnen, Gebete oder mythologische Texte sind gerade die extensiven Königsinschriften dynamisch konzipiert, die Veränderlichkeit ist Teil des Textkonzeptes.

Abkürzungen

ARRINH: Fales, F.M. (Hg.): Assyrian royal inscriptions: New horizons in literary, ideological, and historical analysis. Roma 1981 (Oriens Antiqui Collection; XVII).

RlA: Reallexikon für Assyriologie

RIMA 1: Grayson, A.K.: Assyrian rulers of the third and second millennia BC (To 1115 BC). Toronto 1987.

RIMA 2: Grayson, A.K.: Assyrian rulers of the early first millennium BC I (1114-859). Toronto 1991.

RIMA 3: Grayson, A.K.: Assyrian rulers of the early first millennium BC II (858-745 BC). Toronto/Buffalo/London 1996.

Literaturverzeichnis

Baumgartner, W.: Zur Form der assyrischen Königsinschriften. OLZ 27 (1924), Sp. 313-317.

Borger, R.: Die Inschriften Asarhaddons Königs von Assyrien. Osnabrück 1956 (AfO, Beihefte; 9).

— : Einleitung in die assyrischen Königsinschriften. Leiden 1973 (HdO I, Ergänzungsband V, 1. Abschnitt).

— : Beiträge zum Inschriftenwerk Assurbanipals. Wiesbaden 1996.

Frahm, E.: Einleitung in die Sanherib-Inschriften. Wien 1997 (AfO, Beihefte; 16).

Fuchs, A.: Die Inschriften Sargons II. aus Khorsabad. Göttingen 1994.

— : Die Annalen des Jahres 711 v. Chr. Helsinki 1998 (SAAS; 8).

Grayson, A. K.: Histories and historians of the Ancient Near East: Assyria and Babylonia. Orientalia 49 (1980), 140-194.

Güterbock, H. G.: Narration in Anatolian, Syrian, and Assyrian Art. AJA 61 (1957), 62-71.

Hertel, Th.: The Balawat gate narratives of Shalmaneser III. In: Dercksen, J.G. (Hg.): Assyria and beyond. Studies presented to Mogens Trolle Larsen. Leiden 2004, 299-315.

King, L. W.: The bronze reliefs from the gates of Shalmaneser III, King of Assyria 860-825. London 1915.

Levine, L. D.: Manuscripts, texts and the study of the Neo-Assyrian royal inscriptions. In: Fales, F. M. (Hg.): Assyrian royal inscriptions: New horizons in literary, ideological, and historical analysis. Rom 1981 (Oriens Antiqui Collectio; XVII), 49-70.

Lumsden, S.: Narrative art and empire: The throneroom of Aššur-naṣirpal II. In: Dercksen, J.G. (Hg.): Assyria and beyond. Studies presented to Mogens Trolle Larsen. Leiden 2004, 359-385.

Mowinckel, S: Die vorderasiatischen Königs- und Fürsteninschriften, in: Schmidt, H. (Hg.), Eucharisterion: Studien zur Religion und Literatur des Alten und Neuen Testaments; Hermann Gunkel zum 60. Geburtstage. Göttingen 1923, 278-322.

Reade, J.: Narrative compositions in Assyrian sculpture. BaM 10 (1979), 52-110.

Renger, J.: Neuassyrische Königsinschriften als Genre der Keilschriftliteratur. Zum Stil und zur Kompositionstechnik der

Inschriften Sargons II. von Assyrien. In: Hecker, K./Sommer-
feld, W. (Hgg.): Keilschriftliche Literaturen. Ausgewählte Vorträge der XXXII. Rencontre Assyriologique Internationale
Münster 1985. Berlin 1986 (BBVO; 6), 109-128.

— : Aspekte von Kontinuität und Diskontinuität in den assyrischen Königsinschriften. In: Waetzoldt, H./Hauptmann, H.
(Hgg.): Assyrien im Wandel der Zeiten. XXXIXe RAI, Heidelberg 1992. Heidelberg 1997 (HSAO; 6), 169-175.

— : „Versstrukturen" als Stilmittel in den Inschriften Sargons II
von Assyrien. In: Abusch,T./Huehnergard, J./Steinkeller, P.
(Hgg.): Lingering over words. Studies in Ancient Near Eastern
literature in honor of W. L. Moran. Atlanta 1990 (HSS; 37),
424-437.

Russel, J. M.: The writing on the wall. Studies in the architec-
tural context of late Assyrian palace inscriptions. Winona
Lake, Indiana 1999 (Mesopotamian civilizations; 9).

Schramm, W.: Einleitung in die assyrischen Königsinschriften.
Zweiter Teil 934-722 v. Chr. Leiden 1973 (HdO I, Ergänzungsband V, 1. Abschnitt).

Tadmor, H.: The inscriptions of Tiglath-Pileser III. Jerusalem
1994.

Unger, E.: Die Wiederherstellung des Bronzetors von Balawat.
Mitteilungen des Deutschen Archäologischen Instituts, Athe-
nische Abteilung 45 (1920), 1-105, Tf. 1-3.

Yamada, Sh.: The construction of the Assyrian empire. A historical study of the inscriptions of Shalmaneser III (859-824 BC)
relating to his campaigns to the west. Leiden/Boston/Köln
2000.

Die poetische-Struktur der Sinuhe-Dichtung

FRANK FEDER

Die Sinuhe-Dichtung ist einer der bekanntesten und am häufigsten überlieferten Texte des alten Ägyptens. Für die Ägyptologie ist der „Sinuhe" *das* klassische Literaturwerk schlechthin. Daß dieser Text schon für die Ägypter ein klassisches Werk war, beweisen die Häufigkeit und die Art- und Weise seiner Überlieferung. Es darf wohl als sehr wahrscheinlich gelten, daß der „Sinuhe" während der Regierungszeit Sesostris I. (1956-1911/10 v. Chr.) entstanden ist, denn dieser König ist es, dem der Text sogar einen Hymnus gewidmet und Sinuhe in den Mund gelegt hatte.

Das Außergewöhnliche an der Sinuhe-Dichtung ist ihre Komplexität, die unter den Textkompositionen des Alten Ägyptens ihresgleichen sucht. In die Rahmenhandlung der für Ägypten so typischen „Grabbiographie" eines fiktiven Würdenträgers bei Hofe zur Zeit der Könige Amenemhet I. und Sesostris I. eingebettet finden sich im „Sinuhe" erstaunlich viele literarische „Genres" der ägyptischen Literatur:

Die genannte, den idealen Würdenträger mit seiner Lebensleistung und seinen Tugenden feiernde „Autobiographie" als stilistische „Klammer" des Textes mit dem obligatorischen „happy end"; der Expeditionsbericht (von Feldzügen oder anderen Expeditionen) auch mit der Beschreibung der Wunderdinge anderer, (den Ägyptern) fremder Länder; der selbstreflektierende Diskurs („Selbstgespräch", in seiner Form im „Sinuhe" ohne Parallele); der dialogische Diskurs („Zwiegespräch"); Freude und Leid beschreibende, zum Teil hymnische Poesie; die Königs-Eulogie; der (offizielle) Brief vom König an einen Würdenträger und von diesem an den König; das liturgische Lied an Götter.

Obwohl es in der Ägyptologie heute wohl *communis opinio* ist, daß der „Sinuhe" *ein* (als Einheit konzipierter) Text ist und keine

Zusammenstellung ursprünglich getrennter Teiltexte[1] und daß er nicht nur poetisch geformte Passagen enthält, sondern durchgehend in Versen mit einer bestimmten Länge komponiert wurde, die in strophenartigen Sinneinheiten oder Paragraphen zusammengefaßt waren, die wiederum – wahrscheinlich – Kapiteln untergeordnet waren, scheut man sich dennoch, das Werk eine Dichtung zu nennen. Gewiß will man vermeiden, den durch unsere europäische Literaturgeschichte geprägten Begriff „Dichtung" unvermittelt auf ein ägyptisches Werk anzuwenden, bevor man sich im Klaren sein kann, welche Textgattungen die ägyptische Literatur auch im Vergleich zur europäischen gekannt hat. Überdies begann man erst in jüngster Zeit, die Frage, was wir unter ägyptischer Literatur verstehen, programmatisch zu thematisieren.[2] So wird gewöhnlich von der „Erzählung des Sinuhe" – oder ähnlich – gesprochen. Daß hier dennoch von der „Sinuhe-Dichtung" gesprochen wird, hat einen recht einfachen und – wie ich meine – auf der Hand liegenden Grund: Ein durchgehend in Versen komponiertes Werk der Antike oder der Neuzeit würden wir ja bestimmt als eine „Dichtung" oder ein „Lied" bezeichnen und kämen wohl kaum auf die Idee, von einer „Erzählung" zu sprechen.[3] Dennoch gebe ich zu, daß wohl nicht jedes in Versen komponierte Werk eine Dichtung sein muß. Ich verstehe Dichtung hier eher im ursprünglichen Sinne des griechischen Wortes ποίησις, als etwas kunstvoll in Versform „Geschaffenes".

Kann man sich nun schon darauf einigen, daß der „Sinuhe" ein literarisches Werk ist, das in Versen geschrieben und in „Strophen" (Paragraphen) organisiert war, so gehen die Meinungen dann doch recht oft weit auseinander, was die Länge eines Verses und vor allem die Länge und die Anzahl der Strophen als einzelne Einheit und innerhalb des Gesamtwerkes betrifft. Die Ursache dessen liegt zum einen in der Überlieferung des Textes durch in ihrem Umfang und in ihrem damaligen Verwendungszweck sehr verschiedene Textzeugen, die im Wesentlichen aus Theben stammen, jedoch über einen Zeitraum von mehr als 1000 Jahren – bezieht man die spätägyptische Zitatenüberlieferung mit ein – reichen, zum anderen – natürlich – an unter-

---

1 Blumenthal, Die Erzählung des Sinuhe, 884-887.
2 Loprieno, Ancient Egyptian Literature; Moers, Der Spurensucher.
3 Erik Hornung immerhin bezog in seine Sammlung von Übersetzungen „Altägyptische Dichtung", Stuttgart 1996, auch „Sinuhe: Flucht und Heimkehr" ein. Parkinson, The Tale of Sinuhe, betitelt seine Übersetzungsanthologie: „The Tale of Sinuhe and other Ancient Egyptian *Poems*"; Grapow, Der stilistische Bau, 5, spricht von einem „Meisterwerk der ägyptischen Kunstprosa".

schiedlichen methodischen Ansätzen der Wissenschaftler bei der Suche nach der zu Grunde liegenden poetischen Struktur des „Sinuhe". Um sich dieser Frage annähern und sich hierüber ein eigenes Urteil bilden zu können, muß man sich zunächst den Textzeugen selbst zuwenden.

Die Textzeugen des Mittleren Reiches

Noch in die zweite Hälfte der 12. Dynastie (ca. 1914-1794/93 v. Chr.) gehört die vollständigste und wohl älteste erhaltene Handschrift der Sinuhe-Dichtung, die zusammen mit anderen prominenten literarischen Werken (der sogenannte „Beredte Bauer" in zwei Handschriften, Papyrus Berlin P 3023 und 3025, und das sogenannte „Gespräch eines Mannes mit seinem Ba" P 3024 mit einem Rest der sogenannten „Hirtengeschichte") wohl in einem Privatgrab in Theben gefunden wurde:[4] Papyrus Berlin P 3022[5] (Handschrift: B, vgl. Abb. 1). Der Papyrus enthält 311 zumeist vertikale Zeilen (ca. 19 weitere Zeilen müßte der nur in Fragmenten erhaltene Anfang ausgemacht haben[6]), die im zweiten Drittel der Handschrift – beginnend mit dem Königsbrief an Sinuhe – von horizontalen Zeilen abgelöst werden (Zeilen 180-276). Die Handschrift wird, auf Grund der Verschreibung des Königsnamens am Beginn des Briefes (B 180), in die Regierungszeit eines Königs mit dem Namen Amenemhat datiert, es kämen also Amenemhat II. (1914-1879/76 v. Chr.) oder Amenemhat III. (1853-1806/05 v. Chr.) in Frage.[7]

Wohl auch noch in die 12. Dynastie gehören zwei kleine Fragmente von Papyrushandschriften mit nur wenigen Zeilen Text, die aus der direkten Umgebung des Regierungszentrums des Mittleren Reiches bei el-Lahun stammen. Papyrus UC 32106C aus dem University College London gehörte wohl direkt zu einem Archiv, das gegen Ende des 19. Jahrhunderts von Flinders Petrie in oder bei el-Lahun ausgegraben worden war. Der genaue Fundort ist nicht vermerkt worden.[8] Es fanden sich hier sowohl literarische als auch nichtliterarische Texte, was wohl auf ein Archiv oder eine Bibliothek schließen läßt. Der Text

---

4 Vgl. PARKINSON, The Missing Beginning, 120; QUIRKE, Egyptian Literature, 15f.
5 GARDINER, Die Erzählung des Sinuhe, Tafel 5-15.
6 PARKINSON, The Missing Beginning, 126.
7 PARKINSON, Poetry and Culture, 298, und ders., The Missing Beginning, 124f.
8 Vgl. COLLIER/QUIRKE, UCL Lahun Papyri: Letters, v-ix.

des „Sinuhe" war auf dem Verso der Rolle geschrieben worden, während auf dem Recto ein anderer, allerdings unbekannter literarischer (?) Text vorlag.[9] Das andere Fragment (heute London University College UC 32773, Handschrift: H) könnte wiederum aus einem Grab stammen, denn es wurde in der Nekropole von Harageh bei el-Lahun, ebenfalls bei einer Grabung von Flinders Petrie, gefunden. Die Fundumstände und der Fundort sind aber unbekannt.[10]

Rein gar nichts weiß man über die Herkunft und die Umstände der Erwerbung von einem weiteren Fragment, das nach Buenos Aires (BA) gelangte. Paläographisch ließe es sich noch in die 12. Dynastie datieren.[11]

Ebenso aus Theben und aus einem Grabe im Bereich des späteren Ramesseums stammt der recht lange, aber streckenweise sehr fragmentarisch erhaltene Papyrus Berlin P 10499[12] (Handschrift: R, vgl. Abb. 2), der sich zusammen mit zahlreichen anderen literarischen und nichtliterarischen Texten in einer Kiste fand. Auf dem Recto steht eine weitere Version des „Beredten Bauern", auf dem Verso „Sinuhe". Diese durchgehend in horizontalen Zeilen geschriebene Handschrift wird in die 13. Dynastie (1794/93-1648/45) datiert.

Die Textzeugen des Neuen Reiches

Der qualitativ beste, wenn auch nicht der umfangreichste Textzeuge des Neuen Reiches ist der leider sehr fragmentarische Papyrus pMoskau 4657 (Handschrift: G[olenischeff], vgl. Abb. 3a-b), der leider nur Passagen vom Anfang des „Sinuhe" erhalten hat. Er gehört zu einem Papyrusfund mit Fragmenten bekannter und weniger bekannter literarischer Werke (u.a. die sogenannte „Lehre des Ptahhotep" und die „Lehre für Merikare").[13] Obwohl die Papyri von dem russischen Ägyptologen Golenischeff um 1900 angeblich in Luxor erworben wurden, wird vermutet, daß sie – nach inhaltlichen Kriterien – auch aus dem Norden, etwa aus Memphis, stammen könnten. Leider ist nichts über die

---

9   Vgl. Collier/Quirke, UCL Lahun Papyri: Religous etc., ii-iii; 34f.
10 Grajetzki, Harageh, 53-55; Quirke, Egyptian Literature, 23.
11 Rosenvasser, A New Duplicate Text.
12 Gardiner, Die Erzählung des Sinuhe, Tafel 1-4; vgl. Parkinson, The Tale of the Eloquent Peasant, xi-xiii; Quirke, Egyptian Literature, 16.
13 Caminos, Literary Fragments, vii-viii.

Fundumstände bekannt.[14] Allerdings spricht die doch unübersehbare textgeschichtliche Affinität von Papyrus G zu den Ostraka aus Deir el-Medineh für seine Herkunft aus Theben.[15] Die Papyri sind paläographisch wohl in die 19. Dynastie zu datieren, aber auch die späte 18. Dynastie wird vorgeschlagen.[16]

Ein weiterer Papyrus des Neuen Reiches, der heute in Turin aufbewahrt wird (CGT 54015), ist nur als solcher bekannt, denn er ist bis heute unpubliziert geblieben.[17]

Während die der Urschrift zeitnahen Papyri des Mittleren Reiches hauptsächlich privatem Besitz und Gräbern entstammen, sind die 26[18] bisher bekannten Ostraka wohl gänzlich aus dem Schulbetrieb des Neuen Reiches in Theben West hervorgegangen, auch wenn einige darunter in oder bei Gräbern gefunden wurden,[19] in denen sie möglicherweise aus den selben Gründen wie die Papyri im Mittleren Reich deponiert worden waren. Diese Textzeugen wurden aller Wahrscheinlichkeit nach beinahe alle in der Ramessidenzeit (19.-20. Dynastie, 1292-1070/69 v. Chr.), in der Schreiberschule der Siedlung der Nekropolenarbeiter von Deir el-Medineh, geschrieben. Allein ein Ostrakon stammt sicher von einem anderen Ort in Theben West, denn es wurde ausnahmsweise im Laufe einer wissenschaftlichen Grabung in den 30er Jahren bei einem der Gräber des Senenmut (TT 71,[20] nahe Deir el-Bahari, Textzeuge: S) gefunden, und läßt sich in die Zeit der Hatschepsut und Thutmosis III. (1479/1473-1425 v. Chr.), also noch in die frühere 18. Dynastie, datieren.[21]

Die meisten Ostraka enthalten relativ kurze Schreibübungen, zumeist vom Anfang der Sinuhe-Dichtung, in denen die Schüler vor allem die Kalligraphie und die Gliederung (Rubra und Verspunkte) eines klassischen Textes in klassischer Sprache erlernen sollten. Eine Ausnahme bildet hier das sogenannte

---

14 Vgl. QUIRKE, Egyptian Literature, 17.
15 Vgl. GARDINER, Notes, 2-8; BARNS, The Ashmolean Ostracon 36; KAHL, Zur Überlieferung der Erzählung des Sinuhe; FEDER, Sinuhes Vater, 48-51.
16 Vgl. QUIRKE, Egyptian Literature, 17.
17 Vgl. KOCH, Sinuhe, VI.
18 Bei KOCH, Sinuhe, VI ist das Ostrakon aus dem British Museum London Nr. 5632 noch nicht erwähnt. Vgl. jetzt dazu DEMARÉE, Ramesside Ostraca, 17 und pl. 22.
19 In oder bei dem Grab des Sennedjem (TT 1) bei Deir el Medineh wurden die Ostraka C, B3, B4 gefunden; vgl. GARDINER, Notes, 119 und PM I, Part 1, 5 (unten).
20 Vgl. PM I, Part 1, 139.
21 HAYES, Ostraca and Name Stones, 3-8.

Ashmolean Ostrakon (Textzeuge: AOS, vgl. Abb. 4), welches sogar ca. 90% des „Sinuhe" auf seiner Vorder- und Rückseite
überliefert; d.h. es gab in der Schule bzw. in einem Archiv eine
„Gesamtausgabe" des „Sinuhe". Möglicherweise diente das Ashmolean Ostrakon aber als Vorlage für die sonst meist kurzen
Schreibübungen der Schüler.[22]
      Daß nur das Ostrakon S als direkter und von der Datierung
her gesicherter Zeuge bisher für die Beschäftigung der 18. Dynastie (1550-1292 v. Chr.) mit „Sinuhe" vorliegt, ist wohl dem
Überlieferungszufall geschuldet. Dennoch lassen einige Zitate in
den Grabinschriften dieser Dynastie aus Theben keinen Zweifel,
daß die Sinuhe-Dichtung auch zu dieser Zeit intensiv gelesen
wurde.[23] Nicht zuletzt enthält der Text des Ashmolean Ostrakon
auch noch Spuren einer Redaktion, die unter der Herrschaft
Amenophis IV. Echnaton erfolgt sein muß.[24]

Die Zeugnisse für die Tradierung der
Sinuhe-Dichtung in der Spätzeit und darüber hinaus
(1. Jahrtausend v. Chr. – griechisch-römische Zeit)

Zitate belegen auch bis in die Spätzeit[25] die Auseinandersetzung
mit der Sinuhe-Dichtung, auch wenn (bisher) keine Abschrift
des Textes aus dieser Zeit auf uns gekommen ist. Dennoch gibt
es durchaus Kopien von Passagen anderer „klassischer" Werke
auch aus dieser Epoche, die nahe legen, daß ebenso „Sinuhe"
weiterhin kopiert worden war.[26] Auch wenn es so scheint, daß
nach der 27. Dynastie die Tradierung der „klassischen" Literaturwerke aufgegeben wurde[27] und das späteste Zitat wohl jenes
aus der Biographie des Udja-Hor-Resnet,[28] der während der ersten Perserzeit (525-401 v. Chr.) lebte, ist, hat zumindest Richard Jasnow wenigstens Paraphrasen der Sinuhe-Dichtung bis
in die demotische Literatur der Kaiserzeit (2. Jh. n. Chr.) nachweisen wollen.[29]

---

22 Vgl. KAHL, Überlieferung der Erzählung des Sinuhe, 383-385 und 399.
23 Vgl. *pars pro toto*: URK. IV, 59, 13f und 869, 1-3.
24 HARRIS, Note on the Ramessid text of 'Sinuhe'.
25 JASNOW, Remarks on Continuity, 196-198.
26 JASNOW, Remarks on Continuity, 194-196.
27 QUACK, Spätzeitliche literarische Sammelhandschrift, 183.
28 Vgl. GUGLIELMI, Zur Adaption und Funktion von Zitaten, 357.
29 JASNOW, Literary Tradition, 200-205.

Die Wiedergewinnung der poetischen Struktur der Sinuhe-Dichtung

Nach dem seinerzeit (1916) mustergültigen Kommentar von Alan H. Gardiner, in dem auch eine synoptische Edition der Parallel-überlieferung – allerdings in genormten Drucktypen-Hieroglyphen – geboten wurde,[30] empfand man diese Darbietung in Drucktypen als zu ungenau und so legte Aylward M. Blackman 1932[31] eine „modernisierte", handschriftliche synoptische Ausgabe der Textzeugen des Sinuhe vor. Diese Ausgabe unterscheidet sich von der Gardiners eigentlich nur „ästhetisch", denn Blackman konnte im Prinzip nur die schon Gardiner bekannten Textzeugen (Mittleres Reich: B, R, H; Neues Reich: G, OC, OL, OB1-4, OP1-4)[32] verwenden. Eine „Neuerung" stellt jedoch die Eingliederung in die Synopse der bei Gardiner als Ergänzung am Ende seines Kommentars beigefügten Textzeugen Papyrus H und Ostrakon P4[33] und eines 1931 von Borchardt veröffentlichten Ostrakons (OBdt) mit einer jedoch sehr kurzen Textpassage.[34] In der Folgezeit tauchten weitere, wichtige Textzeugen auf (Mittleres Reich: BA (1934); Neues Reich: OCy, OCl, OV (1939),[35] was jedoch noch zu keiner neuen Textedition anregte.

Die wachsende Anzahl der auch weiterhin neu hinzukommenden Textzeugen, in erster Linie Ostraka des Neuen Reiches aus der Siedlung Deir el-Medineh, die seit dem Beginn der 50er Jahre vom IFAO (vor allem von G. Posener) publiziert wurden,[36] forderte natürlich auch Studien über den „Stilistischen Bau der Geschichte des Sinuhe" – so genau lautet der Titel der Studie Hermann Grapows von 1952 – heraus, die sich auch der Frage widmeten, wie das Werk ursprünglich gegliedert war.

Grapow bemerkte in dieser Studie, daß der Schöpfer des „Sinuhe" bestimmte Versmuster verwendet hatte, die sich in der Textkomposition öfters wiederfinden lassen. Solche bezeichnete er z.B. als „Dreigliederschema", „Viergliederschema" oder „Fünfgliederschema", oder „Parallelismus membrorum".[37] Grapow war

---

30 GARDINER, Notes, 118-151.
31 BLACKMAN, Middle Egyptian Stories.
32 Vgl. KOCH, Die Erzählung des Sinuhe, VI.
33 GARDINER, Notes, 177-179.
34 BORCHARDT, Zwei Kalksteinscherben, Abb. 5.
35 Vgl. ROSENVASSER, A New Duplicate Text; CLÈRE, Three New Ostraca; vgl. auch KOCH, Die Erzählung des Sinuhe, VI.
36 Vgl. KOCH, Die Erzählung des Sinuhe, VI.
37 GRAPOW, Der stilistische Bau, 111, 113, 117, 120.

also einigen poetischen Stilmitteln im „Sinuhe" auf die Spur gekommen, suchte aber nicht – u.a. weil er im Wesentlichen nur
von der Handschrift B ausging – nach einer inhärenten überge-
ordneten Gliederung, sondern legte Kapitelüberschriften und
Paragraphen für seine Studie nach den ihm als inhaltliche Zä-
suren erscheinenden Handlungsübergängen oder Textformen-
wechseln fest.

Aufbauend auf Grapows Studie, aber unter Einbeziehung der
Untersuchungen von Gerhard Fecht zur Metrik ägyptischer Texte, untersuchte Irene Shirun[38] das Verhältnis der Glieder des
„Parallelismus membrorum" zum Vers an einigen mittelägypti-
schen Texten, u.a. Sinuhe. Ein Vers besteht nach Fecht in der
Regel aus Zwei- oder Dreihebern (Kola), kann aber auch (selten)
aus einem Einheber oder Vierheber bestehen.[39] Shirun beobach-
tete, daß der Parallelismus der Verse, das „Gedankenpaar" von
zwei korrelierten Versen ein wichtiges Stilmittel der (mittel)ägyp-
tischen Dichtung war. Sie unterschied einen „vollständigen" und
einen „unvollständigen" Parallelismus, je nachdem, ob ein
(grammatisch) vollständiger oder unvollständiger Satz im „zweiten Glied" vorliegt. Andererseits war sie sich dennoch dessen bewußt, daß über dem „Gedankenpaar" weitere Versgruppenord-
nungen – wie von Grapow gezeigt – möglich sind und daß ein
Vers nicht immer ein grammatisch vollständiger Satz sein muß.

Aus der Kritik an Fechts Metrik erwuchs die Ansicht, daß ein
Vers ein (grammatisch) vollständiger Satz bzw. syntaktische Einheit sein müsse und daß der Parallelismus in der Regel aus zwei
aufeinander folgenden Versen bestehe.[40] Eine ins Extreme gehende Vorliebe für den auf jeweils zwei Verse als „Thought Cou-
plet" beschränkten „Parallelismus membrorum" entwickelte
John L. Foster und „komponierte" den Text des „Sinuhe" in ab-
satzloser Transkription als fortlaufende Folge von solchen „Couplets".[41] Das gelang ihm freilich nur, weil er die Textgliederungsmerkmale der Textzeugen des Neuen Reiches (Rubra und Verspunkte) auf der Versebene beachtete, aber makrostrukturell (die
Rubra) außer acht ließ.

---

38 SHIRUN, Parallelismus membrorum und Vers.
39 Vgl. FECHT, Literarische Zeugnisse, 13-38; LÄ IV, 1138-1147.
40 Vgl. LÄ IV, 1138-1147; die Diskussion zusammenfassend mit dem Versuch
   der Vermittlung der beiden Positionen: BURKARD, Metrik, Prosodie und formaler Aufbau ägyptischer literarischer Texte; vgl. auch BURKARD/THISSEN, Literaturgeschichte, 207-220.
41 FOSTER, Thought Couplets in The Tale of Sinuhe.

Nun scheint mir, nach allem, daß Fechts Hauptversmuster als Zwei- oder Dreiheber auch wirklich im Sinuhe das Grundmaß der Verse war. Fecht selbst legte in einem Fall eine längere Passage des „Sinuhe" vor,[42] die er *streng* nach den Regeln seiner Metrik[43] gliederte. Auch er ging hierzu aber nur von der Handschrift B aus und ließ die Textgliederungsmerkmale der Textzeugen des Neuen Reiches außer acht. Seine Einteilung des dritten Kapitels des „Sinuhe", aus dem die Textpassage entnommen wurde, auf die Zeilen 97-173 der Handschrift B stimmt nahezu mit der von mir vermuteten überein (B 94-173). Eine Unterteilung der Passage in Strophen/Paragraphen unterblieb aber. Die Länge der Verse richtet sich bei ihm nur nach seinen Regeln und nicht nach den Verspunkten der Textzeugen des Neuen Reiches. Natürlich ist nicht sicher, ob die Textgliederung des Neuen Reiches bereits im Mittleren Reich verbindlich war. Dennoch glaube ich, daß die Vermittlung eines klassischen Textes im Schulbetrieb, gerade was die Textgliederung betrifft, mehr bewahrenden als innovierenden Charakter hatte und daß in der Textgliederung des Neuen Reiches zumindest ein Reflex der alten erhalten ist, wenn nicht sogar beabsichtigt war. Daß Fechts Verseinteilung oft nicht mit der Verspunktsetzung dieser Textzeugen koinzidiert, kann daher heißen, daß Fechts Regeln nicht ausreichend bzw. nur teilweise zutreffend sind – was auch Fecht selbst sicherlich konzedieren würde.

Natürlich verwendete auch das Mittlere Reich bereits Rubra sowie Vers/Gliederungspunkte. Nur hat eigentlich keine der Sinuhe-Handschriften des Mittleren Reiches eine solche, explizite Textgliederung überliefert. Zwar weist die Handschrift B Rubra auf, sie erscheinen aber erst ab der Zeile 178, beschränken sich auf den horizontal geschriebenen Textteil und dienen vor allem der Hervorhebung und Gliederung der Passagen des Königsbriefes und des Briefes Sinuhes an den König. Zwei Rubra (B 187 und B 204) von B gehen sogar mit dem Ashmolean Ostrakon parallel.[44] Weitere Rubra, die in B etwas seltener sind als in den Textzeugen des Neuen Reiches, scheinen folgend wirkliche Paragraphenanfänge zu markieren (z.B. B 199-200; 215; 256). Eine reine Hervorhebung (eines Zitates aus einem anderen Text?) ist wohl das Rubrum B 225-226. Das Rubrum B 235 ist, wie der ganze Text am Ende des Briefes von Sinuhe, verstellt und mit

---

42 FECHT, Sinuhes Zweikampf.
43 Vgl. FECHT, Literarische Zeugnisse, 28-38.
44 Vgl. KOCH, Die Erzählung des Sinuhe, 61.

dem Beginn des folgenden Kapitels kontaminiert (ebenso leicht
verstellt sind die Rubra in B 245 und B 263). Wenig nach dem
letzten Rubrum in Zeile 263 ging der Schreiber von B ab Zeile
277 wieder auf vertikale Zeilen über und verwendete folgend –
bis auf das Kolophon – auch keine rote Tinte mehr. Aber, dessen
muß man sich bewußt sein, auch die Summe der Textzeugen
des Neuen Reiches hat nicht die durchgehende Textgliederung
überliefert, wie sie eventuell das „Musterexemplar" der Schule
von Deir el-Medineh besessen hatte, überdies gibt es augen-
scheinlich viele Versäumnisse und Fehler. Alles in allem sind die
Rubra in B wohl als ein Hinweis darauf zu werten, daß die Textgliederung des Mittleren Reiches nicht so verschieden von der
des Neuen Reiches gewesen sein kann.

Es war nun nahezu unausweichlich, daß sich die Ägyptologie
einer Wiedergewinnung der „Makrostruktur" des Werkes anhand
der Textzeugen des Neuen Reiches vor allem annimmt. Dies hat
Jan Assmann mit einem Artikel 1983 dann auch getan.[45] Seine
Untersuchung beschäftigte sich weniger mit den Details der
Versstrukturen als mit der Kapitel- und Paragraphen- („Perikopen") Einteilung, wie sie sich aus den Rubra der Textzeugen des
Neuen Reiches gewinnen ließ. Assmann kam auf die ebenso einfache wie frappierende Einteilung von 40 Paragraphen zu 5 Kapiteln; jedem Kapitel wären also 8 Paragraphen zugeordnet gewesen. Dieser auf den ersten Blick einleuchtenden Einteilung
stimmten auch die meisten Ägyptologen zu und folgten ihr bei
der Gliederung des „Sinuhe" für ihre Übersetzungen.[46] Allerdings
liegt ja der Teufel bekanntlich im Detail, und wie viele Verse von
welcher Länge ein Paragraph haben konnte, war ja somit noch
nicht geklärt. Um die Zahl 40 einzuhalten, mußte man hinneh-
men, daß die Länge eines Paragraphen zwischen 6 und 32
schwanken konnte.[47] Gewiß ist die Annahme von genau gleich
langen Strophen/Paragraphen nicht plausibel, jedoch scheint
mir eine solche Streuung ebenso unwahrscheinlich. So kommt
es auch, daß Elke Blumenthal und Richard Parkinson, die ja
beide die Assmannsche Einteilung übernehmen, in dieser, im
folgenden vorgestellten Passage in ihrer Paragraphengliederung
differieren.[48] Das liegt daran, daß auch die Textzeugen des
Neuen Reiches wohl nicht alle Rubra und nicht alle an der

---

45   ASSMANN, Die Rubren.
46   BLUMENTHAL, Die Erzählung des Sinuhe; PARKINSON, The Tale of Sinuhe, 27-43;
     PARKINSON, Poetry and Culture, 150.
47   Vgl. BLUMENTHAL, Die Erzählung des Sinuhe.

richtigen Stelle überliefert haben. Nur Detailarbeit bis in die Strukturen der einzelnen Verse und Versgruppen kann hierbei wohl Fortschritte ermöglichen. Ich tendiere eher zu der Annahme, daß die durchschnittliche Paragraphenlänge um die zehn Verse gelegen hatte und narrativ geprägte Passagen kürzer waren als diskursiv geprägte. In jedem Fall wird die Gesamtzahl der Paragraphen über den von Assmann vermuteten 40 gelegen haben. Dieser Ansicht ist offensichtlich auch Stephen Quirke, der kürzlich eine (weitere) Übersetzung des „Sinuhe" vorlegte, in der er den Text in 50 Paragraphen einteilt.[49] Die Einteilung in 5 Kapitel leuchtet mir auch weiterhin ein, obwohl dies nur eine moderne Festlegung – immerhin nach inhaltlichen Kriterien – bleibt, denn es gibt keine Hinweise auf eine solche in den Textzeugen oder an anderer Stelle.

Im Anschluß wird eine unter Einbeziehung aller Textzeugen rekonstruierte Version der Paragraphen 1-10 des dritten Kapitels der Sinuhe-Dichtung in Paragraphen und Versgliederung vorgelegt, wie sie sich nach den Textgliederungsmerkmalen (Rubra, Verspunkte) der Textzeugen des Neuen Reiches und den inhärenten Versstrukturen ergeben könnte. Diese sollte besonders mit Fechts metrischer Rekonstruktion eines Teils dieses Kapitels[50] verglichen werden.

---

48 Blumenthal, Die Erzählung des Sinuhe, 895-899; Parkinson, The Tale of Sinuhe, 32-34.
49 Quirke, Egyptian Literature, 58-69.
50 Fecht, Sinuhes Zweikampf, 466-469.

Sinuhe, Kapitel III, 1-10 (B 94-147)

III, 1

Wpw.tj ḫdd ḫntj	1	Der Bote, der nach Norden reiste (oder) nach Süden
r ḫnw ꜣb=f ḥr=j	2	zur Residenz, er hielt sich bei mir auf.
jw sꜣb=j r(m)t̠-nb.t <ḥr=j>	3	(Denn) ich ließ alle Leute sich aufhalten <bei mir>
jw=j dị=j mw n jbj	4	(und) ich gab dem Dürstenden Wasser.
rdị.n=j tnm ḥr wꜣ.t	5	Ich gab den Verirrten auf den Weg
nḥm.n=j ꜥwꜣị	6	(und) ich rettete den Beraubten.
st.tjw.PL wꜣị r štm	7	Die Asiaten, welche sich zu einem Angriff anschickten,
r <ḫ>sf-ꜥ Ḥqꜣ.w-ḫꜣs.t.PL	8	um die Fremdlandherrscher abzuwehren,
d̠ꜣjs.n=j šm.t=sn	9	ich beriet ihr Vorgehen.

III, 2

jw ḥqꜣ pn n Rtnw	1	Dieser Herrscher von Retenu
dị=f jrị.y=j wpw.t.PL ꜥꜣ.t	2	ließ mich ausführen viele Missionen
m t̠(ꜣ)z.w n mšꜥ=f	3	als Befehlshaber seines Heeres.
ḫꜣs.t nb.t rwị.t.n=j r=s	4	Jedes Fremdland, gegen das ich vorging,
jrị.n=j hd=j jm=s	5	ich machte meinen Vorstoß in es,
dr.t(j) ḥr sm.w.PL=<s>	6	(so daß) es ward vertrieben von <seinen> Weiden
ḫnm.t.PL=s		(und) seinen Brunnen.
ḫꜣq.n=j mnmn.t=s	7	Ich erbeutete sein Vieh
jnị.n=j ḫr.PL=s	8	(und) ich holte (mir) seine Sippen.

III, 3

nḥm.n=j wnm.t.PL=sn	1	Ich nahm ihre Vorräte weg
smꜣ.n=j r(m)t̠.PL jm=s	2	(und) ich erschlug die Menschen in ihm
m ḫpš=j m pd̠.t=j	3	mit meiner Armkraft (und) mit meinem Bogen,

m nmt.t.PL=j m sḫr.w.PL jqr.w.PL	4	mit meinen Schritten (und) meinen vortrefflichen Plänen.
ꜣḫ.n=(j) m jb=f mri̯.n=f wj	5	(Ich) war ruhmvoll in seinem Herzen, (und) er liebte mich
rḫ.n=f qnn=j	6	(weil) er meine Überlegeneit kennen gelernt hatte.
rdi̯.n=f wj m ḥꜣ.t ẖrd.w.PL=f	7	Er setzte mich an die Spitze seiner Kinder,
mꜣ.n=f r(w)d n ꜥ.wj=j	8	(weil) er die Tapferkeit meiner Arme gesehen hatte.

III, 4

jwi̯.t nḫt n Rtnw	1	Kommen eines Kriegers von Retenu.
mṯꜣ.n=f wj m jmꜣ=j	2	Er forderte mich in meinem Zelt heraus.
pr.y pw nn sn.nw=f	3	Ein Einzelkämpfer ist er, nicht gibt es seinen Zweiten,
d(ꜣ)r.n=f s(j) r-ḏr=s	4	(denn) er hatte es (das Land) gänzlich bezwungen.
ḏd.n=f ꜥḥꜣ=f ḥnꜥ=j	5	Er sagte, (daß) er mit mir kämpfen wolle,
ḫmt.n=f ḥwtf={w}j	6	(weil) er meinte, mich berauben zu können.
kꜣi̯.n=f ḥꜣq mnmn.t=j	7	Plante er (doch), mein Vieh zu erbeuten
ẖr zḥ n wḥy.t=f	8	unter dem Ratschlag seines Stammes.

III, 5

ḥqꜣ pf nḏnḏ=f ḥnꜥ=j	1	Jener Herrscher, er hielt Rat mit mir.
ḏd.k(j) n rḫ=j sw	2	(Und) ich sagte: „Ich kenne ihn nicht!“
n jnk tr zmꜣ(.y)=f	3	„Ich bin doch nicht sein Bündner,
wstn=j m ꜥfꜣy=f	4	(so daß) ich frei herumgehen könnte in seinem Lager!“
jn n.t-pw wn.n=j sꜣ=f	5	„Ist es (denn) so, (daß) ich seinen Hintereingang geöffnet
znb.n=j jnb.t=f	6	(und) ich seine Einfriedung (des Lagers) gewaltsam beseitigt hätte?“
rq.t-jb pw ḥr mꜣꜣ=f wj	7	„Mißgunst ist es, weil er mich sieht
ḥr jri̯.t wpw.t.PL=k	8	beim Ausführen deiner Missionen!“

III, 6

nḥmn wj mj kȝ n ḥw.w.PL	1	„Gewiß, ich bin wie ein Stier der Hu-Rinder
m-ḫr(.j)-jb ky jdr.t	2	inmitten einer anderen Herde!"
hd sw kȝ n jdr.t	3	„Der Stier der Herde greift ihn an,
ngȝ.w ḫr ȝm<m> r=f	4	der Langhornstier greift nach ihm!"
jn-jw wn twȝ mrr.w	5	„Gibt es einen Geringen, der geliebt wird
n šȝ(.w) n tp-ḫr(.j)	6	wegen seiner Bestimmung zum Oberhaupt?"
nn pḏ.tj zmȝ m mḥ.w(j)	7	„Es gibt keinen Bogenmann, der sich mit einem Unterägypter verbündet!"
ptr smn dy.t r ḏw.t	8	„Wer kann (schon) die Papyruspflanze fest an das Gebirge binden?"
jn-jw kȝ mrị=f ꜥḥȝ	9	„Ein Stier, liebt er (nicht) den Kampf,
pr.y mrị=f wḥm-sȝ	10	ein Einzelkämpfer(stier), liebt er (etwa) den Rückzug
m ḥr.yt n.t mḫȝ=f sw	11	aus Furcht vor seinem sich Messen (Zweikampf)?"

III, 7

jr wnn jb=f r ꜥḥȝ	1	„Wenn sein Herz auf Kampf aus ist,
jmi ḏd=f ḫr.t-jb=f	2	soll er seinen Willen kundtun!"
jn-jw nṯr ḫmị šȝ.t.PL	3	„Weiß Gott (denn) nicht, was bestimmt ist?"
n<t>f rḫ n.t-pw mj-m	4	„Er ist es (doch), der weiß, wie es ist!"
sḏr.n=<j> qȝs.n=j pḏ.t=j	5	Ich begab mich zur Ruhe, (nachdem) ich meinen Bogen fixiert (fest gebunden)
wdị.n=j ꜥḥȝ.w.PL=j	6	(und) meine Pfeile bereitgelegt hatte,
dị.n=j znn n bȝgs.w=j	7	meinem Dolche Schärfe gegeben
sḥkr.n=j ḫꜥ.w.PL=j	8	(und) meine Waffen zurechtgemacht hatte.

III, 8

ḥḏ.n tȝ Rtnw jjị.t(j)	1	(Als) das Land sich erhellte, war Retenu (schon) gekommen.
ḏdb.n=s wḥy.t.PL=s	2	Es hatte seine Stämme versammelt.
sḥwị.n=s ḫȝs.t.PL n.t gs=sj	3	Es sammelte die Fremdländer seiner beiden Seiten,
kȝị.n=s ꜥḥȝ pn	4	(denn) es hatte diesen Kampf geplant.

ḥ3.tj nb m3ḥ n=j	5	Jedes Herz war entbrannt für mich!
ḥm.t.PL-t3y.w.PL ḥr ꜥj	6	Die verheirateten Frauen klagten!
jb nb mr n=j dd=sn	7	Jedes Gemüt war krank wegen mir, (indem) sie sagten:
jn-jw wn ky nḫt ꜥ3 r=f	8	„Gibt es (denn nicht) einen anderen Krieger, der gegen ihn kämpfen kann?"

III, 9

ꜥḥ^cn <jti.n=f> jkm=f	1	Daraufhin <ergriff er> seinen Schild,
<u>mjnb=f ḫpt=f n nsyw.t.PL</u>	2	seine Axt (und) sein Armvoll an Speeren.
ḫr-m-ḫt spr.n=j m-h3w=f	3	Denn nachdem ich in seine Nähe gelangt war
rdi.n=j sw3 ḫr=j	4	(und) hatte vorbeigehen lassen an mir
ꜥ3.w.PL=f zp-n-jw.tt	5	seine Pfeile ohne Wirkung,
wꜥ ḥr ḥn m wꜥ	6	trat einer an den anderen heran.
ḫꜥm.n=f wj sti.n=j sw	7	(Als) er auf mich losging, erschoß ich ihn,
ꜥ3.w=j mn m nḥb.t=f	8	mein Pfeil blieb (stecken) in seinem Halse.
sbḥ.n=f ḫr.n=f ḥr fnd=f	9	Er schrie auf (und) fiel auf seine Nase.
sḫr.n=j sw m mjnb=f	10	Ich erschlug ihn mit seiner Axt.
wdi.n=j jšnn=j ḥr j3.t=f	11	Ich stieß meinen Siegesschrei aus auf seinem Rücken,
ꜥ3m nb ḥr nmj	12	(während) jeder Asiat brüllte.
rdi.n=j ḥkn.w n Mnt.w	13	Ich gab Lobpreis dem Monthu,
mrw.PL=f ḥ(3)bi n=f	14	(während) seine Anhänger in Trauer waren um ihn.

III, 10

ḥq3 pn ꜥ-m-mw-nn-šj	1	Dieser Herrscher Ammunansi,
rdi.n=f wj r ḥpt=f	2	er nahm mich in seine Arme.
ꜥḥ^cn jni.n=j (j)ḫ.t.PL=f	3	Daraufhin holte ich (mir) seinen Besitz
h3q.n=j mnmn.t=f	4	(und) erbeutete sein Vieh.
k3i.t.n=f jri.t st r=j	5	Was er geplant hatte, mir anzutun,
jri.n=j st r=f	6	ich tat es ihm an!
jti.n=j n.tt m jm3=f	7	Ich nahm (mir), was in seinem Zelte war
kfi.n=j ꜥ3.y=f	8	(und) entblößte sein Lager.

ꜥꜣi̯.n=(j) jm wsḫ.n=(j)   9   Ich wurde groß dadurch,
                                   (denn) ich war wohlhabend
m ꜥḥꜥ.w.PL=j   durch meinen Besitz
ꜥšꜣ.n=(j) m mnmn.t=j   10 (und) ich war reich durch mein Vieh.

                       Erläuterungen

n̲ḥ̲m̲n̲ ̲w̲j̲ ̲m̲j̲ ̲k̲ꜣ̲ ̲n̲ ̲ḥ̲w̲.̲w̲.̲P̲L̲   in den Handschriften des Neuen Reiches
                                vorhandenes Rubrum
ḥḏ.n tꜣ Rtnw jji̯.t(j)   rekonstruiertes Rubrum
PL   Plural (in der Handschrift nur durch De-
                                terminativ bezeichnet)

Literatur

Assmann, J.: Die Rubren in der Überlieferung der Sinuhe-Erzählung, in: Görg, M. (Hg.), Fontes atque pontes: eine Festgabe für Hellmut Brunner. Wiesbaden 1983 (ÄAT; 5), 18-41.

Barns, J. W. B.: The Ashmolean Ostracon of Sinuhe. London 1952.

Blackman, A. M.: Middle-Egyptian Stories. Brüssel 1932 (Bibliotheca Aegyptiaca; II).

Blumenthal, E.: Die Erzählung des Sinuhe, in: Texte aus der Umwelt des Alten Testamentes, Band III, Lieferung 5: Mythen und Epen III. Gütersloh 1995, 884-911.

Borchardt, L.: Zwei Kalksteinscherben mit literarischen Aufschriften. ZÄS 66 (1931), 14f.

Burkard, G.: Metrik, Prosodie und formaler Aufbau ägyptischer literarischer Texte, in: Loprieno, A. (Hg.), Ancient Egyptian Literature – History and Forms. Leiden et al. 1996 (Probleme der Ägyptologie; 10), 447-463.

Burkard, G./Thissen, H. J.: Einführung in die altägyptische Literaturgeschichte I, Altes und Mittleres Reich, in: Gestermann, L./Leitz, Chr. (Hgg.), Einführungen und Quellentexte zur Ägyptologie 1. Münster 2003.

Caminos, R. A.: Literary Fragments in the Hieratic Script. Oxford 1956.

Clère, J. J.: Three New Ostraka of the Story of Sinuhe. JEA 25 (1939), 16-29.

Collier, M./Quirke, S.: The UCL Lahun Papyri: Letters. Oxford 2002 (BAR International Series; 1083).

— : The UCL Lahun Papyri: Religious, Literary, Legal, Mathematical and Medical. Oxford 2004 (BAR International Series; 1209).

Demarée, R. J.: Ramesside Ostraca. London 2002.

Fecht, G.: Literarische Zeugnisse zur „Persönlichen Frömmigkeit" in Ägypten. Heidelberg 1965 (Abhandlungen der Heidelberger Akademie der Wissenschaften, phil.-hist. Klasse).

— : Sinuhes Zweikampf als Handlungskern des dritten Kapitels des Sinuhe"Romans", in: Junge, F. (Hg.), Studien zu Sprache und Religion Ägyptens. Zu Ehren von Wolfhart Westendorf, Band 1: Sprache. Göttingen 1984, 465-484.

Feder, F.: Sinuhes Vater – ein Versuch des Neuen Reiches Sinuhes Flucht zu erklären. GM 195 (2003), 45-52.

Foster, J. L.: Thought Couplets in The Tale of Sinuhe. Frankfurt/M. 1993 (Münchener Ägyptologische Untersuchungen; 3).

Gardiner, A.H.: Notes on the Story of Sinuhe. Paris 1916.

Grajetzki, W.: Harageh, an Egyptian burial ground for the rich around 1800 BC. London 2004.

Grapow, H.: Der stilistische Bau der Geschichte des Sinuhe. Untersuchungen zur ägyptischen Stilistik I. Berlin 1952 (Deutsche Akademie der Wissenschaften zu Berlin, Institut für Orientforschung Veröffentlichung; 10).

Guglielmi, W.: Zur Adaption und Funktion von Zitaten. SAK 11 (1984), 347-364.

Harris, J.R.: A note on the Ramessid text of 'Sinuhe'. GM 11 (1974), 25-28.

Hayes, W. C.: Ostraca and Name Stones from the Tomb of Sen-Mut (No. 71) at Thebes. New York 1973 (Publications of the Metropolitan Museum of Art Egyptian Expedition XV).

Jasnow, R.: Remarks on Continuity in Egyptian Literary Tradition, in: Teeter, E./ Larson, J.A. (Hgg.), Gold of Praise. Studies on Ancient Egypt in Honor of Edward F. Wente. Chicago 1999 (Studies in Ancient Oriental Civilization; 58), 193-210.

Kahl, J.: „Es ist vom Anfang bis zum Ende so gekommen, wie es in der Schrift gefunden worden war." Zur Überlieferung der Erzählung des Sinuhe, in: Dietrich, M./Kottsieper, I. (Hgg.), „Und Mose schrieb dieses Lied auf". Studien zum Alten Testament und zum Alten Orient, Festschrift für Oswald Loretz zur Vollendung seines 70. Lebensjahres. Münster 1998 (AOAT; 250 (1998), 383-400.

Koch, R.: Die Erzählung des Sinuhe. Brüssel 1990 (Bibliotheca Aegyptiaca; XVII).

LÄ = Lexikon der Ägyptologie, begründet von Eberhard Otto & Wolfgang Helck, herausgegeben von Wolfgang Helck & Wolfhart Westendorf. Wiesbaden 1975-1992.

Loprieno, A. (Hg.): Ancient Egyptian Literature – History and Forms. Leiden et al. 1996 (Probleme der Ägyptologie; 10).

Moers, G.: Der Spurensucher auf falscher Fährte? Überlegungen zu den Voraussetzungen einer ägyptologischen Literaturwissenschaft, in: Burkard, G. et al. (Hg.), Kon-Texte. Akten des Symposiums „Spurensuche – Altägypten im Spiegel seiner Texte", München 2.-4. Mai 2003. Wiesbaden 2004 (ÄAT; 60) (2004), 37-50.

Parkinson, R. B.: The Tale of the Eloquent Peasant. Oxford 1991.

— : The Tale of Sinuhe and other Ancient Egyptian Poems 1940-1640 BC. Oxford 1997.

— : Poetry and Culture in Middle Kingdom Egypt – A Dark Side to Perfection. London/New York 2002 (Athlone Publications in Egyptology and Ancient Near Eastern Studies).

— : The Missing Beginning of 'The Dialogue of a Man and His Ba': P. Amherst III and the History of the 'Berlin-Library'. ZÄS 130 (2003), 120-133.

PM = Porter, B./Moss, R. L. B.: Topographical Bibliography of Ancient Egyptian Hieroglyphic Texts, Reliefs, and Paintings. I. The Theban Necropolis, Part 1. Private Tombs. Oxford 1970².

Quack, J. F.: Aus einer spätzeitlichen literarischen Sammelhandschrift (Papyrus Berlin 23045). ZÄS 130 (2003), 182-185.

Quirke, S.: Egyptian Literature 1800 BC – questions and readings. London, 2004 (Golden House Publications, Egyptology; 2).

Rosenvasser, A.: A New Duplicate Text of the Story of Sinuhe. JEA 20 (1934), 47-50.

Shirun, I.: Parallelismus membrorum und Vers, in: Assmann, J./Feucht, E./Grieshammer, R. (Hgg.), Fragen an die altägyptische Literatur. Studien zum Gedenken an Eberhard Otto. Wiesbaden 1977, 463-492.

URK IV = Urkunden des Ägyptischen Altertums, hg. von Georg Steindorff, IV. Abteilung: Urkunden der 18. Dynastie, bearbeitet von Kurt Sethe. Leipzig 1905-1909.

Alle Textzeugen des Mittleren Reiches und die wichtigsten Textzeugen des Neuen Reiches können in der Bearbeitung des Autors in Transkription und Übersetzung (mit Kommentar zu problematischen und emendierten Textstellen) als Internetpublikation der Sächsischen Akademie der Wissenschaften zu Leipzig innerhalb des *Thesaurus Linguae Aegyptiae* ausführlich konsultiert werden: http://aaew.bbaw.de/tla

Die aktuellste Übersicht über die Literatur zur Sinuhe-Dichtung findet sich bei PARKINSON, Poetry and Culture, 297-298 und bei BURKARD/THISSEN, Einführung in die altägyptische Literaturgeschichte I, 110-119.

Abbildungen

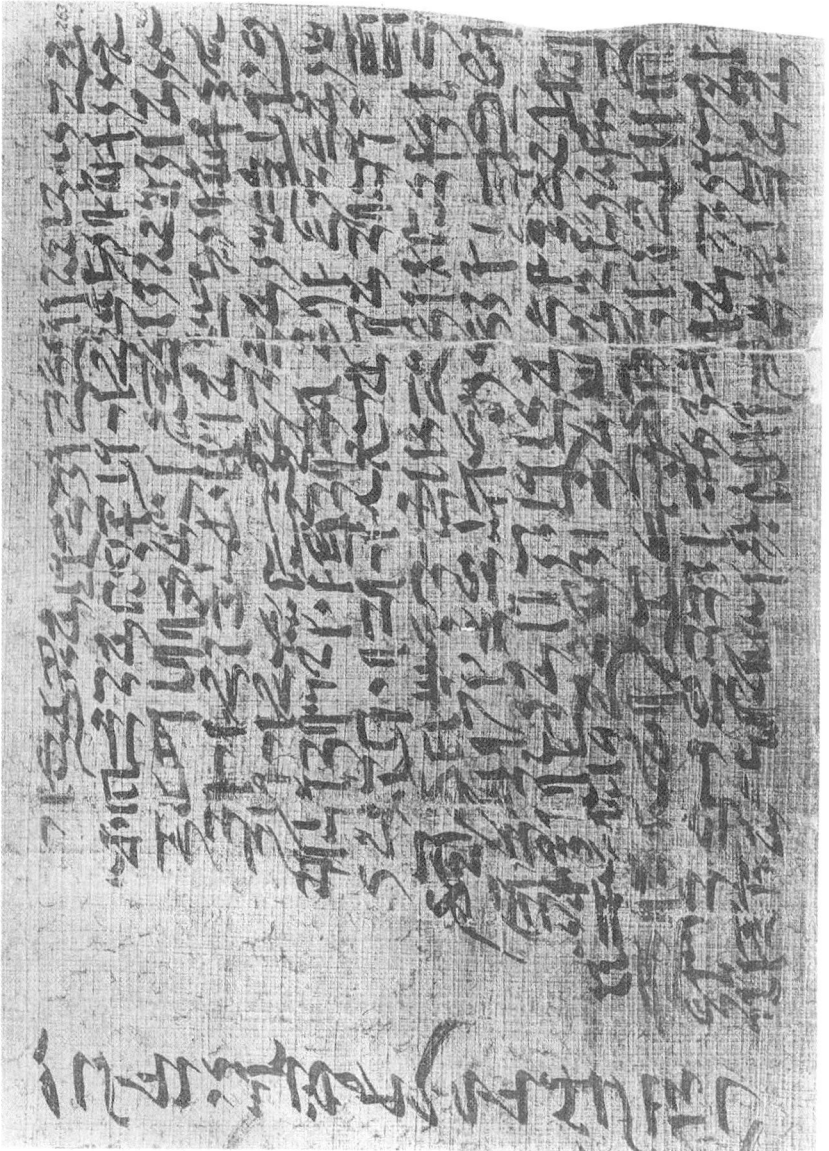

Abbildung 1: Papyrus Berlin P 3022 (Gardiner, Literarische Texte, Tafel 14)

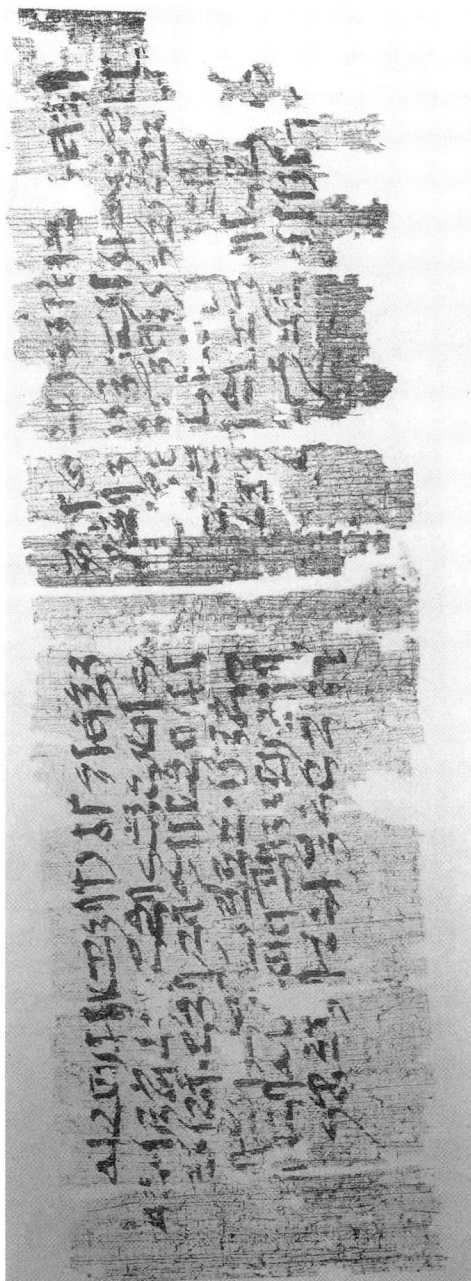

Abbildung 2: Papyrus Berlin P 10499 (Gardiner, Literarische Texte, Tafel 1)

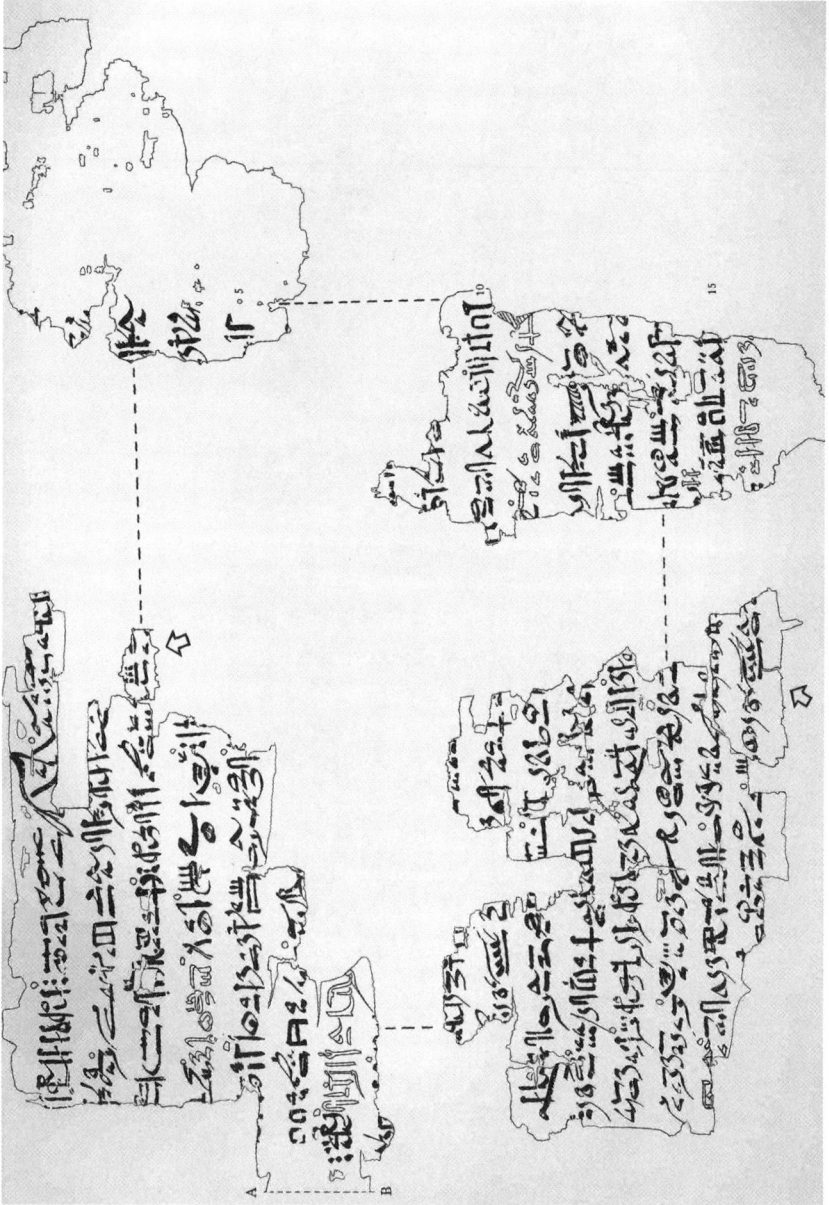

Abbildung 3a: Papyrus Moskau 4657 (Caminos, Literary Fragments, Plate 24)

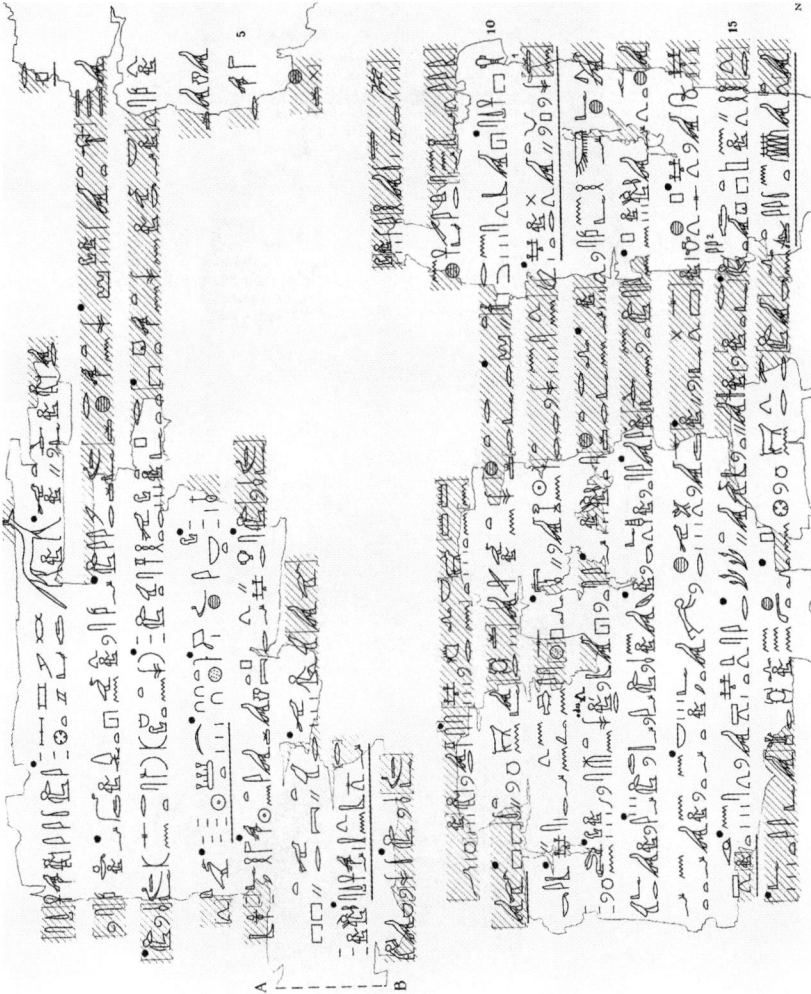

Abbildung 3b: Papyrus Moskau 4657 (Caminos, Literary Fragments, Plate 24A)

Abbildung 4: Ashmolean Ostrakon (Barns, Ashmolean Ostracon)

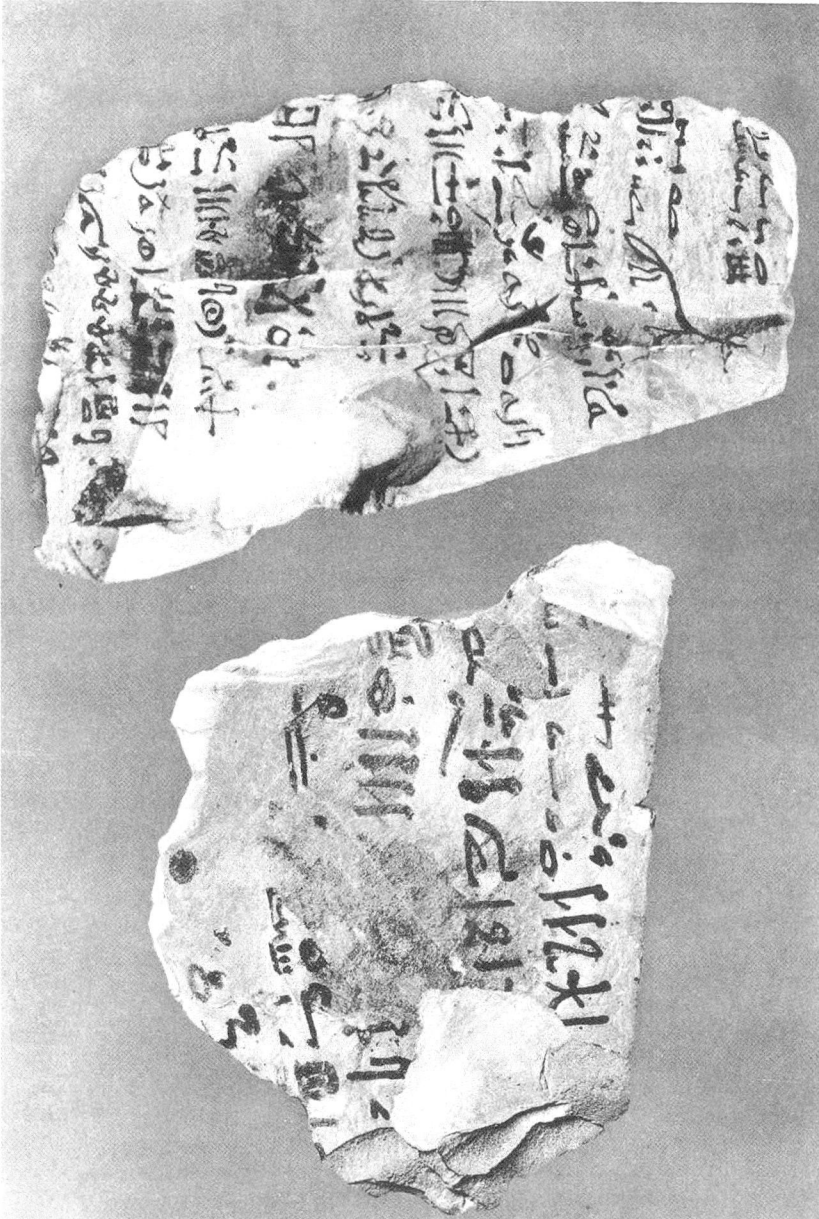

Abbildung 5: Borchardt, Zwei Kalksteinscherben, Tafel II.

IV.

Kriterien textueller Kohärenz

Texte mit Widersprüchen
Beobachtungen zu ihrem Selbstverständnis am Beispiel der Flutgeschichte[*]

Frank Crüsemann

I.

Was ist ein Text? Die Frage dieses Bandes betrifft die alttestamentliche Wissenschaft insofern zentral, als die literarkritische Zerlegung des gegebenen kanonischen Textes in mehrere Texte zu ihrem Fundament gehört. Was ist aber dann der auszulegende Text? Die Entdeckung von Widersprüchen und die Folgerungen daraus, Uneinheitlichkeit und Unhistorizität, stehen am Anfang der modernen Bibelkritik. Die Unterscheidung verschiedener Schichten und literarischer Ebenen, Autoren und Zeiten hat hier ihr Fundament. Feststehender methodischer Kern von den Anfängen[1] bis zu heutigen Lehrbüchern ist das Aufspüren von „Doppelungen und Widersprüchen". Heute steht das Zauberwort „Widerspruch", ich habe es nachgeprüft, in jedem Proseminarbuch, alle Studienanfänger müssen es lernen. „Spannungen im Wortlaut [...], insbesondere Widersprüche und Brüche im Textablauf" sollen beobachtet und ausgewertet werden, heißt es im

---

[*] Eine kürzere Fassung war Teil eines Vortrags, der mit dem Titel „Widersprüche und Einheit in der Bibel. Beiträge zu einem Gespräch" am 5. 3. 2005 bei einem Kolloquium zum 60. Geburtstag von Jürgen Ebach in Bochum gehalten wurde.

[1] Man denke nur an Hermann Samuel Reimarus und seine Analyse des „Durchgang(s) der Israeliten durch das Rothe Meer". Der Text beginnt in der von Lessing 1777 veröffentlichten Fassung: „Wenn wir das andere Wunder, nämlich den Durchgang durchs Rothe Meer betrachten, so legt der innere Widerspruch der Sachen ihre Unmöglichkeit fast noch handgreiflicher zu Tage." (Lessing's Werke 15, 177). Bei Lessings Text handelt es sich um ein „früheres Stadium des Werkes"; der erst 1972 veröffentlichte endgültige Text enthält ebenfalls an zentraler Stelle den Begriff Widerspruch (Reimarus, Apologie oder Schutzschrift für die vernünftigen Verehrer Gottes, z.B. 294).

„Leitfaden der Methodik" von O. H. Steck.[2] Nur leicht variiert kommt der Begriff auch in heutigen Versuchen einer theoretischen Neufassung der exegetischen Methoden und insbesondere der zugrundliegenden Methodensprache vor. So ist bei Chr. Hardmeier von „Beobachtung von Divergenzen und Inkonsistenzen" die Rede.[3] Widerspruchsfreiheit ist das Ziel, Widerspruchsfreiheit für die einzelnen Dokumente, mit weitreichenden Folgen nicht zuletzt für ihre jeweiligen Theologien. Der Gott des Amos ist ein anderer als der Gott des Amos-Schlusses, und für „J" und „P" in der Urgeschichte gilt natürlich dasselbe.

Was mich daran beschäftigt, ist der durch diesen Zugang geprägte Blick und insbesondere die Tiefe und Nachhaltigkeit der so geprägten Wahrnehmung der Texte, die daraus erwachsende Schwierigkeit, manchmal fast Unmöglichkeit, den gegebenen Text wirklich wahr- und ernst zu nehmen. Man liest statt des einen biblischen mehrere Texte, oder Texte mit Ergänzungen, ohne den Text als Ganzes überhaupt wahrzunehmen. Dieses Ergebnis von 200 Jahren historischer Kritik wird durch kaum etwas so nachdrücklich bestätigt wie durch die Gegenbewegung, die es ja mit Bezeichnungen wie „canonical criticism", „kanonische Exegese" und mit Namen wie Brevard S. Childs und Rolf Rendtorff seit langem gibt. Daß die Rekonstruktion der historischen Genese, selbst wenn sie überzeugend und wahrscheinlich zu machen ist, die Interpretation des Entstandenen nicht überflüssig machen kann, ist evident, wird aber immer noch gelegentlich als unwissenschaftlich attackiert und gelegentlich der praktischen Theologie zugewiesen. Doch der kanonischen Exegese ihrerseits haftet manchmal der Ruf einer Bibelkunde bestenfalls höherer Ordnung an. Ich muß gestehen, daß ich in der Tat vieles, was der Altmeister Brevard S. Childs und nicht nur er faktisch mit den Texten macht, ausgesprochen flächenhaft-grob empfinde und immer wieder nahe bei den Mustern einer vorkritischen, eher dogmatischen Sichtweise. Das hängt auch mit dem hermeneutisch problematischen Versuch zusammen, eigene Frageinteressen und damit den Horizont der Gegenwart auszublenden. Das Hauptproblem, das ich empfinde, ist aber der na-

---

2   STECK, Exegese des Alten Testaments, 12. Sehr ähnlich KAISER/KÜMMEL/ADAM, Einführung in die exegetischen Methoden, 17; KREUZER et al., Proseminar I, 61; FOHRER et al., Exegese des Alten Testaments, 52.

3   HARDMEIER, Textwelten der Bibel entdecken, 152. Die Aufgabe der „klassischen Fragen der herkömmlichen Literarkritik" wird neugefaßt als „Beobachtung von Divergenzen und Inkonsistenzen in den Einzelprofilen im integralen Funktionszusammenhang der Textur".

hezu unvermeidlich erscheinende Verlust an theologischer Komplexität durch solche Exegese. Dazu gehört auch das gelegentliche Übersehen oder Herunterspielen von Widersprüchen.

Wie also ist mit Widersprüchen in den Texten sachgemäß umzugehen? Wie damit, daß die klassischen Widersprüche, auf denen die Wissenschaft basiert, inzwischen längst selbst historisch sind, ererbt aus dem Fundus des 18. und 19. Jahrhunderts? Ich habe meine Zweifel, ob und wie man überhaupt auf der klassischen Literarkritik mit ihrem durch Betrachter des 18./19. Jahrhunderts geprägten Blick aufbauen kann. Anders gefragt: Sind die Widersprüche, die der traditionellen Analyse zugrunde liegen, für uns heute nach dem Historismus, vor allem aber im Sinne des Textes selbst wirklich Widersprüche? So zu fragen, ist Teil der Suche nach einem legitimen und überzeugenden Weg innerhalb der vielen methodisch und inhaltlich so unterschiedlichen Ansätze, sich dem gegebenen Endtext ohne Rückgriff auf die traditionelle Literarkritik oder auf vorwissenschaftliche Lektüremodelle anzunähern.

Es gilt, verstärkt mit der Erkenntnis ernst zu machen, daß die übliche Rede von Widersprüchen in der Bibel zunächst dem Blick von außen entspringt. Alle dabei vorausgesetzten Definitionen, ob nun logisch oder philosophisch, alle Distinktionen, samt den damit verbundenen Empfindungen und Evidenzgefühlen, sie alle messen biblische Sachverhalte von außen. War die zunehmende Entdeckung und dann die meist historische Erklärung solcher Widersprüche der Motor der modernen Bibelwissenschaft, so muß es heute um die Frage gehen, ob und wie in der Bibel selbst Widersprüche wahrgenommen werden und wie darauf zu reagieren ist. Es geht um das Selbstverständnis der Texte, um die Frage, ob und wie auch die Kriterien für Entdeckung von und Umgang mit Widersprüchen aus den biblischen Texten selbst zu entnehmen ist. Die Fragen der Einheit der Texte, der möglichen Widersprüche in Texten, dem dabei vorausgesetzten Wirklichkeitsverständnis und mit all dem auch immer wieder die Fragen, was denn hier Text heißt und was der auszulegende Text ist, sind noch einmal neu zu stellen.

II.

Ich nehme als Beispiel die Urgeschichte. Hier ist die literarkritische Frage bekanntlich zuerst entwickelt worden und hier ist das Ergebnis – die Aufteilung in zwei „Quellen" – tief in Herz und Kopf verankert. Dem Versuch, den Anfang der Genesis als Einheit wahrzunehmen, stehen tief eingeschliffene Lektüremuster entgegen. In keinem anderen Teil der Bibel sind die Ergebnisse der historisch-kritischen Wissenschaft so breit und nahezu ohne Einschränkung rezipiert worden wie hier. Nicht nur in der Fachwissenschaft, wo es inzwischen ja weitergehende kritische Diskussionen gibt, sondern vor allem in der breiten und unkritischen Rezeption älterer Phasen der Wissenschaft in Nachbarwissenschaften, Allgemeinwissen, Schulbüchern, Gemeindeunterricht, Erwachsenenbildung – überall werden wie selbstverständlich diese Kapitel als ein aus zwei verschiedenen, je für sich zu lesenden Schichten zusammengesetztes Gebilde gelesen. Nicht zuletzt die Fraglosigkeit und Selbstverständlichkeit, mit der das geschieht, prägt den Blick auf die Texte und bestimmt ihre Wahrnehmung in einem manchmal erschreckendem Maße. Der hoch hypothetische Charakter der literarischen Quellentheorie ist oftmals so weit aus dem Blick geraten, daß die Frage nach der Einheit nachgerade als ein unwissenschaftliches und unsachgemäßes Vorgehen erscheinen konnte und kann.

Dabei ist die klassische Quellenscheidung gerade hier an ihrem Ursprungsort keineswegs problemlos. Viele Beobachtungen und Einwände der Kritiker dieser Theorie haben vielmehr nach wie vor großes Gewicht. Die Bemühungen um den kanonischen Text, seien es Versuche, den Sinn der redaktionell entstandenen Einheit nachzuzeichnen[4] oder von der klassischen Quellenscheidung unabhängige Analysen,[5] haben im Detail aufgezeigt, wie eng die Schichten im vorliegenden kanonischen Text aufeinander bezogen sind, so daß das Ganze auf weite Strecken durchaus als ein einziger Zusammenhang gelesen werden kann – und dann methodisch gesehen auch muß. Die beiden sogenannten Quellen sind nachweislich intensiv aufeinander bezogen, ineinander verhakt, zu einer Einheit gestaltet. Ich nenne dafür nur beispielhaft das System der Benennungen,[6] den Umgang mit den Gottesbezeichnungen,[7] die Frage nach gut und böse, nach der Schuld und ihren Folgen. Im Blick auf diese und andere

---

4 Etwa bei DONNER, Der Redaktor, oder – auf ganz andere Weise – bei BLUM, Studien zu Komposition des Pentateuch, 278f.

5 Etwa bei JACOB, Das erste Buch der Tora; CASSUTO, A Commentary on the Book of Genesis.

6 Dazu CRÜSEMANN, Eva, 2-10; ders., Kanon und Sozialgeschichte, 55-65.

7 Dazu CRÜSEMANN, Gen 1-4 als Einführung in das biblische Reden von Gott, 165-172.

Themen läßt sich die Urgeschichte nicht nur als Einheit lesen, sondern die Art und Weise, wie diese Einheit aus Verschiedenem im Detail gestaltet ist, zwingt dazu, auch die Frage nach der Genese noch einmal neu zu stellen.

Damit ist auch die Frage nach Widersprüchen im Text neu aufgeworfen. Bekanntlich finden sich die vielleicht härtesten Beispiele dafür in der Flutgeschichte. Hier gibt es, so die traditionelle Sicht, differierende Angaben z.B. zu Anlaß und Folgen, zur Länge der Flut, und nicht zuletzt zur Frage, wie viele Tiere in die Arche kommen, je ein Paar von allen oder bei den reinen, den eß- und opferbaren Tiere je sieben. Das alles dient der weitgehend unbestrittenen These von zwei ursprünglich unabhängigen Schichten als Grundlage. Gibt es aber nun Hinweise darauf, welche dieser Widersprüche im Sinne der Texte bzw. ihrer Autoren selbst als Widersprüche zu gelten haben und wie mit ihnen umzugehen ist? Angebliche Widersprüche bei den Anlässen zur Flut und ihren Folgen sowie bei den Angaben über ihre Dauer sind nicht antagonistisch. Sie führen nicht auf wirklich unterschiedliche Perspektiven, sondern eher auf einander problemlos ergänzende Aspekte in einem einheitlichen Bild. Nicht an den Quellen orientierte Auslegungen wie die von Benno Jacob[8] haben das m.E. genauso bestätigt wie der Versuch von Herbert Donner,[9] den hypothetischen Redaktor, der die Quellen zusammenfügt haben soll, im Detail zu verstehen. Gerade die Angaben über die Länge der Flut ergeben im Zusammenhang gelesen ein durchaus stimmiges Bild.

Wo aber sind Widersprüche, die wirklich als solche im Sinne des Textes selbst beachtet werden müssen? Wie sind sie zu erkennen? Ich nenne drei mögliche Kriterien:

a) es muß um wirklich harte Widersprüche gehen, die logisch und insbesondere in menschlicher Praxis nicht vereinbar sind;

b) es ist nach Hinweisen in den Texten zu fragen, ob sie tatsächlich wahrgenommen und unterstrichen worden sind;

c) es ist schließlich zu fragen, ob hinter bloß differenten Aussagen tieferliegende sachliche Gegensätze und Konflikte erkennbar sind, die als solche, eben als Widerspruch bewahrt und weitergegeben werden soll.

---

8   JACOB, Das erste Buch der Tora, 169-228; 954-965.
9   DONNER, Der Redaktor, 259-285. Donner zeigt z.B., daß die Angaben zur zeitlichen Länge der Flut erstaunlich gut zusammenpassen.

Ich denke, die unterschiedlichen Angaben über die Tiere, die in die Arche gehen, sind ein solcher Fall. Es geht um entweder je ein Paar oder von den reinen je sieben (Paar) – nur eins von beiden kann richtig sein. Es geht um einen Widerspruch auch logischer Art, vor allem aber kann Noah nur eins von beiden praktiziert haben. Die Versuche, darin nur eine jeweils veränderte Perspektive zu sehen, sind wenig überzeugend. Darüber hinaus kann man zumindest mit Gründen vermuten, daß der Widerspruch auch schon den Autoren und Redaktoren bewußt war und dennoch, also bewußt, nicht gelöscht wurde. Dafür spricht die folgende Beobachtung: Viermal wird explizit formuliert wird, daß Noah den so unterschiedlichen Anforderungen folgt:

Gen 6

19 Von allem, was lebt, von allem Fleisch, sollst du je zwei von allem in den Kasten bringen, damit die mit dir am Leben bleiben, männlich und weiblich sollen sie sein. 20 [...] von allem, was auf der Erde kriecht, nach seiner Art – zwei von allem sollen zu dir kommen, um am Leben zu bleiben. 21 Und du, nimm dir von aller Speise, die man essen darf[10] und lagere sie bei dir, das soll dir und ihnen als Nahrung dienen. 22 Und Noach tat alles, wie Gott es ihm befohlen hatte, genau so machte er es.

Gen 7

2 Von jedem reinen Vieh nimm dir je sieben, Männchen und Weibchen, doch von dem Vieh, das nicht rein ist, je zwei, Männchen und Weibchen. 3 Auch von den Vögeln des Himmels je sieben, männlich und weiblich, um Nachkommen am Leben zu erhalten auf der Fläche der ganzen Erde. [4...] 5 Und Noach tat alles, wie Adonaj es ihm befohlen hatte.

8 Vom reinen Vieh und vom Vieh, das nicht rein ist, von den Vögeln und allem, was auf dem Acker kriecht, 9 kamen je zwei zu Noach in den Kasten, männlich und weiblich, genau wie Gott es dem Noach befohlen hatte.

13 Am selben Tag gingen Noach sowie Sem, Ham und Jafet, die Söhne Noachs, dazu die Frau Noachs und die drei Frauen seiner Söhne mit ihnen in den Kasten. 14 Diese und alles Wild nach seinen Arten, alles Vieh nach seinen Arten, [...] 15 sie kamen zu Noach in den Kasten, je zwei von jedem Fleisch, in dem Lebensatem ist. 16 Und die, die kamen, waren männlich und weiblich von jedem Fleisch, und sie kamen so, wie Gott es ihm befohlen hatte.

---

10 Gen 1,29.

Die vier Sätze sind in der Urgeschichte einmalig. Sie fallen insofern aus dem Kontext heraus, als sie alle von einem „Befehlen" (צוה) Gottes reden, davor war aber nur von Gottes „Sprechen" (אמר) die Rede. Die Sätze stehen immer da und nur da, wo die Tiere aufgezählt werden, die in die Arche gehen. Stets, wenn es um diese Frage geht, wird ausdrücklich hinzugefügt, daß Noach es genau so machte, wie Gott es angeordnet hatte. Dreimal wird dabei die Zahl von je einem Paar genannt, einmal bezieht sich die Formel auf den Befehl, von den reinen Landtieren je sieben (Paare) mitzunehmen.

Beide so widersprüchlichen Anordnungen werden damit als von Gott gegeben bezeichnet, und beide werden als von Noach ausgeführt konstatiert. Das Dilemma wird nicht aufgelöst, nicht einmal abgeschwächt, sondern verstärkt und hervorgehoben. Zwar liegt gewissermaßen eine Mehrheitsmeinung vor, dreimal geht es um ein Paar, nur einmal um sieben reine Tiere. Aber derartige Fragen können natürlich nicht durch Mehrheit entschieden werden

Wendet man die üblichen Kriterien der Literarkritik auf diesen Befund an, müßte man erwägen, hier eine eigene Bearbeitungsschicht zu finden, die die Intention einträgt, den entscheidenden Widerspruch zwischen beiden Schichten festzuschreiben, indem sie von beiden so differenten Aussagen sagt, Gott habe es befohlen, und Noach habe es befolgt. In Sache und Terminologie entsprechen diese Sätze der sogenannten Kanonformel in Dtn 4,2 (vgl. 13,1),[11] wonach man nichts hinzufügen und nichts wegtun soll von dem, was JHWH befohlen hat (צוה).

Versucht man, diesen Befund zu interpretieren, so kann nicht gemeint sein, daß bloß Noach – oder gar bloß die Verfasser der Texte – zwei nicht vereinbare Anweisungen hörten. Der Widerspruch bleibt: Noach kann auch als erzählte Gestalt nicht beides getan haben, für diese Frage gilt: *aut - aut*. Die einander widersprechenden Weisungen werden nun ausdrücklich auf Gott zurückgeführt.[12] Danach also hat Gott in der Tat zwei verschiedene, zwei einander ausschließende Dinge gesagt, und Noach hat beides befolgt, was jeden klaren Erzählfaden sprengt.

---

11 So eine Beobachtung von EBACH, Verbindliche Vielfalt, 112f.

12 Zwar könnte mit den verschiedenen Gottesbezeichnungen, vor allem dem JHWH in 7,4 eine Andeutung vorliegen, daß dem Befehl, der das Opfer ermöglicht, eine der Offenbarung des Namens an Mose vorgreifende Kundgabe vorliegt. Aber die Andeutungen sind schwach und ihre Auswertung wird schnell spekulativ.

An diese Beobachtung schließen sich zunächst zwei Fragen an: Ist ein Sinn dieser Hervorhebung zu erkennen, und was bedeutet sie für das Textverständnis?

III.

Worum geht es, und was hängt eigentlich daran? Zunächst natürlich, das ist immer wieder gesagt worden, um die Möglichkeit eines Opfers nach der Flut, wie es in 8,20f berichtet wird, und also um die Legitimität eines solchen Opfers. Im Rahmen der Urgeschichte geht es damit um die Frage, ob Noach, der Gerechte, sich an der allgemeinen tötenden Gewalt, die die Welt von der sehr guten Schöpfung in eine völlig verdorbene verwandelt hat (besonders 6,11f), beteiligt oder nicht. In all dem geht es nicht zuletzt darum, ob überhaupt solche Opfer vor den Israel erst viel später am Sinai gegebenen Anweisungen, wie zu opfern ist, legitim oder aber gottwidrig sind, positiver Teil der Gottesbeziehung oder aber nur Teil der allgemeinen Gewalt. Später jedenfalls wird nach Lev 17,3f jedes Opfer, das nicht *rite* vor dem in Israel einwohnenden Gott dargebracht wird, als Bluttat angesehen[13] und der Tötung eines Menschen gleichgesetzt.

Die Frage nach der Legitimität von Tieropfern ist so gesehen nicht zu trennen von der Frage, was in der Urgeschichte „gerecht" heißt. Damit wird aber, ich halte das für untrennbar, zugleich die Frage verhandelt, was außerhalb Israels weltweit „gerecht" heißen kann, vor allem also, wie Tieropfer anderer Menschen und Völker zu beurteilen sind. *Es geht um nicht weniger, als das Problem der Bewertung anderer Religionen.*

Theologisch heißt das, daß in dieser weitreichenden Frage, wie entsprechende religiöse Handlungen außerhalb des Gottesvolkes zu beurteilen sind, Widersprüchliches stehen bleiben muß. Offenbar kann hier nicht gelten: Gott hat eins gesagt und die Menschen haben zwei gehört (Ps 62,12f). Ob es eine Einheit hinter diesen Widersprüchen gibt, liegt allein bei Gott und ist offen.

---

13 Lev 17,3f: Jeder Mensch aus dem Haus Israel, der ein Stück Rindvieh schächtet oder ein Schaf oder eine Ziege, sei es im Lager oder auch außerhalb des Lagers, und es nicht zum Eingang des Begegnungszeltes bringt, um es als Gabe darzubringen für Adonaj vor die Wohnstätte Adonajs, das Blut wird jenem Menschen angerechnet; Blut hat der Mensch vergossen und er wird aus der Mitte seines Volkes ausgeschlossen.

Eine solche Interpretation des Textes führt auf einen härteren Konflikt, als es die Rede von zwei Akzenten oder Perspektiven, von zwei sekundär verbundenen Texten oder von zwei Traditionen u.ä. tut. Der Text formuliert ausdrücklich einen Widerspruch und entfaltet ihn geradezu mit Nachdruck. Es geht um einen Gegensatz, der nicht aufgelöst wird, der aber Teil des Textes ist und sein will. Den gegebenen Text in zwei Texte aufzulösen und diese für sich zu interpretieren, fällt, selbst wenn das diachron wahrscheinlich zu machen wäre, hinter den Text und seine intendierte Aussage zurück und verfehlt damit beide. Keine Hypothese über mögliche Vorformen und denkbare Entstehungsprozesse kann die Frage nach dem Sinn des gegebenen Textes mit seinem Widerspruch ersetzen.

Trennt die neuzeitliche exegetische Wissenschaft die literarischen Schichten und Autoren entlang der wahrgenommenen Widersprüche, so damit immer auch unterschiedliche Theologien und Gottesbilder. Widerspruchsfreiheit als Ziel des methodischen Vorgehens widerspricht nicht nur dem Text, es zerstört auch die Möglichkeit nach der hier begegnenden Theologie zu fragen, die die zentrale Frage nach den anderen Religionen in Form eines offenen Widerspruchs aushält und allein in Gott verlagert. Für die Frage nach einem biblischen Konzept des Umgangs mit anderen Religionen ist dieser Befund m.E. ein kleiner, aber nicht unwichtiger Baustein.

Literaturverzeichnis

Blum, E.: Studien zu Komposition des Pentateuch. Berlin/New York 1990 (BZAW; 189).

Cassuto, U.: A Commentary on the Book of Genesis. I. From Adam to Noah, Genesis I-VI 8 (englische Übersetzung). Jerusalem 1961.

Crüsemann, F.: Eva – die erste Frau und ihre „Schuld". Ein Beitrag zu einer kanonisch-sozialgeschichtlichen Lektüre der Urgeschichte. Bibel und Kirche 53 (1998), 2-10.

— : Kanon und Sozialgeschichte. Beiträge zum Alten Testament. Gütersloh 2003.

— : Gen 1-4 als Einführung in das biblische Reden von Gott. Ein Beitrag zu Verständnis und Übersetzung, in: Kuhlmann, H. (Hg.): Die Bibel – übersetzt in gerechte Sprache? Grundlagen einer neuen Übersetzung. Gütersloh 2005, 165-172.

Donner, H.: Der Redaktor. Überlegungen zum vorkritischen Umgang mit der Heiligen Schrift. In: ders.: Aufsätze zum Alten Testament aus vier Jahrzehnten. Berlin/New York 1994 (BZAW; 224), 259-285.

Ebach, J.: Verbindliche Vielfalt. Über die „Schrift" als Kanon. KuI 20 (2005), 109-119.

Fohrer, G. et al.: Exegese des Alten Testaments: Einführung in die Methodik. Heidelberg [6]1993 (UTB; 267).

Groß, Ch. (Hg.): Lessing's Werke, Bd. 15. Berlin 1879.

Hardmeier, Ch.: Textwelten der Bibel entdecken. Grundlagen und Verfahren einer textpragmatischen Literaturwissenschaft der Bibel, Bd. I/1. Gütersloh 2003,

Jacob, B.: Das erste Buch der Tora. Genesis. Berlin 1934.

Adam, G./Kaiser, O./Kümmel, W. G.: Einführung in die exegetischen Methoden. München/Mainz [5]1975.

Kreuzer, S. et al.: Proseminar I Altes Testament: ein Arbeitsbuch. Stuttgart [2]2005.

Reimarus, H. S.: Apologie oder Schutzschrift für die vernünftigen Verehrer Gottes, hg. von G. Alexander. Frankfurt/M. 1972.

Steck, O. H.: Exegese des Alten Testaments: Leitfaden der Methodik. Neukirchen-Vluyn [12]1989.

Die textpragmatische Kohärenz der Tora-Rede (Dtn 1-30) im narrativen Rahmen des Deuteronomiums

Texte als Artefakte der Kommunikation und Gegenstände der Wissenschaft

CHRISTOF HARDMEIER

Einleitung

Wer sich die Frage stellt „Was ist ein Text?" und diese Frage im Blick auf eine methodisch kontrollierte Beobachtung und Auswertung von sprachförmigen Zeichengebilden aufwirft, muß sich Klarheit über den Gegenstand verschaffen, den er oder sie wissenschaftlich betrachten und bearbeiten will. Die Gegenstandsangemessenheit von Theorien und Methoden ist eine Grundbedingung wissenschaftlicher Forschung und bildet die Basis für einen methodisch kontrollierten Umgang mit Texten. Damit wird nicht nur die interdisziplinäre Verständigung über und die Vergleichbarkeit von textbezogene(r) Forschung aller Art ermöglicht, sondern auch die intersubjektive Überprüfbarkeit und Plausibilisierung ihrer Ergebnisse.

Der folgende Beitrag gliedert sich in zwei Teile. In einem ersten Teil werden die Grundlinien eines kommunikationspragmatischen Textverständnisses skizziert und die Schlüsselrolle der Rezeptionstätigkeit in der Bedeutungs(re)konstitution von Texten und damit im wissenschaftlichen Textverstehen beleuchtet. Der zweite Teil widmet sich dem konkreten Fall der Tora-Rede im Deuteronomium und zeigt die sprachförmigen Kriterien auf, unter denen sich darin die Kohärenz der Rede und ihres narrativen Rahmens unter textempirischen und kommunikationspragmatischen Gesichtspunkten beobachten läßt. Orientiert an diesen Kohärenzsignalen kann in Dtn 1-30 ein integraler Lehrdiskurs plausibel gemacht werden, der narrativ eingebettet ist und

als synchroner Redezusammenhang den Auftakt zum deuteronomistischen Geschichtswerk (= DtrG) bildet.

I. Texte als Gegenstände wissenschaftlicher Betrachtung – axiomatische Ausgangspunkte der Textempirie und Kommunikationspragmatik

Das Bemühen um eine gegenstandsangemessene Betrachtungsweise von Texten hat auszugehen von universellen, kaum be-
dachten Selbstverständlichkeiten sprachförmiger Kommunikation. Es handelt sich um axiomatische Gesichtspunkte der Textkommunikation, die kulturanthropologisch angelegt und an Ele-
mentarbedingungen der sprachlichen Verständigung gebunden
sind. Sie können als invariante Faktoren menschlicher Verstän-
digungspraxis mittels sprachlicher Zeichen gelten, die kultur-
und epochenübergreifend die Generierung von Texten bestimmt
haben und bestimmen. Deshalb läßt sich daraus ein kommunikationspragmatisches Textverständnis ableiten, das elementare
Leitlinien für eine Textempirie an die Hand gibt und für eine
Vielzahl von wissenschaftlichen Disziplinen eine methodische
Grundlage bilden kann. Im Modell des „kommunikativen Hand-
lungsspiels" hat S. J. Schmidt diese Faktoren zusammengefaßt
und zur Grundlage seiner Texttheorie gemacht, aus der sich die
nachstehende Skizze eines kommunikationspragmatischen Textverständnisses (I.1.) und die Schärfung des Rezipienten-Be-
wußtseins im Umgang mit Texten (I.2.) herleiten.[1]

I.1. Das kommunikationspragmatische Textverständnis – Texte als Artefakte sprachlicher Kommunikation

Ein kommunikationspragmatisches Textverständnis konzentriert den Blick auf die materielle Basis sprachlicher Kommunikation, d.h. auf die (kulturellen) Hinterlassenschaften und damit
auf die Artefakte, die als objektivierbare Größen aus Kommunikationsprozessen hervorgegangen sind und stets unwillkürlich
hervorgehen. Unter diesem Blickwinkel sind Texte als materielle

---

1 Vgl. SCHMIDT, Texttheorie und HARDMEIER, Textwelten 1/1, 47-161 sowie ders.,
   Textwelten 1/2, 24-120 und 177-187, ferner ders., Art. Literaturwissenschaft und ders., Text.

Substrate von Kommunikationsprozessen zu bestimmen, die einerseits der (wissenschaftlichen) Beobachtung und Beschreibung zugänglich sind und aus denen andererseits in methodisch kontrollierter Weise auf die Verständigungs- und Sinnbildungsprozesse zurück geschlossen werden kann, die mit diesen Texten vollzogen worden und im Rezeptionsprozeß immer aufs Neue (nach-) zu vollziehen sind. Diese Betrachtungsweise trägt den folgenden elementaren Gegebenheiten Rechnung:[2]

1. Bei der Produktion und Rezeption von Texten handelt es sich – zeit- und kulturübergreifend – um performative Tätigkeiten. Texte sind daher Performativa. Dieses Textverständnis erweitert die Analyse sprachlicher Performanz von einzelnen Sprechakten auf die kommunikationspragmatische Textur und ihre Komponenten, die als Netzwerk von Sprachsignalen die Textkommunikation steuern.[3]

2. Texte sind intentional erzeugte (und insofern artifizielle) Medien der Kommunikation. Als solche sind sie Träger von Bedeutungen und sprachlichen Anweisungssequenzen (Instruktionen), die auf eine Rezeption hin angelegt sind. Sprach- und symbolförmige Prozesse der Sinnbildung und der Bedeutungskonstitution werden mit jeder Produktion von Texten (vor)programmiert.

3. Texte sind materiell faßbare Kommunikationsangebote, die mit Blick auf potentielle Rezipienten erzeugt werden. Das textförmige Kommunikationsangebot selbst ist ein grammatisch strukturiertes Bündel von prozeduralen Handlungsanweisungen und als Partitur der Sinnbildung zu verstehen. Dabei ist die Kategorie „Sinn" als reine Beschreibungskategorie ohne qualitative Konnotation zu verstehen, zumal der Sinn einer Textkommunikation durchaus auch in der Produktion von Unsinn bestehen kann.

4. An Texten als Kommunikationsangeboten läßt sich nur das in ihnen angelegte mehrdimensionale Lokutions- und Illokutionspotential in Gestalt der Textur und ihrer Komponenten beobachten. Deshalb lassen sich daran wesentliche Bedeu-

---

2 Die nachfolgenden Punkte bilden die texttheoretische Grundlage in dem im März 2006 von mir eingereichten Antrag an die Deutsche Forschungsgemeinschaft für eine Forschergruppe „Narrative Sinnbildung", dem sie entnommen sind.

3 Vgl. zum Konzept der Textur und ihrer Komponenten HARDMEIER, Textwelten 1/1, 78-135 und ders., Literaturwissenschaft, 427f.

tungs-, Sinn- und Funktionsaspekte nicht unmittelbar ablesen, soweit sie entweder unter Befolgung der kommunikationspragmatischen Anweisungsgehalte nur im Rezeptionsprozeß realisiert werden oder zwangsläufig von textexternen
Faktoren (z.B. Präsuppositionen, Situationsumstände und
„Welt"-Verständnis) mitbestimmt sind. Insofern sind Texte
selbst in semantischer Hinsicht prinzipiell unterbestimmt
und in hohem Maße offen.

5. In allen textbezogenen Wissenschaften können mentale Grö-
    ßen (wie Gedanken, Erzählwelten oder Absichten) nicht di-
    rekt – weder an Texten noch als Hirnströme – beobachtet
    und beschrieben werden. Mentale Größen müssen zwar sup-
    poniert werden, sind aber keine Gegenstände der Textwis-
    senschaften. Unmittelbar sind nur die sprachlichen Anwei-
    sungssequenzen gesellschaftlicher Kommunikation zur Ge-
    nerierung von Sinnbildungsprozessen als textförmige Fakten
    materiell faßbar. Dieses materielle Verständnis von Texten
    weist in epistemologischer Hinsicht Textquellen als die pri-
    mären und allein objektivierbaren Gegenstände von wissen-
    schaftlichen Disziplinen aus, die es mit sprachförmigen
    Sinnbildungen zu tun haben.

6. Deshalb liegt die primäre Aufgabe von textbearbeitenden
    Wissenschaften darin, das jeweils interessierende Kommuni-
    kationsangebot in der Rolle des methodisch (hermeneutisch-
    philologisch) geschulten Rezipienten nach Maßgabe derjeni-
    gen sprachförmigen Anweisungen abzuarbeiten, die sein Au-
    tor als Text an- bzw. niedergelegt hat. Dabei ist der Generie-
    rungsprozess von Sinn, der in den Texten sprachförmig an-
    gelegt ist, mit Hilfe viabler Kriterien im methodisch reflek-
    tierten Nachvollzug zu beschreiben, d.h. zu „rekonstruieren".

7. Dementsprechend sind Texte als Zeichenspuren zu betrach-
    ten, die wie Fußspuren im Schnee auf stattgehabte Kommu-
    nikationsprozesse performativer Art hinweisen. Der re-
    produktive bzw. rekonstruktive Akt der Textrezeption muß
    daher entlang der sprachzeichenförmigen Textspur verlau-
    fen, die in autorseitigen Kommunikationsangeboten angelegt
    ist. Begibt man sich im Lesen oder Hören selbst in diese
    Spur, so lenken und steuern die sprachlichen Anweisungs-
    sequenzen idealiter den rezeptiven Kommunikationsvorgang,
    soweit sich der Rezipient von dieser Zeichenspur leiten läßt.
    Dieses Sich-Leiten-Lassen-Sollen durch die vorgegebene Zei-

chenspur ist keine empirisch gegebene Notwendigkeit, da Rezipienten immer auch anders lesen können, sondern läßt sich als Ethos einer „Lese- und Rezeptions-Hermeneutik der Behutsamkeit" verstehen.[4]

8. Texte als Artefakte der symbolischen Interaktion und Kommunikation unterscheiden sich von den doppelseitigen performativen Tätigkeiten, in denen sich ihre Bedeutung autoren- und rezipientenseitig konstituiert. Kommunikationsangebote gewinnen ihre Bedeutung „für uns" somit nur in, mit und durch die produktive Tätigkeit von Autoren und im Aneignungsprozeß durch Rezipienten. Dem eigenständigen Produktionsprozeß eines Kommunikationsangebots steht der eigenständige Rezeptionsprozeß gegenüber, in welchem der textförmig programmierte Sinn eines Angebots re-produziert werden muß. Die Eigenständigkeit der Rezeption impliziert, um im Bild zu bleiben, daß die vorliegende Textspur die eigenen Schritte und Schrittfolgen des „In-der-Spur-Gehens" nicht vollständig determiniert oder gar entbehrlich macht.

9. Somit sind Texte als Anweisungsträger zum Nachvollzug von Kommunikationsprozessen und als Kommunikationsangebote, keineswegs aber als direkte semantische Repräsentationen von Inhalten, Funktionen und „Sinn" zu verstehen. Sie „machen" erst wieder „Sinn", sofern und sobald sie rezipiert, d.h. als Prozeduren abgearbeitet, operativ rekonstruiert und damit kommunikationspragmatisch eingelöst werden. Nur durch Rezeptionstätigkeiten wird textförmige Sinnbildung zu einer textexternen Wirklichkeit und in praktischen Lebenszusammenhängen wirksam.

10. Das Konzept der empirischen (im Unterschied zur formalen) Textpragmatik und ihre Verfahren beschränken sich deshalb auf die prozeduralen und operativen Aspekte der Textrezeption, die in der Sprachgestalt von Texten (= Textur) als Anweisungssignale und –sequenzen angelegt sind (= Texturkomponenten).[5] Der Begriff der empirischen Kommunikationspragmatik ist demgegenüber insofern weiter zu fassen, als er auch die nicht-sprachlichen, die textexternen, situativen, mental-psychologischen, soziokommunikativen und sonstigen Faktoren umfaßt, die im Rahmen von kommunikativen

---

4   Vgl. HARDMEIER, Textwelten 1/1, 36-45.
5   Zum Konzept vgl. oben Anm. 3.

Handlungsspielen in Kommunikationsprozesse einfließen. Dazu gehören insbesondere auch die Aufzeichnungsformen (z.b. Monumentalinschriften) und Gebrauchskontexte schriftgestützter Texte (z.b. Expertenliteratur, Briefkorrespondenz etc.), die die Funktion und den Sinn von Texten über ihre sprachliche Verfaßtheit hinaus mitbestimmen.

11. Dementsprechend ist die Kategorie der sprachförmigen Sinnbildung durch Texte auf die in den Augen von Textproduzenten erwarteten Effekte zu beschränken, die in der rezeptiven Abarbeitung eines textförmigen Kommunikationsangebotes nach Maßgabe der Texturkomponenten und ihrer textförmigen Zeichenspur ausgelöst werden (sollen). Allerdings gehören zu diesen Effekten keineswegs nur die propositionalen Gehalte und textexternen Sachreferenzen, sondern auch und primär die kommunikationspragmatischen bzw. illokutionären Effekte der Raum-Zeit-Personen-Orientierung, der impliziten oder expliziten Steuerung der Autor-Adressaten-Beziehung und die Wirkungen, die in den illokutiven Modi der textförmigen Sprechhandlungssequenzen angelegt sind.

Aus den Punkten 8 und 9 geht hervor, daß der Sinn, die Funktion und Bedeutung von Texten nur durch Rezeptionstätigkeiten rekonstituiert werden und eine je neue und eigenständige Bedeutsamkeit in den Lebenszusammenhängen der Rezipienten gewinnen. Denn in jedem Rezeptionsprozeß wird ein Kommunikationsangebot anhand der textförmigen Sprachzeichenfolge von Rezipientinnen und -rezipienten re-produziert. Der Sinn, die Funktion und Bedeutung von Texten wird somit in jedem Lese- oder Hörvorgang operativ rekonstruiert. Allerdings setzt dieser operative Aneignungsprozeß die Kenntnisse der sprachlichen Mittel voraus, d.h. das Vertraut-Sein mit dem Werkzeugkasten von Sprachsignalen und Steuerungsmitteln (= Lexikon, Morphologie und Syntax) z.B. des Althebräischen, die zur Erzeugung von Kommunikationsangeboten virtuell eingesetzt werden können und in überlieferten Texten spezifisch realisiert sind. Auf diesem text- und kommunikationstheoretischen Hintergrund kommt dem Rezeptionsprozeß insbesondere in jeder wissenschaftlichen Aneignung und Auswertung von Texten gerade auch der ältesten bekannten Schriftkulturen eine herausragende Schlüsselrolle zu, die im folgenden näher zu beleuchten ist.

I.2. Der Akt des Lesens und Hörens von Texten
und seine Tücken – das Konzept einer
Lesehermeneutik der Behutsamkeit[6]

Bekanntlich ist Lesen eine Kunst – eine große Kunst, die viel Erfahrung und Können voraussetzt. Dabei sind hier nicht alle möglichen Faktoren aufzuzählen, warum das Lesen und Verstehen von Texten – insbesondere von Texten früher Schriftkulturen – so häufig ins Abseits gerät und mißlingt. Vielmehr ist auf verhaltensanthropologische Bedingtheiten hinzuweisen, von denen jeder Akt des Lesens oder Hörens von Texten mitbestimmt ist. Davon ist im Blick auf eine Lesehermeneutik der Behutsamkeit auszugehen, um zum einen die Tücken bewußt zu machen, die mit jedem Akt der Textrezeption verbunden sind, und zum anderen methodische Maximen zu umreißen, wie man diesen Tücken Rechnung tragen kann, ohne ihnen allzu leicht zu erliegen. Die Reflexion der fragilen Rezipiententätigkeit kann ganz besonders von neurobiologischen Erkenntnissen des Sprach- und Textverstehens profitieren. Seit einigen Jahren untersuchen Neurobiologen, was in unseren Gehirnen abläuft, wenn wir Texte hören oder lesen. Wenn im Leseprozeß Buchstabenfolgen auf unsere Augen treffen oder beim Hören Sprachlaute an unser Ohr dringen, werden diese Sinneseindrücke in unseren Köpfen in Millisekunden verarbeitet und auf ihre Bedeutung und Funktion hin blitzschnell „durchgerechnet". Dabei vollbringt unser Gehirn hochkomplexe Leistungen, an denen viele Gehirnzentren sowie tief eingeübte Routinen beteiligt sind.[7]

I.2.1. Mißverstehen als Normalfall

Die Neurobiologie kann die enorme Komplexität dieser Gehirnleistungen empirisch beobachten und bringt uns von diesen Erkenntnissen her neu zum Bewußtsein, was wir aus unserer Lebenserfahrung schon immer gewußt haben: das Mißverstehen ist der Normalfall. Vor allem können Neurobiologen, wie etwa Gerhard Roth, auch genauer begründen, warum das so ist: „Das

---

6   Vgl. oben Anm. 4. Dem folgenden Abschnitt liegen Teile eines Vortrags zugrunde, den ich anläßlich der Präsentation der Stuttgarter Elektronischen Studienbibel (HARDMEIER/TALSTRA/GROVES [Hgg.], SESB) an der Vrije Universiteit Amsterdam auf Einladung der Niederländischen Bibelgesellschaft am 25. April 2005 gehalten habe.

7   Vgl. ROTH, Fühlen, 355-360.

eine ist, was ich meine, wenn ich etwas sage; ein anderes ist, was das Gehirn meines Kommunikationspartners an Bedeutungen erzeugt, wenn die Sprachlaute an sein Ohr dringen."[8] Sein Fazit lautet: „Mißverstehen ist das Normale, Verstehen die Ausnahme".[9] Für die Bibel- und Literaturwissenschaften – ja für alle Geisteswissenschaften, die es mit Texten zu tun haben – ist ein Aspekt dieser neurobiologischen Erkenntnisse von besonderer Bedeutung: Es sind die Details von Rezeptionsprozessen, nämlich das, was nach Roth „das Gehirn meines Kommunikationspartners an Bedeutungen erzeugt, wenn die Sprachlaute an sein Ohr dringen" (s.o).

Eine weitere Quelle des gegenseitigen Mißverstehens auch in der Alltagskommunikation liegt ferner nach Roth auf der Seite des Sprechers: Was immer ich sage oder schreibe, ich reiße es bereits beim sprachlichen Formulieren „aus dem in mir herrschenden Kontext heraus, in dem" es für mich „Sinn mach(t)"[10]. Mit der Produktion eines Textes bringt man mit Worten zwangsläufig viel weniger zum Ausdruck, als was man jeweils meint oder sagen möchte. Was somit als Sprachlaute an das Ohr von Gesprächspartnern dringt oder in verschrifteter Form auf das Auge von Lesern trifft, ist allein schon von der Sprecher- bzw. Autorenseite her ein enorm reduziertes Kommunikationsangebot. Stets muß eine Sprecherin oder Autorin bei ihren Adressaten vieles an Mit-Verstehen voraussetzen, was in ihren Augen nicht explizit gesagt zu werden braucht. Doch allein schon darin kann man sich bekanntlich gewaltig täuschen und tut es auch viel zu oft. Damit verdoppelt sich das Risiko des Mißverstehens. Denn das, was ohnehin schon verkürzt gesagt oder geschrieben worden ist, stößt ja auch „bei meinem Gesprächspartner" seinerseits auf „einen wahrscheinlich ganz anderen" inneren „Kontext, in dem" das Geäußerte oft „keinen oder einen ganz anderen Sinn er(gibt)".[11] Das Mißverstehen ist somit aus einem doppelten Grunde der Normalfall:

– zum einen, weil das sprachlich Geäußerte von vornherein eine Reduktion ist gegenüber dem, was eine Autorin meinte oder ein Sprecher sagen wollte;

---

8   AaO., 367.
9   Ebd.
10 Ebd.
11 Ebd.

– zum anderen, weil geäußerte Texte meist auf ganz andere Verstehenskontexte treffen, wenn ihr Sinn im Prozeß des Hörens oder Lesens reproduziert wird.

I.2.2. Texte – Angebote und Artefakte der Kommunikation

Umso wichtiger aber wird angesichts dieses Normalfalls das Wenige, was jeweils in Worte gefaßt und geschrieben worden ist. Es sind die Texte, die in Kommunikationsprozessen erzeugt werden und als Kommunikationsangebote an Adressaten gerichtet sind. Ihr Wortlaut, ihre sprachliche Form ist dabei das Einzige, was als physikalisch faßbares Objekt aus Kommunikationsprozessen hervorgeht. Deshalb sind auch literarische Texte zum einen die einzigen Hinterlassenschaften aus einstigen Kommunikationsprozessen, die man noch heute sehen und lesen kann. Als historische Kommunikationsangebote sind sie – wie wir oben I.1. deutlich gemacht haben – Artefakte einstiger Kommunikation. Zum andern sind diese Hinterlassenschaften auch das Einzige, was sich durch noch so zahlreiche Rezeptionsprozesse nicht verändert, auch nach hunderten oder tausenden von Jahren nicht, wie im Fall der Bibeltexte. Im Falle von rezeptionsgeschichtlichen Bearbeitungen lassen sich deren Spuren ja ihrerseits selbst in biblischen Texten nachweisen, weil auch literarische Überarbeitungen durch die Schriftform einen unveränderlichen Status annehmen.

Auf diesem Hintergrund kommt u.a. auch den Texten der Bibel in ihrer überlieferten Sprachgestalt – sei es in hebräischer, aramäischer oder griechischer Sprache – eine ganz einzigartige Bedeutung zu. Denn einerseits sind sie nur ganz spärliche Spuren und Ausschnitte einstiger Kommunikationsprozesse. Andererseits können wir an ihrer Sprachform noch heute den Vollzug dieser Kommunikationen beobachten. Dementsprechend bilden diese Texte die einzige unmittelbare, wenn auch nur sehr schmale Brücke zu den biblischen Generationen einerseits und zur Art und Weise andererseits, wie diese Menschen ihr Leben im Gegenüber zu Gott erinnert, gedeutet und sich darüber verständigt haben.

Hinzu kommt ein Zweites. Wenn wir heute diese Texte lesen und zu verstehen suchen, dann befinden wir uns zwangsläufig in der Position von Rezipientinnen und Rezipienten. Deshalb sind die Tücken des Lesens, auf die uns die Neurobiologie er-

neut aufmerksam macht, besonders ernst zu nehmen: Was „das
Gehirn [...] eines Kommunikationspartners an Bedeutungen erzeugt, wenn die Sprachlaute an sein Ohr dringen",[12] ist – wie gesagt – ein sehr komplexer Vorgang und eine Hauptquelle des
Mißverstehens. Um wie viel größer ist diese Gefahr, wenn wir
biblische Texte aus vergangenen Jahrtausenden lesen. Die Frage
der Neurobiologie muß deshalb in bezug auf schriftgestützte
Texte wie folgt abgewandelt werden: „Was erzeugt unser Gehirn
an Bedeutungen, wenn die Buchstabenfolgen eines biblischen
Textes im Leseprozeß von unseren Augen aufgenommen werden?"

I.2.3. Die Sprachgestalt der Texte und der Akt des Lesens

Nun hat auch die Rezeptionsästhetik den Akt des Lesens in den
Mittelpunkt des Textverstehens gerückt. Denn, was immer einst
geschrieben und uns überliefert worden ist, – allein wir sind es,
die als Leserinnen und Leser den Sinn eines Textes anhand der
überlieferten Schriftzeichenfolgen re-produzieren. Allein wir sind
es, die durch unsere Lesetätigkeit einem historischen Schriftstück auf dem Hintergrund unserer Verstehenswelt einen Sinn
abgewinnen. In der Tat – alles Textverstehen resultiert zu allererst aus der Rezeptionstätigkeit von heutigen Interpretinnen
und Interpreten. Von der Illusion, wir könnten Texte vorausset-
zungslos und in ihrem Wortlaut als solche verstehen, ist Abschied zu nehmen.

Diesem Abschied haben die Bibel- und Literaturwissenschaften, soweit sie hermeneutisch und rezeptionsästhetisch ausgerichtet sind, auf unterschiedliche Weise Rechnung getragen.[13]
Dabei ist jedoch bisher ein ganz zentraler Aspekt des Lesepro-
zesses, den die Neurobiologen neu ins Gespräch gebracht haben, kaum berücksichtigt worden. Unter der Frage, „Was erzeugt unser Gehirn an Bedeutungen, wenn die Buchstabenfolgen eines biblischen Textes im Leseprozeß von unseren Augen
aufgenommen werden?" hat man sich bisher vor allem auf den
ersten Teil der Frage konzentriert: auf die Erzeugung von Bedeutungen in unseren Köpfen. Man hat nach den Vorverständnis-
sen oder Interessen gefragt, die die Rekonstruktion des Text-

---

12 ROTH, Fühlen, 367.
13 Zur Auseinandersetzung mit der Rezeptionsästhetik vgl. HARDMEIER, Textwelten 1/1, 25-27.

sinns mitbestimmen und unreflektiert verzerren können. Oder
man hat – wie die radikalen Rezeptionsästheten – behauptet,
daß der Textsinn ohnehin nur eine gemeinsame Schöpfung von
Text und Leserin sein kann.

Kaum bedacht worden ist jedoch bisher der zweite, viel ele-
mentarere Aspekt der Frage: „Wie bildet sich in unseren Gehirn-
en der Sinn eines Textes heraus, wenn wir im Leseprozeß die
Buchstabenfolgen biblischer Texte mit unseren Augen
abtasten?" Was also passiert, wenn wir – in Kenntnis der Quel-
lensprachen – mit unseren Augen auf die überlieferte Sprachgestalt der Texte stoßen? Diese Frage ist auch deshalb von kaum
zu unterschätzender Bedeutung, weil die Texte die einzigen unmittelbaren Brücken sind zu den Kommunikationsverhältnissen
der biblischen Generationen. Weil es sich dabei überdies nur
um verschwindend kleine Ausschnitte daraus handelt, ist die
genaue Beachtung der Sprachgestalt dieser historischen Kommunikationsangebote umso wichtiger. Die Frage, was sich allein
schon beim Abtasten von Sprachzeichenfolgen im Hören oder
Lesen als Sinn von Kommunikationsangeboten herausbildet, ist
deshalb auf den sprachlichen Aspekt der Texte zu konzentrieren. „Was leisten die sprachlichen Elementarzeichen – d.h. die
Lexeme und Morpheme etwa der griechischen oder hebräischen
Sprache – im Kontext von Wortverbindungen, von Sätzen sowie
von Satzfolgen in überlieferten Texten?"

I.2.4. Der Leistungsaspekt von sprachlichen Zeichen als Anweisungsträger

Man kann sich den Leistungsaspekt von sprachlichen Zeichen
in Texten an den so genannten Deiktika klar machen,[14] an Zei-
gewörtern wie „Ich" und „Du", wie „Hier" und „Jetzt", die auch
als Indexwörter bezeichnet werden. Stoßen wir beim Lesen oder
Hören z.B. auf das Indexwort „Ich", so richten wir unwillkürlich
alles, was von diesem „Ich" gesagt wird, am Sprecher oder an
der Autorin des Textes aus. Mit „Hier" und „Dort" lokalisiert eine
Sprecherin das Gesagte im Raum, in welchem sie spricht. Und
mit „Gestern", „Heute" oder „Morgen" wird automatisch ein zeitlicher Bezug hergestellt zur Gegenwart der Rede. Das heißt, der
Gebrauch dieser Zeigewörter in Texten ist darauf ausgerichtet,
die personale Interaktion zu steuern und eine Rede in zeitlicher

---

14 Vgl. dazu aaO., 62f, 94f und 101f.

und räumlicher Hinsicht performativ zu lokalisieren. Das ist zum einen die semantische Leistung dieser Funktionswörter. Werden sie dann zum anderen in Texten gebraucht, so wirken sie sich im Rezeptionsprozeß unwillkürlich als Anweisungen an Hörerinnen oder Leser aus. Angewiesen durch entsprechende Zeigewörter, soll ein Gesagtes in das Raum-Zeit-Kontinuum der Sprecherin eingeordnet werden. Oder der Gebrauch von „Ich" und „Du", von „Wir" oder „Ihr", legt performativ die Rollen fest, die aus der Sprecherperspektive den Adressaten im Rezeptionsprozeß zugewiesen werden.

Was sich an diesen deiktischen Funktionswörtern beispielhaft zeigen läßt, gilt allerdings generell für sprachliche Zeichen. Lexeme und Morpheme sind in semantischer Hinsicht Leistungsträger, die nicht als solche eine Bedeutung haben. Sie bilden keine außersprachliche Wirklichkeit ab. Vielmehr ist mit ihrer Lautgestalt durch Konvention ein bestimmter Anweisungsgehalt, ein Instruktionsimpuls verbunden, der nur im Gebrauch eingelöst wird, – und zwar in einer doppelten Hinsicht. Zum einen machen sprachliche Elementarzeichen nur in ihrer Verknüpfung mit anderen Elementarzeichen in Texten Sinn. Nur in der Art und Weise, wie eine Autorin diese Zeichen nach morpho-syntaktischen Regeln zu komplexeren Lautsequenzen von Wörtern, Phrasen und Sätzen in Texten verknüpft, liefern diese Elementarzeichen ihren spezifischen Teilbeitrag zum Sinnangebot eines Textes. Zum anderen aber erschließt sich dieses Sinnangebot nur im Rezeptionsprozeß. Nur wenn diese Anweisungen, die im Text angelegt sind, beim Lesen oder Hören befolgt und nachvollzogen werden, – nur dann baut sich in den Köpfen der Rezipienten auch der Sinn eines Textes auf, wie ihn seine Autorin intendiert hat.

Diese Hinweise dürften anschaulich gemacht haben, in welcher Weise die Elementarzeichen einer Sprache semantische Leistungsträger sind, die nur im Kontext von Wörtern, Sätzen und Satzfolgen in Texten Sinn machen. Zum anderen dürfte deutlich geworden sein, welche komplexen Orientierungs- und Verknüpfungsleistungen beim Lesen von Texten erbracht werden müssen. Denn wenn wir die Buchstaben- und Silbenfolgen biblischer Texte mit unseren Augen abtasten, werden wir nicht nur veranlaßt, die Instruktionsgehalte dieser Zeichen als solche einzulösen. Wir müssen zugleich auch ihre spezifische Funktion auf den Verknüpfungsebenen der Wort-, der Satz- und der Text-

syntax erfassen, um im Leseprozeß die ganze Mehrdimensiona-
lität des angebotenen Textsinns erschließen zu können.

Damit kommen einer neu zu begründenden Philologie und
einer Lesehermeneutik der Behutsamkeit, die sich in textempirischer Hinsicht auch computerphilologischer Werkzeuge der
Textbeobachtung bedient,[15] eine tragende Bedeutung und ein
fundamentaler Stellenwert zu. Denn in methodischer Hinsicht
läßt sich die in biblischen und anderen historischen Texten in
vielfältigster Weise angebotene Rede- bzw. Erzählkommunikati-
on allein an den lexikalischen und morpho-syntaktischen
Sprachsignalen und Steuerungsmitteln beobachten, die zur Erzeugung der überlieferten Kommunikationsangebote eingesetzt
worden sind. Exemplarisch angewandt auf das Buch Deuteronomium, geht es im folgenden darum, sich an den Schlüssel-
signalen der Erzähl- und Redekommunikation in der schriftlich
überlieferten Sprachgestalt des Buches zu orientieren, um daraus die wesentlichen narrativen und argumentativen Kommunikationsvollzüge zu erheben, die im Deuteronomium angelegt
sind. Dabei muß im gegebenen Rahmen eine Skizze genügen,
deren Ergebnisse zur Orientierung der geneigten Leserschaft in
den Graphiken I zur narrativen Einbettung der Mose-Rede und
II zu ihrer Gesamtanlage im Anhang zusammengefaßt sind.

II. Zur Kohärenz der Tora-Rede im narrativen
Rahmen des Deuteronomiums

Im Anschluß an einige methodische Vorbemerkungen soll dargelegt werden, wie man mit textempirischen und sprachphänomenologischen Verfahren sowie auf der Basis eines kommunikationspragmatischen Textverständnisses, der Textkohärenz des
Buches Deuteronomium und der darin erzählten Tora-Rede des
Moses auf die Spur kommen kann. Ziel ist es, exemplarisch die
wesentlichen Sprachsignale aufzuzeigen, die einerseits den narrativen Rahmen der Tora-Rede in Dtn 1-30 strukturieren (II.1.)
und andererseits den Gang des darin eingebetteten Redevollzugs
steuern. Daran lassen sich die kommunikationspragmatische
Gesamtanlage der Rede erkennen sowie die Hauptaspekte der
Sachthematik, die in diesem argumentativen Rahmen entfaltet

---

15 Vgl. HARDMEIER/TALSTRA/GROVES (Hgg.), SESB und dazu HARDMEIER, Textwelten
     1/1, 30-46, 136-161 und Textwelten 1/2, 245-292 sowie ders., Das Instru-
     ment.

werden (II.2.). Dabei beschränken wir uns auf den Aufweis von kommunikationspragmatischen Kohärenzkriterien und müssen auf interpretatorische oder literaturgeschichtliche Konsequenzen jeder Art, die man daraus ziehen kann, weitgehend verzichten. Ein Fazit (II.3.) faßt die gewonnenen Erkenntnisse zusammen.

In methodischer Hinsicht gehen wir induktiv und textempirisch vor. Ausgangspunkt sind stets sprachphänomenologische Beobachtungen, die man an der überlieferten Sprachgestalt des Deuteronomiums machen kann. Dabei hat die Synchronie-Vermutung den methodischen Vorrang gegenüber diachronen Annahmen der Textbildung auf verschiedenen Formationsstufen. Nur wo sich systemisch signifikante Unterschiede im Sprachgebrauch und in der Phraseologie zeigen lassen, kann eine relative Diachronie der Textbildung angenommen werden.

Ferner trägt die sprachphänomenologische Vorgehensweise der texttheoretischen Einsicht Rechnung, daß Texte stets Artefakte der Kommunikation sind. Denn die darin angelegten Kommunikationsvollzüge können nur an den Sprachsignalen beobachtet und erfasst werden, die in der überlieferten Sprachgestalt des Deuteronomiums zur Verwendung gekommen sind, um diese Vollzüge zu steuern. Dabei orientieren wir uns in textsemantischer Hinsicht einerseits am Konzept der Textur und der Texturkomponenten,[16] die an je spezifischen Sprachsignalen erkennbar sind und im Einzelnen am Beispiel erläutert werden. Andererseits ist die Beobachtung von Spezifika des Sprachgebrauchs besonders dann von hoher Signifikanz, wenn sich systemisch eine unterschiedliche Wort- und Begriffswahl oder phraseologisch unterschiedliche Parallelformulierungen zeigen. – Zunächst wenden wir uns der ersten, d.h. der narrativen Ebene der Kommunikation im Deuteronomium zu, auf der der Autor, der uns in jeder Beziehung unbekannt bleibt, den Kontakt zu der uns ebenso völlig unbekannten Leserschaft aufnimmt.[17]

---

16 Vgl. oben Anm. 3.

17 Die Begriffe „Autor" und „Leserschaft" sind aus texttheoretischen Gründen völlig neutral und allein im Sinne von Textproduzent und Textrezipienten zu verstehen (vgl. oben I.1 besonders die Punkte 4 und 8 sowie I.2.1), ohne daß damit irgendwelche weiteren Vorstellungen oder Vorannahmen verbunden sind. Denn mit jedem Text haben wir nur einen sehr kleinen Ausschnitt aus soziohistorisch hoch komplexen Kommunikationsprozessen vor uns, deren Artefakt und Hinterlassenschaft dieser Text ist.

II.1. Der narrative Rahmen der Tora-Rede auf der ersten Ebene der Kommunikation

Auf der Basis einer textempirischen Erhebung aller Imperfekt konsekutiv Formen in der dritten Person Singular oder Plural mit Hilfe der Computerkonkordanz lassen sich im Buch Deuteronomium neben einer narrativen Zwischennotiz in Dtn 10,6f unstreitig sieben in sich zusammenhängende Erzählteile von unterschiedlichem Umfang identifizieren, die sich unmittelbar an die Leserschaft wenden. Diese Passagen informieren über die letzten Geschäfte, die Mose im Gegenüber zum Volk und zu seinem Nachfolger Josua vor seinem Ableben getätigt hat. Während sich aber eine ganze Reihe von letzten Maßnahmen allein auf die umfangreichste, siebte Passage am Ende in Dtn 31-34 konzentriert, dienen die anderen sechs, sehr viel kürzeren Abschnitte in Dtn 1,1-5; 4,41-5,1aα_1; 27,1.9.11 und 28,69-29,1a mehr oder weniger der narrativen Einbettung von Redesequenzen, die Mose – z.T. in beträchtlichem Umfang (vgl. Dtn 5,1aα_2-26,19) – an das Volk gerichtet hat.

Dabei beschränken sich die vier Zwischenstücke in Dtn 27-29 – abgesehen von Nuancierungen der Kommunikationspartner in 27,1.9.11 und des Rede-Inhalts in 28,69 – im Wesentlichen darauf, den Fortgang der Rede zu signalisieren. Demgegenüber sind in den beiden längeren Passagen von Dtn 1,1-5 und 4,41-5,1aα_1 auch historisch-geographische Bemerkungen mit den Rede-Einführungen verbunden. Das Gemeinsame dieser Eröffnungs- und Zwischenstücke liegt jedoch darin, daß es sich bei allen im Wesentlichen um charakteristische Rede-Einleitungen handelt, die zudem z.T. auch charakteristische Überschriften aufweisen und den Redezusammenhang von Dtn 1-30 auf der narrativen Rahmenebene gliedern. Gegenüber den damit eingeführten Redeteilen auf der zweiten Ebene der Kommunikation, haben diese Rede-Einführungen die Funktion von metakommunikativen Gliederungssignalen.[18]

---

18 Zur Unterscheidung von in sich gestuften Ebenen der Kommunikation sowie zu den metakommunikativen Signalen, die u.a. diese Ebenen einführen, vgl. HARDMEIER, Textwelten 1/1, 71-75 und 85 sowie Textwelten 1/2, 58f, 219-221, 240 und 306-309.

II.1.1. Zwei phraseologische Systeme der Redegliederung –
die בני ישראל-Über- und Unterschriften
und die כל ישראל-Einleitungen

Vergleicht man diese narrativen Zwischenstücke untereinander, so lassen sich sprachphänomenologisch anhand von verschiedenen phraseologischen Indizien zwei konkurrierende bzw. diachron sich korrigierende Systeme von metakommunikativen Gliederungssignalen der Rede unterscheiden,[19] die im folgenden näher zu betrachten und im Ergebnis in Anhang II zusammengefaßt sind. Ihr Hauptunterschied liegt darin, daß im jüngeren Systemzusammenhang das Volk Israel als בני ישראל, in der relativ älteren Vorstufe dagegen als כל ישראל bezeichnet wird. Dabei handelt es sich unter semantischen Gesichtspunkten nur um geringfügige Aspekt-Unterschiede, die deshalb in systemischer und dann auch in diachroner Hinsicht umso signifikanter sind.

In Num 36,13; Dtn 4,44; 4,45; 28,69 und 33,1 läßt sich ein System von Über- und Unterschriften erkennen (= System I), das nicht nur die Adressaten-Kennzeichnung mit בני ישראל aufweist, sondern auch von einer homogenen Überschriftensyntax geprägt ist (vgl. im Anhang I die dreifach gerahmten Textteile). Auf das textdeiktische Demonstrativum (זאת/אלה) folgt als Prädikativum die gattungsspezifische Charakterisierung des Redeteils (z.B. als תורה oder ברכה), die eingeführt oder abgeschlossen wird. Daran schließt sich im attributiven אשר-Satz der Hinweis auf den Sprecher Mose und die angesprochenen Adressaten, eben die בני ישראל.[20]

Davon heben sich kontrastiv die כל ישראל-Überschrift in Dtn 1,1 und die Rede-Einleitungen in Dtn 5,1; 27,9; 29,1; 31,1 und Jos 23,2 sowie im Abschluß Dtn 32,45 ab (= System II). Sie richten die damit eingeleiteten Redesequenzen pointiert an „ganz Israel" (כל ישראל, vgl. im Anhang I die doppelt und fett bzw. einfach und fett gerahmten Textteile). Dabei hat nur die Überschrift in Dtn 1,1a eine mit der Syntax der בני ישראל-Überschriften vergleichbare Form. Demgegenüber handelt es sich bei den anderen Vorkommen um schlichte narrative Rede-Einführungen, die abgesehen von der spezifischen Wortwahl und der unterschiedli-

---

19 Zur metakommunikativen Textur- und Handlungskomponente und zu den entsprechenden Signalgruppen vgl. HARDMEIER, Textwelten 1/1, 84-87.

20 Gegenüber Dtn 4,44; 4,45 und 33,1 wird in Num 36,13 und Dtn 28,69 JHWH als Instanz genannt, die durch Mose zum Volk spricht (Num 36,13) oder Mose beauftragt (Dtn 28,69), den Moab-Bund gemäß 29,1bff bzw. 9ff zu schließen.

chen Adressaten-Kennzeichnung in syntaktischer Hinsicht mit den Rede-Einleitungen in Dtn 27,1 und 11 übereinstimmen. Gleichwohl weisen diese Rede-Einführungen nicht nur gegenüber Dtn 27,1 und 11[21] sondern auch gegenüber weit verbreiteten und ganz unspezifischen Einführungsformen[22] signifikante Gemeinsamkeiten und besondere phraseologische Übereinstimmungen auf.

Eine erste Gruppe von Vorkommen in Dtn 5,1aα₁; 29,1a und Jos 23,2 (im Anhang I doppelt und fett gerahmt) stimmt in der Besonderheit überein, daß mit ויקרא („und er rief" bzw. „redete laut") am Satzanfang das Hörbar-Machen der eingeführten Worte im Zentrum steht und demzufolge im Anschluß daran der Wortlaut der Rede noch einmal ausdrücklich mit ויאמר („und er sprach") eingeführt wird. Im Hintergrund dieser Formulierungsweise steht die Praxis der Vorlese-Kommunikation.[23] Die zweite, im Anhang I einfach und fett gerahmte Gruppe in Dtn 27,9 und 31,1 sowie im Abschluß in 32,45 bringt die Äußerungen Moses, die er an „ganz Israel" (כל ישראל) gerichtet hat, unspezifisch mit דבר („reden") im Piel zum Ausdruck, was auch mit der Diktion in der Überschrift in Dtn 1,1a und zudem bis auf 27,9 mit der homogenen Bezeichnung des Redegegenstandes (הדברים האלה - „diese Worte") übereinstimmt.[24] Dieser Homogenität in der neutralen Gegenstandsbezeichnung steht in signifikanter Weise die Gat-

---

21 Dtn 27,1 und 11 verwenden das Leitwort צוה (befehlen, anweisen) wie in den Relativsätzen der Über- und Unterschriften in System I in Num 36,13 und Dtn 28,69) und sind an das Volk (העם) adressiert.

22 Weit verbreitet sind unspezifische narrative Rede-Einleitungen mit וידבר oder ויאמר + Sprecherbezeichnung und ggf. mit Nennung der Adressaten.

23 Bei dieser eigentümlichen Abfolge von ויקרא mit Nennung der Adressaten und folgendem ויאמר handelt es sich mit hoher Wahrscheinlichkeit um eine Breviloquenz auf dem Hintergrund der Vorlese-Kommunikation, die dem prophetischen Wirken in der Öffentlichkeit in der Zeit Jeremias nahe steht. In der Vollform lautet der Vorlesevorgang im Hebräischen wie folgt: eine Schrift/Worte etc. „vor den Ohren" (באזנים) der Adressaten „verlautbaren" (קרא), wie aus Jer 36,14a.15a und 21b, vgl. V. 10, hervorgeht und an Jer 2,2aα₁ sowie Dtn 31,11b deutlich wird (vgl. dazu HARDMEIER, Die Redekomposition, 19f und ders., Wahrhaftigkeit, 131-133). Aus der Tatsache, daß ja auch die dtr. Tora-Rede des Mose, die er nach Dtn 31,9 niedergeschrieben hat, gemäß V. 11b regelmäßig vorgelesen werden soll (vgl. auch Dtn 17,19a), legt sich diese Erklärung der eigentümlichen Rede-Einleitungen in Dtn 5,1; 29,1 und Jos 23,2 als Breviloquenz der Vorlese-Tätigkeit besonders nahe, auch wenn sie in Dtn 5,1 und 29,1 gegenüber 31,9 als vielsagender Anachronismus (wie auch in 17,18!) in die Rede-Einführung mit eingeflossen ist. Vgl. im Unterschied dazu die Einführung des Mose-Liedes in Dtn 31,30, das zudem an die „ganze Gemeinde Israels" (כל קהל ישראל) gerichtet ist.

tungs-Spezifik gegenüber, mit der die Redegegenstände im Über-
und Unterschriftensystem (I) in Num 36,13; Dtn 4,44; 4,45;
28,69 und 33,1 eingeführt werden.

Sowohl diese insgesamt aufgewiesenen phraseologischen
Übereinstimmungen innerhalb der beiden Systemgruppen als
auch die signifikanten Unterschiede zwischen beiden Systemen
weisen darauf hin, daß in den narrativen Rahmenpassagen des
Buches Deuteronomium unter sprachphänomenologischen Gesichtspunkten zwei in sich synchrone, in ihrem Verhältnis zueinander jedoch konkurrierende bzw. diachron sich korrigierende Systeme von metakommunikativen Gliederungssignalen der
Rede vorliegen. Diese Konkurrenz und Doppelzügigkeit wird besonders an der Textabfolge von Dtn 28,69 und 29,1, aber auch
am Übergang von Num 36,13 zu Dtn 1,1ff deutlich. Um jedoch
diesen sprachphänomenologischen Befund weiter zu untermau-
ern, sind im folgenden beide Systeme in ihren weiteren je synchronen Vernetzungszusammenhängen und Kontexten zu betrachten.

II.1.2. Das jüngere System (I) der בני ישראל-Über- und Unterschriften im Lesekontext von Numeri bis Josua und im Kontext
der narrativen Teile in Dtn 1,1b-4 und 4,41-49

An den Überschriften des Systems (I) in Num 36,13; Dtn 4,45f;
28,69 und 33,1 fällt auf, daß die damit eingeführten Reden
nebst der Adressierung an die „Söhne Israels" teils lokal verortet
(so in Num 36,13; Dtn 4,46 und 28,69) und/oder wie in Dtn

---

24 Zudem ist zu beachten, daß sowohl in Dtn 31,2 die in 31,1 neu eröffnete
Rede wie in 5,1; 29,1 und Jos 23,2 mit ויאמר אלהם fortgeführt als auch in
Dtn 32,45 damit das Schluß-Statement Moses eingeführt wird. Einzig in
Dtn 27,9 steht לאמר zur Einleitung des Wortlauts, und neben Mose werden
auch die levitischen Priester als Mitredner genannt. Diese Variation und Er-
weiterung ist auf die Angleichung der Rede-Einführung an 27,1 und 11 im
Zuge einer späteren Überformung von V. 9f zurückzuführen, während die
Adressierung der Rede an „ganz Israel" (כל ישראל) im Unterschied zur Ausrichtung an „das Volk" (העם) eindeutig auf die Zugehörigkeit zum metakommunikativen Gliederungssystem (II) hinweist, obschon im Unterschied zu
Dtn 1,1a; 31,1 und 32,45 auch der Redegegenstand (הדברים האלה) nicht genannt wird. Jedoch erklärt sich dieses Fehlen daraus, daß mit der metakommunikativen Einleitung in 27,9 nicht ein längerer Redeteil mit erhebli-
chem sachinformativem Gehalt eingeführt wird, sondern – wie noch zu zeigen sein wird – der direkt performative Akt der Bundesschließung mit Jhwh
mit folgenden Sanktionsbestimmungen in Dtn 28.

4,45; 33,1 (vgl. auch 28,69b) temporal näher bestimmt werden. In textempirischer Hinsicht bilden sich darin die temporale und lokale Orientierungskomponente der Textur ab.[25] Betrachtet man näher die Phraseologie dieser geographischen und temporalen Angaben, so wird das weitere Feld der kompositionsgeschichtlichen Vernetzung des Überschriftensystems (I) erkennbar. Eine erste Auffälligkeit zeigt sich in der Benennung der Landschaft in Num 36,13, in welcher Jhwhs Anordnungen (מצות) und Rechtsbestimmungen (משפטים) durch Mose vermittelt werden sollen.[26] Die Überschrift bezeichnet diesen geographischen Raum in charakteristischer Weise als ערבת מואב על ירדן ירחו („die Wüstengebiete Moabs um Jericho am Jordan herum"), was im Kontrast steht zur Verortung der Gegend בעבר הירדן („jenseits des Jordans") in der älteren Überschrift in Dtn 1,1a. Diese wird in 1,5a wieder aufgenommen und durch die Landschaftsbezeichnung בארץ מואב („im Lande Moab") ergänzt. Verfolgt man mit der Konkordanz diese kontrastiven Landschaftsbezeichnungen, zeigt sich im jüngeren Überschriftensystem (I) ein Lokalisierungshorizont von Ereignissen und Begebenheiten in der Geschichte des wandernden Gottesvolkes, der von Numeri 22 bis ins Josuabuch reicht. Die Reden des Moses sowie die letzten Maßnahmen vor seinem Tod, die das Buch Deuteronomium erzählt, werden damit in diesen weit gespannten Geschichtshorizont eingebaut.[27]

Diese historisierende Gliederung in den narrativen Rahmentexten des Deuteronomiums, die das Buch in den Lesezusammenhang von Numeri bis Josua integriert, zeigt sich auch in den Bearbeitungspassagen von Dtn 1,1b-4 sowie 4,41-44 und 45-49. Dabei unterbricht Dtn 1,1b-4 klar erkennbar den älteren Zusammenhang der Überschrift in 1,1a und seine Fortsetzung in

---

25 Vgl. zu diesen Teilkomponenten der Textur unten Anm. 30.

26 Wie für Dtn 28,69 ließe sich auch für Num 36,13 begründen, daß es sich im Lesegefälle um Überschriften für das Folgende handelt und nicht um Unterschriften wie in Dtn 4,44 (vgl. dazu unten). Darauf weist u.a. der asyndetische Einsatz mit dem textdeiktischen Demonstrativum, das deshalb – wie auch in 4,45 – kataphorisch zu verstehen ist.

27 Die Bezeichnung ערבת מואב findet sich in Verbindung mit ירדן ירחו im ganzen Tanak nur in Num 22-36 achtmal (22,1; 26,3.63; 31,12; 33,48.50 [vgl. V. 49 ohne]; 35,1; 36,13) sowie in Jos 13,32. Darüber hinaus begegnet die Bezeichnung ערבת מואב ohne ירדן ירחו nur noch in Num 33,49 sowie in Dtn 34,1 und 8 und ירדן ירחו ohne Verbindung mit ערבת מואב noch in Jos 16,1; 20,8 und I Chr 6,63. Das läßt in kompositionsgeschichtlicher Hinsicht insgesamt auf späte, nachexilische Vorstellungen und Bezeichnungen von Gebietsverhältnissen schließen, in denen die Zeit der Wüstenwanderung und der Land-Inbesitznahme vorgestellt wird.

1,5, was die Wiederaufnahme von בעבר הירדן in 1,5a deutlich macht.[28] Ohne in alle Details gehen zu können, handelt es sich bei diesen Passagen von Dtn 1,1b-4 sowie 4,41-44 und 45-49 um eine, vielleicht auch um mehrere diachron jüngere Bearbeitung(en), die unlösbar mit dem Überschriftensystem (I) in Verbindung stehen. Diese Bearbeitungspassagen sind im Blick auf ihren Beitrag zur metakommunikativen Redegliederung im narrativen Rahmen näher zu betrachten.

In Dtn 4,44 liegt im Verhältnis zu 4,45 deutlich eine Zäsur vor, da 4,45 asyndetisch und in der einschlägigen Form des jüngeren Überschriftensystems (I) neu einsetzt.[29] Demzufolge ist 4,44 als abschließende Unterschrift unter Dtn 1,1-4,44 zu verstehen, die gleichfalls zum jüngeren System (I) der metakommunikativen Redegliederung gehört und die ersten vier Kapitel des Buches im Sinne des kompositionsgeschichtlich übergreifenden Lesezusammenhangs von Numeri bis Josua abschließt. Das läßt sich auch an den lokalen (und temporalen) Orientierungskomponenten[30] sowie an den weiteren Kontexten in den narrativen Rahmenpassagen erhärten.

Die Überschrift von Dtn 4,45 lokalisiert in V. 46a die „Bezeugungen" (עדת), „Verordnungen" (חקים) und „Rechtsbestimmungen" (משפטים), die ab 5,1 entfaltet werden, „jenseits des Jordans, im Tal gegenüber von Bet Pegor" (בגיא מול בית פעור, vgl. 3,29), das ca. 10 km südwestlich von Medeba lokalisiert werden kann. Diese Überschrift knüpft präzisierend und über Dtn 1,1-4,44 hinweg an die globalere Generalüberschrift von Num 36,13 an. Demgegenüber verortet die jüngere Nachinterpretation in V. 1b, die die ältere Überschrift von Dtn 1,1a fortsetzt, die erste Rede

---

28 Man beachte in Dtn 1,5a die Wiederholung der kontrastiven Lokalisierung der Mose-Rede von 1,1a „jenseits des Jordans" (בעבר הירדן) und ihre Weiterführung mit בארץ מואב, die die weiteren Notizen in 1b-4 deutlich als diachron eingeführte Näherbestimmungen ausweisen. Dabei korrespondiert diese ältere Lokalisierung „jenseits des Jordans" (בעבר הירדן) in der Überschrift von 1,1a exakt mit der Thematik der Grenzfluß- bzw. Jordan-Überschreitung, die innerhalb der Mose-Rede sowohl prototypisch in Dtn 2,24f als auch aktuell in Dtn 9,1ff eine zentrale Rolle spielt (vgl. u.a. auch 2,13b.14; 2,29b; 3,27b.28; 31,2b.3 und 32,47 sowie passim auch in jüngeren Teilen der Rede, z.B. in 4,21f.26 und in Kapitel 27).

29 Vgl. oben II.1.1. Auch VEIJOLA, Das fünfte Buch Mose, 122f hat diese Zäsur beobachtet, ohne jedoch daraus sachgemäße Konsequenzen zu ziehen.

30 Zum Stellenwert der raum-zeitlichen Strukturierung der erzählten Welt im Rahmen der narrativen Handlungskomponente vgl. HARDMEIER, Textwelten 1/1, 64f und 103-111 sowie zu den temporalen und lokalen Orientierungskomponenten aaO., 94-103.

Moses ab 1,6 zwar auch „jenseits des Jordans" (V. 1a Ende), aber „in der Steppe gegenüber von Suf" (במדבר מול סוף), das ca. 6km südlich von Medeba zu suchen ist.[31] Daran bestätigt sich, daß die kompositionsgeschichtlich jüngere Bearbeitung die Rede von Dtn 1,6 bis 4,40 als eigenständigen Vortrag versteht, der in 1,1-5 als Tora-Vortrag eingeleitet und in 4,41-44 abgeschlossen wird.[32] Im übergreifenden Geschichtshorizont der Nachbearbeitungen und des jüngeren Überschriftensystems (I) endet „diese Tora" von Dtn 1,5, die eigentlich erst in 31,9 als ganze aufgeschrieben wird, damit schon in Dtn 4,44 und wurde in der Trockensteppe südlich von Medeba vorgetragen. Dtn 4,45 leitet dann eine zweite Rede ein, zu der Mose mit der Kundgabe der Bezeugungen, Verordnungen und Rechtsbestimmungen ab 5,1 südwestlich von Medeba bei Bet-Pegor ansetzt.

Im Unterschied zur lokalen Situierung werden in den Bearbeitungspassagen beide Reden von 1,1ff und 4,45ff in temporaler Hinsicht nach der Auseinandersetzung mit Sihon angesetzt

---

31 Vgl. Veijola, Das fünfte Buch Mose, 12.

32 Dabei ist auch die terminologisch konsistente Bezeichnung dieser Rede sowohl in der Rede-Einleitung in 1,5b als auch in der Unterschrift von 4,44 als „diese Tora" (התורה הזאת, vgl. auch 4,8, bzw. in 4,44 im Stil der textdeiktischen Unterschrift וזאת התורה) zu beachten, die syntaktisch mit ו im Epilog von 4,41-43 an die Festlegung von Asylstädten anschließt (vgl. dazu auch unten Anm. 34). – Die Eigenständigkeit dieser ersten Rede gemäß dem jüngeren narrativen Gliederungshorizont berücksichtigt auch Timo Veijola in der Gliederung seines Kommentars. Teil I umfaßt „Die erste Rede Moses (1,1-4,43)" (aaO., 7), die im wesentlichen in einem „Rückblick auf die Vergangenheit (1,6-3,29)" (aaO., 15) mit „Mahnung und Ausblick (4,1-40)" (aaO., 93) besteht, wobei diese zukunftsgerichtete Mahnung in 4,1-40 „weder mit dem vorangehenden historischen Prolog noch mit der nachfolgenden Gesetzesverkündigung in ursprünglicher Verbindung steht" (aaO., 96). Abgesehen davon, daß Veijola mit der Grenzziehung zwischen 4,43 und 44 die Hauptzäsur im jüngeren Überschriftensystem (I) zwischen V. 44 und 45 nicht berücksichtigt (vgl. oben Anm. 29), trägt seine Charakterisierung dieser ersten Mose-Rede und ihrer Teile – die zudem nicht einmal, trotz klassischem ועתה in 4,1, „in ursprünglicher Verbindung" miteinander gestanden haben sollen – dem textimmanent ausgewiesenen Tora-Charakter (1,5!!) dieser ersten Rede überhaupt keine Rechnung. Deshalb schlägt Veijola die Unterschrift in 4,44 trotz seiner Einsicht in die Zäsur *nach* diesem Vers zur Überschrift über „die zweite Rede Moses (4,44-28,68)" (aaO., 122) und interpretiert sie als „große Gesetzesüberschrift", die „dafür (spricht), daß 4,1-40 erst sekundär, und zwar gerade für diesen literarischen Kontext geschaffen wurde" (aaO., 97, vgl. zur „großen" Gesetzesüberschrift von 4,44f, die Veijola als „Doppelüberschrift für den Textbereich von Dtn 5,1 bis 28,68" versteht, aaO., 123).

(vgl. 1,3f und 4,46ff).[33] Auch 4,41-43, die Einrichtung von Asylstädten im Ost-Jordan-Gebiet, ist synchron zu 4,46-49 zu lesen,
wobei es im übergreifenden Geschichtshorizont der Nachbearbeitung in beiden Teilen um territoriale Verhältnisse בעבר הירדן
מזרח שמש (V. 41b und 47aβb) geht: In V. 41-43 wird die Einrichtung von Asylstädten im „Osten" (מזרח שמש) registriert. Dabei ist
der Abschnitt als Epilog gestaltet, der sich mit אז auf den narrativen Rahmen von 1,3f zurück bezieht und – wie gezeigt – mit
4,44 die erste Rede des Moses von 1,6-4,40 als Tora-Rede qualifiziert und abschließt.[34] Bei V. 46aβ-49 handelt es sich um ein
geschichtliches Summarium zur Eroberung der Gebiete der beiden Amoriterkönige Sihon und Og (V. 46aβ.47a) im „Osten"
(47b), deren geographische Ausdehnung V. 48f umreißt.[35]

---

33 Zur Datierung auf den 01.11.40 in Dtn 1,3a vgl. den kalendarischen Horizont von Num 1,1; 9,1; 10,11 und 33,3.38. Dtn 4,45bβ verweist global auf
die Zeit nach dem Auszug aus Ägypten (בצאתם ממצרים) und greift damit den
Datierungshorizont des Großkontextes von Ex 16,1; Num 1,1 und 9,1 (vgl.
ferner noch I Reg 8,9) auf, wobei sich die Diktion in Dtn 4,45f (ohne ארץ) signifikant von diesen Stellen (ל/בצאתם מארץ מצרים) unterscheidet und ihrerseits mit dem phraseologischen Typus (ohne ארץ) von Ex 13,8; Dtn 23,5;
24,9; 25,17; Jos 2,10; 5,4 sowie Hag 2,5 und II Chr 5,10 übereinstimmt.
Diese globale Historisierung wird in der Nachbearbeitung in Dtn 4,46bβ auf
die Zeit nach der Eroberung der Gebiete Sihons, des Königs von Hesbon, hin
präzisiert (vgl. auch die folgende Anm.).
34 Zur ähnlichen Beobachtung vgl. den Verweis auf VEIJOLA oben Anm. 31. Das
Demonstrativum זאת in V. 44 ist als textdeiktisches Signal anaphorisch zu
verstehen, während das Demonstrativum in der Überschrift von V. 45 kataphorisch auf die folgende Rede in 5,1ff verweist. Im Epilog werden damit
zwei Maßnahmen Moses als früheres Geschehen von „damals" festgehalten:
a) die Ausgliederung von Asylstädten im „Osten" (4,41-43) und b) die Entfaltung „dieser" Tora von Dtn 1,6-4,40, die Mose in der Steppe gegenüber von
Suf (Dtn 1,1b, vgl. oben) gewissermaßen als historischer Rückblick (Dtn 1-3)
und in Kap. 4 aktualisierend „vorgelegt" hatte (4,44b). Das ו in וזאת (V. 44a)
erklärt sich damit als narrativer Anschluß an den Eröffnungssatz in 4,41:
„Damals bestimmte Mose drei Städte [...] (V. 44a) und dieses war die Tora,
die er [...] vorgelegt hatte."
35 Zu beachten ist, daß sich der zweite אשר-Satz, der in Dtn 4,46b die Episode
von Num 21,12-26 (vgl. Dtn 2,26-36) zusammenfaßt, in Vers 47 fortsetzt
(vgl. 47aα₁) und ab 47aα₂ gemäß Num 21,33-35 (vgl. Dtn 3,1-7) die Paralle-
leroberungen der Gebiete des Amoriter Königs Og hinzu nimmt, so daß sich
die geographische Angabe in V. 47b ([im] Sonnenaufgang = Osten) auf beide
Königreiche, d.h. die ganzen Ostgebiete bezieht, die in 48f nach ihrer Ausdehnung näher bestimmt werden. In makrosyntaktischer Hinsicht handelt
es sich bei Dtn 4,46b-49 insgesamt um eine in sich komplexe attributive Erweiterung von V. 46aβ, die ihrerseits die lokalen Angaben von V. 46aα (zur
Überschrift von 4,45) appositionell erweitern.

Damit ist deutlich geworden, daß beide Erweiterungen des narrativen Rahmens in Dtn 1,1b-4 sowie in 4,41-43 und 46-49 synchron zum jüngeren System der Über- und Unterschriften gehören, um diese in lokaler und temporaler Hinsicht zu spezifizieren und in den kompositionsgeschichtlichen Lesezusammenhang von Numeri bis Josua einzugliedern. Das trifft auch auf die dritte Überschrift in 28,69 zu, auch wenn dort die Lokalisierung und temporale Nachordnung der Bundeserneuerung gegenüber dem Horeb-Bund nicht zusätzlich erweitert werden.

II.1.3. Der ältere narrative Rahmen vom Typus כל ישראל im Kontrast zum jüngeren System (I) der בני ישראל-Über- und Unterschriften

Erkennt man im System (I) der בני ישראל-Über- und Unterschriften und ihren synchronen Erweiterungen eine jüngere Bearbeitung, die den narrativen Rahmen des Deuteronomiums in den übergreifenden Geschichtshorizont und Lesezusammenhang von Numeri bis Josua und darüber hinaus stellt, so ergeben sich daraus zwei gewichtige Konsequenzen.

Zum einen schälen sich als ältere narrative Vorstufe unter Absehung von den jüngeren Überformungen allein die schlichten Rede-Einführungen in Dtn 1,1a.5 sowie 5,1aα₁; 27,9* und 29,1a heraus, die das Reden Moses an „ganz Israel" (כל ישראל) richten. Zugleich entfallen damit im älteren Rahmen alle Differenzierungen der Reden hinsichtlich ihres gattungsspezifischen Gegenstandes, aber auch in lokaler und temporaler Hinsicht, und zwar sowohl im Übergang des ersten Rede-Abschnittes von Dtn 1,6-4,40 zum zweiten Redeteil in 5,1-26,19 als auch im Anschluß des vierten Redeteils von 29,1b-30,20 an den dritten Teil in 27,9-28,68. Denn alle diese Differenzierungen und Spezifikationen sind allein dem jüngeren System (I) zuzurechnen.

Damit legt es sich nahe, die vier Redeteile in Dtn 1-30 auf der Ebene der älteren Vorstufe als einen, wenn auch sehr umfangreichen, aber integralen Redezusammenhang in den Blick zu nehmen, was unten II.2. weiter zu verfolgen sein wird. Aus der Perspektive des narrativen Rahmens spricht für diese integrale Einheitlichkeit, daß dieser Zusammenhang nur mit der כל ישראל-Überschrift in Dtn 1,1a metakommunikativ eingeleitet und einzig in V. 5a als Tora-Unterweisung „jenseits des Jordans, im Lande Moab" lokalisiert wird, wobei aus Dtn 3,29 weiter, wenn

auch nur indirekt hervorgeht, daß sich Mose und das angesprochene Volk näherhin im Tal gegenüber von Bet Pegor aufhalten.
Ferner unterbricht der ältere narrative Rahmen den anzuneh-
menden Redezusammenhang in Dtn 5,1aα₁; 27,9a und 29,1a lediglich durch homogen formulierte narrative Zwischensignale
vom Typus כל ישראל. Zudem wird die ganze Rede gemäß Dtn 31,9
erst aufgeschrieben, nachdem sich Mose im Duktus dieses älteren Rahmens in 31,1 zum ersten Mal überhaupt von der Stelle
bewegt.[36]

Demgegenüber ist es zum anderen allein das jüngere,
sprachphänomenologisch erschlossene System (I) von Überschriften in 4,45; 28,69 und 33,1, auf das die Unterteilung des
Deuteronomiums in vier Blöcke von unterschiedlichen Reden
überhaupt erst zurückgeht, die Mose vor seinem Tod an die
„Söhne Israels" gerichtet hat:[37]

1. die Tora in 1,6-4,40 mit einem narrativen Prolog in 1,3f und
   dem Epilog in 4,41-44;

2. die Zeugnisse, Verordnungen und Rechtsbestimmungen in
   5,1-28,68, eingeleitet durch 4,45-49; 5,1aα₁ mit der narrativen Zwischennotiz in 10,6f zu Aarons Tod und Begräbnis sowie mit narrativen Zwischensignalen in 27,1.9.11;

3. die Bundesverpflichtung und Schlußrede in 29,1b-30,20,
   eingeleitet durch 28,69; 29,1a sowie

4. der Segen Moses in Dtn 33 im narrativen Rahmen von Dtn
   31-34, wobei nebst anderen Teilen in diesen Kapiteln auch
   das Mose-Lied in 32,1-43 mit der Einleitung in 31,30 zu diesem vierten Block von Reden gehört.

Dabei werden diese Reden z.T. unterschiedlichen Aufenthal-
ten in den Steppen- und Wüstengebieten Moabs ab Num 21ff
zugeordnet und in den übergreifenden Datierungs- und Ge-
schichtszusammenhang seit dem Auszug aus Ägypten (Ex 16)
gestellt.

---

36 Zur sprachphänomenologischen Homogenität der Zwischensignale, zur Parallele in Jos 23,2 und zu den Modifikationen in Dtn 27,9a vgl. oben II.1.1. In
   diesem älteren narrativen Rahmen wird die erste nicht-sprachliche Aktivität
   von Mose erst in Dtn 31,1 erzählt: וילך („und er ging"). Die Einsätze in 10,6f
   (Notiz über Arons Tod) sowie die Rede-Einleitungen 27,1 mit V. 1-8 und 11
   mit V. 11 bis 26 (vgl. oben II.1.1) gehören wie auch andere Teile der Rede
   besonders in den Kapiteln Dtn 4;7f und 10f zur jüngeren Bearbeitung.

37 Diesem Gliederungsschema folgt auch der neueste Kommentar von VEIJOLA,
   Das fünfte Buch Mose, vgl. 123.

II.1.4. Die Zweisträngigkeit des Erzählanhangs in Dtn 31-34 und die literaturgeschichtliche Vernetzung der älteren Vorstufe im Horizont des Pentateuchs und des DtrG

Die Zweisträngigkeit, die wir in der metakommunikativen Gliederung von Dtn 1-30 herausgearbeitet haben, läßt sich durchgängig auch in Dtn 31-34 nachweisen. Dabei konstatiert Dtn 31,1a mit וילך („und er ging") die erste nicht-sprachliche Aktivität Moses seit Dtn 1,5, um unmittelbar in V. 1b.2 eine weitere, wenn auch nur kurze Ansprache nach dem Typus von 5,1; 27,9 und 29,1 einzuleiten. Ferner schließt Dtn 32,45f im älteren narrativen Rahmen die ganze Redetätigkeit, die Mose von Dtn 1 her an „ganz Israel" (כל ישראל) gerichtet hat, phraseologisch homogen ab (vgl. כל הדברים האלה mit der Überschrift 1,1) und leitet damit die Schlußermahnung in 32,46f ein. Im direkten Anschluß daran werden dann in 34,1-12* auf der älteren Rahmenebene nur noch die näheren Umstände von Moses Tod berichtet. Ohne in die Einzelheiten gehen zu können, lassen sich in Dtn 31-34 sowohl in sprachphänomenologischer Hinsicht als auch unter dem Textur-Gesichtspunkt der thematischen Entfaltung[38] die folgenden Erzählabschnitte identifizieren, die im älteren narrativen Rahmen einen homogenen Erzählzusammenhang bilden und sich blockweise von jüngeren Bearbeitungen abheben.

Ein erster Block in Dtn 31,1-13 handelt von verschiedenen weiteren Anweisungen und Maßnahmen, die Mose gegeben bzw. ergriffen hat, nachdem er seine Tora-Rede unterbrochen und sich gemäß 31,1 erstmals von der Stelle bewegt hat. Damit werden in narratologischer Hinsicht verschiedene Erzählzüge geschlossen, die besonders in Dtn 3,21-29 angelegt sind:

1. Dtn 31,1-6 entfaltet – neben der Erörterung des bevorstehenden Todes in V. 2f mit Rückbezug auf 3,23-28 (vgl. V. 27b) und im Vorblick auf 34,4 und 7 – die Instruktion an Israel zum bevorstehenden Übertritt über den Jordan (vgl. auch Dtn 9,1ff) und greift damit die Erörterungen auf, die Mose in Dtn 3,21f und 26b-28 (vgl. besonders V. 22 und 28) in Erinnerung gebracht hat.

2. Dtn 31,7f instruiert und ermutigt Josua im Rückgriff auf 3,21f und 28 zu seiner besonderen Führungsrolle bei der bevorstehenden Land-Inbesitznahme, die dann in Jos 1,2-9 aufgegriffen wird.

---

38 Vgl. zu dieser Texturkomponente HARDMEIER, Textwelten 1/1, 113-123.

3. Dtn 31,9 konstatiert die Niederschrift „dieser Tora", die Mose ab Dtn 1,6 zu entfalten beginnt (vgl. 1,5b), und

4. Dtn 31,10-13 schließt sich mit Anweisungen zum künftigen Gebrauch und zur Funktion der niedergeschriebenen Tora daran an.[39]

Die folgenden Abschnitte in Dtn 31,14-23 gehören zur jüngeren Bearbeitung. Sie greifen in thematischer Hinsicht Dtn 31,1-13 auf, indem die Maßnahmen Moses abgewandelt, konsequent als Anweisungen JHWHS profiliert und deshalb komplementär dazu als kompakter Block angeschlossen werden. In 31,14f empfängt Mose von JHWH die Anweisung, Josua zu berufen, und führt seine Beauftragung, vergleichbar mit 31,7f, in V. 23 aus. Darin eingebettet, erfolgt innerhalb von V. 16-22 nach einem Vorblick auf die Zukunft (V. 16-18) der weitere Auftrag JHWHS (V. 19), „dieses Lied", das Mose dann in Dtn 31,30-32,44 vorträgt, in Analogie zu 31,9 niederzuschreiben und es in Analogie zu 31,10-13 die Söhne Israels zu lehren.

Zwischen dieser jüngeren, komplementären Anweisungssequenz und dem Liedvortrag ab V.30 greift der ältere Abschnitt in Dtn 31,24-29 mit der ereignisrelativen Zeitmarke[40] in V. 24 synchron auf 31,9 zurück (und in der Perspektive der jüngeren Bearbeitung damit natürlich zugleich auch auf V. 22). Der Abschnitt setzt die Maßnahmen fort, die Mose ab 31,1 im Anschluß an die Tora-Rede getroffen hat. Es handelt sich um die Anweisung (V. 26), die nach 31,9 niedergeschriebene Tora-Schrift neben der Lade zu verwahren als Zeugnis wider die notorische Verstockung und Halsstarrigkeit, die auch in Zukunft zu erwarten sein wird (V. 27-29). Dabei greift Mose z.T. wörtlich auf seine Erörterungen in Dtn 9 zurück (vgl. 31,27a mit 9,6b und 13b sowie 31,27b mit 9,7bβ und 24a), was für die Synchronie dieses Abschnittes mit der Tora-Rede spricht.

Daran schließen sich im Duktus der älteren Erzählung – über das jüngere Mose-Lied (31,30-32,44) hinweg – direkt die Schlußermahnungen in 32,45-47 an, die erneut an „ganz Israel" (כל ישראל) gerichtet sind (V. 45) und den Sinn, die Funktion und

---

39　In 31,9 werden die dort genannten Priester, denen Mose die niedergeschriebene Tora neben den Ältesten Israels treuhänderisch übergibt, im Zuge der jüngeren Bearbeitung und in Übereinstimmung mit entsprechenden Ergänzungen in 27,9a (vgl. oben Anm. 24) näher als Leviten und Träger der Lade bestimmt.

40　Zu den ereignisrelativen Zeitmarken als texturanzeigende Signale der narrativen Handlungskomponente von Texten vgl. HARDMEIER, Textwelten 1/1, 106.

den Wert der aufgeschriebenen Tora erläutern. Gemäß dem Stil der Rede-Einführung in V. 45 gehören diese Ermahnungen in sprachphänomenologischer Hinsicht eindeutig zum älteren System (II., vgl. oben II.1.1.), wobei sie sich direkt an die ältere Passage in 31,24-29 anschließen.

Mit 32,48 setzt erneut ein Erzählteil ein, der auf den Abschiedssegen Moses in 33,1-29 hinführt und aufgrund des Überschriftentypus in V. 1 (System I), aber auch aus vielen anderen Gründen zur jüngeren Bearbeitung gehört. Deshalb findet sich der Abschluß des älteren Erzählzusammenhangs erst in Dtn 34,1-12. Das Kapitel ist teilweise überformt und erzählt von Moses Sterben und Tod. Im Sinne der narratologischen Gestaltschließung greift die finale Episode die bedauerlichen Zukunftsaussichten auf, mit denen sich Mose in Dtn 3,27 und 32,2 konfrontiert sah (vgl. besonders 34,1-4 und 7), wobei die Teilerzählung in 34,1.5f und 11f Spuren der jüngeren Bearbeitung aufweist, die in den Versen 8f kompakt zu Tage tritt.

Unter dem sprachphänomenologischen Leitgesichtspunkt der unterschiedlichen Adressierung und Benennung Israels dürfte damit der systemische Nachweis einer diachronen Doppelstufigkeit im narrativen Rahmen des Deuteronomiums gelungen sein. Textempirisch läßt sich eine ältere Rahmenbildung, die „ganz Israel" (כל ישראל) im Auge hat, durchgängig von einer jüngeren Bearbeitung unterscheiden, die diese Vorstufe auf die „Söhne Israels" (בני ישראל) bezieht. Sie stellt die letzten Reden und Maßnahmen Moses in den weiten Geschichtshorizont der Wüsten-Erfahrungen und bettet sie organisch in den Lesezusammenhang der Großerzählung ein, die den Pentateuch mit den Vorderen Propheten verbindet. Diese jüngere Bearbeitung unterteilt die umfangreichen Redepassagen des Deuteronomiums durch vier homogene Überschriften zugleich in vier bzw. mit dem Lied des Moses in fünf gesonderte Rede-Abschnitte.

Demgegenüber beschränkt sich der ältere Rahmen darauf, den Redezusammenhang von Dtn 1-30 nur durch wenige narrative Zwischensignale in 5,1; 27,9 und 29,1 zu gliedern, und verzichtet im narrativen Anhang von Dtn 31-34 auf weitere umfangreiche Reden, die in Gestalt des Mose-Liedes in Dtn 32 und seines Abschiedssegens in Dtn 33 für die jüngere Bearbeitungsstufe typisch sind. Daraus ergibt sich der wohlbegründete Verdacht, daß dieser ältere Erzählrahmen den Redezusammenhang von Dtn 1,6 bis 30,20 als eine integrale Rede und zwar explizit als Tora-Rede aufgefaßt haben könnte, die Mose nach 1,5

zu „verklaren" beginnt und die er nach 31,9 für periodische Vor-
Lesungen in der Zukunft niederschreibt. Dabei dient die Niederschrift dazu, daß Moses Tora-Rede immer wieder – sozusagen im
Originalton – gehört werden kann in der Hoffnung, dadurch das
Volk vor neuen Verstockungen und Halsstarrigkeiten zu bewah-
ren (31,27-29, vgl. 9,1-10,11) und ihm damit ein langes und se-
gensreiches Fortleben im Lande zu ermöglichen (32,46f).

In literaturgeschichtlicher Hinsicht kommt hinzu, daß es zu
dieser Adressierung Israels in den Rede-Einführungen mit כל
ישראל im älteren Rahmen im übrigen Pentateuch keine Analogien
gibt, wohl aber eine volle Übereinstimmung mit der Einführung
von Josuas Abschiedsrede in Jos 23,2. Die Bezeichnung כל ישראל
kommt in Genesis bis Numeri überhaupt nur zweimal und völlig
unspezifisch in Ex 18,25 und Num 16,34 vor. Demgegenüber ist
von den בני ישראל allein im Tetrateuch 355mal die Rede. Dieser
sprachphänomenologische Befund ist ein starkes Indiz dafür,
daß im älteren Erzählrahmen und in der כל ישראל-Überschrift in
Dtn 1,1 der Anfang des DtrG als selbständige literarische Größe
erkennbar wird, bevor das Werk durch die jüngere Bearbeitung
und Umakzentuierung dieses Rahmens mit dem Tetrateuch oder
seinen Vorformen verbunden worden ist. Dafür spricht auch der
signifikante Befund, daß die Bezeichnung כל ישראל im Kontrast
zum übrigen Pentateuch im Deuteronomium selbst 14mal und
im Folgebereich bis II Reg 10 weitere 81mal belegt ist. Dagegen
manifestiert sich in den 179 Belegen von בני ישראל im vorderen
Prophetenkanon entweder ein unspezifischer Sprachgebrauch
oder sie gehen auf die gleiche jüngere Bearbeitungsstufe zurück,
die sich anhand von anderen Indizien im Lesegefälle auch über
das Deuteronomium hinaus besonders im Josuabuch verfolgen
läßt.[41]

Wenn sich von diesem älteren dtr. Rahmen her nahe legt,
daß die Redeteile in Dtn 1-30 auf der zweiten Ebene der Kommunikation als eine integrale Tora-Rede gedacht und erzählt
sind, dann muß sich diese Kohärenz-Hypothese im Sinne einer

---

41 Vgl. oben Anm. 27 und 33. Im hinteren Prophetenkanon findet sich die Be-
    zeichnung בני ישראל auffälligerweise nur in Mal 3,22 und dann in Daniel,
    Esra, Nehemia und in den Chronikbüchern 55mal, was auf einen späten
    Bearbeitungshorizont hinweist, der sich auch in Anm. 33 nahe gelegt hat. –
    Zur literaturgeschichtlichen Signifikanz der Bezeichnung בני ישראל vgl. auch
    PERLITT, Deuteronomium, 9f: „Man muß" die Bezeichnung „für den bewußten
    Ausdruck jener dtr Historiker halten, die schon Mose mit einer theologisch-
    politischen Identität zusammenbringen, die sie bei der Geschichte Israels
    nach der Reichsteilung mit guten Gründen scheuen." (aaO., 9).

Gegenprobe auch an ihrer immanenten Redepragmatik bewähren lassen. Dabei ist ohne Zweifel auch innerhalb dieses Redezusammenhangs mit diachronen Bearbeitungen zu rechnen, insbesondere in Dtn 4; 7f; 11 und 27, aber auch sonst,[42] und der Synchronie-Verdacht hat nur in methodischer Hinsicht Vorrang.[43]

II.2. Die kommunikationspragmatische und thematische Gesamtanlage der Tora-Rede in Dtn 1-30

Bevor wir anhand von einschlägigen Sprachsignalen in Umrissen auch die immanente Kohärenz der Tora-Rede in Dtn 1-30 aufzuzeigen suchen, sind einige Vorbemerkungen zu den textpragmatischen und sprachphänomenologischen Gesichtspunkten notwendig, unter denen die Kohärenz dieser komplexen Rede erschlossen werden kann. Dabei gehört es zu der ganz besonderen Eigenart dieser Rede, daß Mose innerhalb seines argumentativen Lehrvortrags mehrfach Erfahrungen einblendet und erzählt, die er und das angesprochene Volk bereits am Horeb und auf der Wanderung vom Horeb nach Bet Pegor gemacht haben (vgl. z.B. Dtn 1,6-3,19 und 9,7-10,11 oder 18,16-20). Deshalb ist im folgenden nicht nur auf den kommunikationspragmatischen Zusammenhalt von Redetexten einzugehen, sondern auch auf die Kohärenzkriterien von Erzähltexten,[44] die bereits bei der Analyse des doppelzügigen Erzählrahmens leitend waren.

---

42 Angesichts der übereinstimmenden temporalen Bezugnahme auf den Exodus, gehören beispielsweise die Verweise und Erinnerungsmahnungen in Dtn 23,5a; 24,9 und 25,17f mit großer Sicherheit zu dieser jüngeren Bearbeitungsstufe, die auch die zweite Mose-Rede in 4,45f im gleichen Stil auf den Auszug aus Ägypten bezieht. Eine detaillierte Analyse der Doppelzügigkeit auch innerhalb der Tora-Rede kann hier nicht geleistet werden und bleibt weiteren Forschungen vorbehalten.

43 Zur Unterscheidung des methodischen Synchronie-Verdachts von einer objektbezogenen Synchronie oder Diachronie in Texten vgl. HARDMEIER, Textwelten 1/1, 28-30.

44 Vgl. dazu HARDMEIER, Textwelten 1/1, 61-75.

II.2.1. Zu den Kohärenzkriterien von Erzähl- und Redetexten

Die kommunikationspragmatische Kohärenz von Erzähltexten läßt sich in erster Linie an jenen Sprachsignalen beobachten, die den Aufbau einer erzählten Welt im Rezeptionsprozeß steuern. Es sind dies – neben metakommunikativen Gliederungssignalen wie z.b. Überschriften oder metanarrativen Bemerkungen – vor allem die Signalgruppen, die

a) den erzählten Zeithorizont strukturieren (d.h. Zeitmarken),

b) die szenischen Lokalisierungen markieren (Ortsmarken) und

c) den Konstellations- oder Rollenwechsel von Handlungs- und Ereignisträgern anzeigen.

Aus der Art und Weise, wie diese temporalen, lokalen und personalen Teilgestalten von erzählten Welten sprachgesteuert eröffnet, detailliert oder kondensiert und vor allem, wie sie geschlossen werden, kann – in Korrelation zur Logik des erzählten Ereignis- und Handlungsverlaufs – die kommunikationspragmatische Kohärenz von Erzähltexten erschlossen werden. Phraseologische bzw. stilistische Homogenitäten, die sich systemisch nachweisen lassen, bestätigen die synchrone Textkohärenz.

Die kommunikationspragmatische Kohärenz von Redetexten kann vor allem an jenen Sprachsignalen beobachtet werden, die den interaktiven Rede-Ablauf und den Gang der Argumentation steuern. Es sind dies vor allem die Signalgruppen, die

a) die Interaktion im Redeprozeß zwischen Sprecher und Zuhörerschaft organisieren (v.a. die Pronomina und Konjugationsformen der ersten und zweiten Person),

b) die Ausrichtung der Rede an der Sprecher-Origo des „Ich"-„Jetzt"-„Hier"-gegenüber einem „Du"/„Ihr" kenntlich machen[45] und

c) den illokutiven Sprechhandlungsmodus der Redesequenzen anzeigen (z.B. fragen, befehlen, begründen, erzählen, berichten, beschreiben etc.).

Unter diesen Gesichtspunkten der Redepragmatik läßt sich die integrale Geschlossenheit von Dtn 1,6-30,20 als spätexilisch-dtr. Tora-Rede in ihren Hauptsequenzen umreißen. Damit

---

45 Zur Sprecher-Origo und zur Origo-Bezogenheit der Redekommunikation vgl. HARDMEIER, Textwelten 1/1, 62f, 102-105 und Textwelten 1/2, 66f.

kann ihre Kohärenz als Gegenprobe zu den Vermutungen, die sich vom älteren Erzählrahmen her nahe gelegt haben, auch Rede-immanent bestätigt werden.

II.2.2. Die redepragmatischen Steuerungssignale in Dtn 1-30

Rahmenbeobachtungen

In der Tora-Rede von Dtn 1-30 auf der zweiten Ebene der Kommunikation, die auf der ersten Ebene durch den narrativen Rahmen in Dtn 1,1a.5 eingeführt und durch die narrativen Zwischensignale in 5,1a; 27,9a und 29,1a grob gegliedert wird, lassen sich einschlägige Steuerungssignale beobachten, die die integrale Geschlossenheit der Rede in ihren kommunikationspragmatischen Grundzügen erkennen lassen.

2.2.1. In personal-deiktischer Hinsicht kommt die Origo-bezogene Interaktion durchgängig in der Ich-Form von Mose als Sprecher zum Ausdruck, der sich teils im „Wir" (v.a. in Dtn 1-3 und 5) und durchgängig in der 2. Person im Singular oder Plural an das angesprochene Kollektiv wendet.[46] Dabei spricht das „Du" der 2. Person Singular entweder das Kollektiv als Ganzes an oder es wird – wie vor allem in den Verordnungen und Rechtsbestimmungen – damit gezielt der einzelne Israelit ins Auge gefaßt. In Abhängigkeit von der Teilargumentation wird die Anrede des Kollektivs zuweilen auch in der 2. Person Plural individualisiert. Der Numeruswechsel im Deuteronomium ist somit in erster Linie unter dem Gesichtspunkt der rhetorischen Fokusvarianz zu betrachten (wie z.B. auch in Jer 2-6). Als literarkritisches Primärkriterium kommt er kaum bzw. nur nachgeordnet in Frage.

2.2.2. Wie bereits erwähnt, greift Mose in seiner Argumentation in mehreren, z.T. umfangreichen Redepassagen auf die Vergangenheit zurück, die er seinen Zuhörern als gemeinsam gemachte Erfahrungen in Erinnerung ruft und ins Gespräch bringt. Sprachphänomenologische Anhaltspunkte für diese Erzählpassagen und ihren Umfang liefern die Imperfekt konsekutiv For-

---

46 In textempirischer Hinsicht lassen sich diese personal-deiktischen Steuerungssignale, die neben den selbständigen Personalpronomina vor allem in den Suffixen und finiten Verbalformen der ersten und zweiten Person kontinuierlich zum Ausdruck kommen, lexem-unabhängig leicht mit der elektronischen Computerkonkordanz (vgl. oben Anm. 15) systematisch erfassen.

men der ersten und zweiten Person, die mit der Computerkonkordanz leicht ermittelt werden können. Bei diesen Retrospekti-
ven handelt es sich zum einen um fünf Ausschnitte von Erfahrungen, die Mose und die Angesprochenen mit JHWH „am Horeb"
gemacht haben und die deshalb als Horeb-Reminiszenzen zu bezeichnen sind. Sie liegen in Dtn 1,6-18; 4,9-14(-19); 5,2.4-31;
9,7-10,11 und 18,16-20 vor. Zum andern erinnert Mose ab
1,19-3,29 an die gemeinsam erlebte Zeit zwischen dem Aufbruch vom Horeb (1,19) und dem jetzigen Aufenthalt in der Umgebung von Bet Pegor (3,29):

- Als erstes bringt er in 1,19-46 den langen Aufenthalt in Kadesch-Barnea und in 2,1-8a im Umkreis des edomitischen
  Seïr-Gebirges ins Spiel.

- Ab 2,8b werden der Durchzug durch die Trockensteppe
  Moabs und der Übertritt über den Sered (V. 13b) in Erinnerung gerufen.

- Ab 2,16 kommen – als Anfangspunkt der erfolgreichen Land-
  Inbesitznahmen östlich des Jordans mit einer ereignisrelativen Zeitmarke besonders hervorgehoben (nach dem Tode der
  ganzen Krieger-Generation) – der Übertritt über den Arnon
  (2,17-25), die Konflikte mit Sihon von Hesbon (2,26-37) und
  Og von Basan (3,1-7), sowie die Inbesitznahme und Zuwei-
  sung der Gebiete an die ostjordanischen Stämme ins Gespräch (3,8-17).

- Weiter wird auf Anweisungen an die ostjordanischen Siedler
  (3,18-20) sowie an Josua im Blick auf die Zukunft (21f) zu-
  rückgeblickt.

- Zuletzt erinnert Mose an seinen eigenen vergeblichen
  Wunsch, in das Land westlich des Jordans hinüber gehen zu
  dürfen.

- In 3,29 konstatiert die ins Gespräch gebrachte Rückschau
  die Ankunft und den Aufenthalt in der Gegend von Bet Pegor. Das ist zugleich die Station in der die aktuelle Ansprache situiert wird, die mit V. 4,1 beginnt: ועתה ישראל שמע.

Weitere Kurz-Rekurse auf die Vergangenheit finden sich im
direkten Argumentationszusammenhang noch in 4,20f.33.37;
7,7f; 8,3f; 10,15; 11,3-6; 15,15; 23,5f; 24,18; 25,17f; 29,1b-7
und 15f. Sie gehen größtenteils – außer 7,8b; 15,15 und 24,18 –

auf spätere Bearbeitungen zurück und können unberücksichtigt
bleiben.

2.2.3. Eine dritte Gruppe von redepragmatischen Struktursigna-
len bilden die metakommunikativen Rede-Überschriften in Dtn
6,1 und 12,1. Sie liegen auf der zweiten Ebene der Kommunikation und sind als Gliederungshinweise, die innerhalb der Rede
artikuliert werden, zu unterscheiden von den Überschriften im
Erzählrahmen (vgl. oben II.1.1.). In Dtn 6,1 und 12,1 beziehen
sich die textdeiktischen Demonstrativa kataphorisch auf die damit eingeleiteten Teile der Rede.

2.2.4. Weiterhin sind in redepragmatischer Hinsicht die Rede-
Einsätze mit ועתה und appellativem ישראל in 4,1 und 10,12 zu
beachten. In beiden Fällen fordern diese Einsätze das Zuhö-
rerpublikum und seine Aufmerksamkeit direkt performativ heraus, indem das simultane „Jetzt" der Anrede markiert wird: in
4,1 verbunden mit einem Hörappell, in 10,12 mit einer rhetorischen Frage. Beide Einsätze schließen sich an umfangreiche
Rückblicke auf die Vergangenheit an. Der Hörappell in 4,1 erfolgt im Anschluß an die Rückschau auf die Anweisungen zur
Land-Inbesitznahme am Horeb selbst (1,6-18) sowie auf die
Wanderungen bis zum aktuellen Aufenthaltsort in der Gegend
von Bet Pegor (1,19-3,29). Der Einsatz in 10,12 folgt auf die umfangreiche vierte Horeb-Reminiszenz von 9,7-10,11 (vgl. dazu
unten II.2.4.2.).

2.2.5. Von gleichrangiger Bedeutung sind die weiteren Hörappelle mit dem Imperativ von שמע insbesondere in 5,1 und 9,1 (שמע
ישראל). Die zusätzliche Markierung der Appelle mit ועתה erübrigt
sich deshalb, weil damit kein Wechsel der Zeitebenen von einer
erinnerten Vergangenheit zur Redegegenwart verbunden ist.
Ähnlich wie in 4,1 werden damit im Argumentationsduktus um-
fangreichere Redeteile eingeleitet. In 5,1 ist es die aktuelle Lehre
der Verordnungen und Rechtsbestimmungen, die die Vertrags-
basis bilden für den im Hier und Jetzt zu erneuernden Bund mit
Jhwh (vgl. 5,2f), auch wenn sie im Einzelnen erst ab 12,1ff entfaltet werden (vgl. die Überschriften in 6,1 und 12,1). Dtn 9,1
lenkt die Aufmerksamkeit auf das zweite große Thema der Mose-
Tora, nämlich auf den unmittelbar bevorstehenden Übertritt
über den Jordan (vgl. auch 3,21-28 und 31,2-8) und die geschichtstheologischen Implikationen eines möglichen Erfolgs

oder Mißerfolgs (vgl. 9,4f). Die weiteren Hörappelle, die sich mit der Computerkonkordanz erfassen lassen, dienen nicht der pragmatischen Strukturierung der Tora-Rede. Der Hörappell in 6,4 bringt das Basisbekenntnis zu Jhwh zu Gehör, und in 27,9b wird das performative Ereignis des Bundesschlusses mit Jhwh angesagt. Die verbleibenden Höraufrufe in 5,27 und 20,3 sind Appelle in eingebetteten Reden auf der dritten Ebene der Kommunikation.

2.2.6. Eine Besonderheit der ganzen Tora-Rede liegt in der wiederkehrenden Emphase, mit der das „Heute" des Redevollzugs und damit die Origo betont wird.

– Am breitesten und im ganzen Tanak auf einmalige Weise wird die Origo des „Hier", des „Wir" und des „Heute" sowohl in temporaler als auch in lokaler und personaler Hinsicht in 5,3 artikuliert, um die performative Gegenwart der erneuten Bundesschließung hervorzuheben, die in, mit und durch die Bundesansprache in Dtn 5-30 vollzogen wird (vgl. insbesondere 26,16-19; 27,9f und 29,9-14). Dtn 5,3 lautet: „Nicht (nur) mit unseren Vätern hat Jhwh diesen Bund geschlossen, sondern mit uns, wir, diese hier, heute, uns allen, die wir am Leben sind." Rede-immanent wird dieses „Hier" und „Jetzt" in 3,29 in der Umgebung von Bet Pegor lokalisiert.[47]

– In abgeschwächter Form begegnet diese Emphase in personaler Hinsicht auch im Appell in 4,4. Er lenkt die Aufmerksamkeit der Angesprochenen auf das Lehrgeschehen (V. 5ff) und hebt damit die Unvergleichlichkeit der nun in der Rede vorzulegenden Tora (8b) hervor (vgl. ähnlich noch 29,9 in der Einleitung des rituellen Vertragsschlusses).[48]

– Ferner wird in temporaler Hinsicht das „Heute" des Redevollzugs, das im Deuteronomium insgesamt 110mal betont wird, nur in 26,16 und 27,9 auch zusätzlich mit dem situationsdeiktischen Demonstrativum hervorgehoben. Wie in 4,4 in der Lehreröffnung der aktualen Tora-Lehre und in 5,3 im Auftakt der Instruktionen zur erneuten Bundesschließung mit Jhwh (vgl. 5,2f) betont diese besondere Emphase auch in 26,16 den verpflichtenden Charakter der dargelegten Ver-

---

47 Vgl. zur Relevanz dieser Emphase Hardmeier, Geschichten, 102 und ders., Das Schᵉma', 135-137.
48 Vgl. dazu Hardmeier, Die Weisheit, 162-167 und 171f.

tragsinstruktionen, der in den folgenden Deklarationen in V. 17-19 zum Ausdruck kommt. Und in 27,9 ist es der performative Akt der Vertragsschließung selbst (vgl. 9b), dessen Koinzidenz mit dem Redevollzug an „diesem heutigen Tag" unterstrichen wird und in 29,9 und 14 eine rituelle Entsprechung hat.[49]

Damit sind die wesentlichen Signale der redepragmatischen Rahmenbildung aufgewiesen, die den Rede- und Argumentationsfluß der Tora-Rede von Dtn 1-30 steuern und die wesentlichen Gliederungseinschnitte in der Rede anzeigen.[50] Die systemische Beobachtung dieser Rahmenbildung ist zwar eine notwendige, aber allein noch keine hinreichende Bedingung, um die vermutete Einheitlichkeit dieser Rede plausibel zu machen und ihre Kohärenz nachzuweisen. Hinzu muß die Beobachtung der Sachthematik kommen, die in diesem redepragmatischen Rahmen entfaltet wird.[51]

II.2.3. Das Kohärenzkriterium der thematischen Entfaltung

An den bisher beobachteten Texturkomponenten der Interaktion sowie der temporalen, der lokalen und personalen Orientierung ist der kommunikative Handlungsrahmen der Tora-Rede von Dtn 1-30 deutlich geworden. Darin schlägt sich das operative Grundgerüst der Redekommunikation nieder, die in Dtn 1-30 als erzählte Rede angeboten wird. Es liefert wesentliche Anhaltspunkte für die Kohärenz der Rede als synchron konzipierter Einheit. Als weiteres, konstitutives Kriterium kommen allerdings die Konsistenz und Logik der Sachverhalte hinzu, die in diesem operativen Handlungsrahmen verhandelt werden. Die thematische Entfaltung und ihre Kohärenz muß im folgenden in Korrelation zu den interaktiven Orientierungs- und Handlungskomponenten betrachtet werden, um die integrale Geschlossenheit der Tora-

---

49 Die weiteren Vorkommen dieser besonderen Emphase mit attributivem Demonstrativ-Pronomen bewegen sich entweder in eingebetteten Reden auf der dritten Ebene der Kommunikation wie in 2,25 und 5,24 oder sie gehören zur narrativen Rahmenebene wie in 32,48. Als Gliederungssignale, die die Tora-Rede von Dtn 1,6-30,20 auf der zweiten Kommunikationsebene strukturieren, spielen sie deshalb keine Rolle.

50 Zur redepragmatischen Gesamtanlage der Tora-Rede vgl. HARDMEIER, Geschichten, 102f, ders., Das Sch^ema', 138f und ders., Die Weisheit, 168-174.

51 Zur Texturkomponente der thematischen Entfaltung vgl. HARDMEIER, Textwelten 1/1, 113-123.

Rede auch aus dem Redezusammenhang selbst heraus plausibel zu machen und die Kohärenz-Vermutung zu bestätigen, die sich von der Analyse des narrativen Rahmens her nahe gelegt hat.

Jedoch können hier nur Grundzüge der thematischen Entfaltung umrissen werden, die zur Orientierung in der Graphik im Anhang II („Gesamtanlage der Tora-Rede") zusammengefaßt sind. Dabei konzentrieren wir uns exemplarisch auf die Redeteile in Dtn 1-11 und die Funktion der Horeb-Reminiszenzen im argumentativen Kontext dieser Kapitel. Demgegenüber muß sowohl die redepragmatische als auch thematische Binnenstruktur des Gesetzesteils, der mit der Rede-Überschrift von 12,1 eingeleitet wird und bis 26,15 reicht, als Spezialfall der Gesetzgebung unberücksichtigt bleiben. Auch die sich anschließenden aktualen Teile der gegenseitigen Verpflichtungserklärung (26,16-19) und des wechselseitigen Eintritts in den Bund im performativen Vollzug (vgl. 27,9f zusammen mit den Sanktionsbestimmungen von 28,1ff und 15ff sowie in ritueller Hinsicht 29,9-14) können über ihren redepragmatischen Stellenwert hinaus (vgl. oben II.2.2.6. und Anm. 50) in thematischer Hinsicht nicht weiter behandelt werden, was die Ausblicke und Schlußempfehlungen zur Tora-Befolgung in 29,15-30,20 mit einschließt.

II.2.4. Die thematischen Grundlinien der Tora-Rede und die argumentative Funktion der Horeb-Reminiszenzen in Dtn 1-11

Die Gliederungseinschnitte, die in der Graphik zur „Gesamtanlage der Tora-Rede" (Anhang II) durch Stellenangaben in der untersten Zeile dokumentiert und durch senkrechte Linien abgebildet sind, orientieren sich an den redepragmatischen Gliederungssignalen, die wir oben unter II.2.2.3 bis 2.2.6 beleuchtet haben. Im Falle von Dtn 5,1 und 27,9, mittelbar aber auch in 29,1, stimmen die Einschnitte bezeichnenderweise mit den narrativen Zwischensignalen im älteren Erzählrahmen genau überein.[52] Bei den Gliederungssignalen handelt es sich um die fol-

---

52 Es gibt gute Gründe, die Passage von Dtn 29,1b-8 der jüngeren nach-dtr. Bearbeitung des Deuteronomiums zuzuschreiben, so daß auf der dtr. Ebene auch der performativ-rituelle Akt des Eintretens in die Loyalitätsbeziehung mit JHWH in 29,9-14 im älteren Erzählrahmen direkt durch das narrative Zwischensignal in 29,1a eingeleitet wurde. Dafür spricht, daß nicht nur der

genden redepragmatischen Einsätze oder Hervorhebungen in 4,1 mit ועתה und ישראל שמע, in 5,1 mit שמע ישראל, in 6,1 mit וזאת und metakommunikativer Überschrift, in 9,1 mit שמע ישראל, in 10,12 mit ועתה und rhetorischer Frage, in 12,1 mit אלה und metakommunikativer Überschrift, in 26,16 mit היום הזה und folgenden Verpflichtungserklärungen, in 27,9 mit שמע ישראל und היום הזה und in 29,9 mit personaler Emphase der Angesprochenen (אתם, vgl. 4,4). In diesem kommunikationspragmatischen Rahmen ist abschließend nach der thematischen und argumentativen Funktion der Horeb-Reminiszenzen[53] zu fragen, die in der zweituntersten Zeile im Anhang II aufgeführt und für die Basisthematik der Tora-Rede von konstitutiver Bedeutung sind.

II.2.4.1. Die Horeb-Reminiszenzen in der Hinführung auf die Bundesansprache in Dtn 1-4 und ihre Funktion

Die erste Horeb-Reminiszenz von 1,6-18 ruft den Auftrag zur Inbesitznahme des Landes in Erinnerung, das – beherrscht von den Amoritern – Jhwh schon den Vätern zugeschworen hatte (V. 7f). Dieser Auftrag ist bereits am Horeb ergangen (V. 6a), verbunden mit der Installation von Führungseliten, die Mose unterstützen sollten (V. 15-17) und mit dem Aufruf, von dort aufzubrechen (V. 6b.7), um das zugeschworene Land in Besitz zu nehmen (V. 8). In der Folge (1,19ff) erinnert Mose (vgl. oben II.2.2.2) das Volk daran, daß die ersten Versuche, von Kadesch-Barnea aus diesem Auftrag gerecht zu werden (V. 20) aus verschiedenen Gründen (V. 32 und 43) gescheitert sind (V. 19-46).

---

komplementäre gottesdienstliche Akt der Verbindung Jhwhs mit den Versammelten in 27,9b durch V. 9a narrativ entsprechend eingeleitet wird, sondern auch der Auftakt zur aktualen Bundesinstruktion in 5,1a, mit der die performative Bundesschließung in 29,9f und 29,9-14 sowie die Verpflichtungserklärungen in 26,17-19 ab 5,4 erinnerungspädagogisch vorbereitet werden (vgl. zur erinnerungspädagogischen Gesamtanlage der Tora-Rede auch Hardmeier, Das Schema', 130-137 und ders., Die Weisheit, 168-181). Somit sind es exakt die drei konstitutiven performativen Basisakte, die zusätzlich auch im narrativen Rahmen der älteren Vorstufe hervorgehoben werden: a) der Auftakt zur aktualen Bundesansprache und Bundesinstruktion von 5,1-26,19 im Hier und Heute, die zur Vorbereitung der Bundesschließung mit 5,2f einsetzt, sowie die beiden komplementären Akte des performativen Eintretens in die Bundesbeziehung b) auf Seiten Jhwhs in 27,9b und c) auf Seiten des bei Bet Pegor versammelten Volkes in 29,9-14.
53 Zu den Horeb-Reminiszenzen vgl. Hardmeier, Geschichten, 99f und ders., Das Schema', 125-130.

Ferner verweist er in Dtn 2 rückblickend auf die anschließenden Aufenthalte und Wanderungen in den Trockensteppen von Edom und Moab (V. 1-15) und ruft den schicksalhaften Übertritt über den Arnon in Erinnerung (V. 24f), wobei es darnach gelang, die Gebiete „jenseits des Jordans" mit JHWHS Hilfe (V. 30) den Amoriter Königen Sihon (V. 26-37) und Og (3,1-7) abzunehmen und für einige Stämme des Volkes als Siedlungsgebiete zu nutzen (V. 8-20).

Die Funktion dieser umfangreichen Rückschau geht aus 3,21f hervor. Mose zeigt Josua und dem Volk an den Mißerfolgen (1,19-46) und noch mehr an den bisherigen Erfolgen der Land-Inbesitznahme (2,26-3,7) paradigmatisch die geschichts- und beziehungstheologischen Konditionen auf, unter denen die noch ausstehende Land-Inbesitznahme auch im Westen gelingen kann, um den Horeb-Auftrag von 1,7f vollständig zu erfüllen.[54] Die ganze Rückschau auf den Horeb und auf die Wanderungen steuert in 3,29 auf den aktuellen Aufenthaltsort im Tal gegenüber von Bet Pegor zu, an dem das Volk versammelt ist. Hier setzt Mose mit ועתה ישראל שמע in 4,1 mit der aktuellen Lehre der Rechtsbestimmungen und Verordnungen ein, über die das Volk als Vertragsgrundlage für den neuen Bundesschluß instruiert werden soll (vgl. dann 5,1.32; 6,1ff und 12,1-26,15).

Dtn 4,1-8 bildet die Lehreröffnung im Proömium dieses gegenwartsbezogenen Teils der Tora-Unterweisung.[55] Dazu greift Mose jedoch mit einer zweiten Horeb-Reminiszenz in V. 9 zur weiteren Einführung auf Grunderfahrungen zurück, die er und das Volk schon am Horeb mit JHWH gemacht haben. Dieser Rückgriff hat zum einen die Funktion, die weiteren Rückbezüge auf Horeb-Erfahrungen innerhalb der aktualen Entfaltung der Bundeskonditionen, die nach der Einführung in Dtn 4 mit 5,1 einsetzt, in groben Zügen vorzubereiten. Denn in den Reminiszenzen in 5,4-31; 9,7-10,11 und 18,16-20 kommt Mose stets auf weitere Details der Horeb-Erfahrungen zurück, an die eingangs in 4,9-14 global erinnert wird. Dabei ruft er im Rahmen dieser Lehreröffnung zunächst die Eckpunkte und wesentlichen Umstände in Erinnerung, die damals den ersten Bund JHWHS mit dem Volk am Horeb konstituiert und begleitet haben, insbesondere die gottesdienstliche Urversammlung (V. 10f), die Uroffenbarung JHWHS im Feuer (V. 12a) und die Anfertigung der Bun-

---

54　Vgl. dazu HARDMEIER, Geschichten, 103-106. Zur Funktion von Dtn 3,23-28 in Korrespondenz zum Erzählanhang von Dtn 31-34 vgl. oben II.1.4.

55　Vgl. dazu HARDMEIER, Die Weisheit, 162-167.

destafeln nebst Belehrung und Unterweisung durch Mose (V. 13f).
Zu dieser dtr. Primärstufe gehören wohl auch noch V. 23a und
24, während der große Rest des Kapitels auf nach-dtr. Bearbeitungen zurückgeht.

Ferner kommt dieser zweiten Reminiszenz in 4,9-14.23a.24
wie auch ihren Detaillierungen innerhalb der aktualen Bundesansprache ab 5,1 eine vergleichbare Funktion zu wie der Rückschau auf die Erfolge der Land-Inbesitznahmen in den östlichen
Gebieten „jenseits des Jordans" (2,16-3,20). Denn so, wie diese
Erfolge mit Gottes Hilfe für Josua und das Volk als Orientie-
rungsmodell für die bevorstehende Land-Inbesitznahme im Westen dienen sollen (3,21f), so bringt Mose auch den prototypischen Bund zwischen JHWH und Volk am Horeb als Erfahrungs-
modell ins Gespräch, an dem sich die performative Neukonstitu-
tion der Bundesbeziehung in 27,9f und 29,9-14 orientiert und
worauf sich die vorbereitende Bundesansprache innerhalb von
5,1-26,19 zur Plausibilisierung mehrfach argumentativ zurück
bezieht.

II.2.4.2. Die Horeb-Reminiszenzen in der aktualen Bundesan-
sprache in Dtn 5-26 und ihre Funktion

Mit Dtn 5,1-3 beginnt der aktuale Teil der Bundesschließung
und ihrer Vorbereitung innerhalb der Tora-Rede, was auch im
narrativen Rahmen durch das Zwischensignal in 5,1aα₁ unterstrichen wird. Dabei überträgt Mose explizit das Modell des Horeb-Bundes auf die im Hier und Heute Versammelten (V. 2f), die
in der Redegegenwart im Tal gegenüber von Bet Pegor angekom-
men sind (vgl. 3,29).[56] Mit ihnen wird dann in 27,9f und 29,9-14
der JHWH-Bund performativ neu vollzogen, wobei die Bundesansprache ab 5,1 das Volk mit den nötigen Instruktionen und der
Entfaltung der Beziehungskonditionen darauf vorbereitet.

Im älteren dtr. Lesehorizont schließt sich 5,1-3 direkt an das
Proömium in 4,1-8 und die Vergegenwärtigung des Horeb-Bun-

---

56 Zur Paradigmatik und zentralen Bedeutung der Urbegegnung mit JHWH am
    Horeb in Dtn 4,9-14 für das erinnerungspädagogische Lehr- und Lernkon-
    zept des dtr. Deuteronomiums, das im Kern auf den praktizierten JHWH-Re-
    spekt ausgerichtet ist, vgl. Dtn 4,10 mit 6,12f; 17,19 und 31,12f und dazu
    HARDMEIER, Das Schᵉma', 126, besonders Anm. 14 und ders., Die Weisheit,
    168-174.

des in 4,9-14.23a.24 an. Dabei werden mit 5,1 das Lehrziel und der Hauptgegenstand der Unterweisung von 4,1f aufgenommen:

שמע ישראל את החקים ואת המשפטים אשר אנכי דבר באזניכם היום
ולמדתם אתם ושמרתם לעשתם:

Es sollen die Rechts- und Verfassungsbestimmungen so ge-
lehrt und vermittelt werden, daß man sie – als Respektbezeu-
gung gegenüber Jhwh (vgl. 4,10) – tätig befolgt und verwirklicht.
Dtn 5,2f formuliert dann mit situationsdeiktischer Emphase die
Aktualität des Horeb-Bundes und eröffnet damit performativ das
ganze Verfahren der Bundeserneuerung im Tal von Bet Pegor in
Moab, das die Belehrung des Volkes über die Beziehungskonditionen mit einschließt:

יהוה אלהינו כרת עמנו ברית בחרב: לא את אבתינו כרת יהוה את הברית
הזאת כי אתנו אנחנו אלה פה היום כלנו חיים:

Als erster Teil des aktualen Verfahrens folgt anschließend ab
5,32ff die Belehrung über die Inhalte der Bundesverpflichtun-
gen, verbunden mit der eindringlichen Mahnung, sie lebensprak-
tisch einzuhalten. Dabei greift V. 32aα wörtlich den in V. 1bβ genannten Lehrgegenstand wieder auf (ושמרתם לעשות) womit die
dritte Horeb-Reminiszenz (5,4-31) schlüssig in den aktualen
Lehrdiskurs eingebettet wird.[57] Die ganze Bundesansprache bzw.
Instruktion reicht bis Dtn 26,19 und schließt mit den vertragli-
chen Verpflichtungserklärungen in 26,16-19. Der zweite performative Teil läßt in 27,9b.10 den kultischen Akt der Epiklese ge-
genwärtig werden. Darin vollzieht sich performativ die Neu- und
Wieder-Verbindung Jhwhs mit den Angesprochenen „an diesem
heutigen Tag". Im dritten performativen Teil, in 29,9-14, erfolgt
dann die Ratifizierung der Bundesschließung seitens des versammelten Volkes durch eine rituelle Vereidigung. Ab Dtn 29,15
folgen Schlußermahnungen und Ausblicke auf die Zukunft.
    In diesen ersten Aktualteil von Dtn 5-26 sind insgesamt drei
Horeb-Reminiszenzen eingeflochten, die ihre durch und durch
kontextspezifische Funktion in der Argumentation der Bundesansprache haben (vgl. 5,4-31; 9,7-10,11 und 18,16-20). Für alle
drei Erinnerungspassagen läßt sich nachweisen, daß sie stets

---

57 Zu dieser rhetorisch-literarischen Technik der wörtlichen Wiederaufnahme
   vgl. auch die Klammer בעבר הירדן in Dtn 1,1a und ihre Wiederaufnahme in
   V. 5a, um dort jedoch eine diachron jüngere Erweiterung der Angabe einzu-
   fügen.

Einzelaspekte aufgreifen und weiter entfalten, die global bereits in den Reminiszenzen im Hinführungsteil von Dtn 1-4 angesprochen worden sind. Die in den Reminiszenzen ab Dtn 5,1 eingeflochtenen Rückblenden sind auf Themen und Argumente zugeschnitten, die im aktuellen Rede- und Argumentationszusammenhang eine Rolle spielen.

Die dritte Horeb-Reminiszenz in 5,4-31 greift zum einen im Kontext der aktuellen Gebotsmitteilungen (vgl. V. 1 und 32) ausführlicher das Vermittlungsgeschehen des Dekalogs von 4,13 und seine Niederschrift auf die Tafeln auf. Diese Erinnerung wird in 5,5a.6-22 entfaltet, indem vor allem der Inhalt des Dekalogs in 5,6-21 im Einzelnen zitiert und die Situation des Volkes im Angesicht des Feuers und Wolkendunkels erneut thematisiert wird (vgl. 5,22 mit 4,11). Zum anderen kommt die Reminiszenz in 5,5b und 5,23-31 ausführlicher auf das Reden Jhwhs aus dem Feuer von 4,12a und das damit verbundene Unbehagen des Volkes zurück.[58] Nach 5,5b und 23-27 flößte dieses Feuer den Versammelten soviel Furcht ein, daß sie Jhwhs direktes Reden nicht weiter ausgehalten und deshalb Mose als Mittler zum weiteren Hören auf Jhwh beauftragt haben. Nach Jhwhs Einwilligung in diesen Vorschlag (V. 28) wurde dann Mose im Rahmen seiner exklusiven Begegnung mit Jhwh (5,30) beauftragt, das Volk zur Umkehr zu ermahnen (30b), wobei ihm schon damals am Horeb auch genau jene מצוה sowie jene חקים und משפטים offenbart worden sind (V. 31a), die er jetzt in Moab ab 6,1 bzw. 12,1-26,15 zu lehren beginnt. Somit hat die dritte Horeb-Reminiszenz die rhetorische Funktion, zu Beginn der aktualen Gebotsinstruktion ab 6,1 die entscheidenden Lehrgegenstände und ihre Offenbarung aus den näheren Umständen herzuleiten, die schon bei der Urversammlung am Horeb zu Moses Mittlerfunktion geführt haben (vgl. global Dtn 4,14!). Daran knüpft dann die fünfte Horeb-Reminiszenz in 18,16-20 an (vgl. 18,16b mit 5,25). Sie überträgt im Rahmen des Prophetengesetzes die Mittlerschaft im künftigen Land auf einen Propheten „wie Mose", wobei damit insbesondere der deuterojeremianische „Jeremia" und das prototypische Hulda-Orakel in II Reg 22,15-20 gemeint sein dürften.

Die vierte Horeb-Reminiszenz begegnet im Fortgang der aktualen Bundesansprache erst in Dtn 9,7-10,11. Dabei signalisiert das שמע ישראל in 9,1 in redepragmatischer Hinsicht einen

---

58 Man beachte die ereignisrelative Zeitmarke in 5,23, die dieses zweite Spezialthema einleitet; vgl. dazu oben Anm. 40.

Neueinsatz auf der gleichen Ebene wie in 5,1 und eröffnet damit neben der Bundesschließung und Gebotsunterweisung zugleich das zweite große Thema der Ansprache: den bevorstehenden Übergang über den Jordan und die Land-Inbesitznahme im Westen, die ja trotz der Anfangserfolge im Osten (Dtn 2,16-3,20) noch ausstehen.[59] Dabei geht es in Dtn 6,1-8,20 unter verschiedenen Aspekten hauptsächlich um die konstitutive Loyalitätsbeziehung zwischen Jhwh und seinem Volk. Zum einen stehen die Konditionen der neu zu konstituierenden Bundesbeziehung zur Debatte (vgl. 6,4-9 und 7,6-11 sowie 6,20-25). Zum anderen geht es in Form von Warnungen (vgl. 6,10-19, besonders V. 12 und 8,7-18, besonders V. 11) oder Empfehlungen (7,1-5 und 7,12-8,20) um die beziehungstheologischen Grundbedingungen, unter denen sich die Befolgung der ab 12,1 vermittelten Gebote im künftigen Land segensreich auswirken, aber auch fluchträchtig scheitern können.[60]

Die vierte Horeb-Reminiszenz (9,7-10,11) ist sowohl in sich als auch hinsichtlich ihrer Einbettung in die Zukunftsperspektive von 9,1-6 von größerer Komplexität. Dazu müssen abschließend wenige Andeutungen genügen.[61] Wie oben erwähnt, werden ab 9,1 der bevorstehende Übertritt über den Jordan und das Gelingen der Land-Inbesitznahme im Vertrauen auf Jhwh erörtert (vgl. V. 1-5). Mit V. 6a bekräftigt Mose dann zusammenfassend die Warnung von V. 4, daß die Versammelten sich – v.a. angesichts der positiven Erfahrungen im Osten (besonders 2,26-36) – den künftigen Erfolg keinesfalls selbst als „Gerechtigkeit" und eigene Leistung (vgl. besonders 2,30 mit 9,4) zurechnen können oder dürfen. Diese Warnung begründet er in V. 6b mit den daraus resultierenden Sinnesverhärtungen und halsstarrigen Fehlorientierungen, in denen sich das Volk seine segensreiche Zukunft verbauen würde. Ab 9,7 untermauert er diese Begründung mit einem vierten Rückgriff auf Horeb-Ereignisse (V. 8-21) und entfaltet dabei sowohl die näheren Umstände des

---

59 Zu beachten ist die Prototypik des Übergangs über den Arnon in Dtn 2,24f mit ihren verheißungsvollen Auswirkungen (2,26-36), die in der Thematisierung der bevorstehenden Überschreitung des Jordans insbesondere in 9,1-6 aktualisiert und in geschichtstheologischer Hinsicht ausführlicher erörtert werden (vgl. besonders 9,4f mit 2,30f, aber auch 9,1f mit 1,28; 2,21 und 6,11 sowie dazu Hardmeier, Geschichten, besonders 100-107).

60 Näheres vgl. Hardmeier, Das Schema', besonders 150-153 und ders., Wirtschaftliche Prosperität, besonders 191-193.

61 Vgl. ausführlicher Hardmeier, Das Schema', besonders 128-130 und ders., Geschichten, besonders 107-110.

Offenbarungsempfangs (vgl. V. 9-11 mit 4,13 und 5,22) als auch den prototypischen Urabfall des Volkes von Jhwh, der sich offenbar zugleich zugetragen hatte (9,12-17), während Mose die Gebotstafeln in Empfang nahm. In 9,22-24 erinnert er dann an weitere Belege einer langen Geschichte von „Verstockungen" (V. 22), die Jhwhs Zorn bis in die Gegenwart notorisch provoziert (vgl. V. 24 mit V. 7) und das Mißlingen der Vergangenheit seit der Erstbegegnung mit Jhwh am Horeb zur Folge hatten.[62] Dazu gehören auch die Fälle der gescheiterten Versuche, das Land in Besitz zu nehmen, die von Kadesch-Barnea aus gestartet worden sind und an die Mose am Anfang seiner Rede in 1,19-46 ausführlich erinnert hat (vgl. sowohl 9,23a mit 1,1.19 als auch 9,23b mit 1,32 und 43).

Neben diesem Rückblick auf die notorischen Provokationen des Jhwh-Zorns seit Anbeginn des ersten Bundes am Horeb schildert die vierte Reminiszenz von Dtn 9,7-10,11 auch die damaligen Maßnahmen Moses zur Abwendung des Zorns sowie in 10,1-5 die Erneuerung der Gebotstafeln, die er beim ersten Abstieg vom Berg zerbrochen hatte (vgl. 9,17). Zu seinen Abhilfemaßnahmen gehörte zum einen eine prototypische Kultreinigung (V. 21), die die Züge der Kultreinigung Joschijas trägt,[63] ohne daß deren Wirkung erzählt wird. Zum anderen sind es Moses Fürbitten, die er in 9,18-20 und 25-29 in Erinnerung ruft und deren Wirkung 10,10 in der Antwort Jhwhs abschließend festhält.[64] Darin wird Mose von Jhwh aufgefordert, als Anführer den Aufbruch vom Horeb in die Wege zu leiten (V. 11aβ) in Hin-

---

62 Vgl. zu dieser geschichtstheologischen Argumentationsweise der narrativen und mnemotopischen Abstraktion besonders Hardmeier, Geschichten, 108-110.

63 Vgl. 9,21b mit II Reg 23,6 und 12 und dazu Hardmeier, Geschichten, 113-116, besonders Anm. 52.

64 Es bedarf der weiteren Klärung, in welchem Verhältnis diese Abschnitte genauer zueinander stehen. Bei 9,18f dürfte es sich um eine summarische Vorwegnahme einerseits der ausgestalteten Fürbitte in 9,25-29 handeln (vgl. die Rückverweise in V. 25 auf V. 18-19a) und andererseits um einen Vorverweis auf die Erhörung dieses Gebets in 10,10f, wovon schon 9,19b her im Vergleich zu 10,10ba nahe legt (vgl. auch 9,10a mit 9,18aa und 25a). – Die itinerarische Zwischennotiz in 10,6f auf der narrativen Rahmen-Ebene, die im Rückbezug auf 9,20 den Tod Aarons und sein Begräbnis – abweichend von Num 33,38f – bei Moser(a) lokalisiert, gehört zum jüngeren narrativen Rahmen, der – wie oben II.1.2 dargelegt – die Reden Moses in den umfassenderen Geschichts- und Lesehorizont des Pentateuchs stellt. Dasselbe dürfte auch für die anschließende Leviten-Notiz in 10,8f gelten, die sprachlich dem Vermerk in 4,41 nahe steht (vgl. בדל im Hif'il) und im Anschluß an 10,5 die Leviten als Ladeträger einsetzt.

sicht auf die Einwanderung und Inbesitznahme des Landes, das
JHWH den Vätern zugeschworen hatte.

Diese Antwort JHWHS in Dtn 10,11 ist im Blick auf die synchrone Gesamtgestalt der Tora-Rede deshalb von besonderer
Bedeutung, weil auch der ganze Tora-Diskurs in der ersten Horeb-Reminiszenz mit der Rückschau auf eben diese Aufforderung in Dtn 1,6b-8 einsetzt und den damalige Auftrag JHWHS
zum Aufbruch und zur Land-Inbesitznahme in vergleichbaren
Worten zitiert, wie im Auftrag am Ende der vierten Reminiszenz
in 10,11 (vgl. besonders 10,11aβ mit 1,7aa1 und 10,11b mit
1,8). Damit wird auf der Ebene der eingeflochtenen Retrospekti-
ven auf die Horeb-Ereignisse sowohl unter narratologischen als
auch redepragmatischen Gesichtspunkten ein hoch signifikanter Ring geschlossen.

II.3. Fazit: Die synchrone Kohärenz und Geschlossenheit der Tora-Rede in Dtn 1-30

Der Rückbezug von Dtn 10,11 auf 1,7f bestätigt in rhetorischer
und kompositionstechnischer Hinsicht eindrücklich die synchrone Kohärenz der Redekomposition mit ihrem Anfang in Dtn
1,6b. Einerseits bereitet Mose mit seinen Rückblicken auf die
maßgebenden, gemeinsam erlebten Begegnungen mit JHWH am
Horeb in der zweiten und dritten Reminiszenz (Dtn 4,9-
14.23a.24 und 5,4-31) nicht nur die erneute Bundesschließung
in Moab vor (vgl. 5,2f; 26,16-19; 27,9f und 29,9-14, gefolgt von
weiteren Ermahnungen ab V. 15 und Ausblicken in die fernere
Zukunft ab 30,1), sondern auch die dem Bundesschluß vorangehende Entfaltung der Loyalitätsbeziehung von 6,1-11,32 und
die Gebotsunterweisung von 12,1-26,19. Andererseits dienen die
erste und vierte Reminiszenz in Dtn 1,6-18 und 9,7-10,11 vor-
wiegend dazu, aus der Erfahrungsrückschau die beziehungstheologischen Konditionen zu reflektieren (vgl. 9,1-6), unter denen ein Erfolg oder Mißerfolg der bevorstehenden Land-Inbesitznahme zu erwarten ist, auch wenn sie aufgrund von Dtn 3,23-
28 erst von Josua in Angriff genommen wird (vgl. 3,21f.28 und
31,7f). Dazu zieht Mose auch die modellhaften Erfahrungen von
bisherigen, sowohl gescheiterten (1,19-46) als auch erfolgreichen
Versuchen (2,26-36) der Land-Inbesitznahme heran, die er in
der aktuellen Diskussion über die Zukunft in 9,1-6 und 9,23
aufgreift.

Zugleich aber entsteht in narratologischer Hinsicht mit jedem neuen Rückgriff auf die Horeb-Vergangenheit im Verlauf
der Rede auch ein immer genaueres und differenzierteres Erin-
nerungsbild vom Konfliktreichtum und der Komplexität der damaligen prototypischen Ereignisse. Dabei stellt sich jene Aufforderung zur Land-Inbesitznahme, die Mose zur Eröffnung seiner
Tora-Rede in Erinnerung gerufen hatte, am Ende der vierten Reminiszenz als letzte Antwort Jhwhs auf die Fürbitte Moses heraus, nachdem zuvor die Jhwh-Beziehung durch schwerste Krän-
kungen auf eine Zerreißprobe gestellt wurde.

Deshalb ist es dann auch in redepragmatischer Hinsicht völlig konsequent, daß der letzte Teil dieser geschichts- und beziehungstheologischen Belehrung von Dtn 1,6-11,32 in 10,12
ebenso mit ועתה neu einsetzt wie die Eröffnung der ganzen Lehre
von Verfassungs- und Rechtsbestimmungen in 4,1 nach dem
Erfahrungsrückblick von Dtn 1-3. Allerdings fängt die Lehre dieser Bestimmungen im Einzelnen erst in 12,1 an, während in
5,1-10,11 zunächst breit die Basiskonditionen der Bundesbeziehung als Grundlage und Voraussetzung erörtert werden, unter
denen die bevorstehende Land-Inbesitznahme und ein segens-
reiches Leben im künftigen Lande gelingen kann. Deshalb ist es
in rhetorischer Hinsicht völlig konsequent, daß 10,12a mit ועתה
und einer rhetorischen Impulsfrage einsetzt, die die Basiskonditionen der Bundesbeziehung abschließend zusammenfaßt
(V.12b.13), bevor Mose dann ab 12,1 die gebotenen Verordnungen und Rechtsbestimmungen für die Zukunft im Lande im Einzelnen zu lehren beginnt (12,1-26,15). Dabei folgen auf diese
Zusammenfassung ab 10,14-11,32 weitere Ermahnungen und
Ausblicke, die hier nicht weiter behandelt werden können und
z.T. auf spätere Bearbeitungen zurückgehen.

Damit findet die vermutete Kohärenz der Tora-Rede von Dtn
1-30, die sich oben II.1 bereits aufgrund der Untersuchung des
narrativen Rahmens nahe gelegt hat, ihre Bestätigung auch
durch die redepragmatische Analyse der Textur und ihrer Komponenten in der eingebetteten Rede (II.2). Daran dürfte zugleich
deutlich geworden sein, wie man a) auf der Basis eines kommunikationspragmatischen Textverständnisses, b) aufgrund von
textempirischen und sprachphänomenologischen Beobachtungen und c) orientiert an den verschiedenen Handlungsaspekten
der Textur die Kohärenz des Buches Deuteronomium und der
darin erzählten Tora-Rede in Dtn 1-30 heuristisch aufdecken
und plausibel begründen kann. Zugleich hat diese Analyse

wahrscheinlich gemacht, daß es sich dabei um eine dtr. Litera-
turstufe handelt, die vor der Einarbeitung in den Geschichts-
und Lesezusammenhang des Pentateuchs den Anfang des DtrG
gebildet haben dürfte.[65]

---

65 Vgl. dazu HARDMEIER, Geschichten, 100f und 113-116 sowie ders., König
    Joschija, besonders 90-133.

Anhang I: Die narrative Einbettung der Mose-Rede im Deuteronomium

Gliederung durch Überschriften und Rede-Einleitungen

1. Num 36,13/ Dtn 1,1-5

(Num 36,13) אֵלֶּה הַמִּצְוֺת וְהַמִּשְׁפָּטִים אֲשֶׁר צִוָּה יְהוָה בְּיַד־מֹשֶׁה
אֶל־בְּנֵי יִשְׂרָאֵל בְּעַרְבֹת מוֹאָב עַל יַרְדֵּן יְרֵחוֹ׃

(Dtn 1,1) אֵלֶּה הַדְּבָרִים אֲשֶׁר דִּבֶּר מֹשֶׁה אֶל־כָּל־יִשְׂרָאֵל בְּעֵבֶר הַיַּרְדֵּן

בַּמִּדְבָּר בָּעֲרָבָה מוֹל סוּף בֵּין־פָּארָן וּבֵין־תֹּפֶל וְלָבָן וַחֲצֵרֹת וְדִי זָהָב׃

Dtn 1,2: Wegdistanzangabe

(Dtn 1,3) וַיְהִי בְּאַרְבָּעִים שָׁנָה בְּעַשְׁתֵּי־עָשָׂר חֹדֶשׁ בְּאֶחָד לַחֹדֶשׁ
דִּבֶּר מֹשֶׁה אֶל־בְּנֵי יִשְׂרָאֵל כְּכֹל אֲשֶׁר צִוָּה יְהוָה אֹתוֹ אֲלֵהֶם׃

(4) אַחֲרֵי הַכֹּתוֹ אֵת סִיחֹן מֶלֶךְ הָאֱמֹרִי אֲשֶׁר יוֹשֵׁב בְּחֶשְׁבּוֹן
וְאֵת עוֹג מֶלֶךְ הַבָּשָׁן אֲשֶׁר־יוֹשֵׁב בְּעַשְׁתָּרֹת בְּאֶדְרֶעִי׃

(Dtn 1,5) בְּעֵבֶר הַיַּרְדֵּן בְּאֶרֶץ מוֹאָב הוֹאִיל מֹשֶׁה בֵּאֵר אֶת־הַתּוֹרָה הַזֹּאת לֵאמֹר׃

2. Dtn 4,41-5,1aα₁

Dtn 4,41-43: historische Notiz über die Einrichtung von drei Asylstädten
„jenseits des Jordans nach Sonnenaufgang hin" (V.41)

(Dtn 4,44) וְזֹאת הַתּוֹרָה אֲשֶׁר־שָׂם מֹשֶׁה לִפְנֵי בְּנֵי יִשְׂרָאֵל׃

(Dtn 4,45) אֵלֶּה הָעֵדֹת וְהַחֻקִּים וְהַמִּשְׁפָּטִים אֲשֶׁר דִּבֶּר מֹשֶׁה אֶל־בְּנֵי יִשְׂרָאֵל בְּצֵאתָם מִמִּצְרָיִם׃
(46) בְּעֵבֶר הַיַּרְדֵּן בַּגַּיְא מוֹל בֵּית פְּעוֹר

בְּאֶרֶץ סִיחֹן מֶלֶךְ הָאֱמֹרִי אֲשֶׁר יוֹשֵׁב בְּחֶשְׁבּוֹן אֲשֶׁר הִכָּה מֹשֶׁה וּבְנֵי יִשְׂרָאֵל בְּצֵאתָם מִמִּצְרָיִם׃
Dtn 4,47-49: historische Notiz über die Inbesitznahme der Gebiete Sihons und Ogs

(Dtn 5,1) וַיִּקְרָא מֹשֶׁה אֶל־כָּל־יִשְׂרָאֵל וַיֹּאמֶר אֲלֵהֶם

שְׁמַע יִשְׂרָאֵל אֶת־הַחֻקִּים וְאֶת־הַמִּשְׁפָּטִים
אֲשֶׁר אָנֹכִי דֹּבֵר בְּאָזְנֵיכֶם הַיּוֹם וּלְמַדְתֶּם אֹתָם וּשְׁמַרְתֶּם לַעֲשֹׂתָם׃

3. Dtn 10,6f. (historische Notiz über Aarons Tod)

4. Dtn 27,1.9.11

(Dtn 27,1) וַיְצַו מֹשֶׁה וְזִקְנֵי יִשְׂרָאֵל אֶת־הָעָם לֵאמֹר
שָׁמֹר אֶת־כָּל־הַמִּצְוָה אֲשֶׁר אָנֹכִי מְצַוֶּה אֶתְכֶם הַיּוֹם:
....

(Dtn 27,9) וַיְדַבֵּר מֹשֶׁה וְהַכֹּהֲנִים הַלְוִיִּם אֶל כָּל־יִשְׂרָאֵל לֵאמֹר

הַסְכֵּת וּשְׁמַע יִשְׂרָאֵל הַיּוֹם הַזֶּה נִהְיֵיתָ לְעָם לַיהוָה אֱלֹהֶיךָ:
....

(Dtn 27,11) וַיְצַו מֹשֶׁה אֶת־הָעָם בַּיּוֹם הַהוּא לֵאמֹר:

5. Dtn 28,69/ 29,1a

(Dtn 28,69) אֵלֶּה דִבְרֵי הַבְּרִית אֲשֶׁר־צִוָּה יְהוָה אֶת־מֹשֶׁה לִכְרֹת
אֶת־בְּנֵי יִשְׂרָאֵל בְּאֶרֶץ מוֹאָב מִלְּבַד הַבְּרִית אֲשֶׁר־כָּרַת אִתָּם בְּחֹרֵב:

(Dtn 29,1) וַיִּקְרָא מֹשֶׁה אֶל כָּל־יִשְׂרָאֵל וַיֹּאמֶר אֲלֵהֶם

אַתֶּם רְאִיתֶם אֵת כָּל־אֲשֶׁר עָשָׂה יְהוָה לְעֵינֵיכֶם בְּאֶרֶץ מִצְרַיִם לְפַרְעֹה וּלְכָל־עֲבָדָיו וּלְכָל־אַרְצוֹ:

6. Dtn 31,1f.30; 32,45f. und 33,1

(Dtn 31,1) וַיֵּלֶךְ מֹשֶׁה וַיְדַבֵּר אֶת־הַדְּבָרִים הָאֵלֶּה אֶל כָּל־יִשְׂרָאֵל: (2) וַיֹּאמֶר אֲלֵהֶם

בֶּן־מֵאָה וְעֶשְׂרִים שָׁנָה אָנֹכִי הַיּוֹם לֹא־אוּכַל עוֹד לָצֵאת וְלָבוֹא וַיהוָה אָמַר אֵלַי
לֹא תַעֲבֹר אֶת־הַיַּרְדֵּן הַזֶּה:

(Dtn 31,30) וַיְדַבֵּר מֹשֶׁה בְּאָזְנֵי כָּל־קְהַל יִשְׂרָאֵל אֶת־דִּבְרֵי הַשִּׁירָה הַזֹּאת עַד תֻּמָּם:

(Dtn 32,45) וַיְכַל מֹשֶׁה לְדַבֵּר אֶת־כָּל־הַדְּבָרִים הָאֵלֶּה אֶל כָּל־יִשְׂרָאֵל (46) וַיֹּאמֶר אֲלֵהֶם

שִׂימוּ לְבַבְכֶם לְכָל־הַדְּבָרִים אֲשֶׁר אָנֹכִי מֵעִיד בָּכֶם הַיּוֹם
אֲשֶׁר תְּצַוֻּם אֶת־בְּנֵיכֶם לִשְׁמֹר לַעֲשׂוֹת אֶת־כָּל־דִּבְרֵי הַתּוֹרָה הַזֹּאת:

(Dtn 33,1) וְזֹאת הַבְּרָכָה אֲשֶׁר בֵּרַךְ מֹשֶׁה אִישׁ הָאֱלֹהִים
אֶת־בְּנֵי יִשְׂרָאֵל לִפְנֵי מוֹתוֹ:

(7. Jos 23,2)

(Jos 23,2) וַיִּקְרָא יְהוֹשֻׁעַ לְכָל־יִשְׂרָאֵל לִזְקֵנָיו וּלְרָאשָׁיו וּלְשֹׁפְטָיו וּלְשֹׁטְרָיו וַיֹּאמֶר אֲלֵהֶם

אֲנִי זָקַנְתִּי בָּאתִי בַּיָּמִים:

Anhang II: Gesamtanlage der Tora-Rede des Mose Dtn 1,6-30,20

Die thematische Entfaltung im kommunikationspragmatischen Rahmen

Erklärende Darlegung (באר) „dieser Tora" (1,5) in 1,6-30,20, die nach 31,9a von Mose aufgeschrieben wird

Hinführende GRUNDLEGUNG (Dtn 1,6-4,40)		Bundesvollzug (Dtn 5,1-30,20)						
gesch.theol. Explikation der **Vertrauensbeziehung** (1,6-3,29)	gesch.-theol. Explikat.n d. **Loyalitätsbeziehung** + Lehreröffnung (4,1-40)	BUNDESANSPRACHE und Bundesinstruktion (Dtn 5,1-26,19)					performativer Vollzug + Verpfl.-akt (27,9f. + 28,1 -68)	ritueller Aspekt + Ausblick (29,1 -30,20)
		Einführung (5,2f.) + gesch. theol. Explikation v. Mittlerschaft und Lehrgg.stnd (5,1-33)	Lehre der gebotenen und geglaubten Loyalitäts- und Vertrauensbeziehung (תורה) bei der Landnahme und darnach (Dtn 6,1-26,19)					
			Loyalitäts-beziehung (6,1-8,20)	**Vertrauens-beziehung** (9,1-10,11)	**Paränese** (10,12 -11,32)	Lehre der Einzelgebote (חקים und משפטים) im Lande nach erfolgter Landnahme (12,1-26,15)	Deklaration (26,16 -19)	
1.Horebrz (1,6-18)	2.Horebrz (4,9-14)	3.Horebrz (5,4-31)		4.Horebrz (9,7-10,11)			5.Horebrz (18,16-20)	
1,5.6	3,29/4,1	4,40/5,1	6,1	9,1	10,12	12,1	26,16 26,19/27,9f. 28/29,1.9 30/31,1	

Literaturverzeichnis

Hardmeier, C.: Erzähldiskurs und Redepragmatik im Alten Testament. Unterwegs zu einer performativen Theologie der Bibel. Tübingen 2005 (FAT; 46).

— : „Geschichten" und „Geschichte" in der hebräischen Bibel. Zur Tora-Form von Geschichtstheologie im kulturwissenschaftlichen Kontext. In: ders.: Erzähldiskurs und Redepragmatik im Alten Testament. Unterwegs zu einer performativen Theologie der Bibel. Tübingen 2005 (FAT; 46), 97-121.

— : Das Instrument der QUEST-BHS-Suche in der Stuttgarter Elektronischen Studienbibel. In: Hardmeier, C./Talstra, E./Salzmann, B. (Hgg.): Stuttgarter Elektronische Studienbibel. Handbuch. Stuttgart 2004, 7-22.

— : König Joschija in der Klimax des DtrG (2 Reg 22 f.) und das vordtr Dokument einer Kultreform am Residenzort (23,4-15*). Quellenkritik, Vorstufenrekonstruktion und Geschichtstheologie in 2 Reg 22f. In: Lux, R. (Hg.): Erzählte Geschichte. Beiträge zur narrativen Kultur im alten Israel. Neukirchen-Vluyn 2000 (BThSt; 40), 81-145.

— : Art. Literaturwissenschaft, biblisch. RGG[4], Bd. 5. Tübingen 2002, Sp. 426-429.

— : Die Redekomposition Jer 2-6. Eine ultimative Verwarnung Jerusalems im Kontext des Zidkijaaufstandes. WuD 21 (1991), 11-42.

— : Das Sch°ma' Jisra'el in Dtn 6,4 im Rahmen der Beziehungstheologie der deuteronomistischen Tora. In: ders.: Erzähldiskurs und Redepragmatik im Alten Testament. Unterwegs zu einer performativen Theologie der Bibel. Tübingen 2005 (FAT; 46), 123-154.

— : Art. Text, IV. Bibelwissenschaftlich, RGG[4], Bd. 8. Tübingen 2005, Sp. 198f.

— : Textwelten der Bibel entdecken. Grundlagen und Verfahren einer textpragmatischen Literaturwissenschaft der Bibel, Textpragmatische Studien zur Literatur- und Kulturgeschichte der Hebräischen Bibel, Bd. 1/1. Gütersloh 2003.

— : Textwelten der Bibel entdecken. Grundlagen und Verfahren einer textpragmatischen Literaturwissenschaft der Bibel, Textpragmatische Studien zur Literatur- und Kulturgeschichte der Hebräischen Bibel, Bd. 1/2. Gütersloh 2004.

— : Wahrhaftigkeit und Fehlorientierung bei Jeremia. Jer 5,1 und die divinatorische Expertise Jer 2-6* im Kontext der zeitgenössischen Kontroversen um die politische Zukunft Jerusalems. In: Maier, C./Jörns, K.-P./Liwak, R. (Hgg.): Exegese vor Ort. Festschrift für Peter Welten zum 65. Geburtstag. Leipzig 2001, 121-144.

— : Die Weisheit der Tora (Dtn 4,5-8). Respekt und Loyalität gegenüber JHWH allein und die Befolgung seiner Gebote – ein performatives Lehren und Lernen. In: ders.: Erzähldiskurs und Redepragmatik im Alten Testament. Unterwegs zu einer performativen Theologie der Bibel. Tübingen 2005 (FAT; 46), 155-184.

— : Wirtschaftliche Prosperität und Gottvergessenheit. Die theologische Dimension wirtschaftlicher Leistungskraft nach Dtn 8. In: ders.: Erzähldiskurs und Redepragmatik im Alten Testament. Unterwegs zu einer performativen Theologie der Bibel. Tübingen 2005 (FAT; 46), 185-207.

Hardmeier, C./Talstra, E./Groves, A. (Hgg.): SESB. Stuttgarter Elektronische Studienbibel, CD-ROM. Stuttgart 2004.

Perlitt, L.: Deuteronomium. Neukirchen-Vluyn 1990 (BK; 5/1).

Roth, G.: Fühlen, Denken, Handeln. Wie das Gehirn unser Verhalten steuert. Frankfurt/M. 2001.

Schmidt, S.J.: Texttheorie. Probleme einer Linguistik der sprachlichen Kommunikation. München ²1976 (UTB; 202).

Veijola, T.: Das fünfte Buch Mose. Deuteronomium. Kapitel 1,1-16,17. Göttingen 2004 (ATD; 8,1).

Interkulturell lesen! Die Geschichte von Jiftach und seiner Tochter in Jdc 11,30-40 in textsemantischer Perspektive

ANDREAS KUNZ-LÜBCKE

Ein Text ist ein strukturales Gebilde, das erst im Rahmen eines kommunikativen Vorgangs eine Bedeutung gewinnt. Daß Rezeption immer zugleich auch Interpretation ist, daß ein Text erst innerhalb der Trias Emittent, Rezipient und Sprache leben kann, gehört mittlerweile zum Grundwissen über das Verhältnis von Text und Leser. In einer im Jahr 1990 in Cambridge gehaltenen Vorlesung hat Umberto Eco seine Interpreten und Fangemeinde vor einer Preisgabe jeglicher interpretatorischer Grenzen gewarnt. Zwar entziehe sich die Autorintention zu weiten Teilen dem Wissen und dem methodischen Möglichkeiten des Interpreten, aber dennoch manifestiere sich in jedem Text ein Autorenbewußtsein, daß so nicht einfach unter den Tisch gekehrt werden kann.[1] Denn schließlich könne auch kein Jack the Ripper daherkommen und erklären, er habe sich bei seinen Taten an seiner Interpretation des Lukasevangeliums orientiert.[2] Dieses sarkastische Diktum trifft auf die klassischen Texte, mit denen sich die Altertumswissenschaften befassen, erst recht zu. Es läßt sich bei näherer Betrachtung nicht immer so einfach herausfinden, was genau ein Text erzählt und demzufolge welche Textintention ihm zugrunde liegt. Die Geschichte von Jiftach und seiner Tochter soll hier als Beispiel für eine textsemantische Offenheit fungieren.

Jdc 11,30-40

(30) Jiftach lobte JHWH ein Gelübde und sprach:
„Wenn du die Ammoniter in meine Hand gibst, (31) dann soll

---

1   Vgl. Eco, Zwischen Autor und Text, 29-31.
2   Vgl. Eco, Zwischen Autor und Text, 30.

das Herausziehende, das mir von den Türen meines Haus entgegen zieht, bei meiner Rückkehr in Frieden von den Ammonitern Jʜᴡʜ gehören und ich will es als Brandopfer aufsteigen lassen."

(32) Jiftach zog gegen die Ammoniter, um gegen sie zu kämpfen und Jʜᴡʜ gab sie in seine Hand.

(33) Er schlug sie von Aroer bis dorthin, wo du nach Minnit kommst, zwanzig Städte, bis nach Abel-Keramim, in einem sehr großen Schlag, und die Ammoniter wurden gedemütigt von den Israeliten.

(34) Jiftach kam nach Mizpah zu seinem Haus, und siehe, seine Tochter war die ihm entgegen Herausziehende mit Trommeln und Reigentänzen. Nur war sie seine Einzige, er hatte außer ihr weder Sohn noch Tochter.

(35) Als er sie sah, zerriß er sein Gewand und sprach:

„Ah, meine Tochter! Niedergeworfen hast du mich,[3] du bist zu meinem Unglück geworden. Aufgesperrt habe ich meinen Mund[4] vor Jʜᴡʜ und ich kann es nicht rückgängig machen."

(36) Sie sprach zu ihm:

„Mein Vater! Aufgesperrt hast du deinen Mund vor Jʜᴡʜ. Handle an mir, wie es aus deinem Mund herausgegangen ist, nachdem Jʜᴡʜ dir Vergeltung verschafft hat an deinen Feinden, den Ammonitern!"

(37) Sie sprach zu ihrem Vater:

---

3   כרע Hif. impliziert in allen Vorkommen zuammen mit einem Objekt dessen schmachvolle Unterwerfung; vgl. II Sam 22,40; Ps 17,13; 18,40. In Ps 78,31 steht der Ausdruck parallel zu הרג. Jdc 11,35 läßt sich im Blick auf die sonstigen Hif. Vorkommen von כרע nicht ohne weiteres als „seelische Niedergeschlagenheit" Jiftachs erklären; vgl. Eɪsɪɴɢ, Art. כרע, 352. Subjekt des Unterwerfens bzw. des *In die Knie Zwingens* ist die Tochter, Jiftach ist Objekt. Die nahezu stumme Opferrolle, die der Tochter gern im Erzählverlauf zugeschrieben wird, läßt sich mit ihren Sprechakten kaum in Einklang bringen. Zweimal redet sie ihren Vater instruktiv an: עשה לי, V. 36; הרפה ממני, V. 37. Jiftach wendet sich mit nur einem Imperativ an seine Tochter, wobei er allerdings nur ihre Instruktion befolgt: לכי, V. 38.

4   Der Formulierung פציתי פי אל יהוה bzw. פציתה את פיך אל יהוה in V. 35f ist mit einem ironischen Ton unterlegt. Die Wortverbindung beschreibt in Gen 4,11 die Aufnahme vergossenen Blutes durch die Erde und in Num 16,30; Dtn 11,6 das Verschlingen der Rotte Korach durch die Erde. Hiobs angebliche Reden ohne Verstand (בבלי דעת) erfolge mit aufgesperrtem Mund (יפצה פיהו; Hi 35,16). Die Feinde reißen den Mund gegen den Beter (Ps 22,14) und gegen Zion (Thr 2,16; 3,36) auf. In Jes 10,14 bezieht sich die Verbindung auf den zwitschernden Vogelschnabel, in Ez 2,8 erhält der Prophet die Anweisung, seinen Mund zu öffnen, damit Jʜᴡʜ in diesen die Schriftrolle hineinstopfen könne. Abgesehen von den beiden letztgenannten wertfreien Stellen bezieht sich die Formel sonst auf eine ungebührliche Redeweise; vgl. Tɪᴛᴀ, Gelübde als Bekenntnis, 103.

„Es möge an mir getan werden diese Sache: Laß ab von mir zwei
Monate! Ich will gehen, herabsteigen auf die Berge und über
meine Jungfrauenschaft weinen, ich und meine Freundinnen."
(38) Er sprach: „Geh!"
Und er schickte sie für zwei Monate. Sie ging hin, sie und ihre
Freundinnen, und sie beweinte ihre Jungfrauenschaft auf den
Bergen.
(39) Am Ende der zwei Monate kehrte sie zu ihrem Vater zurück
und er tat an ihr das Gelübde, das er gelobt hatte. Sie hatte
noch mit keinem Mann geschlafen. Es wurde zur Sitte in Israel,
(40) daß zur Jahreswiederkehr die Töchter Israels hingehen, um
die Tochter Jiftachs, des Gileaditers, zu beklagen vierzig Tage
im Jahr.

Die Fragen, die an den Text herangetragen und die Antworten, die darauf gegeben worden sind, sind mannigfaltig und wi-
dersprüchlich. Hat Jiftach seine Tochter auf den Altar ge-
schleppt und sie dort rituell abgeschlachtet? Wie verhält sich
JHWH gegenüber der Offerte Jiftachs, ihm für ein sehr unpräzises
Opfergelübde den Sieg über die Ammoniter zu schenken? Wie
steht JHWH in Jdc 11,30-40 zur Problematik des Mädchenopfers?
Wie stellt sich das Verhältnis von Jdc 11,30-40 zu den Texten
der Hebräischen Bibel dar, die das Kinderopfer als abscheuliche
Grausamkeit entlarven, das von JHWH verurteilt und bestraft
wird, dar?
Zur Annäherung an textpragmatische Fragen empfiehlt es
sich zunächst, den Rat klassischer vorwissenschaftlicher Kommentare einzuholen. Bereits die mittelalterliche jüdische Auslegung liefert sich widersprechende Antworten.[5] Während die
Mehrheit den Text so zu lesen scheint, daß Jiftach seine Tochter
tatsächlich rituell getötet haben soll, liest David Kimchi die Erzählintention ganz anders. Seine Argumente seien hier zusammengefaßt:[6]

- Von der Tötung und dem Verbrennen der Tochter wird
  nichts gesagt, die Erzählung stellt allein die Erfüllung des
  Gelübdes fest.

- Jiftachs Tochter bittet nur darum, ihre sogenannte Jungfrauenschaft zu beweinen. Wäre in der Erzählung tatsäch-

---

5   Zur kontroversen jüdischen rabbinischen und mittelalterlichen Auslegung
    von Jdc 11,30-40 vgl. ROTTZOLL, Die Erzählung von Jiftach und seiner Toch-
    ter.
6   Vgl. D. KIMCHI, Kommentar zur Stelle.

lich intendiert gewesen, daß Jiftach vorhabe, seine Tochter zu töten, wäre zu erwarten gewesen, daß das Leben der Tochter (נפש) beweint werden würde.

– Das Gelübde sei zu differenzieren zwischen dem später erfüllten Versprechen, die Tochter Jhwh zu weihen und dem später nicht erfüllten Brandopferversprechen. Jiftach habe seiner Tochter ein Haus gebaut und sie dort in Abgeschiedenheit von allen Menschen und vom Lauf der Welt ein Dasein als Eremitin führen lassen.

Diese Deutung scheint von Abrabanel[7] aufgegriffen und in ihrer Logik intensiviert worden zu sein. Ein Mensch könne gar nicht versprechen, Gott einen Menschen zu opfern. Jiftach habe also versprochen, daß er die Person oder das für das Opfer ungeeignete Tier Jhwh weihen, daß heißt es dem profanen Bereich entziehen werde, ein opferfähiges Tier werde er dagegen als Rauchopfer darbringen. Das Zerreißen des Kleides sei daher als Ausdruck des Entsetzens zu verstehen, da die Tochter sein einziges Kind sei und ihm mit ihrer Weihung Nachkommen versagt bleiben würden.

Eine Durchsicht der älteren, neueren und neuesten Forschungsliteratur zeigt, daß der Erkenntnisgewinn in dieser Frage gegenüber den mittelalterlichen jüdischen Lehrern erstens keinen nennenswerten Fortschritt gebracht hat und daß sich zweitens die Diskussion um die Frage der literarhistorischen Verortung der Episode dreht.[8]

Die unterschiedliche Deutung eines Textes mit einfacher Lexematik und Syntax durch scharfsinnige mittelalterliche Leser muß als Warnung verstanden werden, die Erzählintention in ein eindeutiges Frage-Antwort-Schema zu zwingen. Erst recht nicht kann Jdc 11,30-40 in die in den letzten Jahren wieder verstärkt

---

7   Vgl. Isaak Abrabanel, Kommentar zur Stelle (פירוש, 130).

8   Gegen die in der Forschungsgeschichte überwiegende Auffassung, daß die rituelle Tötung der Tochter in der Erzählung auch tatsächlich intendiert sei, haben sich nur wenige Stimmen erhoben. So streicht Engelken, Frauen im Alten Israel, 33, das Objektsuffix der 3. sg. mask. in V. 31bβ und gewinnt so die Formulierung והעליתי עולה, nach der Jiftach neben dem Weiheversprechen noch ein neutrales Brandopferversprechen gebe. Um welche Weihe es sich dabei handeln soll, erklärt Engelken mit dem Hinweis auf kanaanäische „Fruchtbarkeits-Initiationsriten": „Im Vollzug der Weihehandlung wird der Tochter die Virginität abhanden kommen."

aufgeflammte Diskussion eingebracht werden, ob es in Israel eine rituelle Tötung von Kindern gegeben habe oder nicht.[9]

Es ist davon auszugehen, daß die Erzählung Jdc 11,30-40 vom Autor bzw. Redaktor[10] gewissenhaft konzipiert und zur Realisierung seiner Erzählabsicht gestaltet worden ist. Wenn nicht so leicht zu klären ist, ob von der rituellen Tötung der Tochter durch Jiftach erzählt wird oder nicht, drängt sich die Frage nach dem Sinn dieser textsemantischen Offenheit auf.[11]

Erzählungstexte unterliegen Konventionen. Dazu zählt auch, daß die Auswahl und die Präsentation von Erzählmotiven Zwängen, die sozialer, kultureller, erzählpragmatischer und anderer

---

9 Vgl. MICHEL, Gott und Gewalt gegen Kinder im Alten Testament, 300-303. Michel hält Jdc 11,31 ebenso wie II Reg 3,27 für die einzigen vordeuteronomistischen Hinweise bzw. Erzählungen zum Thema Kinderopfer. Nach dieser Deutung käme Jdc 11,30-40 der Charakter einer Quelle und eines Beweises für die Existenz des Kinderopfers in Israel zu. Michel argumentiert, Jdc 11 könne angesichts der sich verschärfenden Polemik gegen das Kinderopfer nicht erst spät in das deuteronomistische Geschichtswerk aufgenommen worden sein, dieses könne nur als Relikt einer alten Tradition erfolgt sein. Allerdings ist hier zu fragen, warum die zahlreichen deuteronomistisch geprägten Eingriffe, die sich zudem sehr polemisch des Kinderopferthemas annehmen, Jdc 11,30-40 ungeschoren haben davonkommen lassen. Ist es nicht eher vorstellbar, daß ein späterer Erzähler das Reizthema Kinderopfer noch einmal aufgreift und er dabei bei seinen Adressaten die Kenntnis des Phänomens Kinderopfer als Gegenstand der Literatur Israels voraussetzen kann?

10 Jdc 11,30-40 ist keine auf eigenen Füßen stehende Erzählung. Das Gelübde in V. 30 setzt die Vorgeschichte über den sich anbahnenden Krieg mit den Ammonitern voraus. Die Fortführung der Kriegserzählung in Jdc 11,32f käme ohne die Episode von Jiftach und seiner Tochter in Jdc 11,30.31.35-40 aus. ויעבר יפתח אל בני עמון in V. 32a* stellt gegenüber der inhaltlich gleichlautenden Notiz יפתח [...] עבר אל בני עמון (BHS) in V. 29aα*b eine Wiederholung dar, die den Faden der Kriegserzählung, der durch das Gelübde Jiftachs in V. 30f abgerissen ist, wieder aufnimmt. Jdc 11,30f.34-40 erweist sich als redaktionelle Fortschreibung der älteren Kriegserzählung und ihrer dtr. Zusätze 11,29.33; vgl. KRATZ, Die Komposition der erzählenden Bücher des Alten Testaments, 212. Typische Hinweise, die den Beginn einer neuen Sinneinheit anzeigen, fehlen in V. 30. Demgegenüber leitet V. 29 (ותהי על יפתח רוח יהוה) in den militärischen Sieg des geistbegabten Helden Jiftach ein; vgl. DAWSON, Text-Linguistics and Biblical Hebrew, 158f.

11 Zu den textsemantischen Offenheiten von Jdc 11,30-40 gehört weiter die unklare Haltung JHWHS zum Geschehen. Läßt er Jiftach den Sieg über die Ammoniter davontragen, weil er das Gelübde so akzeptiert; vgl. TAPP, An Ideology of Expendability, 165), oder initiiert JHWH das Herausziehen der Tochter als Reaktion auf den ungebührlichen Eid? Zur zweiten Möglichkeit vgl. die von ROTTZOLL, Die Erzählung von Jiftach und seiner Tochter, zusammengetragenen rabbinischen Deutungen.

Natur sind, unterliegen. Es dürfte daher ein lohnenswertes Unterfangen sein zu fragen, wie in den Nachbarkulturen Israels mit den in Jdc 11,30-40 begegnenden Motiven umgegangen wird. Zu betrachten sind das Motiv der Weihung der Tochter für eine Gottheit, das Herbeiführen eines militärischen Sieges durch die Opferung der Tochter, die Haltung der Gottheit zum Menschenopfer selbst, die Tötung des eigenen Kindes im Zusammenhang mit einem Appell an die Gottheit und die Stiftung eines Passageritus durch den Tod eines Kindes.

Der göttliche Befehl, die Tochter der Gottheit zu weihen, ereilt den babylonischen König Nabonid:

> „(Meine) Tochter reinigte ich und weihte (áš-ru-uk) sie Sîn und Ningal, meinen Herren. Durch das Werk der Beschwörungskunst vollzog ich ihre Reinigung und brachte (sie) nach Egipar hinein."[12]

Während an dieser Stelle die Weihe der Tochter freudig begangen wird, wird an anderer Stelle das Erschrecken des Königs geschildert, als er vom Befehl Sins hört, daß er seine Tochter als Hohepriesterin der Gottheit weihen soll. Das Erschrecken resultiert nicht aus Sorge um die Tochter, sondern drückt die Entschlossenheit Nabonids aus, dem göttlichen Befehl Gehorsam zu leisten:

> „(Ennigald)i-Nanna, (seine) Tochter, den Sproß (seines) L(eibes), weihte er Sîn, dem Herrn der Könige, (dessen) B(efehl) nicht abgeändert wird, (zum) Amt der Hohepriesterin." (Royal Chronicle III,14f)[13]

Die Schwierigkeiten eines Vergleichs zwischen einem spätbabylonischen und einem israelitischen Text liegen schon insofern auf der Hand, als es in Israel kein mit Babylonien vergleichbares weibliches Kultpersonal gegeben hat. Immerhin läßt sich das Motiv, daß die Tochter vom Vater kultisch geweiht wird und daß dieser dabei ambivalente Gefühle artikuliert, in beiden Kulturen nachweisen.

Weitaus enger berühren sich die Erzählung von Jiftach und seiner Tochter und die Iphigenie des griechischen Dramatikers

---

12 En-nigaldi-Nanna-Zylinder II,8f; zu Transkription und Übersetzung vgl. SCHAUDIG, Die Inschriften Nabonids, 373-377.

13 Royal Chronicle III,14f; zur Übersetzung vgl. SCHAUDIG, Die Inschriften Nabonids, 594.

Euripides. In seiner Iphigenie in Aulis bilden die Forderung der Göttin nach dem Mädchenopfer, die Seelenkämpfe Agamemnons und die seiner Tochter, die Positionierung verschiedener Aktanten in der Frage des Für und Wieder und schließlich die (fast) vollzogene Opferung den roten Faden der Handlung. Die Eckdaten der Handlung seien hier kurz zusammengefaßt.

Im Begriff, mit dem gesamten Heer der Griechen nach Troja zu segeln, sieht sich der Heerführer Agamemnon mit einer bleiernen Windstille konfrontiert, die das Auslaufen der Schiffe und den Sieg über das feindliche Troja verhindert. Vom Seher Kalchas wird Agamemnon alsbald über die Ursachen des ausbleibenden Windes aufgeklärt. Wegen einer kleineren kultischen Verfehlung zürne ihm die Göttin Artemis, sie werde so lange die Griechen an der Ausfahrt hindern, bis Agamemnon ihr seine Tochter Iphigenie auf dem Altar geopfert habe.

In einem weiteren Euripidesdrama, in der Iphigenie in Tauris, stellt ein unbedacht gegebenes Gelübde die schicksalsschwere Weiche in Richtung Mädchenopfer. Agamemnon hatte der Göttin unüberlegt versprochen, ihr den besten Wurf des Jahres zu opfern – ohne daran zu denken, daß dies die Geburt seiner Tochter treffen werde.

In der aulischen Iphigenie durchlebt Agamemnon ein Wechselbad der Gefühle, am Ende lockt er seine Tochter unter dem Vorwand, sie mit dem Helden Achill verheiraten zu wollen, nach Aulis. Freudig läuft die Tochter dem Vater entgegen. Es bleibt kein Zweifel daran, daß Iphigenie ihren Vater über alle Maßen liebt, Ähnliches gilt auch für die väterlichen Gefühle der Tochter gegenüber.

Nach einigem Zögern offenbart Agamemnon seiner Tochter den wahren Grund ihre Reise nach Aulis. Iphigenie, mit dem Schicksal des ihr unmittelbar drohenden Todes konfrontiert, fleht zunächst um Gnade. Schließlich ändert sie ihre Gesinnung. Sie werde bereitwillig den Opfertod auf sich nehmen, wenn sie so den Ruhm und den Sieg ihres Volkes bewirken könne.

Die schicksalsschwere Stunde zieht heran. Kalchas, der schon den göttlichen Wunsch nach der Opferung Iphigenies übermittelt hat, hebt über dem auf dem Altar liegenden Mädchen das Opfermesser. Der tödliche Stoß wird geführt, doch zu aller Überraschung liegt nicht der Leichnam des Mädchens, sondern eine Hirschkuh blutend auf dem Altar. Die Göttin Artemis hat im letzten Moment in das Geschehen eingegriffen, das Mädchen entrückt und somit gerettet und sie gegen ein Tieropfer eingetauscht.

Motiv	Iphigenie in Aulis	Jdc 11,30-40
Krieg als Ausgangspunkt	Krieg gegen Troja	Krieg gegen die Ammoniter
I. Bedingung des Sieges	„Der Seher Kalchas gab in dieser Not uns Auskunft. Ich sollte Iphigenie, meine Tochter, opfern der Göttin Artemis, die hierzulande thront, dann könnten fahren wir und Troja niederreißen erst nach dem Vollzug des Opfers, sonst auf keinen Fall." (89-93)[14]	„Jiftach gelobte ein Gelübde Jнwн und sprach: Wenn du mir die Ammoniter in meine Hand gibst, dann soll das Herausziehende, das mir von der Tür meines Hauses entgegen zieht,
II. unbedachter Eid	„Einst gelobtest du der lichten Göttin besten Wurf des Jahrs, und ich, Klytämnestra brachte dir ihr erstes Kind. Sie war der beste Wurf, sie muß getötet sein!" (IT 20-23)	wenn ich in Frieden heim kehre von den Ammonitern, soll Jнwн gehören und ich werde es als Brandopfer darbringen."
Ankunft/Entgegenziehen der Tochter	Iph.: „Ich laufe liebe Mutter, dir voraus. Sei mir nicht böse. An des Vaters Brust möchte ich mich werfen." (632f)	„Als Jiftach nach Mizpah zu seinem Haus kam, siehe, da kam seine Tochter ihm entgegen
Reigentanz	Iph.: „Soll ich um den Altar im Reigen tanzen, Vater?" (676)	mit Tamburinen und im Reigentanz."
Emotionalität des Vaters	impliziert	Als er sie sah, zerriß er sein Gewand und sprach: Ach meine Tochter, was beugst du mich, was bist du meine Beugung!"
Tochter ist im heiratsfähigen Alter	Agamemnon lockt Iphigenie unter dem Vorwand ihrer Verheiratung nach Aulis (99f)	„Sie hatte noch mit keinem Mann geschlafen."
Einwilligung der Tochter	Iph. (zur Mutter): „Du zürnest deinem Gatten ohne Grund. Denn was unabdingbar ist zu trotzen, das wird uns nicht leicht." (1369f)	„Sie sprach zu ihm: Mein Vater, du hast deinen Mund vor Jнwн aufgesperrt. Handle an mir, wie aus deinem Mund herausgegangen ist,

---

14 Zu den Übersetzung der herangezogenen Texte der Iphigenie in Aulis vgl. EBENER, Euripides, Tragödien. 6. Teil, Iphigenie in Aulis.

Motiv	Iphigenie in Aulis	Jdc 11,30-40
Begründung mit Staatsräson	„Für Hellas gebe ich mein Leben hin. Opfert mich, zerstöret Troja. Das wird mir ein Denkmal sein bis in ferne Zeit, ersetzt mir Garten, Kindersegen, Ruhm. Soll der Grieche dem Barbaren doch gebieten, Mutter, nie der Barbar dem Griechen! Er ist Sklave, aber wir sind frei."	nachdem JHWH dich gerächt hat an deinen Feinden, an den Ammonitern."

Man mag es vielleicht für eine Übertreibung halten, die Tochter Jiftachs als hebräische Iphigenie zu bezeichnen.[15] Dennoch liegen einige Gemeinsamkeiten auf der Motivebene auf der Hand. Diese betreffen die kriegerische Einbettung, die vermeintliche Bindung des Kriegserfolgs an das Mädchenopfer, das unbedacht gegebene Gelübde, das sich als Motiv zwar nicht in der aulischen Iphigenie, dafür aber im Euripidesdrama Iphigenie im Land der Taurer, der Fortsetzung der Iphigenie in Aulis, findet,[16]

---

15 Vgl. RÖMER, Dieu obscure, 65-69; ders., Why Would the Deuteronomists Tell, 27-38.

16 Zum Motiv des unbedacht gegebenen Eides gehört, daß dessen Inhalt zunächst eine größtmögliche Offenheit impliziert, die sich dann – darin liegt der fatale Überraschungseffekt – auf das Kind des Sprechers fokussiert. EXUM, Fragmented Women, 18-21, hat zu Recht betont, daß Jiftachs Eid ein lebendes Opfer einschließt. Ähnlich wie bei Euripides dürfte in der Sprecherperspektive ein Tier impliziert sein, während in der Rezipientenperspektive schon die Möglichkeit der fatalen Wende in den Blick genommen werden kann. An die Stelle des vermeintlichen Tieres tritt die eigene Tochter. Der Mechanismus des Eides läßt dem Vater keine andere Wahl als die erste Bedingung für dessen Umsetzung als erfüllt anzusehen. Das Motiv des unbedacht gegebenen Opferversprechens, bei dem zunächst an ein Tier gedacht sein könnte, das dann unverhofft das Kind des Sprechers trifft, begegnet ebenfalls mit der Gestalt des Idomeneus in der Darstellung des römischen Autors Servius. Auf der Heimfahrt von Troja gerät Idomeneus in einen schweren Sturm. Inmitten der Gefahr gelobt er, das erste Lebewesen, das ihm bei seiner Rückkehr begegnen wird, zu opfern. Das Schicksal bestimmt seinen eigenen Sohn als Opfer. Nachdem Idomeneus sein Gelübde erfüllt hat, wird er vom Thron verjagt und flieht nach Süditalien; vgl. Servius, Aeneidos 3,400f; 11,264 und dazu NÜNLIST, Art. Idomeneus, 894f; SOGGIN, Le Livre des Juges, 188. W. Baumgartners Argument (Jephtahs Gelübde, 245), daß beim Opferversprechen Jiftachs kein Tier gemeint sein könne, da „der getreue Hund, der im deutschen Märchen seinem Herrn entgegenspringt, [...] ja für den Orient nicht in Betracht" komme, kann nicht überzeugen. Hierbei wird der Erzählung zu viel Realismus untergeschoben. Die Formulierung in V. 31 erzeugt bewußt eine Offenheit, deren Konsequenzen erst im

das Entgegenziehen der Tochter, um ihren Vater zu begrüßen, der emotionale Charakter der Vater-Tochter-Beziehung, der sich am Ende einstellende militärische Erfolg, die etwas undurchsichtige Haltung Gottes zum Geschehen, die Bereitschaft der Tochter, sich im Interesse ihres Vaters bzw. ihres Volkes rituell töten zu lassen[17] und der Zeitpunkt ihres Todes, der in das Lebensalter einer zu erwartenden Verheiratung fällt.[18] Trotz des siegreichen Ausgangs der Kriege, die Agamemnon und Jiftach um den Preis ihrer Tochter führen, schwärzt die Preisgabe der Tochter das Bild des Helden ein. In der Darstellung Homers ist Agamemnon der überragende und unbesiegbare Held und Sieger. Die Verbindung seiner Gestalt mit dem Mädchenopfer macht aus ihm einen düsteren und fragwürdigen Helden. In literarhistorischer Sicht ist die Geschichte von Jiftach und seiner Tochter meist einem jüngeren Stratum der Textschichten zugewiesen worden.[19] Die literarischen Gestalten Agamemnon und Jiftach durchleben im Zuge ihrer Fortschreibung die Metamorphose vom makellosen Siegertypen zu dramatischen Figuren, deren Entscheidungen vom Leser nicht mehr in ein einfaches Falsch-Richtig-Muster gezwängt werden kann.[20]

Fortgang der Handlung enthüllt werden.

17 Die Bekanntheit und Verbreitung des Iphigeniestoffs zeigt sich insbesondere in seiner mehrfachen Rezeption. Die älteste Variante des Stoffs liegt mit den *Kyprien* vor. Auch *Hesiod* kennt die Geschichte der Opferung einer Gestalt namens Iphimede durch die Göttin Artemis, *Stesichoros* erzählt von der Rache Klytämnestras und setzt somit den Opfertod Iphigenies voraus; vgl. Stockert, Euripides, Iphigenie in Aulis, Bd. 1, 50-52. Aischylos' Agamemnon läßt Klytämnestra den Tod Iphigenies betrauern und Rachepläne gegen den Vater schmieden. Eine Errettung und Entrückung des Mädchens durch die Göttin Artemis ist hier nicht vorausgesetzt. Klytämnestra, der in der vorliegenden Fassung der *Iphigenie in Aulis* vom Boten die Entrückung Iphigenies berichtet wird, wähnt sie hier im Hades, wo sie ihren soeben ermordeten Vater (und somit ihren eigenen Mörder) treffen wird; vgl. Aischylos, Agamemnon, 1521-1528.

18 Euripides läßt Iphigenie in dem Augenblick in ihre unheilvolle Rolle schlüpfen, an dem sie hocherfreut und ohne jeglichen Argwohn der Einladung ihres Vaters folgt, um von ihm mit Achill verheiratet zu werden. Jdc 11,39 unterstreicht, daß die Erfüllung des Gelübdes die Verweigerung von Sexualität für Jiftachs Tochter unmittelbar zu Folge hat. איש ידעה לא והיא bezieht sich nicht auf eine verweigerte fernere Zukunft der Tochter, sondern auf ihre gegenwärtige Situation; vgl. Day, From the Child is Born the Women, 59.

19 Vgl. Becker, Richterzeit und Königtum, 219-222, für Jdc 11,30f.34-40.

20 Vgl. O'Connell, The Rhetoric of the Book of Judges, 183: Der Eid mache aus dem Befreier Jiftach einen Unterdrücker. Jdc 11,30-40 fügt sich in die insgesamt ambivalente Erzählweise des Richterbuches ein. Keiner seiner Helden – dafür aber die einzige Heldin Deborah! – ist makellos. Ehuds heim-

Zwei wichtige Motive fehlen. Da gerade nicht explizit erzählt wird, ob Jiftach seine Tochter opfert oder nicht, wird man nicht zuletzt im Blick auf die gelehrte jüdische Diskussion des Mittelalters fragen müssen, ob diese textsemantische Offenheit vom Erzähler mit Bedacht figuriert worden ist.[21] Zu den beabsichtigten textsemantischen Offenheiten in Jdc 11,30-40 zählt der Inhalt des Gelübdes Jiftachs in V. 30f. Der Hinweis auf das Versprechen Agamemnons in der taurischen Iphigenie, der Göttin den besten Wurf des Jahres zu opfern, läßt auch für Jiftachs Gelübde zunächst an ein Tieropfer denken. Allerdings liegt mit Jdc 11,30-40 der besondere Fall vor, daß ein

---

tückischer Messerstich gegen Eglon mag Israel aus der moabitischen Unterdrückung befreien, aber die Vorgehensweise des Helden, die Fettleibigkeit seines Opfers und schließlich die platte Naivität von Eglons Leibwächtern, die ihren längst ermordeten Herrn auf Toilette wähnen und seinen Mördern so entkommen lassen, bringen einen recht drastischen Humor in die Erzählung hinein, der der Tat Ehuds nicht nur heldenhafte, sondern auch schwankhafte Züge unterlegt; vgl. Jdc 3,15-30. Ganz und gar unheldenhaft stirbt auch der nächste Repräsentant der Unterdrücker Israels. Der geschlagene General der Kanaanäer, Sisera, findet, angekündigt in Jdc 4,9, das die תפארת des Sieges nicht Barak zufallen werde, den Tod durch die Hand einer Frau, und das auf recht brutale Weise; vgl. Jdc 4,21. Auch Gideon, der nächstfolgende Retter Israels, ist nicht frei von Zweifeln und Ängsten. Zwar geht Gideon auf Befehl JHWHS gegen die Verehrung des Baals vor, zerstört aber dessen Altar aus Angst vor Konsequenzen doch lieber in der Nacht; vgl. Jdc 11,25-27. Auch die Vorgeschichte zum Krieg gegen die Midianiter in Jdc 11,36-40 erzählt nicht von einem furchtlosen und JHWH ergebenen Helden, sondern von einem auf Sicherheit bedachtem Zweifler. Gegen diese von BLUEDORN, Yahweh versus Baalism, 113-124, vorgetragene Deutung, hat unlängst SCHERER, Gideon – ein Antiheld, 269-273, angeführt, daß Gideon Gott nicht für sein persönliches Erfolgsstreben verpflichten wolle, sondern daß es ihm nur um die Sicherstellung gehe, daß Gott Israel *durch ihn* retten wolle. Trotz dieses Einwands können Gideons bohrende Nachfragen und Zeichenforderungen nicht einfach beiseite geschoben werden. Schließlich fordert er ja Wunder Gottes ein, obwohl er bereits mit der רוח JHWHS ummantelt ist (Jdc 6,34) und obwohl JHWH ihm den Sieg über die Midianiter versprochen hat (כאשר דברת; Jdc 6,36). Die nachfolgende Bluttat Abimelechs (Jdc 9,5), Jiftachs Herkunft von einer זונה (Jdc 11,1), die Preisgabe seiner Tochter (Jdc 11,30-40) und Simsons schädliche Neigung zu philistäischen Frauen hüllen die einzelnen Richtergestalten in ein gewisses Zwielicht.

21 Das Motiv der dem Kriegserfolg geopferten Tochter begegnet neben der Gestalt der Tochter Jiftachs im Richterbuch noch mit Achsa, der Tochter Kalebs. Einerseits ist Achsa das Opfer ihres Vaters, der sie ungefragt als Preis für den Sieg über Kirjat-Sefer auslobt. Kaum ist sie in der Rolle der frisch vermählten Ehefrau, kann sie mit erstaunlicher Eigenständigkeit von ihrem Vater mehr Land für ihre neue Familie fordern; vgl. Jdc 1,12-14 und dazu MILLARD, Mündlichkeit nach der Schriftlichkeit, 284-286.

älterer Text der Hebräischen Bibel, nämlich Gen 22 rezipiert
wird. Eine gewisse Vertrautheit des Verfassers auch mit anderen
Materialien der Hebräischen Bibel liegt somit im Bereich des
Wahrscheinlichen. Nicht jede Erzählung über einen Sieg Israels
endet mit einer Szene, in der die Frauen des Ortes dem Sieger
entgegenziehen. Allerdings liegen mit den Geschichten über die
musizierende Mirjam und den Frauen, die die Siege Davids be-
singen, Motivanalogien gegenüber Jdc 11,34 vor. Im Fall von
I Sam 18,6 läßt sich zudem noch eine auffallend übereinstim-
mende Terminologie beobachten:

I Sam 18,6

ויהי בבואם <u>בשוב</u> דוד מהכות את הפלשתי <u>ותצאנה</u> הנשים מכל ערי ישראל
לשור <u>והמחלות לקראת</u> שאול המלך <u>בתפים</u> בשמחה ובשלשים:

Es geschah, als David von seinem Sieg über die Philister <u>zu-
rückkehrte</u>, daß die Frauen aus allen Städten Israels <u>hinaus zo-
gen</u> mit Gesang und <u>Reigentänzen</u> dem König Saul <u>entgegen</u> mit
<u>Pauken</u>, Freudengesang und Rasseln.

Jdc 11,31

והיה <u>היוצא</u> אשר <u>יצא</u> מדלתי ביתי <u>לקראתי בשובי</u> בשלום מבני עמון והיה
ליהוה והעליתהו עולה:

...dann soll <u>das Herausziehende</u>, das mir von den Türen meines
Haus <u>entgegen zieht</u>, <u>bei meiner Rückkehr</u> in Frieden von den
Ammonitern Jhwh gehören und ich will es als Brandopfer auf-
steigen lassen.

Jdc 11,34a

<u>ויבא</u> יפתח המצפה אל ביתו והנה בתו <u>יצאת לקראתו בתפים</u> ובמחלות

Jiftach <u>kam</u> nach Mizpah zu seinem Haus, und siehe, seine
Tochter war die ihm <u>entgegen Herausziehende</u> mit <u>Pauken</u> und
<u>Reigentänzen</u>.

Soll der Leser an das ihm vertraute Szenario erinnert werden,[22] daß dem siegreichen Helden unter Umständen musizierende Frauen entgegenziehen? In diesem Fall wären die fatalen

---

22 Zum Phänomen intertextueller Polyvalenzen vgl. MILLARD, Simson und das
Ende des Richterbuches, 227f.

Konsequenzen des leichtfertig gegebenen Gelübdes umso konsequenter: Angesichts der ahnungslos ihrem Vater entgegen ziehenden Tochter wird dem Leser schlagartig bewußt, daß es zu diesem Eklat hat kommen müssen.

Der Wortlaut des Gelübdes Jiftachs erinnert zudem an das Gelübde Hannes in I Sam 1,11. Beide Gelübde werden mit der gleichlautenden Formel ותדר/וידר נדר eingeleitet, auf die die mit אם eingeleitete Bedingung, an die das Gelübde geknüpft ist, folgt. Während Hanna sich ein Kind wünscht, ist in Jdc 11,31 die Erfüllung des Gelübdes an einen militärischen Sieg geknüpft. In ihrer Konsequenz gleichen sich beide Gelübde wieder auf eine frappierende Weise: In beiden Fällen wird Jhwh – bewußt bzw. unbewußt – das eigene Kind versprochen. Die Bedingung ist ein Geben durch Jhwh:

Jdc 11,30b: אם נתון תתן את בני עמון בידי

I Sam 1,11a*: אם [...] ונתתה לאמתך זרע אנשים

An dieses schließt sich das Versprechen an, das Kind bzw. dasjenige oder denjenigen, auf das bzw. auf den die Wahl fällt, Jhwh zu weihen (Jdc 11,31bβ: והיה ליהוה/I Sam 1,11bβ*: ונתתיו ליהוה). In der Explikation des Gelübdes unterscheiden sich beide Stellen grundlegend. Während Jiftach gelobt, das Opfer Jhwh zu weihen, indem er es als Brandopfer darbringt und er so die völlige Vernichtung des Geweihten ankündigt, verspricht Hanna die völlige und bleibende Unversehrtheit des Geweihten: Nicht einmal ein Schermesser solle an sein Haar kommen (I Sam 1,11bβ). Die Gegensätzlichkeit wird noch unterstrichen durch den Terminus עלה. Während Hanna gelobt, daß kein Schermesser an das Haupt ihres Sohnes kommen werde (ומורה לא יעלה על ראשו), verspricht Jiftach, daß er die Jhwh geweihte Person (bzw. das betreffende Tier) als Brandopfer darbringen werde (והעליתהו עולה).[23]

---

23 Terminologisch kommt noch Num 21,2 als Parallele zu Jdc 11,30 in Betracht; vgl. MICHEL, Gott und Gewalt gegen Kinder im Alten Testament, 301. Die Gestaltung des Gelübdes in Jdc 11,30 ist formelhaft: וידר יפתח נדר ליהוה; vgl. Num 6,2; 21,2; 30,2.3.6; Dtn 23,22; I Sam 1,11; Jon 1,16. Die Feststellung der Gelübdeerfüllung in Jdc 11,39 ויעש לה את נדרו אשר נדר erinnert terminologisch an die Stelle, die die Einhaltung eines einmal gegebenen Gelübdes einfordert. Num 30,3 fordert von demjenigen, der ein Gelübde gegeben bzw. einen Eid geschworen habe, die Erfüllen dessen, das aus seinem Mund herausgekommen ist (ככל היצא מפיו יעשה). Die Aufforderung der Tochter gegenüber dem Vater in Jdc 11,36, daß das einmal ausgesprochene Gelübde erfüllt werden muß, spielt offensichtlich auf die Stelle Num 30,3 an (עשה לי).

Die Ankündigung, daß das- bzw. derjenige, das bzw. der aus dem Haus herauskommt, dem Tod geweiht ist, kennt der Leser des Geschichtswerks Jos – II Reg bereits aus einem voranstehenden Zusammenhang. Das Herausgehen aus dem Haus führt im Wort der Kundschafter in Jos 2,19 mit Sicherheit zum Tod. Die Kundschafter legen Rahab dringend nahe, daß niemand aus ihrer Familie zu Tode komme. Während Rahab, ihr Vater, ihre Mutter, ihre Brüder und das ganze Haus ihres Vaters gerade nicht aus dem Haus herausgehen sollen, um ihr Leben zu schützen, geschieht das Herausgehen aus dem Haus zum Tod.

Jos 2,19a*: וְהָיָה כֹּל אֲשֶׁר יֵצֵא מִדַּלְתֵי בֵיתֵךְ הַחוּצָה

Jdc 11,31a*: וְהָיָה הַיּוֹצֵא אֲשֶׁר יֵצֵא מִדַּלְתֵי בֵיתִי

Die Parallelität zwischen beiden Stellen ist zweifacher Natur. Neben der terminologisch nahezu gleichen Gestaltung spielt das Motiv des Herausgehens aus dem Haus zum Tode für eines der Familienmitglieder eine Rolle. Die schwierige Formulierung היוצא אשר יצא in Jdc 11,31 läßt sich als Anlehnung an כל אשר יצא in Jos 2,19 erklären.[24]

Die klassische griechische Dichtung verhält sich in den mit Jdc 11,30-40 vergleichbaren Texten ebenfalls ambivalent. Während bei Euripides Iphigenie im letzten Augenblick durch die Göttin entrückt wird, setzt Aischylos den Vollzug des Opfers vor-

---

(כאשר יצא מפיך). Dabei unterscheidet Num 30,3-16 von den Gelübden die von Männern, ihren Frauen und Töchtern abgelegt werden. Für Ehefrauen und Töchter gilt, daß ihr Mann bzw. Vater das abgelegte Gelübde annullieren kann. Num 30,3 und Jdc 11,29 stehen sich durch die Stichwortüberschneidung (יצא, מפיו/מפיך, עשה) terminologisch und inhaltlich näher als das sonst gern an dieser Stelle herangezogene Gelübdethema in Dtn 23,22-24. Num 30,3-16 geht von der Möglichkeit aus, daß Ehefrauen und Töchter unbedachte Gelübde leisten könnten. In diesem Fall hat der Ehemann bzw. der Vater das Recht und die Möglichkeit, die Tragbarkeit des Gelübdes zu prüfen und dieses gegebenenfalls zu annullieren. Jdc 11,30-40 dreht gegenüber Num 30,3-16 den Spieß um. Wenn nun der Vater auf Kosten der Tochter ein unbedachtes Gelübde leistet, gibt es keine Instanz, die ihn davon entbinden könnte.

24 Die Formulierung היוצא אשר יצא präzisiert gegenüber dem Kollektivbegriff כל in Jos 2,19, daß nur *ein* Herausgehender geopfert werde, während in Jos 2,19 *jedem* der Tod angedroht wird, der das Haus verläßt. Den tautologischen Charakter von Jdc 11,31 versucht die griechische Übersetzung zu glätten und liest ὁ ἐκπορευόμενος ὃς ἐὰν ἐξέλθῃ. GUNKEL, Die Urgeschichte und die Patriarchen, 223, streicht היוצא und übersetzt in Anlehnung an die Vulgata (*primus*) „zuerst".

aus. Ganz anders als die euripideische Artemis, die sich ebenso wie JHWH in Gen 22 gegen das Kinderopfer entscheidet und das Kind auf dem Alter gegen ein Tier austauscht, läßt Aischylos die Göttin tatenlos zusehen. Daß mit dem Opfer die widrigen Winde aufhören und die Überfahrt nach Troja möglich wird, zeigt, daß die Göttin auf den Vollzug des geforderten Opfers besteht.[25] Euripides läßt in der Iphigenie im Taurerland das Opfer selbst die Schuldfrage ansprechen. In Helena, die den Krieg unwillentlich verursacht hat, im Seher Kalchas, der Agamemnon den Opferbefehl der Göttin Artemis übermittelt habe und in Odysseus sieht sie die Schuldigen an ihrem Schicksal, die eine gerechte Bestrafung verdienten. Das Schicksal ihres Vaters Agamemnon vergleicht sie jedoch mit ihrem eigenen: „Schwer war ihr (Iphigenies; Anm. Vf.) Los und das des Vaters, ihres Mörders."[26]

Daß Jdc 11,30-40 im entscheidenden Punkt des Ausgangs des Opfers von Euripides abweicht, überrascht nicht zuletzt hinsichtlich der literarhistorischen Einordnung des Textes. Schon mehrfach ist herausgearbeitet worden, daß die Erzählung die Geschichte von der Opferung Isaaks in Genesis 22 voraussetzt. Diese endet bekanntlich mit der Substitution des Kinderopfers durch ein von Gott initiiertes Tieropfer. Trifft diese literarische Verhältnisbestimmung zu, hat der Erzähler von Jdc 11,30-40 das Motiv gekannt und es somit bewußt unter den Tisch fallen lassen.[27]

---

25 Eine Übersicht über die Interpretation Agamemnons und seines Gehorsam gegenüber dem göttlichen Opferungsbefehl bietet KÄPPEL, Die Konstruktion der Handlung der *Orestie* des Aischylos, 60-137. Der Agamemnon des Aischylos steht unter einem stärkeren Zwang als der euripideische. Die widrigen Winde machen die Griechenflotte bewegungsunfähig und liefern sie dem drohenden Hungertod aus; vgl. Aischylos, Agamemnon, 187f. Der Chor erklärt Agamemnons Entschluß mit der *Not des Zwangsjochs* (ἀνάγκας ἔδου λέπαδνον; 218). Dieser Haltung widerspricht die Mutter Iphigenies, Klytämnestra: Nicht die Opferung Iphigenies selbst, sondern die von Agamemnon nach der Tat gegebene Begründung mit der ermöglichten Fortsetzung des Krieges, rufen sie als Rächerin und Gattenmörderin auf den Plan; vgl. KÄPPEL, Die Konstruktion der Handlung der *Orestie* des Aischylos, 134f, und SEGAL, Tragedy and Civilization, 16.

26 Übersetzung nach EBENER, Euripides. Tragödien. Vierter Teil, 283.

27 Für eine literarische Abhängigkeit von Jdc 11,30-40 gegenüber Gen 22 haben nachdrücklich ZAKOVITCH, Through the Looking Glass, 72-74; TRIBLE, Texts of Terror, 113, und RÖMER, Why Would the Deuteronomists Tell, 27-38; votiert. Die literarischen Analogien zwischen beiden Erzählungen sind bereits von LEACH, Genesis as Myth and Other Essays, 37f notiert worden; vgl. zustimmend MARCUS, Jephthah and His Vow, 38-40. Daß die Erzählung sich intentional mit Gen 22 durch die Stichwörter *Brandopfer* und *einziges Kind*

	Gen 22	Jdc 11,30-40
Brandopfer	והעלהו שם לעלה	והעליתהו עולה
das einzige Kind	יחידך	היא יחידה
Anrede I	הנני בני	אהה בתי
Anrede II[28]	ויאמר יצחק אל אברהם אביו ויאמר אבי	ותאמר אליו אבי
Opfer	Kind unter väterlicher Gewalt	
Fehlen der Mutter	Sara/Jiftachs Frau nicht erwähnt	
Handlungsort	על אחד ההרים	וירדתי על ההרים
Ätiologie[29]	יאמר היום בהר יהוה יראה	מימים ימימה תלכנה בנות ישראל

Eines anderen Motivs bedient sich der Erzähler dagegen überdeutlich. Während in Genesis 22 das Leben Isaaks auf dem Spiel steht, ist es in Jdc 11,30-40 die Sexualität der Tochter, die ihr, wie der Erzähler ausdrücklich festhält, durch den frühen Tod für immer verwehrt bleibt. So läßt er die Todgeweihte nicht ihr Leben, sondern die ihr versagte Sexualität beklagen, ebenso läßt er die Töchter Israels alljährlich hinziehen, um die Jungfrauenschaft, nicht etwa den Tod der Tochter Jiftachs zu beweinen.

---

berühre, hat GÖRG, Richter, 67, herausgestellt. Gegenüber dieser Auffassung sind die Unterschiede zwischen beiden Erzählungen angeführt worden. So bestehe gerade ein wesentlicher Unterschied darin, daß JHWH in Gen 22 zugunsten des Kindes interveniert, er in Jdc 11,30-40 aber schweigt; vgl. O'CONNELL, The Rhetoric of the Book of Judges, 183. Daß das Gelübde Jiftachs ganz und gar unnötig sei, unterstellt HAMLIN, Judges, 118. Indem Jiftach überhaupt zu diesem Mittel greife, bringe er seine „unfaithfulness" zum Ausdruck, durch die er sich von Abraham unterscheide. Die Unterschiede zwischen Gen 22 und Jdc 11,30-40 hat MARCUS, Jephthah and His Vow, 39 hervorgehoben: Abraham komme aus „a ‹good family›", Jiftach entstamme dagegen einer illegitimen Verbindung. Während in Gen 22 der Glaube Abrahams getestet werde, stelle Jiftach mit seinem Eid Gott auf die Probe. Indem Abraham die Probe besteht, habe er sich seine Nachkommenschaft gesichert, während Jiftach infolge seines Eides von seiner einzigen Tochter keine Nachkommen bekommt. Die Unterschiede zwischen beiden Erzählungen können ebenso wenig wie die Gemeinsamkeiten gänzlich dem Zufall zugeschrieben werden. Vielmehr liest sich Jdc 11,30-40 als Gegengeschichte zu Gen 22; vgl. ZAKOVITCH, Through the Looking Glass, 72-74.

28 Vgl. TRIBLE, Texts of Terror, 102: „‹She said to him, 'My Father.'› Once Isaac uttered the same word of intimacy (Gen. 22:7), but how different is that language now."

29 Vgl. RICHTER, Die Überlieferung um Jephtah, 515.

Das Ende von Genesis 22 und des (sekundär) überlieferten Endes der aulischen Iphigenie gleicht sich auf eine besondere Weise. Es handelt sich dabei um das spektakuläre Motiv, daß die Gottheit, in dem Moment, in dem das Schlachtmesser schon zum tödlichen Stoß erhoben bzw. dieser schon ausgeführt ist, das Opfer durch ein Tier ersetzt.

Rettungsszene in Iphigenie in Aulis und Genesis 22

Iphigenie in Aulis, 1578-1589

Der Priester aber griff zum Schwert, sprach ein Gebet und spähte nach des Mädchens Hals, ihn zu treffen... Doch plötzlich bot sich dar ein Wunder: Den Schlag zwar hörte jeder deutlich fallen, aber nicht einer sah das Mädchen in die Erde sinken. Laut schrie der ganze Priester auf, das ganze Heer schrie mit, ein unvermutet gottgesandtes Bild vor Augen, daß man nicht glauben wollte, selbst wenn man es sah: Lag eine Hirschkuh zuckend auf dem Boden, recht stattlich, prachtvoll anzuschaun; mit ihrem Blut ward der Altar der Göttin völlig übersprüht.[30]

Genesis 22

Sie kamen an den Ort, den Gott ihm gesagt hatte. Abraham baute dort den Altar, ordnete das Holz darauf, band Isaak, seinen Sohn, und legte ihn auf den Altar oben auf das Holz. Abraham streckte seine Hand aus und nahm das Messer, um seinen Sohn zu schlachten. Da rief ein Engel JHWHS vom Himmel und sprach: „Abraham, Abraham!". Und er sprach: „Hier bin ich." Er sprach: „Strecke deine Hand nicht aus gegen den Knaben und tu ihm nichts, denn jetzt weiß ich, daß du Gott fürchtest und du hast deinen Sohn, deinen einzigen, vor ihm nicht zurückgehalten." Da hob Abraham die Augen und sah. Und siehe: ein Widder...

Das Motiv der verweigerten und anschließend beklagten Sexualität findet sich bei Euripides in seinem Hippolytos-Drama. Der gleichnamige Held von unübertroffener Schönheit hat sich ganz der sexuellen Askese und der Jagdgöttin Artemis verschrieben. „Jungfräulich" – so gelobt er – solle seine Seele bleiben (παραθένον ψυχὴν ἔχων).[31] Allerdings verliebt sich seine Stiefmutter Phaedra in ihn.[32] Entschieden weist er ihre Annäherungsversuche ab, die maßlos Enttäuschte bezichtigt ihn in einem Brief

---

30 Der Schluß der aulischen Iphigenie ist sekundär. EBENER, Euripides. Tragödien. Sechster Teil, 9, vermutet eine ursprüngliche Rede der Göttin Artemis an die Mutter Iphigenies, Klytämnestra, die mit dem Hinweis auf die bevorstehende Substitution des Opfers durch eine Hirschkuh getröstet werden sollte. Bereits in der Antike sei dieser Schluß durch den Botenbericht ersetzt worden.

31 Vgl. Euripides, Hippolytos, 1006.

an Theseus, ihren Mann und Hippolytos' Vater, der versuchten Vergewaltigung und begeht Selbstmord. Der zurückkehrende König findet den Leichnam seiner Frau und ihre verhängnisvolle Botschaft vor. Poseidon erfüllt seine Bitte, Hippolytos zu töten. Er läßt die Pferde des Prinzen durchgehen, dessen Wagen wird zertrümmert und tödlich verletzt wird er in den Palast gebracht. Artemis klärt den Vater über die Wahrheit auf, dieser bereut seine Bitte. Kurz vor dem Tod des Hippolytos versöhnen sich Vater und Sohn.

Die Schicksale Hippolytos' und der Tochter Jiftachs weisen Analogien auf. Im vorliegendenden Text stirbt die Tochter aufgrund eines voreilig gegebenen Schwurs ihres Vaters. Hippolytos stirbt, weil sein Vater unwissend und voreilig die strafende Hand Poseidons gegen ihn lenkt.[33]

Der Tod von Jiftachs Tochter und der des Hippolytos steht im engen Zusammenhang mit verweigerter Sexualität. Der Jüngling Hippolytos legt sich selbst eine sexuelle Askese auf, die mit seinem Tod noch zementiert wird. Jiftachs Tochter kennt Sexualität als unverheiratetes Mädchen noch nicht. Auch ihr Tod raubt ihr die Möglichkeit, Sexualität zu erfahren.

Der Tod der Tochter Jiftachs und Hippolytos stiftet ein liturgisches Begehen.

> Jahr um Jahr gehen die Töchter Israels, um der Tochter Jiftachs, des Gileaditers, zu singen vier Tage im Jahr. (Jdc 11,40)

Bemerkenswerterweise führen die Tochter Jiftachs und Hippolytos ihre sexuelle Unberührtheit im Zusammenhang mit ihrem bevorstehenden Tod an. Die noch nicht erfahrene Sexualität läßt den Tod der Tochter Jiftachs als besonders beklagenswert und dramatisch erscheinen. Für Hippolytos ist seine Unberührtheit das Hauptargument gegenüber den Vorwürfen seines Va-

---

32 MICHELINI, Euripides and the Tragic Tradition, 286, hat in dieser Szene eine Analogie zur versuchten Verführung Josefs durch Potifars Frau in Genesis 39,7-20 gesehen. Eine ältere und verheiratete Frau verliebt sich in einen schönen Jüngling. Mit sexueller Aggressivität versucht sie den Jüngling dazu zu bewegen, mit ihr zu schlafen. Als das mißlingt und der Jüngling ihrem Ansinnen nicht folgt, bezichtigt sie ihn der versuchten Vergewaltigung und erwirkt so die Bestrafung des Unschuldigen; vgl. auch TSCHIEDEL, Phaedra und Hippolytus, 9-17, mit weiteren Motivparallelen in der indischen Literatur.

33 Vgl. Euripides, Hippolytos, 1433: Unwissend (ἄκων) habe Theseus den Tod seines Sohnes herbeigewünscht.

ters.[34] Ebenso, wie in Jdc 11,40 die Töchter Israels alljährlich
die sexuelle Unberührtheit der Tochter Jiftachs beweinen, setzt
die Göttin Artemis ein rituell-liturgisches Gedenken für den un-
schuldig gestorbenen Hippolytos ein.[35]

> Dir aber, Ärmster, geb ich für dein Leid
> die höchste Ehren in der Stadt Trözen.
> Die Mädchen schneiden vor der Hochzeit dir
> sich Locken ab und feiern fort und fort
> im Klagelied dein ungeheures Leid.
> Nie wird ihr Sang verstummen, der dich ehrt.
>
> (Euripides, Hippolytos, 1423-1427)[36]

Ähnlich wie Hippolytos ergeht es Jiftachs Tochter in der Frage, welche Folgen der Tod für sie in erster Linie hat:

> Am Ende der zwei Monate kehrte sie zu ihrem Vater zurück und
> er tat an ihr das Gelübde, das er gelobt hatte. Sie hatte noch
> mit keinem Mann geschlafen. (Jdc 11,39a)

Es war ein Gedanke J. W. von Goethes, den Motivbegriff in
das wissenschaftssprachliche Vokabular aufzunehmen:

> „Was man Motive nennt, sind also eigentlich Phänomene des
> Menschengeistes, die sich wiederholt haben und wiederholen
> werden, und die der Dichter nur als historische nachweist".[37]

Die Definition hilft, der nicht zu beantwortenden Frage aus
dem Weg zu gehen, ob der Erzähler von Jdc 11,30-40 die euripi-
deischen Stoffe kannte oder ob er sich aus einer Auswahl von
kursierenden Motiven seine Motivauswahl zusammengestellt
hat.
    Er kennt das Mädchenopfer zum Ziel eines kriegerischen Er-
folgs ebenso wie den Tod des sexuell unberührten Adoleszenten
infolge einer Aktion bzw. Intervention des Vaters, und er kennt

---

34 Vgl. Euripides, Hippolytos, 1006.
35 Vgl. dagegen RICHTER, Die Überlieferung um Jephtah, 514, der das Fehlen ei-
    ner Motivparallele zur geopferten „Jungfräulichkeit" konstatiert. Euripides'
    Hippolytos kann dieses Lücke tilgen, sofern man in diesem Zusammenhang
    von verhinderter Sexualität durch den vom Vater bewirkten Tod des Kindes
    ausgeht.
36 Übersetzung nach BUSCHOR, Euripides, 197.
37 Vgl. GOETHE, Maximen, 495.

die ätiologisch-narrative Stiftung eines jährlichen Begehens des Todes des sexuell unberührten Adoleszenten. Ebenso weiß er von der literarischen Möglichkeit, das eigene Kind durch ein unbedachtes Gelübde zu töten. Daß er das Motiv der Substitution des Kinderopfers durch das von der Gottheit gesandte Tier kennt, legt sich aus dem literarischen Verhältnis von Jdc 11,30-40 und Gen 22 nahe.

Der Befund läßt sich kaum anders deuten, als daß der Verfasser das Motiv der Opfersubstitution bewußt ausgelassen hat, um auf diese Weise eine textsemantische Offenheit zu erzeugen. Nichts deutet darauf hin, daß es im antiken Griechenland ein Kinderopfer gegeben hat. Daß der Tod von Kindern dennoch in den klassischen Dramen so bereit rezipiert wird, scheint mit der alarmierenden Wirkung des Motivs zusammenzuhängen. Die Kinder, die anders als Iphigenie tatsächlich sterben, sind Opfer der Machenschaften Erwachsener. In der Euripides-Forschung ist neuerdings zudem der Gedanke geäußert worden, daß die Bedingung der Artemis, den Wind nach Troja nur gegen die Opferung Iphigenies zu senden, sei der Versuch der Göttin gewesen, den sinnlosen Krieg wegen einer einzigen Frau zu verhindern.[38]

Zur Konstituierung eines Textes gehört neben den lexikalischen und syntaktischen Kompetenzen des Rezipienten ein Weltwissen, daß es ihm ermöglicht, den Text auf sprachimmanenter und sprachtranszendenter Grundlage zu verstehen. Zu den Kategorien des Weltwissens scheinen m.E. auch literarische Traditionen und Konventionen zu gehören. Es muß offen bleiben, ob das Motiv des dem Kriegserfolg geopferten Mädchens durch den Vater, dem das Motiv der Vater-Tochter-Liebe subordiniert ist, das Motiv des unbedacht gegebenen Appells bzw. Gelübdes an die Gottheit und das Motiv der kultischen Begehung des Todes eines Adoleszenten bzw. Kindes, der zudem im Zusammenhang mit noch nicht erfolgter Sexualität steht, bei Euripides und beim Erzähler von Jdc 11,30-40 mit dem Begriff Einfluß erklärt werden kann oder nicht. Da allerdings anzunehmen ist, daß entsprechenden Motive dem Erzähler und den Rezipienten von Jdc 11,30-40 bekannt waren, erweist sich der Plot der Erzählung in einer bewußt erzeugten und konzipierten textsemantischen Lücke. Indem die Frage, ob Jiftach nun seine Tochter geopfert habe oder nicht, ihre Antwort im nebulösen Ausgang der Geschichte sucht, und indem Gott in das Geschehen

---

38   Vgl. Stockert, Euripides. Iphigenie in Aulis, Bd. 1, 30f.

weder eingreift noch seine Position zum Thema Kinderopfer –
anders als in Gen 22 – offenbart, wird dem Adressaten der Ball
zugespielt.

Daß Kinder zur Erzwingung eines kriegerischen Erfolgs bzw.
zur Abwendung einer militärischen Niederlage rituell getötet
werden, wird in literarischen und ikonographischen Zusammenhängen zu Diffamierung anderer Kulturen angeführt. Das wohl
berühmteste Beispiel ist II Reg 3,26f. Seiner drohenden Vernichtung durch das Heer Israels kann der König der Moabiter entgehen, indem er seinen erstgeborenen Sohn auf der Mauer als
Brandopfer darbringt (ויעלהו עלה) und er so einen großen Zorn
(קצף גדול) in Israel heraufbeschwört und dessen Heer sich von
ihm zurückzieht. Daß dieser knapp verfehlte endgültige Sieg Israels über die Moabiter eine literarische Fiktion ist, legt insbesondere die moabitische Darstellung des Kriegsverlaufs auf der
Mescha-Stele, die die Polaritäten von Sieg und Niederlage gegenüber dem hebräischen Text ins Gegenteil verkehrt, nahe. Zudem
begegnen in II Reg 3,4-27 einige Anachronismen, die eine Datierung des Abschnitts in die späte Entstehungszeit der Hebräischen Bibel nahe legen.[39]

Für die Hörer des Euripides und die Leser von Jdc 11,30-40
dürfte das Kinderopfer eine Greueltat darstellen, daß sich in ih-

---

39 1. Der König der Moabiter flieht in die Stadt קיר חרשת und widersteht dort
der Belagerung. Dabei scheint es sich um die die moabitische Hauptstadt
gehandelt zu. Eine entsprechende Prosperität der südlichen Region Moab
läßt sich erst in persischer und hellenistisch-römischer Zeit nachweisen;
vgl. KNAUF, Die Umwelt des Alten Testaments, 129f.
2. Hebräisch-Moabitisch läßt sich der Stadtname קיר חרשת („Scherbenstadt")
nicht erklären, wohl aber mit römisch-byzantinischer Zeit belegten griechischen Bezeichnung Charesmoba (χάραξ „Palisade, Verschanzung, Boll-
werk"); vgl. AVI-YONAH, Art. Kir-Hareseth, 1045.
3. Der Erzähler läßt die Stadt von Schleudern umringen und zerschla-
gen (ויסבו הקלעים ויכוה; II Reg 3,25b). Hier kann nur ein Einsatz ballistischer
Belagerungsgeschütze gemeint sein, deren Einsatz erstmalig für das Jahr
397 v. Chr. (Diodor 14, 48-52) belegt ist und die sich im Hellenismus als
wirksame militärisches Mittel erwiesen haben; vgl. MAYER, Politik und Kriegskunst der Assyrer, 360.
4. II Reg 3,4 läßt Mescha als jährlichen Tribut die Wolle von 100.000 Wid-
dern und derselben Zahl Lämmer nach Israel liefern. Eine Wollproduktion in
diesen Dimensionen setzt eine etablierte Wollindustrie voraus. Diese hat es
gegeben, allerdings erst in ptolemäischer Zeit; vgl. ROSTOVTZEFF, Die hellenistische Welt, 241. 282f. 296. 1146f. Demgegenüber haben Untersuchungen
von Kleidungsresten auf der eisenzeitlichen Ausgrabung von Kuntillet Aġrud
einen nur siebenprozentigen Wollanteil gegenüber der Verwendung von
Flachs erbracht; vgl. WEIPPERT, Palästina in vorhellenistischer Zeit, 637.

rem unmittelbaren Umfeld nicht ereignet hat. Andererseits ist
das Kinderopfer Thema der Literatur insofern, als es bevorzugt
anderen, meist feindlichen Kulturen oder religiösen Gegenbewe-
gungen in die Schuhe geschoben wird. Wir können allerdings
nicht ausschließen, daß sich der Erzähler von Jdc 11,30-40
nicht auch über nichtliterarische Wissenskontingente dem Thema Kinderopfer angenähert hat. Immerhin gibt es archäologische, epigraphische, ikonographische und historiographische
Hinweise darauf, daß sich im punisch-phönizischen Bereich das
Kinderopfer in großem Stil ereignet hat.[40]
Ähnlich wie auch Euripides scheint der Erzähler von Jdc
11,30-40 weniger theologischen Frage nachzugehen. Um eine
Antwort auf die Fragte zu gewinnen, durch welche Textualitäts-
merkmale Jdc 11,30-40 als Text kenntlich ist, muß auf die dramaturgische Ambition des Erzählers verwiesen werden. Auch
wenn die Tiefe und die Intensität des Euripides in diesem kurzen Erzähltext nicht erreicht werden kann, so lassen die Mittel
der Konfliktsteuerung und der Rezeptionslenkung doch eine er-
zählerische Intensität erkennen: Konflikte werden von den Aktanten erzeugt, aber nicht immer gelöst. Diese dramaturgische
Intensivierung und Instrumentalisierung zielt auf die wohl wich-
tigste Textkonstituente ab: Auf den Leser, der mit der unerträgli-
chen Offenheit des Textes irgendwie fertig werden und der seine

---

40 Vgl. dazu den grundlegenden Überblick bei Huss, Geschichte der Karthager,
531-540. Kaiser, Die Bindung Isaaks, 209-213, bestreitet zu Recht, daß sich
in dem von ihm als hellenistisch datierten Text Gen 22 eine Überlieferung
findet, die sich auf ein Kinderopfer zurückführen läßt. Bei der hier angenommenen literarischen Abhängigkeit der Geschichte von Jiftach und seiner Tochter in Jdc 11,30-40 von Gen 22 gilt dieses Urteil erst recht. Wenn
sich das Kinderopfer nicht mit vorliterarischen Überlieferungen von Gen 22
und Jdc 11,30-40 erklären läßt, wird die Frage umso virulenter, über welche Wissenskontingente der Erzähler zum Thema Kinderopfer verfügte. Daß
in Israel und seiner Umwelt das Opfer des erstgeborenen Sohns praktiziert
wurde, ist unlängst von Stavrakopoulou, King Manasseh and Child Sacrifice,
283-299, wieder erneut in die Diskussion eingebracht worden. Dieses gehe
auf eine Vorstellung zurück, nach der Jhwh den Leib der Schwangeren fülle
und er deswegen einen Anspruch auf einen Teil der Früchte des Mutterleibs
habe; vgl. auch Ackermann, Child Sacrifice, 20-29. Abgesehen davon, daß
Isaak und Jiftachs Tochter zum Zeitpunkt des Geschehens schon groß sind
(Isaak kann immerhin das Holz für das Opfer tragen; Gen 22,6) und der Tod
beider den Vater der Möglichkeit weitere Nachkommen in Form von Enkeln
(für Abraham zusammen mit Sarah) berauben würde, spricht die in den Literaturen Israels und seiner Umwelt breit dokumentierte Krise der Kinderlo-
sigkeit vehement gegen die Existenz eines Erstgeborenenopfers.

Geschichte von Jiftach und seiner Tochter zu einem Text machen muß.[41]

Ob ein Text ein Text ist oder nicht, hängt nicht nur von dem ab, was auf dem Papier steht. Zu den unabdingbaren Textkonstituenden gehören auch die Kompetenzen des Lesers. Je besser diese ausgestattet sind, desto größer sind die Chancen einer gelungenen Textrezeption. Im Fall von Jdc 11,30-40 mag man einen Sinngehalt des Textes auch allein auf der Ebene der Sprache erschließen können. Der narrative Diskurs, der zwischen und hinter den Zeilen verläuft, verlangt noch etwas mehr: einen versierten Leser, dessen Weltwissen auch rezeptiv-literarische Kompetenzen aufweist.

Literaturverzeichnis

Abrabanel, I. : פירוש על נביאים ראשונים, Jerusalem 1955.

Ackermann, S.: Child Sacrifice. Returning God's Gift. Bible Review 9 (1993), 20-29, 56.

Avi-Yonah, M.: Art. Kir-Hareseth. EJ 10, Sp. 1045.

Baumgartner, W.: Jephtahs Gelübde Jud. 11,30-40. ARW 18 (1915), 240-249.

Becker, U.: Richterzeit und Königtum. Redaktionsgeschichtliche Studien zum Richterbuch. Berlin/New York 1990 (BZAW; 192).

Bluedorn, W.: Yahweh versus Baalism. A Theological Reading of the Gideon-Abimlech Narrative. Sheffield 2001 (JSOT.S; 329).

Buschor, E.: Euripides. Ausgewählte Tragödien. 2 Bände. Darmstadt 1996.

Dawson, D. A.: Text-Linguistics and Biblical Hebrew. Sheffield 1994 (JSOT.S; 177).

Day, P. L.: From the Child is Born the Women. The Story of Jephthah's Daughter, in: dies. (Hg.), Gender and Difference in Ancient Israel. Minneapolis 1989, 58-74.

---

41 Unlängst hat sich TITA, Gelübde als Bekenntnis, 103f, dafür ausgesprochen, die Darstellung der Gestalt Jiftachs im Gesamtzusammenhang der erzählten *Dekadenz der Richterzeit* zu deuten. In einer „Zeit zunehmender Dekadenz" (103) reiht sich ein in die „Verirrungen der Richterzeit" (104). Der von JHWH auserwählte und beseelte Jiftach, dem der Sieg über seine Feinde geschenkt wird, falle tief mit seiner Sünde des hybriden Eids; vgl. auch HUMPHREYS, The Story of Jephtah and the Tragic Vision, 94.

Ebener, D.: Euripides. Tragödien. Vierter Teil. Elektra, Helena, Iphigenie im Land der Taurer, Ion. Berlin 1977 (SQAW; 30,4).

Eco, U.: Zwischen Autor und Text. Interpretation und Überinterpretation. Mit Einwürfen von R. Rorty, J. Culler, C. Brooke-Rose, S. Collini. Übers. aus dem Englischen H. G. Holl. München 1996.

Eising, H.: Art. ערך. ThWAT IV, Sp. 352-354.

Engelken, K.: Frauen im Alten Israel. Eine begriffsgeschichtliche und sozialrechtliche Studie zur Stellung der Frau im Alten Testament. Stuttgart/Berlin/Köln 1990 (BWANT; 130).

Exum, J. C.: Fragmented Women. Feminist (Sub)versions of Biblical Narrativs, Valley Forge 1993.

Goethe, J. W. von: Maximen und Reflexionen, in: Goethes Werke XII. München [12]1994.

Görg, M.: Richter. Würzburg 1993 (Die neue Echter-Bibel; 31).

Gunkel, H.: Die Urgeschichte und die Patriarchen (Das erste Buch Mosis). Göttingen 1921 (SAT; 1/1).

Hamlin, E. J.: Judges. At Risk in the Promised Land. Grand Rapids 1990 (ICC).

Humphreys, W. L.: The Story of Jephtah and the Tragic Vision. A Response to J. Cheryl Exum, in: J.C. Exum (Hg.), Signs and Wonders. Biblical Texts in Literary Focus. Atlanta 1989 (Semeia Studies; 18), 85-96.

Huss, W.: Geschichte der Karthager. München 1985 (Handbuch der Altertumswissenschaft; 3, 8).

Käppel, L.: Die Konstruktion der Handlung der Orestie des Aischylos. Die Makrostruktur des „Plot" als Sinnträger in der Darstellung des Geschlechterfluchs. München 1998 (Zetemata; 99).

Kaiser, O.: Die Bindung Isaaks. Untersuchungen zur Eigenart und Bedeutung von Genesis 22, in: ders. (Hg.), Zwischen Athen und Jerusalem. Studien zur griechischen und biblischen Theologie, ihrer Eigenart und ihrem Verhältnis. Berlin/New York 2003 (BZAW; 320), 199-224.

Kimchi, D.: פירוש על שופטים, in: מקראות גדולות, נביאים ראשונים. Jerusalem 1981.

Knauf, E. A.: Die Umwelt des Alten Testaments. Stuttgart 1994 (NSK.AT; 27).

Kratz, R. G.: Die Komposition der erzählenden Bücher des Alten Testaments. Grundwissen der Bibelkritik. Göttingen 2000.

Leach, L.: Genesis as Myth and Other Essays. London 1969.

Marcus, D.: Jephthah and His Vow. Lubbock, TX 1986.

Mayer, M.: Politik und Kriegskunst der Assyrer. Münster 1995 (ALASPM; 9).

Michel, A.: Gott und Gewalt gegen Kinder im Alten Testament. Tübingen 2003 (FAT; 37).

Michelini, A. N.: Euripides and the Tragic Tradition. Madison, Wisc. 1987 (Wisconsin studies in classics).

Millard, M.: Mündlichkeit nach der Schriftlichkeit. Zur Rechtsfindung innerhalb und nach der Tora, in: Hardmeier, C./Kessler, R./Ruwe, A. (Hgg.), Freiheit und Recht. FS Frank Crüsemann zum 65. Geburtstag. Gütersloh 2004, 276-291.

— : Simon und das Ende des Richterbuches. Ein Beispiel einer Kanonexegese zwischen kompositions- und wirkungsgeschichtlicher Auslegung, in: Auwers, J.-M./de Jonge, H. J. (Hgg.), The Biblical Canons. Leuven 2003 (BEThL; CLXIII), 227-234.

Nünlist, R.: Art. Idomeneus, Der Neue Pauly. Enzyklopädie der Antike, Band 5. Stuttgart/Weimar 1998.

O'Connell, R. H.: The Rhetoric of the Book of Judges. Leiden/New York/Köln 1996 (VT.S; LXIII).

Richter, W.: Die Überlieferung um Jephtah. Jdc 10,17-12,6. Biblica 47 (1966), 485-556.

Römer, T.: Dieu obscure. Le sexe, la cruauté et la violence dans l'Ancien Testament. Genève 1966 (Labor et Fides, Essais Bibliques; No. 27).

— : Why Would the Deuteronomists Tell about the Sacrifice of Jephtah's Daughter. JSOT 77 (1998), 27-38.

Rostovtzeff, M.: Die hellenistische Welt. Gesellschaft und Wirtschaft, Übersetzung aus dem Englischen G. u. E. Bayer. Stuttgart 1955f.

Rottzoll, D. U. und A.: Die Erzählung von Jiftach und seiner Tochter (Jdc 11,30-40) in der mittelalterlich-jüdischen und historisch-kritischen Bibelexegese. ZAW 115 (2003), 210-230.

Schaudig, H.: Die Inschriften Nabonids von Babylonien und Kyros' des Großen samt den in ihrem Umfeld entstandenen Tendenzinschriften. Textausgabe und Grammatik. Münster 2001 (AOAT; 256).

Scherer, A.: Gideon – ein Anti-Held? Ein Beitrag zur Auseinandersetzung mit dem sog. „Flawed-Hero Approach" am Beispiel von Jdg. VI, 36-40. VT LV (2005), 269-273.

Segal, C.: Tragedy and Civilization. An Interpretation on Sophokles, Cambridge/London 1981.

Servius: Servii Grammatici qui feruntur in Vergilii.

— : Vol. 1. Carmina. Aeneidos librorum 1-5 commentarii. Leipzig 1881 (Neudruck Hildesheim 1961).

— : Vol. 2. Carmina. Aeneidos librorum 6-12 commentarii. Leipzig 1884 (Neudruck Hildesheim 1961).

Soggin, J. A.: Le Livre des Juges. Genève 1987 (CAT; Vb).

Stavrakopoulou, F.: King Manasseh and Child Sacrifice. Biblical Distortions of Historical Realities. Berlin/New York 2004 (BZAW; 338).

Stockert, W.: Euripides, Iphigenie in Aulis. Bd. 1. Einleitung und Text. Wien 1992 (Wiener Studien, Beiheft; 16/1).

Tapp, A. M.: An Ideology of Expendability. Virgin Daughter Sacrifice in Genesis 19,1-11, Judge 11,30-39 and 119,22-26, in: Bal, M. (Hg.), Anti-Covenant. Counter-Reading Women's Lives in the Hebrew Bible. Sheffield 1989 (JSOT.S; 81), 157-174.

Tita, H.: Gelübde als Bekenntnis. Eine Studie zu den Gelübden im Alten Testament. Freiburg/Göttingen 2001 (OBO; 181).

Trible, P.: Texts of Terror. Literary-Feminist Readings of Biblical Narratives. Philadelphia 1984.

Tschiedel, H. J.: Phaedra und Hippolytus. Variationen eines tragischen Konflikts. Diss. Erlangen/Nürnberg 1969.

Weippert, W.: Palästina in vorhellenistischer Zeit, Handbuch der Archäologie Vorderasiens II. Bd. 1. München 1988.

Werner, O: Aischylos. Tragödien. Zürich/Düsseldorf ⁵1996.

Zakovitch, Y.: Through the Looking Glass. Reflection Stories in the Bible. Tel Aviv 1995 (Hebr.).

Geschichten und Geschichte in den nordwestsemitischen Inschriften des 1. Jahrtausends v. Chr.

REINHARD G. KRATZ

Texte entstehen nicht aus dem Nichts, sondern haben einen Anlaß und eine Funktion, wonach sich die Wahl der Ausdrucksmittel und die Gestaltung des Textes richten. In diesem Beitrag soll die Erinnerung der Vergangenheit in den nordwestsemitischen Inschriften des 1. Jahrtausends v. Chr. als Mittel zur Konstituierung von Texten und Erzeugung von Textkohärenz untersucht werden. Angefangen bei dem Gedenken an Verstorbene in Grabinschriften werden die Memorabilien und historischen Abrisse in Bau-, Weih- und Königsinschriften in den Blick genommen, und es wird gefragt, welche historiographischen Mittel und Motive dabei zum Einsatz kommen. Es versteht sich, daß es dabei nicht um die Zuverlässigkeit der historischen Informationen, sondern um die Frage geht, wie diese Texte über geschichtliche Ereignisse handeln.

1. Erinnern und Gedenken

Von der Vergangenheit ist in den westsemitischen Inschriften des 1. Jahrtausends v. Chr. nicht gerade häufig die Rede. Wo dies der Fall ist, trifft man nicht auf ein Geschichtsbewußtsein in unserem Sinne als Reflexion auf die Vergangenheit als solche. Die Inschriften scheinen den Begriff von Geschichte, wie er uns aus der griechisch-römischen Geschichtsschreibung oder aus der Neuzeit geläufig ist, nicht zu kennen. Aber auch die biblische Art der Geschichtsschreibung ist ihnen trotz vieler Berührungspunkte fremd.[1] Die Geschichte des Volkes Israel vom An-

---

1 Für einen ersten Überblick über das relevante Material vgl. VAN SETERS, In Search of History.

fang der Welt bis zum Untergang der beiden Monarchien, wie sie in Genesis-II Könige und, in einer kürzeren Fassung, in I-II Chronik dargestellt sowie in Esra-Nehemia bis in persische, in I und II Makkabäer in hellenistische Zeit fortgeschrieben ist, sucht im Raum des Alten Orients ihresgleichen. Der Grund dafür dürfte nicht so sehr in der Lückenhaftigkeit der Überlieferung als vielmehr in der unterschiedlichen Auffassung von Geschichte liegen. Es empfiehlt sich daher, die erhaltenen Inschriften nach dem ihnen eigenen Geschichtsbewußtsein zu befragen, wozu hier einige wenige, erste Beobachtungen vorgetragen seien.[2]

Die elementarste Erfahrung einer abgeschlossenen Vergangenheit ist der Tod, mit dem das Leben, jedenfalls das Leben auf Erden, definitiv endet. So erstaunt es nicht, daß sich Ansätze eines geschichtlichen Denkens in Grabinschriften finden. Schon die Grundform solcher Inschriften[3] enthält einen Verweis auf die Vergangenheit: den Namen des Toten, oft eingeleitet durch die Präposition l, die die Zugehörigkeit des Grabes und zugleich den Zweck der Inschrift, das Gedenken[4] an den Verstorbenen, bezeichnet. Meist schließt sich ein Patronymikon oder die – bei Königen und anderen Amtsträgern übliche – Aufzählung weiterer Vorfahren an. Die Genealogie verleiht dem Gedenken geschichtliche Tiefe. Das Gedenken der Lebenden an den Toten stellt aber zugleich einen Zusammenhang mit der Nachwelt her.[5] An sie sind die Anweisungen zum Schutz des Grabes gerichtet. Mit der magischen Wirkung von Fluch und Segen, die der Pflege des Grabes gelten, reicht die abgeschlossene Vergangenheit in die Gegenwart und Zukunft hinein und bleibt in ihnen wirksam.

Gelegentlich begegnen Abweichungen vom üblichen Schema, die den geschichtlichen Aspekt der Grabinschriften noch deutlicher zur Geltung bringen. So findet sich in einer der hebräi-

---

2   Sie beruhen auf den folgenden Editionen (hier auch die relevante Literatur): GIBSON, Textbook of Syrian Semitic Inscriptions; DAVIES, Ancient Hebrew Inscriptions [AHI]; DONNER/RÖLLIG, Kanaanäische und aramäische Inschriften [KAI]; RENZ/RÖLLIG, Handbuch der Althebräischen Epigraphik [HAE]; PRICHARD, Ancient Near Eastern Texts [ANET]; HALLO, The Context of Scripture [COS]; KAISER, Texte aus der Umwelt des Alten Testaments [TUAT]. Zur Diskussion (ebenfalls mit ausgiebig Literatur) vgl. PARKER, Stories in Scripture and Inscriptions.

3   HAE II/1, 2f. Die einschlägigen Inschriften werden hier als Gesamtkorpus betrachtet; die sprachliche, zeitliche und geographische Differenzierung erbringt für dieses Thema wenig. Vgl. dazu RÖLLIG, Semitische Inschriften.

4   Vgl. KAI 51,1; 123,4; 161,5; 165,6f; 273,1.

5   Vgl. KAI 226 = TSSI II.19 (TUAT II, 574; COS 2.59), Z. 5f.

schen Inschriften von Hirbet el-Qom eine kurze biographische
Notiz über den Verstorbenen, wie sie eher für Weihinschriften
(und das Danklied des Einzelnen im biblischen Psalter) typisch
ist: Uriahu war ein Gesegneter Jhwhs und wurde von seinen
Feinden (oder: aus seiner Not) von Jhwh durch seine Aschera er-
rettet.[6] Die Notiz bewahrt nicht nur das Andenken des Verstorbenen, sondern auch die Erinnerung an eine Begebenheit aus
seiner persönlichen Lebensgeschichte.[7]

Noch weiter holt die phönizische Inschrift auf dem Sarko-
phag des Eschmunazar aus.[8] Die Datierung am Anfang der Inschrift nach den Regierungsjahren des verstorbenen Königs von
Sidon[9] gibt den Zeitpunkt seines (zu frühen) Todes als geschichtlichen Standort an, von dem aus er zur Nachwelt spricht
und auf die Vergangenheit zurückblickt. Nach dem üblichen
Formular, der Selbstvorstellung und den Angaben zum Schutz
des Grabes in Z. 1-12a, lenkt der Text in Z. 12b mit einer wörtlichen Wiederaufnahme von Z. 2f zur Selbstvorstellung zurück
und führt diese in den Z. 12b-20a breit aus, bevor er in Z. 20b-
22 mit Versatzstücken aus Z. 4b-12a, d.h. mit wiederholten Anweisungen zum Schutz des Grabes, endet.

Die ausgeführte Selbstvorstellung enthält eine Art Rechenschaftsbericht des verstorbenen Königs, der drei Themen umfaßt: 1) eine Langfassung der Genealogie, die außer dem (schon
in Z. 2 genannten) Vater und unmittelbaren Vorgänger auch den
Großvater sowie die Mutter, eine Tochter des Großvaters und
Schwester des Vaters, nennt, die vorher – in der Selbstvorstellung am Anfang der Inschrift (Z. 2f) wie in der Wiederaufnahme
dieses Anfangs in Z. 13 – nur als „Witwe" Erwähnung findet (Z.
12b-15a); 2) den Bau einiger Heiligtümer in Sidon und Umgebung, der dem König und seiner Mutter, einer Priesterin der
Astarte, zugeschrieben wird (Z. 15b-18a); 3) den Zugewinn der
kornreichen Ländereien von Dor und Jaffa in der Ebene von Sa-
ron, die der verstorbene König vom „Herrn der Könige", d.h. vom
persischen Großkönig, erhalten und dem Herrschaftsgebiet von
Sidon einverleibt hat, wie es heißt, als Dank für die „gewaltigen
Taten", die er vollbracht hatte. Während die Genealogie in den
Grabinschriften ihren festen Ort hat, sprengen die beiden ande-

---

6   HAE I, 202-211 = AHI 25.003 (TUAT II, 557f; COS 2.52).
7   Vgl. auch KAI 226 = TSSI II.19 (TUAT II, 574; COS 2.59), Z. 2-8; TUAT II,
     575 Nr. 3.
8   KAI 14 = TSSI III.28 (TUAT II, 590-593; COS 2.57).
9   Vgl. auch KAI 260 (TUAT II, 574 Nr. 2), datiert nach dem persischen König.

ren Themen, die Bautätigkeit und die politischen Ereignisse, die man eher in Königsinschriften erwarten würde, deutlich den Rahmen. Sie ergänzen die Genealogie um die Werke und Taten des verstorbenen Königs, dessen persönliche Lebensgeschichte zugleich politische Geschichte ist.

Ähnlich verhält es sich mit den Bau- und Weihinschriften. In ihrer einfachen Form zeugen sie nur sehr verhalten, vielleicht sogar verhaltener als die Grabinschriften, von einem geschichtlichen Bewußtsein. Außer dem Namen des Erbauers oder Spenders, an den die Inschrift erinnert, und gegebenenfalls seiner Genealogie weist nur das Objekt, dem die Bau- oder Weihinschrift gilt, in Verbindung mit der Inschrift selbst auf ein Ereignis der Vergangenheit, das aus der Perspektive des Betrachters die Zeit überdauert hat und in seine Gegenwart hineinreicht. Eine historische Dimension gewinnt die Inschrift dann, wenn sie von einem König stammt und im Stil der Königsinschrift gehalten ist.

Dies ist etwa der Fall bei der phönizischen Inschrift des Königs Jḥwmlk (akkad. *Jaḥimilk* „es lebe der König") von Byblos.[10] Sie wurde im Hof des Tempels der „Herrin von Byblos" entdeckt und gilt dem Ausbau dieser Anlage durch den König. Dem Anlaß und der Gattung entsprechend werden in Z. 3b-6 die Stiftungen im einzelnen aufgezählt, verbunden mit dem Wunsch nach Segen und langem Leben für den als gerechten König bezeichneten Stifter sowie nach Gnade in den Augen der Götter und der Bevölkerung des Landes (Z. 8-11a).[11]

Doch anders als in vergleichbaren Inschriften[12] beginnt der Text nicht sofort mit dem Hinweis auf die Stiftungen, sondern wird mit einer Selbstvorstellung des Königs eingeleitet, woraus sich die 1. Person in Z. 1-8a und wieder Z. 11b-16 erklärt; nur bei den Segenswünschen in Z. 8b-11a ist die für die älteren Bau- und Weihinschriften aus Byblos charakteristische 3. Person verwendet. In der Selbstvorstellung wird außer dem Namen und der Genealogie die Einsetzung des Königs durch die „Herrin von Byblos" mitgeteilt (Z. 1-2a.) Anschließend folgt eine kurze Episode (Z. 2b-3a), die nach der Aufzählung der gestifteten Bauwerke noch einmal wiederholt wird (Z. 7b-8a) und vermutlich

---

10 KAI 10 = TSSI III.25 (TUAT II, 586-588; COS 2.32).

11 Am Übergang von Z. 10 zu Z. 11 ist der Text fehlerhaft. Vgl. KAI II, 15 bzw. COS 2.32 Anm. 15 und 16.

12 Vgl. KAI 4-7 = TSSI III.6-9 sowie die Beispiele aus Sidon, KAI 12, 15-19 und Ekron, TUAT Erg., 189f; COS 2.42.

der Grund für die Stiftung war: Die Göttin hat ein Gebet des Königs erhört und ihm Gutes getan. Wir erfahren nicht, worum es ging, doch dürfte es am ehesten der politische Friede, vielleicht die Abwehr von Feinden, gewesen sein, worum der König seine „Gebieterin, die Herrin von Byblos" bat.

Auch der Schluß (Z. 11b-16) geht über die üblichen Floskeln der Bau- und Weihinschriften hinaus. Wie bei Gedenksteinen für Götter und Menschen üblich, enthält er Angaben zum Schutz der Stele, auf der der König dargestellt und die Inschrift mit seinem Namen angebracht ist. Die Nachfolger, „alle Könige und jeder Mensch", werden unter Androhung eines Fluches ermahnt, bei späteren baulichen Veränderungen den Namen des Königs nicht zu tilgen, sondern neben den ihren zu setzen und die Stele nicht zu beseitigen.

Geschichtsschreibung, wie wir sie kennen und uns aus historischer Neugier wünschten, ist dies alles natürlich nicht. Dennoch deutet sich in den Grab-, Bau- und Weihinschriften durchaus ein Bewußtsein dafür an, daß die Gegenwart aus der Vergangenheit hervorgegangen ist und beides eine Zukunft hat. Schon die Inschrift als solche hat eine historische Dimension: Sie dient der Erinnerung an Vergangenes, das auch die Gegenwart bestimmt und, vermittelt durch die magische Kraft von Segen und Fluch, in die Zukunft wirkt. In den Grab-, Bau- und Weihinschriften bezieht sich die Erinnerung hauptsächlich auf einzelne Personen und ihre individuelle Lebensgeschichte. Das Gedenken an den Verstorbenen und die Erinnerung an den Erbauer und Stifter von Gebäuden und anderen Objekten lenken den Blick in die Vergangenheit. Handelt es sich um Könige, gewinnt die persönliche Lebensgeschichte historische Bedeutung. Hier spiegeln die Genealogie und die individuellen Werke und Taten sowie einzelne Widerfahrnisse des Königs immer auch die Geschichte seines Reiches wider. Die Königsdynastie macht das genealogische und biographische zu einem historiographischen Prinzip.

2. Denkwürdige Begebenheiten

Der König und seine Dynastie stehen auch im Mittelpunkt der Königsinschriften. Die Übergänge zwischen den königlichen Bau- und Weihinschriften und den Königsinschriften sind durchaus fließend. Je nach Anlaß und Ort nehmen sie auf ein

Bauwerk Bezug,[13] sind einer Gottheit geweiht[14] oder haben keine besondere Bestimmung bzw. ist die Bestimmung aufgrund des schlechten Erhaltungszustands nicht mehr zu erkennen.[15] Nicht wenige Inschriften enthalten historische Angaben, die für die zeitgeschichtliche Einordnung von großem Wert sind. Doch nur wenige bieten auch historische Reminiszenzen, d.h. Rückblicke in die Vergangenheit, die auf eine zurückliegende Geschichte reflektieren. Diese Rückblicke sind entweder ganz allgemein gehalten und überblicken die Gesamtsituation einer Herrschaft[16] oder nehmen bestimmte Ereignisse in den Blick.

Bei den Ereignissen handelt es sich in der Regel um einzelne Episoden aus der Regierungszeit des Königs. Musterbeispiel dafür ist die aramäische Inschrift des Königs Zakkur von Hamat.[17] Die Stele, auf der eine menschliche Figur, Gott oder König, dargestellt war, ist dem Gott Ilu-Wer gewidmet (A 1; B 13f.20). Die Inschrift beginnt mit einer von dem Korpus abgehobenen Überschrift im Stile der Votivinschriften und geht sodann in die Selbstvorstellung und den Ich-Bericht des Königs über. Auf der Stele ist, wie der König selbst sagt, „das Werk meiner (des Zakkur) Hände" (ידי זכר...ידי אשר ית) aufgeschrieben (B 14f.16f). Die Selbstdarstellung setzt bei der Berufung des אש ענה[18] zum König durch den Reichsgott Baalschamajin ein und schildert in einem ersten Teil die Verteidigung seiner Herrschaft gegen feindliche Übergriffe (A 2-17); im zweiten Teil verweist der König mehr summarisch auf Gebietsgewinne und eine rege Bautätigkeit, die in der Anfertigung und Aufstellung der Stele gipfelt (B 1-15). Fluchandrohungen gegen die Schändung der Stele (B 16-28)

---

13 KAI 26 = TSSI III.15 (TUAT I, 640-645; COS 2.31); KAI 216 = TSSI II.15 (TUAT I, 630f; COS 2.38); KAI 181 = TSSI I,71-83 (TUAT I, 646-650; COS 2.23).

14 Tell Fecherije (TUAT I, 634-637; COS 2.34); KAI 201 = TSSI II.1 (TUAT I, 625; COS 2.33); KAI 202 = TSSI II.5 (TUAT I, 626-628; COS 2.35); KAI 214 = TSSI II.13 (COS 2.36); dem Andenken des verstorbenen Vaters gewidmet ist KAI 215 = TSSI II.14 (TUAT I, 628-630; COS 2.37).

15 KAI 24 = TSSI III.13 (TUAT I, 638-640; COS 2.30); KAI 217 = TSSI II.16 (TUAT I, 631f); Tell Dan (TUAT Erg., 176-179; COS 2.39).

16 Tell Fecherije (TUAT I, 634-637; COS 2.34); KAI 216 = TSSI II.15 (TUAT I, 630f; COS 2.38).

17 KAI 202 = TSSI II.5 (COS 2.35; TUAT I, 626-628); vgl. Parker, Stories, 106-112.

18 Zur Bedeutung vgl. die Diskussion in KAI II, 206 und COS 2.35 Anm. 6; Parker, Stories, 107.109 Anm. 14 schließt sich der traditionellen Lösung von KAI an.

und Segenswünsche für den König und sein Haus (C 1f) beschließen die Inschrift.[19]

Der Rückblick bezieht sich somit auf die gesamte Regierungszeit des Königs von ihren Anfängen in Hazrak bis zur Aufstellung der Inschrift, auf der Zakkur den Titel „König von Hamat und Luᶜasch" führt.[20] Doch sind die Werke und Taten des
Königs nicht alle nach demselben Muster dargestellt.[21] Der zweite Teil folgt dem Prinzip der Liste: Im Ich-Stil werden die Gebietsgewinne und diversen Bauwerke aufgezählt: „Ich baute, ich
fügte hinzu, ich stellte auf". Der Stil konvergiert mit der kurzen
Selbstvorstellung am Anfang und ist typisch für die westsemitischen Königsinschriften. Auffallend ist lediglich das Fehlen einer
Genealogie, was darauf schließen läßt, daß Zakkur entweder ein
Usurpator oder der Begründer einer Dynastie[22] war. Doch auch
ohne die Genealogie ist es die Biographie des Königs, nicht die
des Menschen Zakkur, sondern des Amtsträgers, die den geschichtlichen Zusammenhang stiftet und der Nachwelt überliefert werden soll.

Von diesem Darstellungsmuster weicht der erste Teil der Inschrift (in A 4-17) markant ab. Er wendet sich einem besonderen Ereignis in der Regierungszeit des Königs zu: der Gefähr-
dung seines Königtums durch den Angriff einer feindlichen Koalition aramäischer Fürsten unter der Führung des Königs Barhadad, Sohn des Hazael, des Königs von Aram (Damaskus). Dieser Passus ist für unser Thema, die Darstellung von Geschichte
in den westsemitischen Inschriften, in mehrfacher Hinsicht von
eminenter Bedeutung.

---

19 Zur Gattungsmischung von Votivstil und Königsinschrift vgl. schon Noth,
    La'asch und Hazrak, 135f; neuerdings Parker, Stories, 107f, der sich auf
    Miller, The Moabite Stone, beruft. Parker, aaO., 108 vermutet „that in this or
    a similar form the text had been used previously as a memorial inscription
    and then adapted for this particular occasion – the dedication to Ilu-Wer –
    by the addition of the clause in A1 and the blessings at the end", und sieht
    auch in dem Hinweis auf Afis und die Inschrift selbst in B 10-15 einen Zu-
    satz.
20 Zur historischen Interpretation vgl. Noth, La'asch und Hazrak, 135-147.
21 Parker, Stories, 109 sieht auch darin ein Indiz für die Vorgeschichte der In-
    schrift und vermutet „that the siege narrative would first have been compo-
    sed and told independently" bevor die Stele angefertigt und die ältere Erzäh-
    lung um „the more common accounts of military victories and building
    activities" ergänzt wurde.
22 So Noth, La'asch und Hazrak, 138 Anm. 13.

Schon die Darstellungsweise ist bemerkenswert.[23] Statt der bloßen Aufzählung einzelner Taten des Königs hat man es mit einer komplexen Erzählstruktur zu tun. Mit Barhadad und seinen Verbündeten werden neue Subjekte der Handlung eingeführt, die eigene Absichten verfolgen: Sie vereinigen sich gegen Zakkur und belagern Hazrak. Ihr Handeln veranlaßt wiederum Zakkur, sich an seinen Gott, den Landesgott Baalschamajin, zu wenden. Mit ihm und den Propheten, die für ihn sprechen, kommen weitere Akteure ins Spiel. Die auf diese Weise aufgebaute Spannung löst sich, indem der Landsgott den König durch die Seher und Wahrsager unter Berufung auf die in der Inschrift bereits mitgeteilte Königserwählung des göttlichen Beistands versichert und ihm den Sieg über die feindliche Koalition verheißt. Die Darstellung des geschichtlichen Ereignisses zeichnet sich somit durch gesteigerte Komplexität der handelnden Personen und des Geschehens aus.

Des weiteren verdient das Verhältnis der Darstellung zu den tatsächlichen Vorgängen Aufmerksamkeit. Es spricht vieles dafür, daß Zakkur ein Parteigänger der Assyrer war[24] und die Befreiung von der feindlichen (antiassyrischen) Koalition dem assyrischen Eingreifen im Zuge der Westexpansion Assurs unter Adadnirari III. (811-783 v. Chr.) verdankt, sei es, daß die Belagerung Hazraks aufgrund eines der im assyrischen Eponymenkanon notierten Feldzüge zwischen 805-796 v. Chr. (805, 804, 802 und 796) abgebrochen werden mußte,[25] sei es, daß Zakkur den assyrischen König um Hilfe bat und von ihm direkte Unterstützung erhielt. Davon ist in der Inschrift allerdings nicht die Rede. Sie führt den Sieg über die Feinde allein auf den Beistand und das Eingreifen des um Hilfe angerufenen Reichsgottes Baalschamajin zurück. Das geschichtliche Ereignis wird also nicht in allen Einzelheiten und genau so wiedergegeben, wie es sich zuge-

---

23 Vgl. Parker, Stories, 109-112.
24 Vgl. Noth, La'asch und Hazrak, 139 (unter Berufung auf M. Lidzbarski, Ephemeris für semitische Epigraphik III, Gießen 1915, 8f); Parker, Stories, 112 (mit Hinweis auf J. D. Hawkins, CAH ed. 2. Vol. 3, Part 1, Cambridge 1982, 400.403-404; RLA 7/1-2, 158, sowie N. Na'aman in: Scripta Hierosolymita 33 [1991], 80-98). Dagegen spricht nicht, daß sich Hatarikka (Hazrak) später wieder gegen Assur auflehnte und selbst mehrfach Ziel assyrischer Feldzüge war (772, 765 und 755), bis es unter Tiglatpileser nach 738 v. Chr. dem Reich einverleibt und assyrische Provinz wurde.
25 So Lamprichs, Die Westexpansion, 97-105, besonders 101f mit weiterer Literatur zu den unterschiedlichen Datierungsvorschlägen. Zakkur von Hamat ist in der Atakya-Stele namentlich erwähnt (COS 2.114A).

tragen hat, sondern aus der Perspektive des Königs dargestellt. Die Darstellung bedient sich des gängigen Musters des königlichen Heilsorakels und erweist sich damit zu einem guten Teil als literarische Konstruktion.

Die Episode der Zakkur-Inschrift hat in I Reg 13,3-5 eine biblische Parallele. Wieder sind es Hazael und Benhadad von Aram, die in diesem Fall Joahas von Samaria bedrängen. Dieser fleht zu seinem Gott und wird erhört, woraufhin JHWH – wie zur Zeit der Richter – einen „Retter" schickt, der Israel aus der Gewalt Arams befreit. Im Unterschied zur Zakkur-Inschrift geht im Buch der Könige jedoch auch die Bedrängnis durch die Aramäer auf den Willen JHWHs zurück, der Israel für den Dienst fremder Götter straft. Zwar bedient sich die biblische Version desselben Erzählmusters wie die Zakkur-Inschrift, deutet es jedoch theologisch neu aus. Das bedeutet nicht, daß die Inschrift den historischen Tatsachen näher stünde als der biblische Bericht. Um eine literarische Konstruktion handelt es sich in beiden Fällen, nur daß der Grad der theologischen Reflexion in dem biblischen Bericht höher ist als in der Inschrift und die Deutung der Geschichte in einen andere, entgegensetzte Richtung geht. Das wird auch an der anonymen Figur des „Retters" deutlich. In der Forschung hat man dabei an den sterbenden Elisa, die Nachfolger des Joahas, Joasch (II Reg 13,25) und Jerobeam II. (II Reg 14,27), oder Adadnirari III. gedacht.[26] Doch kommt es auf die Identität dieser Gestalt offenbar gar nicht an. Entscheidend ist, daß die Hilfe von außen kommt und, auch dies ein ganz wesentlicher Unterschied zur Inschrift des Zakkur, daß der König von Samaria daran keinen Anteil hat.

Schließlich gilt es zu beachten, daß die Zakkur-Inschrift lediglich eine einzelne, für das Königtum grundlegende Episode herausgreift und näher ausführt. Auch dies unterscheidet die Darstellung in der Inschrift von der biblischen Parallele, die einen analogen Vorgang mit ihrer theologischen Ausdeutung in den größeren Zusammenhang der Geschichte des Gottesvolkes stellt. Der Inschrift liegt ein derartiger Zusammenhang fern. Sie ist an dem Schicksal des Königs und seines Hauses, d.h. einzig und allein an dem Bestand der Königsdynastie interessiert, die sowohl die Darstellung der Episode als auch den Rückblick auf die gesamte Regierungszeit und das mit der Inschrift begründete Andenken in der Zukunft bestimmt.

---

26 Vgl. WÜRTHWEIN, Die Bücher der Könige, 362 Anm. 10; COGAN/TADMOR, II Kings, 143; COS 2, 272.

Ähnliches ließe sich an anderen Königsinschriften aufweisen, z.B. an der aramäischen Tell Dan-Inschrift,[27] einer Parallele zu II Reg 9-10. Da Anfang und Ende der Inschrift nicht erhalten sind, läßt sich über Gattung und Anlage des gesamten Texts nicht viel sagen. Im Mittelpunkt scheint jedoch die Tötung Jorams von Israel aus dem Hause Omri und Ahasjas von Juda aus dem Hause David gestanden zu haben, die die biblische Tradition Jehu (II Reg 9,15ff; II Chr 22,7-9), die Tell Dan-Inschrift hingegen dem aramäischen König, Hazael von Damaskus, zuschreibt. Möglicherweise hat die Verwundung Ahasjas durch die Aramäer (II Reg 8,28; 9,15; II Chr 22,5f), die mit dem Tod der beiden Könige in Jesreel endete, den Widerspruch provoziert. Er beweist, daß man es hier wie dort mit einer literarischen Konstruktion zu tun hat.

Die Schilderung des Ereignisses ist in der Tell Dan-Inschrift eingebettet in einen Rückblick auf die wechselvollen Beziehungen zwischen den Königen von Aram und Israel, die zwei oder mehr Generationen zurückreichen (vgl. I Reg 15, 18-20; 20,1-34; 22; II Reg 8,7-15) und nach dem Tod „Benhadads" (Hadadezers) unter dessen Nachfolger Hazael in dem Überfall der israelitisch-judäischen Koalition unter Joram und Ahasja auf Aram gipfelten (II Reg 8,28f; 9,14; II Chr 22,5). Aus der Vorgeschichte erklärt sich die Schwere des Konflikts, den der aramäische König auch hier wie im Falle der Zakkur-Inschrift mit der Hilfe seines Reichsgottes Hadad, der ihn zum König erkoren und inthronisiert hat, löst. Es scheint die erste Bewährungsprobe gewesen zu sein, die den Usurpator, den „Sohn eines Niemand", wie Hazael in der Basaltinschrift Salmanassars III.[28] genannt wird, als legitimen Herrscher ausweisen sollte; dies mag auch der Grund dafür sein, daß Hazael den Vorgänger Hadadezer (den „Benhadad" von I Reg 8,7-15) seinen „Vater" nennt. Wiederum ist es die Geschichte des Königtums, die in der Inschrift die Darstellung des Geschehens und die Erinnerung der Vergangenheit beherrscht.

Solche Erinnerungen sind auch in die biblische Überlieferung eingegangen, und es ist kein Zufall, daß sich die Tell Dan-Inschrift am ehesten mit den annalistischen Notizen in II Reg

27 TUAT Erg., 176-179; COS 2.39. Vgl. auch Parker, Stories, 58, der die Inschrift zusammen mit Mescha und Sfire unter seiner narratologischen Kategorie „Stories of Military Campaigns" behandelt und mit II Reg 13-14; Jos 10; II Sam 8 and 10 vergleicht.
28 TUAT I, 365; COS 2.113G.

8,28f (9,14f) berührt. Diese Notizen liegen auch der ursprünglichen Erzählung in II Reg 9f[29] zugrunde, die dieselbe Episode, die
in die Tell Dan-Inschrift Eingang fand, sehr viel breiter literarisch verarbeitet hat. Aus der Episode wurde in der israelitischen Erzählung eine Beispielgeschichte für die Grausamkeit
des Usurpators. Im Rahmen des deuteronomistischen Geschichtswerkes wurde die Erzählung theologisch gedeutet und
in die Verfallsgeschichte des Königtums eingeordnet; hier bildet
sie den krönenden Abschluß des Elia-/Elischazyklus in I Reg
17-II Reg 10, der nicht die Geschichte der Dynastie, sondern des
Ersten Gebots erzählt.

Doch zurück zu den Inschriften, in denen sich keine lange
Erzählungen, sondern kurze Episoden finden. Und dies gilt
nicht nur für Königsinschriften. Kurze Episoden und Anekdoten
aus der Vergangenheit begegnen auch in anderen Gattungen
und scheinen zum Grundrepertoire der westsemitischen Erzählkultur zu gehören. Das prominenteste Beispiel ist die hebräische Siloah-Inschrift aus Jerusalem, die älteste erhaltene althebräische Erzählung außerhalb des Alten Testaments.[30] Bei ihr
handelt es sich nicht um eine offizielle, königliche Bauinschrift,
sondern um eine Gattung eigener Art. In bester althebräischer
Prosa wird der Vorgang des Durchbruchs des Tunnels, eine ar-
chitektonische Meisterleistung ersten Ranges, geschildert. Der
Anfang – זאת הנקבה „[Dies war] der Durchbruch" und וזה היה דבר
הנקבה „Und dies ist das Ereignis (die Geschichte) des Durchbruchs" – weist anders als in den Bau- und Weihinschriften
nicht auf einen Gegenstand, sondern auf den Vorgang, der im
folgenden berichtet wird. Zeitbegriffe, Nebensätze und eine regelrechte *consecutio temporum*[31] strukturieren die Erzählung und
erzeugen die nötige Spannung. Die einzelnen Ereignisse werden
in ihrer zeitlichen Reihenfolge erzählt, und zugleich werden die
Umstände des Vorgangs mitgeteilt. Trotz ihrer Kürze ist die Erzählung höchst kunstvoll gestaltet und in sich abgeschlossen.[32]
So profan und detailliert sie auch erscheinen mag, auch sie gibt

---

29   Zur Analyse vgl. WÜRTHWEIN, Die Bücher der Könige, *ad loc.*; KRATZ, Die Kom-
     position, 169 Anm. 72.

30   KAI 189 = HAE I, 178-189 = AHI 4.116 (TUAT II, 555f; COS 2.28). Vgl. auch
     YOUNGER, The Siloam Tunnel Inscription; PARKER, Stories, 36-42.

31   בעוד + Partizip oder Infinitiv – Perfekt; ביום + Perfekt – Imperfekt consecuti-
     vum = Narrativ.

32   Die Inschrift sei übrigens all jenen zur Beachtung empfohlen, die literar-
     kritisch rekonstruierte Grundtexte in der Bibel mit dem Argument ablehnen,
     sei seien viel zu kurz und darum nicht vorstellbar.

das Ereignis sicher nicht völlig authentisch und vollständig wieder. Die Erzählung ist kein Arbeitsprotokoll, sondern die Verdichtung eines komplexen Vorgangs durch Konzentration auf einen besonderen Moment.

Die Siloah-Inschrift beweist, daß die althebräische Erzählkultur nicht auf höfische Themen beschränkt war. Hier ist es die entscheidende Schlußphase eines besonderen architektonischen Unternehmens, das nicht als bauliche Leistung des Königs, sondern als solches gewürdigt wird. Daneben dürfte es im westsemitischen Raum des 1. Jahrtausends ebenso wie im übrigen Alten Orient religiöse Mythen, weisheitliche Lehrerzählungen, Fabeln und Anekdoten sowie Heldenlegenden von berühmten Gründerfiguren (Königen, Stammesführern oder Familienoberhäuptern) gegeben haben. In den uns bekannten epigraphischen Zeugnissen ist davon allerdings nur wenig erhalten. Kurze Begebenheiten des alltäglichen oder politischen Lebens einer jüngeren oder länger zurückliegenden Vergangenheit sind gelegentlich in Briefen erwähnt.[33] Für die weisheitlichen Lehrerzählungen kann man immerhin auf den Achiqar in Elephantine,[34] für die Heldenlegenden auf die Verbreitung des Gilgamesch-Stoffs im westsemitischen Raum[35] verweisen. Ansonsten aber ist man auf die biblische Überlieferung und die Rekonstruktion der ihr zugrundeliegenden alten Erzählungen und Erzählkränze angewiesen.[36] Auch in ihnen steht die einzelne (sehr kurze und meist profane) Episode am Anfang der Erzählung und ihrer literarischen Weiterentwicklung. Es sind denkwürdige Begebenheiten oder Sachverhalte der Vergangenheit, die für die Gegenwart grundlegend oder für gegenwärtiges und künftiges Verhalten maßgebend sind und deswegen erinnert und in einer Erzählung festgehalten werden. Daß die Episode der Vergangenheit nicht immer wirklichkeitsgetreu, sondern stets aus der Perspektive und gemäß den Kenntnissen und Interessen des Erzählers und seiner Gegenwart dargestellt wird, versteht sich von selbst.

---

33 Signifikante Beispiele sind das Mesad Hashavyahu (Yavne Yam) Ostracon (COS 3.41; vgl. PARKER, Stories, 15-18), die Lachisch Ostraca (COS 3.42), und die Briefe aus dem Jedaniah Archiv von Elephantine, besonders die Anfrage nach einer Empfehlung für den Wiederaufbau des Tempels mit einer historischen Reminiszenz an Kambyses (COS 3.51).

34 PORTEN/YARDENI, Textbook, C 1.1.

35 Vgl. TUAT III, 668f.670.

36 Vgl. KRATZ, Die Komposition.

3. Erinnerte Geschichte

Nach allem wird man das Gedenken an Verstorbene und ihre Lebensgeschichte, Werke und Taten von Königen sowie denkwürdige Begebenheiten (Memorabilien) als die entscheidenden Faktoren betrachten müssen, die die historischen Reminiszenzen in den westsemitischen Inschriften des 1. Jahrtausends v. Chr. hervorgerufen haben und beherrschen. Die kurzen historischen Reflexe erinnern an Namen, Sachen und Begebenheiten der Vergangenheit, die in der Gegenwart und Zukunft fortbestehen oder fortbestehen sollen. Die Erinnerung konzentriert sich im wesentlichen auf Einzelnes: einzelne Menschen, einzelne Bauwerke, einzelne politische oder religiöse Leistungen, besondere Vorkommnisse. Ein historisch-archäologisches Interesse besteht offenbar nicht. Es geht um das, was bleibt und die Erinnerung der Nachwelt formt.

Ein größerer historischer Zusammenhang ist dabei kaum im Blick. Er kann sich allerdings, wie wir sahen, aus der Lebensgeschichte und der Genealogie der in den Inschriften verewigten Personen ergeben und deckt sich im Falle von Königen mit der politischen Geschichte des betreffenden Staatswesens. Im Korpus der erhaltenen Inschriften finden sich einige wenige Exemplare, in denen dieser biographisch-genealogische Zusammenhang historiographisch etwas breiter ausgearbeitet ist.[37] Sie gehören keiner besonderen Gattung an und zeugen auch von keinem anderen Geschichtsbewußtsein als die bisher behandelten Inschriften, die mehr oder weniger gleichzeitig sind. Der Unterschied ist eher quantitativer Art. Die personelle Konstellation ist komplexer, die Verkettung von einzelnen Ereignissen dichter, und gelegentlich kommen neue Erzählstrategien hinzu. Im übrigen handelt es sich auch bei diesen ausführlicheren historischen Rückblicken um keine westsemitische Innovation. Wie die anderen Gattungen haben auch sie ihre Vorbilder und Parallelen in der altorientalischen (besonders hethitischen und neuassyrischen) Literatur des 2. und 1. Jahrtausends v. Chr.[38]

Gleichwohl lohnt es sich, diese Gruppe von Inschriften etwas genauer zu betrachten. An ihr läßt sich studieren und *in nuce*

---

37 Die relevanten Texte: KAI 26 = TSSI III.15 (TUAT I, 640-645; COS 2.21 und 2.31); KAI 24 = TSSI III.13 (TUAT I, 638-640; COS 2.30); KAI 214-215 = TSSI II.13-14 (TUAT I, 628-630; COS 2.36-37); KAI 181 = TSSI 1, 71-83 (TUAT I, 646-650; COS 2.23). Vgl. dazu MILLER, The Moabite Stone.

38 Vgl. TUAT I/3-5 (Historisch-Chronologische Texte I-III); COS 2.

beobachten, wie diverse Einzelereignisse miteinander verknüpft werden und was den geschichtlichen Zusammenhang konstituiert. Da es sich bei den fraglichen Texten durchweg um Königsinschriften handelt,[39] liegt es auf der Hand, daß es auch in ihnen um die Geschichte von einzelnen Herrschern und Dynastien geht. Das Königtum bildet die Mitte der Geschichte und bestimmt die Darstellung des geschichtlichen Verlaufs.

Die historiographischen Mittel der Darstellung sind jedoch durchaus verschieden. So etwa begegnet in der phönizisch-bildluwischen Bilingue des Azitawada,[40] einer auf dem Karatepe gefundenen, ausgeführten Bauinschrift (II, 9f), ein Darstellungsmuster, das ich das heilsgeschichtliche Schema nennen möchte. Der Unterkönig oder Usurpator auf dem Thron Awarkus, des Königs der Danunäer,[41] rühmt sich in dieser Inschrift, dank der Hilfe seines Gottes Baal den Danunäern „Vater und Mutter" geworden zu sein. In höchsten Tönen werden nacheinander der erreichte Wohlstand im Lande, die Fürsorge Azitawadas für die herrschende (oder von ihm abgesetzte) Dynastie und seine überragende Stellung unter den Königen anderer Länder, seine Bautätigkeit und Gebietsgewinne gepriesen. Das alles endet in dem Anlaß der Inschrift, dem Bau der Stadt, die den Namen des Königs trägt und in der er seinen persönlichen Gott Wohnung nehmen ließ. Segenswünsche für den König, die Stadt und ihre Bewohner sowie die üblichen Bestimmungen und Fluchandrohungen zum Schutz der Inschrift beschließen den Text und sol-

---

39 PARKER, Stories, 136 notiert zu Recht, daß „we have no example of a Northwest Semitic chronicle".

40 KAI 26 = TSSI III.15 (TUAT I, 640-645; COS 2.21 und 2.31).

41 Das Verhältnis Azitawadas zu Awarku ist nicht leicht zu bestimmen und hängt an dem Verständnis von I, 9-12. Nach KAI II, 39 war Azitawada „zunächst als Unterkönig eingesetzt (vgl. אדר), doch machte jener sich später wohl selbständig"; dementsprechend lautet die Übersetzung von I, 9-11: „Und ich errichtete das Haus meiner Herrschaft (בת אדני) auf Freundlichkeit und machte Güte zur Wurzel meiner Herrschaft (לשרש אדני). Und ich setzte mich auf den Thron meines Vaters (וישב אנכ על כסה אבי)..." Anders H.-P. MÜLLER in TUAT I, 641f, der die Absicht der Inschrift darin sieht, „eine Usurpation Azitawaddas zu beschönigen" (641, Anm. 2a; vgl. 642 Anm. 10c und 11a), und I, 9-11 übersetzt: „Und ich richtete auf das Haus meines Herrn (בת אדני) durch Güte; und ich tat dem Nachkommen meines Herrn (לשרש אדני) wohl. Und ich setzte ihn auf den Thron seines Vaters..." Ebenso COS 2.21 § 14-16 (bildluwisch) sowie 2.31 „And I established the house of my lord in goodness; and I did good to the root of my lord. And I caused him to reign upon the throne of his father." Hier ist man der Auffassung von J. D. HAWKINS, wonach Azitawada „was apparently a subordinate ruler subject to the royal house of Adana" (COS 2.21, 124).

len gewährleisten, daß „der Name Azitawadas in Ewigkeit bleibe wie der Name des Schamasch und des Jarich" (IV, 2f). Das historiographische Prinzip dieser Inschrift ist der Kontrast zwischen den früheren Zeiten (I, 8f.14-16.19; II, 4-6) und den Tagen des amtierenden Königs (I, 5; II, 1.5.15-17). Dementsprechend folgt die Beschreibung der paradiesischen Zustände nicht chronologischen, sondern sachlichen Gesichtspunkten; die Heilszeit löst eine vorangehende Unheilszeit ab.

Das heilsgeschichtliche Schema prägt, aufs Ganze gesehen, auch die großen Inschriften aus Ja'udi/Sam'al,[42] doch gewinnt in ihnen zunehmend die konkrete politische Situation an historiographischer Bedeutung. Die älteste erhaltene Inschrift, die des Königs Kilamuwa,[43] lebt von dem Gegensatz von Einst und Jetzt, der hier auf die Dynastie selbst bezogen ist. Im Unterschied zu allen seinen Vorgängern, den Vätern und anderen Angehörigen des Hauses Gabar, die namentlich aufgeführt und ausdrücklich als schlechte Herrscher qualifiziert werden, will Kilamuwa sowohl außen- als auch innenpolitisch stabile Verhältnisse hergestellt haben. Es fällt allerdings auf, daß er sich dafür nicht auf die Hilfe des Reichsgottes oder derjenigen Götter beruft, in deren Richtung auf dem zugehörigen Relief seine linke Hand zeigt. Lediglich bei den abschließenden Flüchen zum Schutz der Inschrift werden verschiedene Manifestationen des Gottes Baal, allesamt Götter des Königshauses, aufgerufen. Die Darstellung des Wandels vom Unheil zum Heil möchte man jedoch nachgerade als profan bezeichnen. Kilamuwa gibt an, sich für die außenpolitischen Belange den König von Assyrien verpflichtet (wörtlich: „gemietet" – שכר) zu haben (Z. 8). Während noch sein Vater Haja als Angehöriger einer antiassyrischen Koalition gegen Salmanassar III. Krieg führte und von diesem besiegt und tributpflichtig gemacht wurde,[44] scheint Kilamuwa die Fronten gewechselt und die proassyrische Politik eingeleitet zu haben, die seinem Haus auf lange Zeit das Überleben sicherte. Damit ist das Thema benannt, das in den Inschriften seines Nachfahren Barrakib zum beherrschenden historiographischen Topos geworden ist.[45]

Zwischen Kilamuwa im 9. Jh. und Barrakib gegen Ende des 8. Jhs. v. Chr. waren um die Mitte des 8. Jhs. Panamuwa I.

---

42 Neueste Edition: TROPPER, Die Inschriften.
43 KAI 24 = TSSI III.13 (TUAT I, 638-640; COS 2.30).
44 Vgl. COS 2.113A (I, 42.53; II, 83)
45 KAI 215-217 = TSSI II.14-16 (TUAT I, 628-632; COS 2.37-38).

(Sohn des QRL) und Panamuwa II. (Sohn des Barsur und Vater Barrakibs) die Herrscher von Ja'udi/Sam'al. Von Panamuwa I. stammt eine Statue mit Votivinschrift für den Gott Hadad, die in ihrem ersten Teil auf die Thronbesteigung und die damit anbrechende Segenszeit zurückblickt und anschließend zu der Statue selbst und ihrer Bedeutung im Kult für Hadad sowie im Totenkult für Panamuwa übergeht.[46] Über die Geschichte des Königtums und das Geschichtsdenken erfährt man aus der Inschrift, nicht nur des schlechten Erhaltungszustands wegen, zwar nicht sehr viel Neues. Doch ist sie insofern erwähnenswert, als das heilsgeschichtliche Schema hier der Begründung für das Nachleben des Königs in der Erinnerung seiner Nachfahren dient und dieser Zusammenhang breit ausgeführt ist. Die Verwendung von wörtlicher Rede verleiht der stereotypen Schilderung des kultischen Umgangs mit der Statue eine gewisse Lebendigkeit.

Um das Nachleben des Königs geht es auch in der Votivinschrift, die Barrakib zum Andenken seines Vaters Panamuwa II. anfertigen und aufstellen ließ.[47] Sie wendet im Sinne der Mahnungen Panamuwas I. das heilsgeschichtliche Schema auf den verstorbenen Vorgänger und Vater an. Dabei geht sie jedoch auch näher auf die Geschichte des Königtums und die historische Rolle ein, die Assur in ihr spielte.

Die Redesituation ist äußerst verwickelt. Barrakib spricht gleichzeitig für sich selbst und über seinen verstorbenen Vater sowie die Vorfahren, Freunde und Feinde des Vaters. Überaus kunstvoll ist diese Personenkonstellation in eine komplexe Erzählung umgesetzt. Sie beginnt in der Gegenwart: Barrakib stellt zunächst das Objekt, also die Stele, auf der sich die Inschrift befindet, danach sich selbst als Stifter und seinen Vater Panamuwa (II.) als Nutznießer der Stele vor (Z. 1). Sodann wendet sich die Erzählung der Vergangenheit des verstorbenen Vaters zu. Sie nimmt den Ausgang seiner Lebensgeschichte, die zugleich die politische Geschichte seines Landes ist, vorweg und stellt damit der Inschrift ein Leitmotiv voran: Der „Gerechtigkeit" (צדק), d.h. der Loyalität der Könige von Ja'udi/Sam'al zum assyrischen König wegen (Z. 11.19) wurde Panamuwa von den Göttern von Ja'udi vor der Ausrottung seines Königshauses bewahrt (Z. 1f). Nur so konnte auch Barrakib König werden. Es folgt die Geschichte von Aufstieg Panamuwas zum Königtum, die mit einer

---

46   KAI 214 = TSSI II.13 (COS 2.36).
47   KAI 215 = TSSI II.14 (TUAT I, 628-630; COS 2.37). Vgl. PARKER, Stories, 83-
     89.

Palastrevolte im Hause seines Vaters Barsur[48] und dem dadurch ausgelösten innenpolitischen und wirtschaftlichen Chaos beginnt (Z. 3-6a) und mit der Thronbesteigung und der dadurch bewirkten Umkehrung der Verhältnisse zum Guten endet (Z. 6b-10a). Nach der summarischen Schilderung der Verhältnisse „in den Tagen" Panamuwas klingt der Rückblick mit einer zu Herzen gehenden Sterbeszene aus und kehrt in die Gegenwart des Sprechers, die Tage Barrakibs, zurück (Z. 10b-19a). Es wird noch die Regelung der Thronfolge erzählt (Z. 19b-20a), bevor der Text zum Anfang zurückkehrt und auf die Stele selbst verweist (Z. 20b-23).

Der historische Rückblick in dieser Inschrift zeichnet sich durch eine Reihe von Besonderheiten aus. Er hält nicht nur böse und gute Zeiten gegeneinander, sondern geht ins historische Detail. Er folgt der Chronologie der Ereignisse, wobei die Schwerpunkte deutlich bei den politisch heiklen und gefährlichen, für die Erzählung darum besonders dankbaren Übergängen am Anfang und am Ende einer Regierungszeit liegen. Die Darstellung klingt verhältnismäßig realistisch, doch darf dies nicht darüber hinwegtäuschen, daß sie in höchstem Maße stilisiert ist. So dürfte es sich etwa bei dem Motiv der Tötung des Vaters und der 70 Angehörigen des Königshauses (Z. 3) um einen verbreiteten Topos in der Erzählung von Palastrevolten handeln (vgl. Jdc 9,5; II Reg 10,1-11).

Wie schon in der Inschrift des Kilamuwa spielt der König von Assur, hier der sogar namentlich genannte Tiglatpileser (III.), die entscheidende Rolle. Es wird berichtet, wie er Panamuwa auf den Thron verhalf, ihn an seinen Feldzügen und Gebietsgewinnen beteiligte und am Ende seinen Tod beweinte. Die außenpolitische Abhängigkeit von Assyrien, die dem Königtum von Ja'udi/Sam'al gut bekommen ist, wird von Barrakib mit der Geschichte seines Vaters legitimiert. Was sich bereits in der Kilamuwa-Inschrift andeutete, erscheint hier wie in anderen Inschriften Barrakibs in ausgereifter Form: Das Vasallenverhältnis ist zum historiographischen Topos geworden. Das Verhältnis ist das von „Herr" (מרא) und Knecht (Z. 11-17.19) und wird mit dem Begriff der „Gerechtigkeit" (צדקה/צדק) umschrieben, der an sämtlichen zentralen Stellen am Anfang (Z. 1), in der Mitte (Z. 11) und am Ende der Inschrift (Z. 19) erscheint. Vordergründig bezeichnet er

---

48 Gemäß Z. 3 wurde sie von einem Sohn Barsurs und folglich dem Bruder Panamuwas angezettelt, der auch mit dem „Stein der Vernichtung aus dem Hause seines Vaters" in Z. 7 identisch sein dürfte.

allein die unbedingte Loyalität des Vasallen zu seinem „Herrn", doch schließt die Semantik das darauf basierende Wohlergehen des Königtums mit ein. Anders als in der Kilamuwa-Inschrift geben dazu ausdrücklich auch die Götter von Ja'udi ihren Segen (Z. 2; vgl. Z. 22). Man hat es demnach mit der Leitidee der politischen Theologie zu tun, die sich in dem Begriff der „Gerechtigkeit" verdichtet und die Darstellung prägt. Da der Begriff der Gerechtigkeit den profanen wie den sakralen Charakter des von den Göttern legitimierten Vasallenverhältnisses zum assyrischen König umfaßt, war er natürlich bestens für die theologische Karriere geeignet, die er in der biblischen Überlieferung gemacht hat. Das bedeutet freilich nicht, daß die Inschrift „anticipates the work of the Deuteronomistic historian."[49] Im Gegenteil, in der biblischen Überlieferung ist das politisch-rechtliche Vasallenverhältnis auf das Verhältnis zwischen dem Gott Jhwh und dem erwählten Gottesvolk Israel übertragen.

Neben dem heilsgeschichtlichen Schema und der geschichtstheologischen Maxime zur Stilisierung und Überhöhung des politischen *status quo* begegnet in der moabitischen Inschrift des Königs Mescha von Moab[50] noch ein weiteres historiographisches Darstellungsmittel: der heilige Krieg. Das Motiv, das uns bereits in der Zakkur-Inschrift begegnet ist, hängt mit dem Anlaß der Inschrift, einer Weihinschrift für den Dynastiegott Kamosch, zusammen, und wird gleich zu Beginn der Inschrift in der Selbstvorstellung des Königs eingeführt. Nach 30jähriger Herrschaft seines Vaters ist Mescha König geworden und hat ein Höhenheiligtum für Kamosch errichtet. Es ist der Dank dafür, daß Kamosch ihn errettete und auf alle seine Feinde (wörtlich „Hasser") herabsehen ließ (Z. 1-4). In diesem Sinne wird im folgenden die Geschichte rekapituliert.

Der historische Rückblick ist wiederum von dem Gegensatz zwischen Einst und Jetzt geprägt. Anders als in der Azitawada- oder der Kilamuwa-Inschrift besteht der Gegensatz allerdings nicht in allgemeinen Floskeln der Unheils- und Heilszeit, sondern in konkreten politischen Nachrichten. Der Rückblick setzt ein in den Tagen des Vaters und seines Feindes, des Königs Omri von Israel, der Moab für lange Zeit unterdrückte. Der Bericht schwenkt sodann um in die Tag des Mescha, der es mit dem Sohn Omris, Ahab von Israel, zu tun hat und sich rühmt,

---

49 Parker, Stories, 88.
50 KAI 181 = TSSI 1,71-83 (TUAT I, 646-650; COS 2.23). Vgl. Parker, Stories, 44-58; ferner Smelik, King Mesha's Inscription; Müller, König Mêsaᶜ.

ihn vertrieben und Moab von der israelitischen Herrschaft befreit zu haben. Die Darstellung ist nicht chronologisch, sondern
geographisch strukturiert.[51] Nach einem Summarium, das den
Zustand von Einst und Jetzt in allgemeine Worte faßt (Z. 4b-7a),
werden Ortschaft für Ortschaft durchgegangen und der Wechsel
der Herrschaft notiert. Nach vier Städten im Norden (Z. 7b-21a)
schließt sich eine Ortsliste mit reinen Baunotizen an (Z. 21b-
31a), bevor der Text, der nur noch fragmentarisch erhalten ist,
zu dem anfänglichen Stil der Kriegsberichterstattung zurückkehrt und sich dem Süden des Landes zuwendet (Z. 31b-34).

Die historischen Notizen selbst nennen Namen und politische Fakten, an deren Historizität im Grundsatz nicht zu zweifeln ist. Sie entsprechen insofern dem profangeschichtlichen Stil
der aramäischen Texte von Ja'udi/Sam'al, Tell Dan und anderer, vor allem neuassyrischer Inschriften. Wie diese sind freilich
auch die Formulierungen der Mescha-Inschrift in hohem Maße
formalisiert und leben von historiographischen Topoi. So trifft
die Aussage, daß Israel vernichtend geschlagen und „für immer
zugrunde gegangen sei" (Z. 7) hier sowenig zu wie bei der ältesten bekannten Erwähnung Israels in der Stele des Pharao Me-
renptah.[52] Die Behauptung, daß Mescha auf den König Ahab
von Israel „und sein Haus herabsah", d.h. den Untergang der
Dynastie Omri bzw. des israelitischen Königshauses überhaupt
erlebt habe, bedient sich der Sprache der Psalmen und ist vermutlich weit übertrieben. Die Zahlen, die 30 Jahre Regierung
des Vaters und die 40 Jahre Unterdrückung durch Israel, dürften ebenso ungenau sein wie die Angabe, Omri habe „in seiner
Zeit und die Hälfte der Zeit seiner Söhne" in Moab geherrscht (Z.
8), die sich nur schwer mit der voranstehenden Aussage ver-
trägt, Mescha habe Moab unter Ahab, dem Sohn und Nachfolger
Omris, befreit (Z. 6).[53] Topisch ist auch die Bemerkung der vollständigen Tötung der feindlichen Bevölkerung, gerundet die Be-
zifferung der Toten auf 7000 (Z. 18) und des moabitischen Hee-

---

51 PARKER, Stories, 56 bestreitet auch dies und meint: „The order seems rather
to be determined by elements in the stories."
52 TUAT I, 544-552; COS 2.6.
53 Für eine mögliche Lösung (Harmonisierung) des Problems vgl. PARKER, Stories, 48, der (mit A. LEMAIRE) geltend macht, daß sich die chronologischen
Daten in Z. 7b-8 ausschließlich auf Madeba beziehen und die Daten in Z. 4-
7 „simply indicate that resistance to Israel began with the frustration of the
intentions of Omri's son and ended with the obliteration of Israel – which
could be as late as the reign of Jehu's son, Jehoahaz." Doch auch PARKER
selbst hält die Daten für „illusory" and „imprecise" (ebd., 48f).

res auf 200 Mann (Z. 20). Und ob in allen genannten Ortschaften tatsächlich diejenigen Schlachten stattgefunden haben, von denen die Inschrift erzählt, oder ob alle Ortschaften, in denen gekämpft wurde, vollständig genannt sind, läßt sich nicht kontrollieren.

Wie wenig es der Inschrift freilich auf historische Genauigkeit ankommt, kann man dem Vergleich mit dem Alten Testament entnehmen. Hier ist die Loslösung Meschas von Israel in die Zeit Jorams, des Nachfolgers Ahabs, datiert (II Reg 1,1; 3,4-6). Anders als in der Mescha-Inschrift spielen sich nach dem biblischen Zeugnis die entscheidenden Kampfhandlungen nicht im Norden, sondern im Süden ab. Trotz der vielen Harmonisierungsversuche[54] stimmen Zeit und Ort nicht überein. Vermutlich ist auch gar nicht an dieselben Schlachten gedacht, obwohl es in beiden Berichten um dasselbe Ziel, die Unabhängigkeit Moabs von Israel, geht. Tatsächlich dürfte es sich um einen über längere Zeit sich hinziehenden Prozeß der Ablösung bzw. Expansion Moabs und der Annexion[55] ehemals fremder (israelitischer, gaditischer, vielleicht auch judäischer[56] Gebiete) gehandelt haben. Die Inschrift selbst rechnet mit einer Vielzahl militärischer Auseinandersetzungen, die sich an verschiedenen Orten und folglich auch zu verschiedenen Zeiten zugetragen haben.[57] Durch die Zusammenstellung der einzelnen, nach Ortschaften gegliederten Kriegsszenen soll jedoch der Eindruck eines geschlossenen Feldzugs erweckt werden, wozu das an den Anfang gestellte Summarium (Z. 4b-7a) das Seine beiträgt. In der historischen Erinnerung der biblischen Überlieferung (II Reg 3) ist daraus schließlich ein singuläres Ereignis der Geschichte Israels und Judas (II Reg 3,7) geworden, das sich nach dem Tod Ahabs unter Joram zugetragen und wozu Israel die Initiative ergriffen haben soll. Das alles zeigt: Auch die Darstellung der profangeschichtlichen Sachverhalte folgt hier wie dort nicht einem archäologischen Interesse, sondern dem ideologischen Standpunkt des Betrachters. Im Falle der Mescha-Inschrift ist es die – auf

---

54 Vgl. KAI II, 170.173f; TUAT I, 647 Anm. 7a.b.8b.

55 Vgl. PARKER, Stories, 57f.

56 Für Z. 31-32 haben E. PUECH und A. LEMAIRE – wie in der Tell Dan-Inschrift – die Lesung *bt[d]wd* „Haus Davids" vorgeschlagen. Vgl. PARKER, Stories, 46 mit Anm. 13.

57 PARKER, Stories, 53-55 findet darin ein Indiz für eine doppelte Edition und meint, daß „stories of these campaigns presumably circulated in the court over the years, until finally the present synopses or reported stories were committed to writing in this inscription" (57).

welchem Wege auch immer – erreichte politische Unabhängigkeit der moabitischen Dynastie, die die Zusammenstellung der
einzelnen Kriegsszenen und deren Stilisierung nach dem Schema des Gegensatzes von Einst und Jetzt lenkt.

Doch das ist nicht das einzige Motiv. Außer der Dynastie
spielt in dieser Inschrift die Vorstellung eine prägende Rolle, daß
nicht (nur) die Könige, sondern die Götter Moabs und Israels
sich im Krieg befinden. Das gesamte Geschehen gilt als von dem
Dynastiegott Kamosch gewirkt, dem die Inschrift und das darin
erwähnte, von Mescha erbaute Heiligtum geweiht sind. Schon
die Unterdrückung durch Israel wird in Z. 5f auf den Willen des
Gottes Kamosch zurückgeführt, der seinem Lande zürnt (כי יאנף
כמש בארצה). Somit ist er auch dafür verantwortlich, daß sich in
ihm fremde Götter eingerichtet haben: Dod der Gaditer in Ata-
roth (Z. 12f) und Jhwh von Israel in Nebo (Z. 17f).

Der Zorn Kamoschs erinnert an die prophetische und deuteronomistische Deutung des Untergangs Israels und Judas im
Alten Testament. Auch hier zürnt die eigene Gottheit und führt
die Katastrophe selbst herbei. Doch im Unterschied zum Gott
der Propheten und der Deuteronomisten im Alten Testament
zürnt die moabitische wie jede andere altorientalische Gottheit
nicht, um König, Volk und Land preiszugeben und ein neues
Gottesverhältnis zu begründen, sondern um das alte Gottesverhältnis wiederherzustellen. Der Zorn will nicht den Bruch zwischen Theokratie und Monarchie, sondern deren Versöhnung.

Das ist selbst in der alten Erzählung der Fall, die der Paral-
lelversion des Alten Testaments in II Reg 3 zugrundeliegt und
gar keine Gottheit erwähnt.[58] Hier kommt der Zorn (קצף) über Israel, nachdem Mescha zum letzten Mittel gegriffen und seinen
erstgeborenen Sohn, den Kronprinzen, geopfert hat, um den Angriff der israelitisch-judäischen Koalition unter Führung Jorams
von Israel abzuwehren. Der Zorn zwingt Israel, abzuziehen und
in sein Land zurückzukehren, und soll offenbar die Peinlichkeit
der auch von der Mescha-Inschrift bezeugten historischen Niederlage Israels gegen Moab erklären. Ob Jhwh oder Kamosch
sich von dieser Tat der Verzweiflung hat erweichen lassen und
zürnt, ist nicht gesagt. Damit greift die Legende – aus der Not

---

58 Sie umfaßt in etwa II Reg 3, 4-7.21-27 (ohne den König von Edom in V. 26
und die entsprechenden Zusätze in V. 8f.20). Vgl. SCHMITT, Elisa, 32-37;
WÜRTHWEIN, Die Bücher der Könige, *ad loc.*, die beide V. 8-9a.20 noch zur alten Erzählung rechnen. Der Unterschied in der Funktion des Wassers besteht jedoch zwischen V. 9.20 und V. 22f.

der Niederlage heraus – zu einem Kunstgriff, der das dynasti-
sche Prinzip und den Herrschaftsanspruch beider Königshäuser
(und ihres Gottes) respektiert, indem sie eine anonyme, magische Kraft für die Wirkung des Opfers und den Ausgang des
Krieges verantwortlich macht. Erst die jüngeren Bearbeitungen,
der deuteronomistische Rahmen in II Reg 3,1-3 und die Prophe-
tenlegende in 3,8-20, bringen Jhwh und sein Verhältnis zum Königtum ins Spiel. Die Unterschiede zur Mescha-Inschrift sind jedoch unverkennbar: Der König von Israel ist und bleibt ein Sün-
der vor Jhwh (V. 1-3) und wird – gegen das tatsächliche Machtge-
fälle (V. 7) – nur um Josaphats willen bewahrt (V. 14), bekommt
seinen Teilsieg (V. 24f) sogar von einem Propheten verheißen (V.
18f). Josaphat aber, der Davidide, steht hier wie in I Reg 22,5ff
nicht für das judäische Königtum, sondern für den Typus des
Frommen, der in allen Lebenslagen nach dem Wort Jhwhs fragt.
  Auch Mescha von Moab könnte seine Propheten um Rat gefragt haben, als Kamosch zürnte. Ihm dürfte es dabei allerdings
nicht um das Wort Gottes, sondern auf die Auskunft gegangen
sein, wie er Kamosch besänftigen und zum Eingreifen bewegen
könnte. Wie dem auch sei, gemäß dem Zeugnis der Mescha-Inschrift griff Kamosch zugunsten des Königs ein und lieferte ihm
die Feinde aus. Wo zuvor Omri (und sein Gott) herrschte,
herrscht nun wieder Mescha. Wie es dazu kam, ist in den einzelnen Kriegsszenen geschildert, die Kamosch an der Schlacht be-
teiligen (Z. 9.12f.14.17f.19.31b-33a) und in zwei Fällen dem
klassischen Darstellungsmuster des heiligen Krieges folgen (Z.
14b-18a und Z. 31b-33a). Besonders deutlich ist das Darstellungsmuster bei der Einnahme von Nebo zu erkennen (Z. 14b-
18a): Auf Geheiß der Gottheit zieht der König in den Krieg, be-
kämpft die Stadt einen halben Tag lang und nimmt sie ein, tötet
alle Insassen und weiht sie dem (Aschtar-)Kamosch und bringt
als Zeichen der göttlichen und politischen Überlegenheit auch
die in Nebo befindlichen Geräte Jhwhs vor Kamosch (vgl. Z. 12f).
Gott und König sind wieder unzertrennlich und arbeiten Hand
in Hand. Die historische Erinnerung daran soll diesem Verhältnis und mit ihm dem Königshaus und der moabitischen Monarchie Stabilität und Dauer verleihen.

4. Fazit

Vergangenheit in den westsemitischen Inschriften des 1. Jahrtausends v. Chr. ist in erster Linie die Geschichte des Königtums und der herrschenden Dynastie. Besonders um den Anfang und das Ende einer Herrschaft ranken sich Geschichten,
die zu verschiedenen Anlässen in Grab-, Bau- und Weihinschriften sowie in Königsinschriften zusammengestellt werden und
den Anfang einer politischen, gleichzeitig immer auch theologischen Geschichtsschreibung markieren. Es ist vor allem der
Herrscherwechsel, der den Rückblick in die Vergangenheit und,
um der Zukunft willen, den Vergleich mit der Gegenwart provoziert. Die Formen des Rückblicks reichen von dem Gedenken an
den verstorbenen König über einzelne Memorabilien bis hin zu
Überblicken über die gesamte Regierungszeit vom Antritt des
Herrschers bis zu seinem Tod.

Die verschiedenen Gattungen und Arten der historischen
Rückblicke lassen sich weder bestimmten Zeiten noch Regionen
oder Völkern der syrisch-palästinischen Kleinstaatenwelt des 1.
Jahrtausends v. Chr. zuordnen. Sie bilden nicht die Stadien einer historiographischen Entwicklung ab, sondern treten in etwa
gleichzeitig in der ersten Hälfte des 1. Jahrtausends an verschiedenen Orten desselben kulturellen Raums auf. Sie sind im übrigen nicht auf Königsinschriften beschränkt. Grab-, Bau- und
Weihinschriften wurden auch von Personen in Auftrag gegeben,
die in der Regel sozial höher gestellt waren, aber nicht dem Königshaus angehörten. Rückblicke auf die Geschichte finden sich
bei ihnen, von dem individuellen Lebensschicksal abgesehen, jedoch nicht. Daneben ist noch mit Göttermythen, Heldenlegenden, Weisheitserzählungen und anderen Stoffen zu rechnen, die,
mit Ausnahme der Siloah-Inschrift, nicht im erhaltenen Korpus
der Inschriften begegnen und ebenso wie die Geschichten des
Königtums in kurzen Episoden oder ausgeführten Erzählungen
(wie II Reg 3 oder II Reg 9f) überliefert worden sein dürften.

Der Zweck des historischen Rückblicks ist kein archäologi-
sches Interesse, sondern das Erinnern von denkwürdigen Personen und Ereignissen der Vergangenheit, denen eine Bedeutung
für die Gegenwart und die Zukunft zugemessen wird. Der Rückblick ist daher in hohem Maße ideologisch, meistens theologisch
gesteuerte (Re-)Konstruktion aus der Gegenwart und für die Gegenwart. Das verhält sich – *mutatis mutandis* – hier nicht anders
als in der literarisch und theologisch sehr viel entwickelteren

biblischen, der historiographisch sehr viel entwickelteren griechisch-römischen und der historisch sehr viel entwickelteren modernen Historiographie. Nur herrschen überall andere Maßstäbe und andere ideologische Leitlinien.[59] In den westsemitischen Inschriften des 1. Jahrtausends v. Chr. ist es, wie im Alten Orient und so auch in vielen alten Vorlagen der biblischen Geschichtserzählung üblich, eindeutig die politische und theologische Legitimation des Königtums und der herrschenden Dynastie, die den Rückblick in die Vergangenheit und seine Darstellungsmittel prägt. Anders als in der biblischen Überlieferung geht es nicht um die Überwindung, sondern um die Vergewisserung und Stabilisierung des *status quo*.

---

59 Für den Vergleich mit den biblischen Erzählungen vgl. zusammenfassend
    PARKER, Stories, 131-142. Seine Schlußfolgerung: „In sum, a contrast between monotheistic Hebrew narrative and the polytheistic narratives of its
    neighbors is misleading" (ebd., 141) ist nur teilweise richtig. Es kommt darauf an, auf welcher literarischen Ebene man sich bewegt. Nur für die ursprünglichen, durch die literarische Kritik rekonstruierten Fassungen gilt
    ebenso wie für die Erzählungen in den Inschriften, daß „Israelite prose narratives of several genres preserved in the Bible are not monotheistic and, indeed, are in no sense theological or religious" und daß „the roles of Chemosh, Hadad, and Yahweh are essentially alike in the Moabite, Aramaic,
    and Hebrew narratives of successful military campaigns" (ebd., 139f). Für
    die vorliegende Gestalt der biblischen Geschichten ist jedoch das Gegenteil
    der Fall. Vgl. KRATZ, Die Komposition, 314-330.

Literatur

Cogan, M./Tadmor, H.: II Kings. A New Translation with Introduction and Commentary. New York 1988 (AB; 11).

Davies, G. I. (Hg.): Ancient Hebrew Inscriptions (AHI). Cambridge
1991.

Donner, H./Röllig, W. (Hg.): Kanaanäische und aramäische Inschriften I-III (KAI). Wiesbaden, 1962-1964.

Gibson, J. C. L. (Hg.): Textbook of Syrian Semitic Inscriptions I-
III (TSSI). Oxford 1971-1982.

Hallo, W.W. (Hg.): The Context of Scripture 1-3 (COS). Leiden
1997-2003.

Kaiser, O. (Hg.): Texte aus der Umwelt des Alten Testaments
(TUAT). Gütersloh 1982-1997, Ergänzungslieferung 2001.

Kratz, R.G.: Die Komposition der erzählenden Bücher des Alten
Testaments. Göttingen 2000.

Lamprichs, R.: Die Westexpansion des neuassyrischen Reiches.
Eine Strukturanalyse. Neukirchen-Vluyn 1995 (AOAT; 239).

Miller, M.: The Moabite Stone as a Memorial Stela. PEQ 106
(1974), 9-18.

Müller, H.-P.: König Mêša° von Moab und der Gott der Geschichte. UF 26 (1994), 373-395.

Noth, M.: La'asch und Hazrak (1929). In: ders., Aufsätze zur biblischen Landes- und Altertumskunde 2, hg. von H.W. Wolff.
Neukirchen-Vluyn 1971, 135-147.

Parker, S. B.: Stories in Scripture and Inscriptions. Comparative
Studies on Narratives in Northwest Semitic Inscriptions and
the Hebrew Bible. Oxford 1997.

Porten B./Yardeni, A. (Hgg.): Textbook of Aramaic Documents
from Ancient Egypt, Vol. 3. Jerusalem 1993.

Prichard, J. B. (Hg.): Ancient Near Eastern Texts (ANET). Princeton ²1955; Supplement. Princeton 1969.

Renz, J./Röllig, W. (Hgg.): Handbuch der Althebräischen Epigraphik I-III (HAE). Darmstadt 1995-2003.

Röllig, W.: Semitische Inschriften auf Grabdenkmälern Syriens
und der Levante. Formale und inhaltliche Aspekte, in: Bol,
R./Kreikenbom, D. (Hgg.), Sepulchral- und Votivdenkmäler
östlicher Mittelmeergebiete (7. Jh. v. Chr.–1. Jh. n. Chr.).
Kulturbegegnungen im Spannungsfeld von Akzeptanz und
Resistenz. Internationales Symposium Johannes-Gutenberg-
Universität Mainz, 1.-3. November 2001. Möhnsee 2004, 23-
32.

Schmitt, H.-C.: Elisa. Traditionsgeschichtliche Untersuchungen zur vorklassischen nordisraelitischen Prophetie. Gütersloh 1972.

Seters, J. van: In Search of History. New Haven 1983 (Repr. Winona Lake 1997).

Smelik, K. A. D.: King Mesha's Inscription. Between History and Fiction. In: ders.: Converting the Past. Studies in Ancient Israelite and Moabite Historiography. Leiden 1992 (OTS; 28), 59-92.

Tropper, J.: Die Inschriften aus Zincirli. Neue Edition und vergleichende Grammatik des phönizischen, sam'alischen und aramäischen Textkorpus. Münster 1993 (ALASP; 6).

Würthwein, E.: Die Bücher der Könige. 1. Kön 17–2. Kön 25. Göttingen 1984 (ATD; 11,2).

Younger, K. L.: The Siloam Tunnel Inscription: An Integrated Reading. UF 26 (1994), 543-556.

Sprechaktsequenzen und Textkonstitution im Biblischen Hebräisch

1. Die sprachliche Größe „Text" – „transphrastische", „textgrammatische", „textlinguistische" Zugänge

Lange Zeit galt der „Satz" als größte linguistisch beschreibbare Einheit.[1] Im 20. Jh. ist Sprachwissenschaft über die Satzgrenze hinausgeschritten, wurde transphrastisch, textgrammatisch und textlinguistisch;[2] zeitlich wie auch inhaltlich verbunden ist

---

1   Diese Auffassung liegt noch dem weit verbreiteten Lehrbuch von Bünting, Einführung in die Linguistik ([15]1996; [1]1971), S.117, zugrunde: „Der Satz wird in der Linguistik allgemein als größte zu beschreibende grammatische Einheit anerkannt." Ohne Zweifel ist der Satz eine zentrale linguistische Größe, um die bis heute heftig gerungen wird, vgl. die Diskussion von Ries, Was ist ein Satz? (1931) und Seidel, Geschichte und Kritik der wichtigsten Satzdefinitionen (1935) über Mueller, Satz. Definition und sprachtheoretischer Status (1985) bis in die gegenwärtige Diskussion verschiedenster linguistischer Richtungen, vgl. neuere Lexika und Einführungen, etwa: Bergmann et al., Einführung in die deutsche Sprachwissenschaft; Pelz, Linguistik; Adamzik, Sprache: Wege zum Verstehen; Vater, Einführung in die Sprachwissenschaft; Bußmann (Hg.), Lexikon der Sprachwissenschaft; Glück (Hg.), Metzler-Lexikon Sprache, jeweils passim. Die Beschränkung auf den Satz wurde erst von textgrammatischen, textlinguistischen und pragmatischen Ansätzen in der zweiten Hälfte des 20. Jh.s überwunden, s. Anm. 2. Etliche Positionen und „Köpfe" sind allerdings auch in der gegenwärtigen Diskussion noch auf die Größe „Satz" konzentriert, zumal in vielen philologischen und historischen linguistischen Disziplinen, in denen die meisten historischen Grammatiken dem „Satz" verpflichtet bleiben. Den Veranstaltern des Symposiums „Was ist ein Text? Ägyptologische, altorientalistische und alttestamentliche Perspektiven" ist daher zu danken, daß sie die Größe „Text" in den alttestamentlichen/altorientalistischen historischen Disziplinen stärker ins Bewußtsein gerückt haben.

2   Zur linguistischen Beschäftigung mit dem Phänomen „Text" vgl. aus den letzten Jahren: Adamzik, Textlinguistik; Fix/Poethe/Yos, Textlinguistik und

diese Erweiterung der linguistischen Perspektive vom Satz zum Text mit der Entdeckung der „Pragmatik", der Erweiterung der semantischen und syntaktischen Sprachanalyse um die Dimension des Pragmatischen.[3] Die drei genannten Begriffe transphrastisch, textgrammatisch und textlinguistisch bereiten in der Begriffsbestimmung Schwierigkeiten, weil sie zum einen mit bestimmten Forschungspositionen zu verbinden sind, andererseits aber auch synonym gebraucht werden. Dieser Problemkomplex kann hier nicht ausführlich diskutiert werden; für den Gebrauch in diesem Aufsatz will ich mich der Zuordnung zu Forschungspositionen anschließen; am klarsten sind die Begriffe „transphrastisch" und „textgrammatisch" zuzuordnen: Der Textgrammatik geht es seit ihrer Begründung durch Roland Harweg[4] um die Frage, durch welche satzübergreifenden – transphrastischen – sprachlichen Mittel ein sprachliches Gebilde zu einem Text wird. Die *Mittel* der Textverflechtung sind durch eine Text*grammatik* zu beschreiben. Im Mittelpunkt dieser Betrachtungsweise eines Textes steht daher die Textkonstitution bzw. die Textkohärenz/-kohäsion.[5] Der von der Textgrammatik vorausgesetzte Textbegriff schreibt die Satzgrammatik (Regelsystem auf der Ebene des Satzes) zu einer Textgrammatik fort (Regelsystem auf der Ebene des Textes).[6]

Textlinguistik bezeichnet dagegen jede Art von linguistischer Beschäftigung mit der Größe Text. Sie schließt eine Linie der Textanalyse ein, die strukturalistische, stilistische, rhetorische und nicht zuletzt pragmatische Wurzeln hat,[7] eine Linie, die den

---

Stilistik für Einsteiger; GANSEL/JÜRGENS, Textlinguistik und Textgrammatik; HEINEMANN/HEINEMANN, Grundlagen der Textlinguistik; VATER, Einführung in die Textlinguistik; HARWEG, Studien zur Textlinguistik; BRINKER et al., Text und Gesprächslinguistik; PÉRENNEC (Hg.), Textlinguistik; ANTOS (Hg.), Die Zukunft der Textlinguistik; COSERIU, Textlinguistik.

3   Vgl. zur Forschungsgeschichte: WAGNER, Stellung der Sprechakttheorie in Hebraistik und Exegese, S.55–83; HORN/WARD (Hg.), The handbook of pragmatics; GARDT, Sprachwissenschaft, jeweils passim.

4   HARWEG, Pronomina und Textkonstitution (²1979; ¹1968).

5   BEAUGRANDE/DRESSLER, Einführung in die Textlinguistik, unterscheiden zwischen der auf die semantische Dimension zielenden Kohärenz und der grammatisch-syntaktischen Kohäsion, die Grundlage der Kohärenz ist.

6   Vgl. zur Textgrammatik aus den letzten Jahren: WEINRICH, Textgrammatik der deutschen Sprache; THURMAIR/WILLKOP, Am Anfang war der Text. 10 Jahre „Textgrammatik der deutschen Sprache"; SCHREIBER, Textgrammatik; GIL/SCHMITT, Kohäsion, Kohärenz, Modalität; WEINRICH, Textgrammatik der französischen Sprache.

7   Hier gehen noch etliche weitere Anregungen aus verschiedenen philologischen und historischen Disziplinen mit ein. Mit dem Begriff des „Sitzes im

gesamten Text als „kommunikative Einheit" betrachtet. Diese
Art der Textauffassung setzt voraus, daß es bestimmte Text-
merkmale gibt, die aus einer textgrammatischen Betrachtung
nicht (immer) ableitbar sind, etwa die Gesamtfunktion des Textes oder das Textthema.

Die Textgrammatik kann in eine Textlinguistik integriert werden, denn bei der Frage der Textkonstitution, der Textualität eines Textes kommt die „Textlinguistik" nicht ohne „text-
grammatische" Argumente aus. Auch bei der Problematik der
„Texttypologie/Textsorten" bringt die „Textgrammatik" wesentliche Beobachtungen mit ein, etwa im Bereich der textsortenspe-
zifischen Verknüpfungsmerkmale (im Hebräischen etwa Narra-
tivketten in Erzähltexten u.ä.). Andererseits führen die kommunikativen und pragmatischen Fragen einer Textlinguistik über
manche textgrammatischen Verengungen hinaus. M.E. sollten
beide Richtungen (transphrastische Linguistik/Textgrammatik
einerseits und Texlinguistik andererseits) nicht gegeneinander
ausgespielt werden.

2. Mündlichkeit und Schriftlichkeit von Texten

Texte als Organisationsform von Sprache sind unabhängig von
den sprachlichen Realisierungsformen Mündlichkeit/Schriftlich-
keit (nebst allen Übergangsformen[8]). Fragen der Textualität (was
macht einen Text zu einem Text?) sind an schriftliche wie an
mündliche Texte zu stellen, möglicherweise unterscheiden sich
die Konstitutionsmerkmale, und sicher gibt es Unterschiede in
der Textsortenfrage; Texte aber als sprachliches Phänomen gibt
es, ähnlich wie Sätze, sowohl als mündliche Texte, Diskurse,
Gespräche wie auch in schriftlicher Form. In dieser Frage diver-

---

     Leben", der auch in der neueren Diskussion um die Größe „Text" eine Rolle
     spielt, gibt es etwa eine Aufnahme aus dem alttestamentlich-exegetischen
     Bereich, vgl.: Wagner, Gattung und ‚Sitz im Leben'; Ehlich, „Sitz im Leben".

8   Gerade im altorientalischen Bereich gibt es hier interessante Übergangsphä-
     nomene, etwa die Boten- und Brief-Problematik. Ehlich, Text und sprachli-
     ches Handeln, verbindet mit dem Botenphänomen die Loslösung eines Tex-
     tes von seiner Sprechsituation und sieht dies als konstitutiv für einen Text
     an. Zu Bezügen einer „Botschaft" zu Mündlichkeit und Schriftlichkeit vgl.:
     Wagner, Bote, Botenformel und Brief, 4–6; vgl. auch die weiteren Beiträge
     des Sammelbandes: Wagner, Bote und Brief.

gieren die textgrammatischen und textlinguistischen Ansätze nicht grundsätzlich.[9]

Für die Analyse hebräischer Texte kommen in erster Linie Schrifttexte in Frage – auch wenn die Rekonstruktion hebräischer Mündlichkeit nicht völlig ausgeschlossen ist.[10]

3. Die Sprechaktanalyse und ihr Analyseinstrumentarium

Im ersten Abschnitt hatte ich darauf verwiesen, daß die Entwicklung der Textlinguistik im 20. Jh. einherging mit der Entdeckung der Pragmatik. Pragmatik wiederum ist untrennbar verknüpft mit derjenigen (aus der Philosophie kommenden) Theorie, die die pragmatische Sprachanalyse am wesentlichsten beeinflußt hat, der „Sprechakttheorie".

Bei der Sprechakttheorie geht es um die Erfassung der Handlungsseite von Sprache. Leitend ist dabei die Frage: „How to do things with words".[11] Es wird also nicht gefragt, mit welchen sprachlichen Äußerungen etwas getan wird und mit welchen nicht. Die Grundannahme ist vielmehr, daß *alle* sprachlichen Äußerungen (auch) eine Handlungsdimension (Illokution[12]) haben.

Hilfreich ist es, diese Handlungsdimensionen zu klassifizieren, um sich zu orientieren und um Vergleiche zu ermöglichen. Als die bewährteste „Arbeitsdefinition" ist diejenige von Searle in Gebrauch, der 5 Klassen von Sprechakten unterscheidet.[13]

---

9   Damit soll wiederum nicht gesagt werden, daß es nicht auch Eigenarten der schriftlichen und Eigenarten der mündlichen Texte gibt, es soll nur die Grundeinsicht betont werden, daß alle sprachlichen Äußerungen, mündlich oder schriftlich, in Form von Texten geschehen.

10   Vgl.: WAGNER, The archeology of oral communication, 117–126.

11   AUSTIN, Zur Theorie der Sprechakte (Erstauflage engl.: How to Do Things with Words).

12   Der Begriff der Illokution wird auch synonym zu Sprechhandlung gebraucht; ich schließe mich diesem Gebrauch an.

13   Zur Klassifikationsproblematik vgl.: WAGNER, Sprechakte und Sprechaktanalyse, 20–27; ROLF, Textuelle Grundfunktion, 429–434.

Als Klassifikationskriterien führt Searle vor allem an:[14]

(a) U n t e r s c h i e d e   i m   i l l o k u t i o n ä r e n   Z w e c k. Im Mittelpunkt dieses Kriteriums steht die kommunikative Absicht, die ein Sprecher mit seiner Äußerung verfolgt.

(b) U n t e r s c h i e d e   i n   d e r   A n p a s s u n g s r i c h t u n g   z w i s c h e n   W o r t   u n d   W e l t. Mit Sprechakten kann versucht werden, a) die Welt in Übereinstimmung mit den geäußerten Worten zu bringen: (z.b. AUFFORDERUNGEN[15]); b) die Worte in Übereinstimmung mit der Welt zu bringen (z.B. FESTSTELLUNGEN); c) manchmal stimmen Wörter und Welt überein, d.h. der Vollzug einer sprachlichen Handlung führt zur Übereinstimmung zwischen dem propositionalen Gehalt und der Wirklichkeit. Vgl. hierzu besonders die DEKLARATIVEN Sprechakte.

(c) U n t e r s c h i e d e   i n   d e n   j e w e i l s   a u s g e d r ü c k t e n   p s y c h i s c h e n   Z u s t ä n d e n. Die Unterschiede in den mit unterschiedlichen illokutionären Akten ausgedrückten psychischen Zuständen oder Einstellungen entsprechen den Unterschieden zwischen den Aufrichtigkeitsbedingungen dieser Akte.

Daraus ergeben sich folgende Sprechaktklassen:[16]

REPRÄSENTATIVA: „Bei den Mitgliedern der Klasse der Repräsentative ist die Absicht oder der Zweck, einen Sachverhalt (wahr oder falsch, richtig oder unrichtig) darzustellen. Sie legen den Sprecher darauf fest, daß etwas der Fall ist. Typische Exemplare dieser Gattung sind Feststellungen, Behauptungen, Vorhersagen, Explikationen, Klassifikationen, Diagnosen und Beschreibungen."

DIREKTIVA: „Bei diesen besteht die illokutionäre Absicht darin, daß der Sprecher mit ihnen mehr oder minder eindringlich versucht, den Hörer dazu zu bewegen, etwas zu tun. Die folgenden Beispiele machen das deutlich: Anordnungen, Befehle, Bitten, Weissagungen, Gebete, Anträge, Gesuche und Ratschläge."

KOMMISSIVA: „Die illokutionäre Absicht eines Kommissives ist es, den Sprecher auf einen zukünftigen Lauf der Dinge zu verpflichten. Beispiele sind Versprechen, Gelübde, Gelöbnisse, Drohungen, Wetten, Anerbieten, Verträge, Garantien."

EXPRESSIVA: „Die illokutionäre Absicht der Mitglieder dieser Klasse ist es, eine psychische Einstellung des Sprechers zu dem Sachverhalt auszudrücken, der im propositionalen Inhalt gekennzeichnet ist. [...] Einige der häufigsten Exemplare sind Bedankungen, Beglückwünschungen, Entschuldigungen, Beileidsbezeugungen, Klagen und Willkommensheißungen."

DEKLARATIVA: „Die definierende Eigenschaft dieser Klasse ist, daß der gelungene Vollzug eines ihrer Mitglieder Übereinstimmung zwischen

---

14 Nach: SEARLE, Linguistik und Sprachphilosophie, S.113–125.

15 Die Großschreibung von Sprechhandlungen (wie hier AUFFORDERUNGEN) dient in der Linguistik zur Kennzeichnung der Sprechhandlungsbedeutung, ich behalte diese Konvention hier bei.

16 SEARLE, Linguistik und Sprachphilosophie, 117.

dem propositionalen Inhalt und der Wirklichkeit herbeiführt. Gelunge-
ner Vollzug garantiert, daß der propositionale Inhalt der Welt ent-
spricht. Im allgemeinen erfordern diese illokutionären Handlungen eine
nicht-linguistische Institution wie Kirche, Gesetz, Staat oder Privatbe-
sitz, und in vielen Fällen erfordern sie die Äußerung ritueller Wendungen durch den Sprecher. Beispiele sind Krieg erklären, exkommunizie-
ren, ein Paar trauen, schenken, vermachen, ernennen, abdanken, kün-
digen, entlassen."

Die Handlungsseite ist mit dem Sprachsystem in einer für
jede Sprache eigenen Weise vernetzt und verbunden. Diese
„Nahtstellen" zu kennen ist die Voraussetzung, wenn über eine
Sprache verläßliche Aussagen zur sprachlich-grammatischen
Struktur von Sprechakten gemacht werden sollen. Erst wenn
hinreichende Klarheit über die sprachlichen Formungsmöglich-
keiten besteht, können Sätze als Textsegmente[17] und Illokuti-
onssequenzen in ihrer Verbindung mit der Oberflächenstruktur
der Sprache analysiert werden.[18]

4. Zugänge zur Text- und
Textkonstitutionsproblematik
aus der Perspektive der Sprechakttheorie

4.1. Bezugsmöglichkeiten von „Sprechakt" und „Text"

Sprechakte können nun in verschiedener Weise auf „Sprache" bezogen werden:
(a) Sprechakte können auf die Größe „Text" wie auch auf die
Größe „Textteil/Satz" bezogen werden.

---

17 Als Textsegmente (abgekürzt: Segmente) sollen hier alle Bestandteile eines
   Textes gesehen werden, aus denen er zusammengesetzt ist und die selbst
   eine gewisse Selbständigkeit haben. Das werden in der Regel die „Sätze"
   eines Textes sein, dazu gehören aber auch Über- und Unterschrift (oft keine
   vollständigen Sätze), unvollständige Sätze (Schlagwörter, Schlüsselwörter,
   Ellipsen), komplexe Sätze u.a.m.
18 Für das Hebräische ist mit WAGNER, Sprechakte und Sprechaktanalyse, ein
   Anfang gemacht; dort werden die sprachlichen Realisierungsmöglichkeiten
   explizit performativer (93–98) und primär performativer (133–138) Akte besprochen, es findet sich eine Liste der performativen Verben des Hebräischen (98–132), Beispielanalysen einzelner Sprechakte und Sprechaktklassen (160–251; zu SEGNEN 253–285) u.a.; vgl. auch: DIEHL, Fortführung des
   Imperativs, passim; MICHEL, Nominalsatz, 241f; JENNI, Studien II, passim.

Das Gesamtgebilde Text als Sprechakt zu verstehen heißt nichts anderes, als den Text als kommunikative Einheit zu fassen, im Sinn der oben in Abschnitt 1 beschriebenen Textlinguistik. Diesen Weg geht bei der Erforschung alttestamentlicher Texte etwa Hardmeier.[19] Die Textanalyse stellt dabei zunächst den Gesamttext in den Vordergrund, geht aber auch auf die Textur, die Textstruktur ein.[20]

Wenn die einzelnen Textteile, Textsegmente als Sprechakte untersucht werden, dann ist die Analyserichtung auf das zunächst kleinere Segment ausgerichtet, von der Analyse der Segmente ergibt sich der Blick auf den Gesamttext. Die Sätze eines Textes können als Sprechakte betrachtet werden, die sich in verschiedener Weise zueinander verhalten (dazu s. das Folgende). Mehrere Sätze bilden Sequenzen, Satzketten. Da jedem Satz auch eine Illokution eignet, kann man auch von Illokutionsketten oder -sequenzen sprechen. Das führt schließlich zum Analysebereich von „Sprechaktsequenzen und Textkonstitution", denn wie Sätze auf der grammatisch-syntaktischen Ebene transphrastisch organisiert und text- sowie textstrukturbildend sein können, so auch auf der Ebene der Sprechakte.

(b) Diese Bestimmung ist unabhängig von den sprachlichen Realisierungsformen Mündlichkeit/Schriftlichkeit (nebst allen Übergangsformen). Will sagen: Sprechakte werden sowohl mündlich wie schriftlich vollzogen bzw. die Grundannahme der Sprechakttheorie, daß „sprechen" immer auch „handeln" heißt, gilt für alle Erscheinungsformen von Sprache. Sprechakttheorie darf daher nicht einengend verstanden werden als Theorie des Sprechens, es ist keine Mündlichkeitstheorie, gefragt wird „How to do things with words".[21] Daher kann man unbefangen von „schriftlichen und verschriftlichten Sprechakten" reden.

Die Bezugsmöglichkeiten (a) und (b) ermöglichen beide wesentliche Entdeckungen und bereichern das Verständnis des Phänomens „Text".

---

19 Vgl.: HARDMEIER, Prophetie im Streit; HARDMEIER, Textwelten der Bibel entdekken 1/1 und 1/2 (Literatur!).

20 Vgl.: HARDMEIER, Textwelten der Bibel entdecken, Teil I, Kap 3 „Text- und kommunikationstheoretische Grundlagen des textempirischen Ansatzes" (47–77) und Kap. 4 „Die Textur als Gegenstand der Textbeschreibung und ihre Komponenten" (78–135).

21 AUSTIN, Zur Theorie der Sprechakte (Erstauflage engl.: How to Do Things with Words).

4.2. Einfache und komplexe Texte aus der Perspektive der Sprechakttheorie

Im Sinne der Sprechakttheorie hinsichtlich der Illokutionsstruktur „einfache" Texte sollen nun im folgenden an einigen Beispielen besprochen werden. Für DIREKTIVE Sprechhandlungen verweist Searle (s.o) in seiner Klassifikation auf folgende Exempel: „Anordnungen, Befehle, Bitten, Weissagungen, Gebete, Anträge, Gesuche und Ratschläge." Ohne Zweifel finden sich in den meisten Sprachen viele, meist/oft auch kurze, sprachliche Äußerungen – Texte –, durch die die genannten sprachlichen DIREKTIVEN Handlungen vollzogen werden können. Sehr oft handelt es sich bei den genannten Beispielen um einfache, unkomplexe Texte.

Als Texte sind diese Äußerungen dann zu bezeichnen, wenn ihr Anfang und ihr Ende klar erkennbar sind und sie in sich eine sinnvolle Einheit in einer Sprechsituation bilden. Einfach oder unkomplex bezüglich der Illokutionsstruktur sind sie, weil sie e i n e Illokution und nicht verschiedene zum Ausdruck bringen.

Drei Beispiele aus dem Alten Testament sollen diese Textart verdeutlichen; um der Vergleichbarkeit willen entstammen sie alle der Klasse der DIREKTIVA:

a) Im einfachsten Fall sind Satz,[22] Text und Sprechhandlung von der Ausdehnung her deckungsgleich. Die Textgrenzen sind klar markiert: Der Redebeitrag des Königs beginnt nach der Einleitung (*da sagte der König*); er endet, bevor die Erzählung im nächsten Vers weiterschreitet. Sprechhandlungstheoretisch handelt es sich hier um einen „primär performativen Fall", weil die Sprechhandlung nicht explizit (mit einem performativen Verb) realisiert ist. Dem Text liegt nur eine Illokution zugrunde, er ist daher illokutionär „einfach":[23]

---

22 Auch wenn es sich hier nicht um einen einfachen Satz, sondern um eine komplexe Satzkonstruktion handelt, vgl.: Diehl, Fortführung des Imperativs, 252f.

23 Zu den primär und explizit performativen Realisierungsmöglichkeiten von Sprechakten vgl.: Wagner, Sprechakte und Sprechaktanalyse, S.44–47, 153f und passim.

II Sam 10,5   [...] *Da sagte der König: „Bleibt in Jericho bis*
                  euer Bart gewachsen ist, dann kehrt zurück."

Illokution: BEFEHL
Klasse: DIREKTIV

b) Ein Text, der schon aus mehr als einem Segment besteht und in dem die Illokution in Form eines performativen Verbes explizit realisiert wird (explizit performativer Fall), ist II Sam 19,30: [24]

II Sam 19,30   *„Was redest du noch weiter?*
                  (Ich sage =) Ich befehle (hiermit): Du [Merib-Baal]
                  und Ziba, ihr sollt euch das Feld teilen."

Illokution: *FRAGE und BEFEHL*
                  [+ selbständiger Satz als Proposition]
Klasse: *beide DIREKTIV*

Das Erbe Sauls (vgl. II Sam 9,1-13 und 16,1-4), wird hier in II Sam 19,30 durch David neu verteilt. David BEFIEHLT/ORD-NET AN, daß es zwischen Ziba und Merib-Baal geteilt werden soll.

Der „Text" ist als direkte Rede klar abgegrenzt: Er besteht aus der Frage,[25] die an die Redesituation anknüpft, und dem explizit performativ formulierten BEFEHL. Insgesamt ergibt sich, da beide Illokutionen des Textes derselben illokutionären Klasse angehören, ein im Sinne der Sprechaktstruktur homogenes DI-REKTIVES Gebilde.

c) Die Sprechaktstruktur bleibt aber auch dann unkomplex, homogen und somit „einfach", wenn ein Text aus mehreren, aber illokutionär gleichartigen Elementen besteht:

---

24 Zu explizit performativen Äußerungen des Hebräischen vgl.: WAGNER, Sprech-akte und Sprechaktanalyse, 93–98 und passim; zu II Sam 19,30 aaO., 101.

25 Zum Problem der Frage vgl.: WAGNER, Sprechakte und Sprechaktanalyse, 239f; WELKE-HOLTMANN, Kommunikation zwischen Frau und Mann, 37f.

Ps 150

1 *Halleluja (Lobt Jahwe)!*	DIREKTIV
Lobt Gott (הללו אל) *in seinem Heiligtum,*	DIREKTIV
lobt ihn (הללוהו) *in der Feste seiner Macht!*	DIREKTIV
2 *Lobt ihn* (הללוהו) *für seine Ruhmestaten,*	DIREKTIV
lobt ihn (הללוהו) *der Größe seiner Herrlichkeit entsprechend!*	DIREKTIV
3 *Lobt ihn* (הללוהו) *mit (dem) Stoß ins Schofar,*	DIREKTIV
lobt ihn (הללוהו) *mit Harfe und Laute!*	DIREKTIV
4 *Lobt ihn* (הללוהו) *mit Pauke und Reigen,*	DIREKTIV
lobt ihn (הללוהו) *mit Saiten und Flöte!*	DIREKTIV
5 *Lobt ihn* (הללוהו) *mit hellklingenden Zimbeln,*	DIREKTIV
lobt ihn (הללוהו) *mit schallenden Zimbeln!*	DIREKTIV
6 *Alles, was Odem hat, möge Jahwe loben* (תהלל יה)	DIREKTIV
Halleluja!	DIREKTIV

Diesem polysegmentären Text eine einheitliche Illokutionsstruktur zuzusprechen, fällt nicht schwer. Es geht sowohl in
den einzelnen Segmenten wie bei diesem Text im Ganzen um die
Aufforderung zum Lob, also um eine DIREKTIVE Sprechhandlung.

Die Erkenntnis dieser Struktur muß nicht heißen, daß damit
alle Textaspekte von Ps 150 erkannt wären. Wahrscheinlich ist
der Psalm als Textteil der Psaltergroßkomposition zu verstehen;
möglicherweise ist er speziell dafür verfaßt.[26] Allerdings bleibt er
als ein eigenständiger und auch in der späteren Tradition immer
abgegrenzt gebliebener Text erkennbar, und auf dieser Stufe
handelt es sich um einen mehrgliedrigen, aber illokutionär homogenen Text.

Soweit drei Beispiele für illokutionär homogene Texte. Die
uns im Alten Testament begegnende Textwelt besteht aber oftmals nicht aus solchen illokutionär homogenen Texten. Die illokutionäre Struktur von prophetischen Texten, Erzähltexten, vielen Psalmen[27] u.a. ist meist „komplex".

---

26 Man kann ihn als Schlußaufforderung verstehen, die den ganzen vorauslaufenden Psalter als „Corpus" erscheinen läßt und so einen Groß-Hymnus bildet, ähnlich wie Ps 113 (s.u.), mit einer ebensolchen Matrixstruktur, nur in
zu Ps 113 und anderen hymnischen Psalmen umgedrehter Abfolge.

27 Beispielanalysen für die Sprechaktstruktur von Psalmen bieten Arbeiten von
IRSIGLER, vgl.: IRSIGLER, Psalm 73; ders.: Psalm-Rede als Handlungs-, Wirk-
und Aussageprozeß; ders.: Psalm 22, vgl. auch: DILLER et al., Beiträge zur
Syntax, Sprechaktanalyse und Metaphorik. Zur Komplexität der Handlungsstrukturen im Text vgl. SCHRÖDER, Die Handlungsstruktur von Texten.

Exkurs: Die Rückbindung von Texten an die Intentionalität des Sprechers

Das Modell, mit dem die Sprechakttheorie arbeitet, ist kein Zeichenmodell, sondern ein Handlungsmodell:[28]

Die Handlung, die von einem Sprecher intendiert wird, ist für die Sprechakttheorie ein wesentliches Bestimmungsmoment für die sprachliche Bedeutung. Das „Pragmatische" besteht in der Verankerung von handlungs- und damit bedeutungsbestimmenden Faktoren im Bereich der außersprachlichen Gegebenheiten (Intention des Sprechers, auch des Hörers, Situation, Kombination mit non-verbalen Handlungsrealisationsmitteln, Bezüge zum und Verankerungen im Wissens- und Wertesystem des Kommunikanden u.ä.). Anders als strukturalistische Sprachanalyse-Modelle, die sich auf die Analyse und Beschreibung des sprachlichen Zeichens, des Wortes, Satzes, Textes beschränken, bezieht die Sprechakttheorie die außersprachliche kontextliche Situation, von der Sprechsituation bis zum historischen Großkontext, als grundlegend in die Analyse von Sprache mit ein.

Sprechakttheoretische Arbeiten und Analysen stammen aus der Philosophie und waren auf die Erkundung der Sprache als menschliches Handlungsmittel hin ausgerichtet. Als Sprachgegenstand diente daher zunächst immer der gegenwartssprachliche Kontext des jeweiligen Philosophen, bei Austin und Searle war dies das Englische des frühen und mittleren 20. Jahrhunderts. Die Sprechakttheorie wurde also nicht als Analyseinstrument für die Erforschung des Regelwerks einer Sprache und schon gar nicht für die Erforschung der historischen Sprache oder des Historischen überhaupt entwickelt. Aber sie hat sozusagen als inhärentes Merkmal über den Kontext den Bezug zur historischen Einbettung und das macht sie auch für die historische Forschung zu einem brauchbaren Instrument.

Ein zentraler Punkt ist die Rückbindung des Textes an die Intentionalität des „Senders" bzw. „Autors". Die Intentionalität ist bei einfachen Zusammenhängen noch gut nachzuverfolgen. Überschaubare Beispiele in diesem Sinne liefern Texte, die als direkte Reden in Erzählungen eingebettet sind, etwa der oben schon angeführte DIREKTIVE Text aus II Sam 19. Die Erzählung bietet dabei einiges an Kontextwissen, das zum Verständnis der Handlung herangezogen werden kann. Die in der Erzählung sprechende bzw. sprechhandelnde Figur ist der „Sender", dessen

---

28 Vgl.: WAGNER, Sprechakte und Sprechaktanalyse, 27–36.

Intention wir in der Regel am verbalen und non-verbalen Handeln erkennen. Solche Texte in direkten Reden mit homogener Illokutionsstruktur stellen nur den einfachsten Fall vor. Je umfänglicher und komplexer ein Text ist, umso schwieriger ist die Intention zu bestimmen bzw. ein klares Bild über das Verhältnis von Intention und Gesamt- bzw. Segmentillokutionen zu gewinnen. Etwa bei größeren Reden wie Jos 24 ist es wesentlich schwieriger, „die" Intention des Gesamttextes zu erfassen und sie in ein Verhältnis zu den Illokutionen der einzelnen Textsegmente zu setzen.[29]

Neben der innertextlichen/textweltlichen Intentionalitätsebene, auf der die Handlungen von in Großtexten vorkommenden Personen in ihrem in demselben Großtext geschilderten Umfeld betrachtet werden, konstituiert sich eine kommunikative Beziehung auf der Ebene von (außertextlichem) Autor, Text (Erzählung, größere Komposition, als deren Bestandteil eine Erzählung erscheinen kann, Kanon) und realem Leser/Adressaten. Auch diese Ebene ist durch Intentionalitäten bestimmt. Hier nimmt die Komplexität schlagartig zu, weil wir hinsichtlich dieser Kommunikationssituation und ihrer Aktanten selten über eindeutiges textexternes Wissen verfügen, das es ermöglichen würde, den Text in seinem Kontext aufzuschließen. Hier ist schon entscheidend, von welchem „Text" wir ausgehen, nehmen wir einen Einzelpsalm und seine Adressaten, den Psalter oder eine Teilsammlung und seine bzw. ihre Adressaten, den alttestamentlichen Kanon, dessen Bestandteil sowohl der Einzelpsalm wie auch der Psalter ist, usw. In welcher konkreten historischen Situation solche Texte entstanden sind, ist weitgehend unbekannt, über den Autor/die Autoren von z.B. Ps 29 oder des Buches Josua oder Hiobs wissen wir wenig bis nichts. Was wir über die Situation, über die Intention sagen können, ist aus den Texten selbst erschlossen. Nur selten gelingt es, etwa bei der prophetischen Überlieferung, alttestamentliche Texte mit konkreten historischen Situationen zu korrelieren.

Aber weder die Komplexität der Texte noch der Mangel an Kontextwissen sollte daran hindern, die Vorgänge und Verschränkungen um Sprechen und Handeln für das Biblische He-

---

29 Wiederum dienen hier die in Anm. 27 genannten Analysen von H. IRSIGLER als anschauliche Beispiele solcher komplexen Illokutionsstrukturen. Viele interessante Beobachtungen zu komplexen Illokutionsstrukturen in Gesprächen finden sich bei WELKE-HOLTMANN, Kommunikation zwischen Frau und Mann, 153–208.

bräisch – wie für andere Sprachen auch – genau zu betrachten. Eine Möglichkeit besteht daher im genauen Analysieren textinterner Vorgänge, die selbst ja wieder zu Quellen über den historischen Kontext werden können.

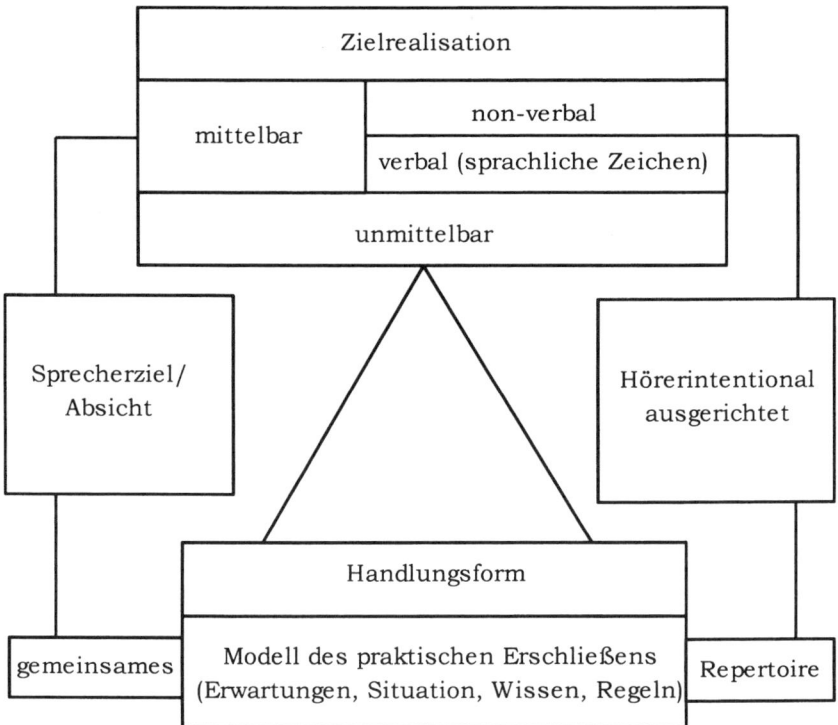

4.3. Illokutionär komplexe Texte

4.3.1. Matrixstruktur bei Texten

Wie können Texte mit illokutionär heterogenen Segmenten analysiert werden? – Es ist bei Texten durchaus möglich, daß die Mehrheit der Segmentillokutionen über die Textillokution entscheidet, das Vorgehen also q u a n t i t a t i v orientiert ist. Doch was ist mit Texten, in denen zwei (oder mehr) Illokutionstypen gleichgewichtig vorkommen? In solchen Fällen ist eine qantitative Analyse kaum möglich. Ein Weg kann darin bestehen, sich der Gesamtaussage und damit auch Gesamtintention q u a l i t a t i v anzunähern. Das Verhältnis von einzelsegmentärer Illokution und Gesamtillokution wird nicht durch Auszählen entschieden, sondern durch einen qualitativen Bezug von Illokutionen zueinander, sozusagen durch eine Art Makro-Illokution.

Dieser Weg läßt sich am einfachsten an einem Beispiel erklären.[30] Zu denken ist etwa an die Struktur eines Hymnus. Bei Ps 113 findet sich eine Abfolge von Lobaufforderung und Hymnencorpus. Im Aufforderungsteil ist angegeben, wie das Corpus verstanden werden soll: Nämlich im Zusammenhang mit dem Lobaufruf, als Begründung, wie Gunkel das beschrieb, oder, vielleicht noch treffender, als Durchführung, wie das Crüsemann gezeigt hat.[31] Diese Struktur können wir auch mit einem Makro-Matrixsatz[32] beschreiben:

---

30 Vgl. zu dieser Analysemöglichkeit: WAGNER, Stellung der Sprechakttheorie in Hebraistik und Exegese, 81f; ich habe diesen Fall hier noch einmal aufgenommen, weil er einen Zwischenschritt zwischen Texten mit homogener Sprechaktstruktur und solchen mit heterogener Struktur, die sequenziell analysiert werden können, darstellt.

31 Vgl.: GUNKEL, Einleitung in die Psalmen; CRÜSEMANN, Formgeschichte von Hymnus und Danklied.

32 Zur Matrix-Darstellung von explizit performativen Sprechakten vgl.: HINDELANG, Sprechakttheorie, 23; ERNST, Pragmalinguistik, 108; WAGNER, Sprechakte und Sprechaktanalyse, 44, Beispiele S. 94 und 96.

,Makro-Matrixsatz'

,Performativer Steuerungsteil'	qualitativ abhängig →	,Textpropositionaler' Teil
LOBAUFRUF (DIREKTIV)		Corpus, das nicht eine allgemeine REPRÄSENTATIVE Beschreibung bietet, sondern im Ganzen des Psalms als Durchführung des Lobes dient.

Ps 113:

LOBAUFRUF   CORPUS

[Lobt Jahwe!]   *Hoch über allen*
Lobt, ihr Knechte Jahwes,   *Völkern ist Jahwe,*
lobt den Namen Jahwes [...]   *über dem Himmel*
                                             ist seine Herrlichkeit
                                             [...]

Der Sinn dieser Beschreibung liegt darin, daß die Handlungsstruktur des *Gesamt*psalms zum Ausdruck gebracht werden kann, eine Struktur, die die Illokutionen der Textteile nicht additiv, sondern qualitativ aufeinander bezieht: Der Durchführungsteil wird durch den LOBAUFRUF explizit als Lob Gottes eindeutig qualifiziert, er könnte ansonsten ja auch als eine REPRÄSENTATIVE Aussage (Lehre, Mitteilung, Beschreibung o.ä.) verstanden werden.

Nähen dieser Sichtweise zur Form- bzw. Gattungsgeschichte sind nicht zu übersehen, und beide Analysewege sollen nicht als Alternativen verstanden werden, sondern analysieren den textlichen Sachverhalt in ihrer je eigenen Weise und ergänzen sich dabei. Die sprechakttheoretische Bestimmung kann eindrücklicher als die traditionelle Form-/Gattungsgeschichte auf die (außersprachliche) Verankerung eines solchen Textes in der Verfasserintention weisen. Die Textindividualität, die form-/gattungsgeschichtlichen Untersuchungen zuweilen aus dem Blick gerät, tritt so deutlicher in den Vordergrund. Außerdem kann die Sprechakttheorie ein über die Form-/Gattungsgeschichte hinausgehendes Analyse- und Beschreibungsrepertoire zur Verfügung stellen.

Dieser Analyseweg führt auch auf das Problem der „Sequenzierung" von Illokutionen: Was mit dem Gesamtprodukt ausgedrückt werden kann, geht über das, was mit nur einer Illokution geleistet werden kann, hinaus. Im obigen Beispiel haben wir den „einfachen" Fall einer Sequenz, zwei (verschiedene und aufeinanderfolgende) Illokutionen sind notwendig, das (illokutionär komplexe) Ganze auszudrücken.

4.3.2. Sprechaktsequenzen[33] und Textkonstitution

Bei der Frage der Textkonstitution bzw. -kohärenz, die forschungsgeschichtlich von einer völlig anderen Seite als die Sprechakttheorie herkommt (s.o., Abschnitt 1), kann die Analyse der Struktur der Einzelsprechakte in einem Text zu interessanten Entdeckungen und wichtigen Einsichten führen.

Texte konstituieren sich als auf verschiedene Weise verkettete Gebilde. Pronomen z.B. ersetzen Nomina und legen so Ersetzungsketten durch einen Text, semantische Merkmale laufen durch einen Text und bilden thematische Ketten u.ä.

In ähnlicher Weise kann ein Text durch die illokutionäre Struktur geprägt sein, die die Einzeläußerungen, aus denen er besteht, bilden.

Es ist wiederum bei einfachen Fällen zu beginnen und dann zu komplexeren voranzuschreiten. Nehmen wir folgenden Text, der zwar noch sehr überschaubar ist und wiederum als direkte Rede gut abgrenzbar ist, aber bezüglich seiner Sprechaktstruktur zweiteilig ist:

II Sam 16,4	[...] *Und Ziba sprach: „Ich werfe mich (hiermit) nieder. Möge ich Gnade finden vor deinen Augen, (mein Herr, der König*[34]*=) mein Herr und König!"*

1. Sprechakt:	*Ich werfe mich (hiermit) nieder.*	Illokution:	UNTERWERFUNG
		Klasse:	DEKLARATIV

2. Sprechakt:	*Möge ich Gnade finden vor deinen Augen, mein Herr und König!*	Illokution:	BITTE
		Klasse:	DIREKTIV

---

33 Zur Sequenzproblematik bei Sprechakten vgl.: HINDELANG, Sprechakttheorie, 3 (Literatur); MOTSCH, Handlungsstrukturen, 414–422 (Literatur).

34 Der Vokativ „my lord, the king", ist im Deutschen am besten mit: *mein Herr und König* wiederzugeben, vgl. CLINES, Dictionary of Classical Hebrew, 121.

Welche Illokution bestimmt jetzt den Text, die UNTERWER-
FUNG oder die BITTE? Unterwirft Ziba sich, damit er bitten
kann, oder ist die Unterwerfung selbst der eigentlich wichtige
Akt? Eine Matrix-Struktur zu entdecken, ist hier m.E. nur
schwer möglich, beide Akte sind für den Gesamtvorgang wichtig.
Keiner wird dabei vom anderen qualifiziert! Wir können eben
nicht sagen, ob es sich eher um einen insgesamt DIREKTIVEN
oder insgesamt DEKLARATIVEN Text handelt; hier ist man eher
geneigt, ihn als DEKLARATIV-DIREKTIVEN-Mischtext zu werten.

Die Problematik ist klar, sie zeigt sich umso brisanter, je
komplexer ein Text ist. Ich will mich im folgenden nun Illokutionsstrukturen zuwenden, die sich in Texten mit heterogenen
Textsegmentillokutionen finden. In solchen Texten finden sich
zusammenhängende Illokutionen, die in den komplexen Texten
zusammenhängende Strukturen bilden und damit auf der Ebene der Illokutionen auch wesentlich zur Textkonstitution beitra-
gen. Es geht dabei um mit 1. Person AK präfigurierte DEKLARA-
TIVE bzw. explizite performative Äußerungen.

In Ps 139 ist etwa folgende Erscheinung zu beobachten:

Ps 139, 21	Ps 139,22
Verben in Präformativkonjugation (PK)	Verb in Afformativkonjugation (AK)
Ist es nicht so: die dich hassen, Jahwe, will ich hassen (PK: אשׂנא), *und ich will mich (vor) denen, die sich gegen dich auflehnen, ekeln* (PK: אתקוטט).	*Mit Vollendung/ mit größtem Haß hasse ich sie* (AK: שׂנאתים), *zu Feinden werden sie (hiermit)* (AK: היו) *für mich.*

In Ps 139 tritt mit V. 21 die Frage des Verhältnisses des Be-
ters zu den in VV. 19-20 thematisierten Nicht-Jahweanhängern
ins Blickfeld. In einer rhetorischen Frage in V. 21 bekundet der
Beter seine Absicht in Präformativkonjugation (PK), die Jahwegegner zu hassen und sich von ihnen zu separieren.[35] Der Höhepunkt des Geschehens folgt in V. 22: Was in V. 21 (in PK) angekündigt war, kommt nun in Afformativkonjugation (AK) zur Ausführung. Mit V. 22 vollzieht der Beter *coram deo* seine Abkehr
von den Jahwegegnern.

---

35 Dies ist eigentlich nur dann sinnvoll, wenn der Beter zu diesen Jahwegegnern gehört oder in einem unklaren Verhältnis zu ihnen steht; wie V. 24
zeigt, in dem sich der Beter Führung auf dem „rechten Weg" wünscht, befindet er sich vordem also noch auf dem falschen Weg, in dieser „falschen Gesellschaft" der Jahwegegner.

Die Abfolge „Ankündigung mit Präformativkonjugation (PK) → Ausführung mit Afformativkonjugation (AK)"[36] stellt eine häufig verwendete transphrastische Kombination dar, wenn es um DEKLARATIVE bzw. explizit performative sprachliche Äußerungen geht.[37]

Könnte man von Ps 139 ausgehend vermuten, es handele sich um eine Konstruktion, die das unmittelbare Aufeinanderfolgen von Ankündigung und Ausführung voraussetzt, so zeigen andere Belege, daß die Glieder der Konstruktion weiter auseinander treten können. Gerade dann entfalten sie ihre textkonstitutive Wirkung:

Ps 142,2f	Ps 142,6
Konstruktion mit Präformativkonjugation (PK) und →	explizit performative Äußerung mit Afformativkonjugation (AK)
(Mit meiner Stimme=) Laut will ich zu Jahwe schreien (PK: אזעק), *laut will ich um Erbarmen flehen* (PK: אתחנן), *ich will vor ihm meine Klage ausschütten, meine Bedrängnis will ich vor ihm kundtun.* [zielt auf VV. 4b-5 (Klage)]	*Ich schreie zu dir* (AK: זעקתי[38]), *Jahwe, (ich sage=) ich rufe (hiermit)* (AK: אמרתי)*: Du bist meine Zuflucht, mein Anteil im Land der Lebenden.*

Gen 17,2	Gen 17,4 (NS)
Konstruktion mit Präformativkonjugation (PK) und →	explizit performative Äußerung mit DEKLARATIVEM Nominalsatz
Und ich will meinen Bund zwischen mir und dir schließen (PK: ואתנה Kohortativ) *und will dich (zahlreich machen) mehren über alle Maßen.*	*Ich – mein Bund (ist) hiermit mit dir (aufgerichtet). Und du sollst werden zum Vater einer Menge von Völkern.*

36 Zuweilen kann auch statt AK ein Nominalsatz verwendet werden, im Hebräischen sind DEKLARATIVE bzw. explizit performative Äußerungen mit performativen Verben in Afformativkonjugation (AK) oder mit Nominalsätzen zu realisieren.

37 Ähnlich wie Ps 139,21f stehen in II Reg 3,7 in dichter Folge die Ankündigung *Ich will (mit dir) ziehen* (PK: אעלה) und die ZUSAGE *ich bin wie du, und mein Volk wie dein Volk, und meine Rosse wie deine Rosse.*

38 Schon in WAGNER, Sprechakte und Sprechaktanalyse, 122 wurde vermutet, daß das Verb זעק zu den performativen Verben gehört; die hier vorgefundene Struktur darf als ein Beleg eines explizit performativen Fall in Ps 142,6 gelten.

Über verschiedene Gesprächparts innerhalb einer Erzählung hinweg geht die Konstruktion in II Sam 3:

II Sam 3,9	II Sam 3,12
Konstruktion mit Präformativkonjugation (PK) und →	explizit performative Äußerung mit DEKLARATIVEM Nominalsatz
[Abner wendet sich im Disput mit Isch-Boschet von Saul ab und David zu:] *Ja, wie Jahwe David geschworen hat, fürwahr, so will ich ihm [David] tun* (PK: אעשה).	*Abner schickte Boten zu David (und ließ fragen): „Wem gehört das Land? Schließ also deinen Bund mit mir (in dem Moment gilt): Meine Hand (ist) hiermit mit dir [David], [um dir ganz Israel zuzuwenden]."*

Weit auseinander tritt die Konstruktion in Ps 91 und Ex 34:

Ps 91,2	Ps 91,9
Konstruktion mit Präformativkonjugation (PK) und →	explizit performative Äußerung mit DEKLARATIVEM Nominalsatz
Ich will sprechen (PK: אֹמַר) *zu Jahwe: „Meine Zuflucht und meine Burg, mein Gott, auf den ich traue."*	*Fürwahr, du, Jahwe, (bist) meine Zuflucht.*

Ex 34,10	Ex 34,27
Konstruktion mit futurum instans[39] und →	explizit performative Äußerung mit DEKLARATIVEM Nominalsatz
Und er sprach: (Siehe,) ich will einen Bund schließen (הנה אנכי כֹּרֵת) [...]	*Da sagte Jahwe zu Mose: „Schreibe (dir) diese Worte auf, denn/fürwahr aufgrund/gemäß dieser Worte schließe ich (hiermit) einen Bund mit dir und Israel."*

---

39 Das hier verwendete *futurum instans* scheint bezüglich seines Ankündigungscharakters einer unmittelbar bevorstehenden Handlung der PK im Sinne einer Willenskundgebung vergleichbar zu sein; es hat wohl aufgrund seines Nominalsatzcharakters eine höhere Verbindlichkeit als die PK, weil es die Festlegung des Sprechers als unmittelbar bevor-stehenden (*sic!*) Sachverhalt behandelt.

Diese transphrastische illokutive Konstruktion[40] ist in die Textstruktur der genannten Texte eingelagert und erzeugt neben und zusätzlich zu allen anderen textverflechtenden Mechanismen eine eigene Kohärenzwirkung. Ihre Richtung ist aufgrund der Ankündigungs-Ausführungs-Struktur nicht umkehrbar. Daneben kann die Sequenz für die Aussage-Architektonik eines Textes wichtig werden, weil sie DEKLARATIVA als Texthöhepunkt vorbereiten kann. Und nicht zuletzt haben die explizit performativen Akte in dieser und durch diese Konstruktion besonderes Gewicht; explizit performative Äußerungen fordern im Hebräischen in den meisten Fällen keinen vorauslaufenden und vorbereitenden Akt. Durch die Kombination aus Willenskundgebung und den sich anschließenden Vollzug scheinen Aktivität und Intentionalität des Sprechers besonders betont, die Konstruktion signalisiert daher eine hohe Verbindlichkeit.

Die von der Kohärenzproblematik angestoßene Frage nach den Sequenzen der Illokutionen in einem Text hat also bei den hier diskutierten Beispielen zur Erkenntnis einer konventionalisierten Sequenzstruktur geführt. Als konventionalisiert kann die Struktur angesichts des vielmaligen Auftretens gelten. Das beschriebene Sequenzmuster „Ankündigung mit Präformativkonjugation (PK) → explizit performative Ausführung mit Afformativkonjugation (AK) oder Nominalsatz" ist dabei nur eines unter vielen möglichen.

Die Suche nach der Gesamtillokution eines Textes, nach seiner kommunikativen Gesamtfunktion, darf die Beobachtungen der Sequenzen nicht in den Hintergrund drängen, sonst entgehen wichtige Strukturmerkmale eines Textes der Analyse. Als Vertextungsmittel und Teil der sinnbestimmenden „Textur" sind Sprechhandlungssequenzen für jede „Text"-Analyse ein Gewinn.

---

40 Diese Konstruktion findet sich weiterhin in: Ruth 4,4 (PK als Ankündigung, die noch einmal zurückgenommen wird) mit VV. 9–10 (AK) sowie II Sam 9,(1)7 (PK in einer figura etymologica) mit V. 9 (AK), dazu: WAGNER, Sprechakte und Sprechaktanalyse, 318f und 294f; ebenso wohl auch: I Reg 1,30 mit VV. 38-40, besonders V. 39, dazu: aaO., 240f.

Literatur

Adamzik, K.: Sprache: Wege zum Verstehen. Tübingen/Basel [8]2004 (UTB; 2172).

— : Textlinguistik. Eine einführende Darstellung. Tübingen 2004.

Antos, G. (Hg.): Die Zukunft der Textlinguistik. Traditionen, Transformationen, Trends. Tübingen 1997 (Reihe germanistische Linguistik; 188).

Austin, J. L.: Zur Theorie der Sprechakte. Stuttgart 1985 (Erstauflage: How to Do Things with Words. Oxford 1962).

Beaugrande, R.-A./Dressler, W. U.: Einführung in die Textlinguistik. Tübingen 1981 (Konzepte der Sprach- und Literaturwissenschaft; 28).

Bergmann, R. et al.: Einführung in die deutsche Sprachwissenschaft. Heidelberg [4]2005.

Brinker, K. et al.: Text- und Gesprächslinguistik. Ein internationales Handbuch zeitgenössischer Forschung. Berlin/New York 2000-2001 (Handbücher zur Sprach- und Kommunikationswissenschaft; 16.1 und 2).

Bünting, K.-D.: Einführung in die Linguistik. Frankfurt [15]1996 ([1]1971).

Bußmann, H. (Hg.): Lexikon der Sprachwissenschaft. Stuttgart [3]2002.

Clines, D. J. A. (Hg.): The Dictionary of Classical Hebrew. Vol. I. א. Sheffield 1993.

Coseriu, E.: Textlinguistik. Eine Einführung. Hg. von Jörn Albrecht. Tübingen/Basel 1994 (UTB; 1808).

Crüsemann, F.: Studien zur Formgeschichte von Hymnus und Danklied in Israel. Neukirchen 1969 (WMANT; 32).

Diehl, J. F.: Die Fortführung des Imperativs im biblischen Hebräisch. Münster 2004 (AOAT; 286).

Diller, C. et al. (Hgg.): „Erforsche mich, Gott, und erkenne mein Herz!" Beiträge zur Syntax, Sprechaktanalyse und Metaphorik im Alten Testament. Schülerfestschrift für Hubert Irsigler zum 60. Geburtstag. St. Ottilien 2005 (ATSAT; 76).

Ehlich, K.: Der „Sitz im Leben" – eine Ortsbesichtigung, in: Huber, M./Lauer, G. (Hgg.): Nach der Sozialgeschichte. Konzepte für eine Literaturwissenschaft zwischen Historischer Anthropologie, Kulturgeschichte und Medientheorie. Tübingen 2000, 535–549.

— : Text und sprachliches Handeln. Die Entstehung von Texten aus dem Bedürfnis nach Überlieferung, in: Assmann, J./

Assmann, A./Hardmeier, Ch. (Hgg.): Schrift und Gedächtnis. Archäologie der literarischen Kommunikation I. München 1983, 24–43.

Ernst, P.: Pragmalinguistik. Grundlagen, Anwendungen, Probleme. Berlin/New York 2002 (De Gruyter Studienbuch).

Fix, U./Poethe, H./Yos, G.: Textlinguistik und Stilistik für Einsteiger. Ein Lehr- und Arbeitsbuch. Unter Mitarbeit von Ruth Geier. Frankfurt/M. 2003 (Leipziger Skripten; 1).

Gansel, Ch./Jürgens, F.: Textlinguistik und Textgrammatik. Eine Einführung. Wiesbaden 2002 (Studienbücher zur Linguistik; 6).

Gardt, A.: Geschichte der Sprachwissenschaft in Deutschland. Berlin/New York 1999 (De Gruyter Studienbuch).

Gil, A./Schmitt, Ch. (Hgg.): Kohäsion, Kohärenz, Modalität in Texten romanischer Sprachen. Akten der Sektion „Grundlagen für eine Textgrammatik der Romanischen Sprachen" des XXIV. Deutschen Romanistentages, Münster (25.–28.9. 1995). Bonn 1996 (Romanistische Kongreßberichte; 4).

Glück, H. (Hg.): Metzler-Lexikon Sprache. Stuttgart ²2000.

Gunkel, H.: Einleitung in die Psalmen, zu Ende geführt von J. Begrich. Göttingen ²1966.

Hardmeier, Ch.: Prophetie im Streit vor dem Untergang Judas. Erzählkommunikative Studien zur Entstehungssituation der Jesaja- und Jeremiaerzählungen in II Reg 18–20 und Jer 37–40. Berlin/New York 1990 (BZAW; 187).

— : Textwelten der Bibel entdecken. Grundlagen und Verfahren einer textpragmatischen Literaturwissenschaft der Bibel. Gütersloh 2003-2004 (Textpragmatische Studien zur Hebräischen Bibel; 1/1 und 1/2).

Harweg, R.: Pronomina und Textkonstitution. München ²1979 (¹1968).

— : Studien zur Textlinguistik. Aachen 2001 (Bochumer Beiträge zur Semiotik N.F.; 7).

Heinemann, M./Heinemann, W.: Grundlagen der Textlinguistik. Interaktion – Text – Diskurs. Tübingen 2002 (Reihe germanistische Linguistik; 230).

Hindelang, G.: Einführung in die Sprechakttheorie. Tübingen ³2000 (Germanistische Arbeitshefte; 27).

Horn, L. R./Ward, L. (Hgg.): The handbook of pragmatics. Malden 2005 (Blackwell handbooks in linguistics; 16).

Irsigler, H.: Psalm 22: Endgestalt, Bedeutung und Funktion, in: Schreiner, J. (Hg.): Beiträge zur Psalmenforschung. Psalm 2 und 22. Würzburg 1988 (FzB; 60), 193–239.

— : Psalm 73 – Monolog eines Weisen. Text, Programm, Struktur. St. Ottilien 1984 (ATSAT; 20).

— : Psalm-Rede als Handlungs-, Wirk- und Aussageprozeß. Sprechaktanalyse und Psalmeninterpretation am Beispiel von Psalm 13, in: Seybold, K./Zenger, E. (Hgg.): Neue Wege der Psalmenforschung. Festschrift Walter Beyerlin. Freiburg et al. 1994 (Herders Biblische Studien; 1), 63–104.

Jenni, E.: Studien zur Sprachwelt des Alten Testaments II. Hg. von Luchsinger, J./Mathys, H.-P./Saur, M. Stuttgart 2005.

Michel, D.: Grundlegung einer hebräischen Syntax, Bd. 2. Der Nominalsatz. Hg. von Achim Behrens et al. Neukirchen-Vluyn 2004.

Motsch, W.: Handlungsstrukturen von Texten, in: Brinker, K. et al.: Text- und Gesprächslinguistik. Ein internationales Handbuch zeitgenössischer Forschung. Berlin/New York 2000-2001 (Handbücher zur Sprach- und Kommunikationswissenschaft; 16.1 und 2), 414–422.

Mueller, B. L.: Satz. Definition und sprachtheoretischer Status. Tübingen 1985 (Reihe germanistische Linguistik; 57).

Pelz, H.: Linguistik. Eine Einführung. Hamburg [8]2004.

Pérennec, M.-H. (Hg.): Textlinguistik. An- und Aussichten. Lyon et al. 1999 (Cahiers d'études germaniques; 37).

Ries, J.: Was ist ein Satz? Prag 1931 (Beiträge zur Grundlegung der Syntax; 3).

Rolf, E.: Textuelle Grundfunktion, in: Brinker, K. et al.: Text- und Gesprächslinguistik. Ein internationales Handbuch zeitgenössischer Forschung. Berlin/New York 2000-2001 (Handbücher zur Sprach- und Kommunikationswissenschaft; 16.1 und 2), 422–435.

Schreiber, M.: Textgrammatik – gesprochene Sprache – Sprachvergleich. Proformen im gesprochenen Französischen und Deutschen. Frankfurt/M. et al. 1999 (Variolingua; 9).

Schröder, T.: Die Handlungsstruktur von Texten. Ein integrativer Beitrag zur Texttheorie. Tübingen 2003.

Searle, J. R.: Linguistik und Sprachphilosophie, in: Bartsch, R./Vennemann, Th.: Linguistik und Nachbarwissenschaften. Kronberg/Ts. 1973, 113–125.

Seidel, E.: Geschichte und Kritik der wichtigsten Satzdefinitionen. Jena 1935 (Jenaer germanistische Forschungen; 27).

Thurmair, M./Willkop, E.-M. (Hgg.): Am Anfang war der Text. 10 Jahre „Textgrammatik der deutschen Sprache". München 2003.

Vater, H.: Einführung in die Sprachwissenschaft. München ⁴2002 (UTB; 1799).

— : Einführung in die Textlinguistik. Struktur und Verstehen von Texten. München ³2001 (UTB; 1660).

Wagner, A.: (Hg.): Bote und Brief – Sprachliche Systeme der Informationsübermittlung im Spannungsfeld von Mündlichkeit und Schriftlichkeit. Frankfurt/M. et al. 2003 (Nordostafrikanisch/Westasiatische Studien; 4).

— : Bote, Botenformel und Brief – Einige sachliche und terminologische Klärungen, in: Wagner, Bote und Brief, 1–9.

— : Die Stellung der Sprechakttheorie in Hebraistik und Exegese, in: Lemaire, A. (Hg.): Congress Volume Basel 2001 (International Organization for the Study of the Old Testament). Leiden 2002 (VT.S; 92), 55–83.

— : Gattung und „Sitz im Leben". Zur Bedeutung der formgeschichtlichen Arbeit Hermann Gunkels (1862–1932) für das Verstehen der sprachlichen Größe Text, in: Michaelis, S./Tophinke, D.: Texte – Konstitution, Verarbeitung, Typik. München/Newcastle 1996 (Edition Linguistik; 13), 117–129.

— : Sprechakte und Sprechaktanalyse im Alten Testament. Untersuchungen an der Nahtstelle zwischen Handlungsebene und Grammatik. Berlin/New York 1997 (BZAW; 253).

— : The archeology of oral communication. In search of spoken language in the Bible. JNWSL 26 (2000), 117–126.

Weinrich, H.: Textgrammatik der deutschen Sprache. Unter Mitarbeit von M. Thurmair. Hildesheim et al. ³2005 (Mannheim ¹1993).

— : Textgrammatik der französischen Sprache. Stuttgart 1982.

Welke-Holtmann, S.: Die Kommunikation zwischen Frau und Mann. Dialogstrukturen in den Erzähltexten der Hebräischen Bibel. Münster 2004 (Exegese in unserer Zeit; 13).

V.

Intertextuelle Kohärenzstiftung

Biblische Anspielungen als Konstitutionsmerkmal jüdischer magischer Texte aus der Kairoer Geniza

DOROTHEA M. SALZER

I. Magische Texte aus der Kairoer Geniza

Die Handschriften aus der Ben Ezra Synagoge in Kairo gehören zu den für die judaistische Forschung bedeutendsten Funden: Seit Salomon Schechter am Ende des 19. Jahrhunderts begonnen hat, die Texte aus der Kairoer Geniza zu konservieren und zu katalogisieren, ist eine Vielzahl unbekannter Textfassungen und -arten entdeckt worden, die neue Erkenntnisse in bezug auf das religiöse wie auch das alltägliche Leben v.a. der mediterranen jüdischen Gesellschaft im Mittelalter ermöglicht haben.[1]

Die in der Geniza erhaltenen magischen Texte sind erst relativ spät in den Blickpunkt der Forschung geraten. Erst in der zweiten Hälfte der 1980er Jahre, also fast hundert Jahre nach ihrer Entdeckung, wurden die ersten umfangreicheren Editionen der Texte vorgenommen und diese somit einer breiteren Öffentlichkeit zugänglich gemacht.[2]

Die Bedeutung dieser Texte liegt einerseits darin, daß sie ein beeindruckendes Zeugnis interkultureller Überlieferung und Dy-

---

1   Die Geschichte der Entdeckung und Archivierung der Texte aus der Kairoer Genizah beschreibt Stefan Reif, in: REIF, A Jewish Archive from Old Cairo. Zum Leben der Juden im Mittelalter, wie es sich nach den Texten aus der Kairoer Geniza darstellt, siehe v.a. die umfangreiche Studie von GOITEIN, A Mediterranean Society.

2   NAVEH/SHAKED, Amulets and Magic Bowls, 216-240; dies.: Magic Spells and Formulae, 147-242 (diese Bände enthalten neben einigen Texten aus der Kairoer Geniza auch magische Texte anderer Provenienz); SCHIFFMAN/SWARTZ, Hebrew and Aramaic Incantation Texts; SCHÄFER/SHAKED, MTKG I; dies., MTKG II; dies., MTKG III. Vor allem die Editionen von Schäfer/Shaked bieten einen repräsentativen Querschnitt durch die verschiedenen in der Kairoer Geniza belegten Gattungen magischer Texte.

namik darstellen, denn an ihnen wird deutlich, wie sich grie-
chisch-hellenistische, jüdische, christliche und islamische Traditionen und Motive seit der Antike wechselseitig beeinflußt haben.[3] Andererseits und vor allem aber erlauben sie Einblicke in
das Alltagsleben der Juden im Mittelalter, in ihre Sorgen und
Nöte, ihre Träume und Ängste sowie in ihr Verständnis der Welt
und der ihr innewohnenden Kräfte.

Die magischen Texte der Kairoer Geniza lassen sich in verschiedene Gattungen einteilen: Es sind Amulette ebenso belegt
wie Anweisungen für magische Handlungen, sogenannte *se-*
gullot, und solche für Heilungszauber, die *refu'ot* genannt werden. Es gibt theoretische Abhandlungen, Schadenszauber,
Bann-, Fluch- und Beschwörungstexte, sowie liturgisch-magi-
sche Texte.[4]

II. Sinnkonstitution und Struktur als Kohärenzmerkmal

Diese Einteilung in verschiedene Arten von magischen Texten
folgt einem Textverständnis, das die Abgrenzung sowohl von
Gattungen als auch derjenigen einzelner Texte primär durch die
Frage nach der Sinnkonstitution eines Textes verfolgt. Der diesem Verfahren zugrundeliegende Textbegriff folgt somit einer
klassischen sprachwissenschaftlichen Definition des Begriffes
„Text", welche diesen als „monologische [...] sprachliche Einheit"
versteht, „die insgesamt als sinnvolle kommunikative Handlung
intendiert oder rezipiert wird".[5]

Über diese grundlegende Bestimmung eines Textes durch
den Sinnzusammenhang hinaus bieten die magischen Texte aus
der Kairoer Geniza aber sowohl interne als auch externe Merkmale für das Erkennen der Textkohärenz an.

Der Großteil dieser Texte besteht aus verschiedenen mehr
oder weniger standardisierten Bausteinen, wie z.B. Reihen von
formelhaften Wendungen, magischen Namen, Beschwörungsfor-
meln, göttlichen Epitheta und dergleichen. Diese Textelemente
werden kombiniert und bilden zusammen die einzelnen magi-

---

3   Z.B. lassen sich immer wieder Ähnlichkeiten zu den griechischen Zauber-
    papyri feststellen.
4   Zu den in der Geniza belegten Gattungen magischer Texte siehe auch MTKG
    I, 5-8.
5   BUßMANN, Lexikon der Sprachwissenschaft, 683.

schen Texte, die in die obengenannten Gattungen eingeteilt werden können.[6]

Gerade die verwendeten formelhaften Wendungen sind aufschlußreiche Merkmale der Textkohärenz. So ist z.B. der Anfang eines magischen Textes oftmals durch die sogenannte „Lamed-Formel" ‏ל‎- + Infinitiv oder Substantiv („um zu.../für...") gekennzeichnet.[7] Diese und ähnlich verwendete Formeln dienen als metatexueller Hinweis auf den Zweck und das Ziel einer magischen Handlung und sind somit ein Kennzeichen für den Beginn eines Textes. Im Textverlauf selbst wird das gewünschte Ergebnis einer Handlung meist mit der Wendung ‏משביע אני עליך/עליכם‎ („ich beschwöre Dich/Euch")[8] eingeleitet. Beschwörungen wirkmächtiger Namen wiederum, also Beschwörungen von Engelnamen und von sogenannten *nomina barbara*,[9] werden meist durch die Formulierung ‏בשם‎ („mit dem Namen") eingeleitet.

Es ist somit deutlich, daß solch formelhafte Wendungen der metonymischen Verklammerung einzelner Textkomponenten dienen und dadurch ein internes formales Merkmal der Kohärenz darstellen, das über dasjenige der Sinnkonstitution hinausgeht.

III. Biblische Anspielungen

Ein weiteres auffallendes Charakteristikum der magischen Texte aus der Kairoer Geniza ist die Verwendung biblischer Anspielungen, die in einem breiten formalen Spektrum realisiert sind. So finden sich z.B. sowohl wörtliche Zitate aus wie auch allgemein gefaßte Referenzen auf Texte aus der Hebräischen Bibel.

Bevor auf die Bedeutung dieser Anspielungen für den magischen Text und seine Wirkung eingegangen wird, soll zunächst dargestellt werden, in welchen textlichen Realisierungen die biblischen Anspielungen in den entsprechenden Texten auftreten.

---

6 Schäfer/Shaked sprechen diesbezüglich von „Mikroformen" (i.e. die standardisierten Bausteine) und „Makroformen" (i.e. die einzelnen magischen Texte): „Somit stellen die einzelnen standardisierten Elemente gleichsam Mikroformen dar, die je nach Verwendungszweck zu verschiedenen Makroformen komponiert werden können." – MTKG I, 7.

7 Siehe hierzu auch MTKG I, 6.

8 Ausführlicher zu dieser Wendung siehe: Schäfer, Jewish Literature in Late Antiquity, 79-85.

9 Zu *nomina barbara* siehe unten.

Textliche Realisierungen biblischer Anspielungen

Wie bereits erwähnt, ist die Bandbreite der texlichen Realisierungen biblischer Anspielungen relativ groß. Für die unterschiedlichen Arten des Verweises lassen sich aber dennoch Kriterien finden, die es erlauben, die Anspielungen nach formalen Gesichtspunkten zu unterscheiden. Folgende Kategorien lassen sich hierbei differenzieren:

a) das Zitat[10] mit den Untergruppen des anzitierten Zitates,[11] des verkürzten Zitates[12] und des Seruginzitates;[13]

b) das Pseudozitat,[14] das in den Formen des konflationierten,[15] des permutierten,[16] des substituierenden,[17] des synonymen[18] sowie des verminderten[19] und des erweiterten[20] Pseudozitates auftritt;

c) die geprägte Wendung,[21] und schließlich

10 Siehe z.B. Lev 1,1 in Or. 1080.5.4., fol. 1a/22-23, (Nr. 11, MTKG I, 153.)

11 D.h. ein Zitat, das nur durch die Anführung der ersten Worte repräsentiert wird, siehe z.B. Ps 1,3 in T.-S. NS 322.10, fol. 1a/29 (Nr. 7, MTKG I, 86).

12 D.h. ein Zitat, das nur durch die Anführung von Anfang und Ende des zitierten Textbereiches repräsentiert wird, siehe z.B. I Reg 19,11-12 in T.-S. K 1.144*, fol. 3a/10-12 (Nr. 22, MTKG II, 33).

13 D.h. ein Zitat, das durch abgekürzte Wortformen repräsentiert wird, siehe z.B. Jes 52,11 in T.-S. K 1.30, fol. 1a/23-24 (HAI, 73).

14 Ein Pseudozitat tritt auf, wenn der biblische Text in modifizierter Form im magischen Text erscheint, ohne daß zugleich die Wörtlichkeit generell aufgehoben wird.

15 D.h. eine Kompilation, die aus Elementen zweier oder mehrerer Bibelzitate zusammengesetzt ist, siehe z.B. Lev 1,6a und Lev 1,4b in T.-S. K 1.127, fol. 1a/38 (HAI, 115).

16 D.h. ein Zitat, dessen Wortreihenfolge gegenüber dem Original verändert ist, siehe z.B. Gen 6,8 in T.-S. K 1.147, fol. 1a/2-3 (Nr. 20, MTKG I, 221).

17 D.h. ein Zitat, in dem Elemente des Originals durch andere Elemente ersetzt sind, siehe z.B. Dtn 28,22 in T.-S. K 1.148, fol. 1a/6 (Nr. 50, MTKG II, 306).

18 D.h. ein Zitat, in dem einzelne Wörter des Originals durch entsprechende Synonyme ersetzt sind, siehe z.B. Gen 35,3 in T.-S. K 1.127, fol. 1a/5 (HAI, 113).

19 D.h. ein Zitat, in dem einzelne Morpheme, Wörter oder Satzteile des Originals fehlen, siehe z.B. Gen 25,21 in T.-S. K 1.157, fol. 1b/29-30 (Nr. 8, MTKG I, 111f.).

20 D.h. ein Zitat, welches gegenüber dem Original durch die Hinzufügung eines oder mehrerer Wörter verändert ist, siehe z.B. Lev 26,16 in JTSL ENA 3657.2-3, fol. 2a/3-4 (Nr. 48, MTKG II, 286).

21 Bei der geprägten Wendung handelt es sich um standardisierte Phrasen, die keine eindeutige Zuordnung zum biblischen Text erlauben.

d) die Referenz, die sich in die Untergruppen der periphrasti-
schen[22] sowie der onomastischen[23] Referenz einteilen läßt.[24]

In bezug auf die Häufigkeit dieser unterschiedlichen Anspie-
lungskategorien ist festzustellen, daß Zitate und Pseudozitate
weitaus am häufigsten vertreten sind, während periphrastische
und v.a. onomastische Referenzen sehr viel seltener auftreten.
Diese Dominanz der Wörtlichkeit im Bereich der biblischen Anspielungen führt vor Augen, daß die Präsenz der Hebräischen
Bibel in den Trägerkreisen der mittelalterlichen jüdischen Magie
nicht auf eine bloß symbolische Rolle oder aber auf sekundäre
Vermittlung wie etwa parabiblische Traditionen beschränkt war.
Sie läßt vielmehr auf die enge Vertrautheit von Textproduzenten
wie -rezipienten mit dem masoretischen Wortlaut schließen und
zeigt damit, in wie selbstverständlicher Weise sich die Hebräische Bibel und magische Traditionen im kulturellen Gedächtnis-
raum des mittelalterlichen Judentums, wie er durch die Funde
aus der Kairoer Geniza repräsentiert wird, begegneten.

Intra- und intertextuelle Funktionen der Anspielungen

Für die Frage nach der Konstituierung des Textes ist hier aber
weitaus bedeutender, welche Funktionen diese Anspielungen
jenseits ihrer textlichen Realisierungformen innerhalb des magischen Textes einnehmen.

Das anspielende Element hat im Text eine Doppelfunktion
inne: Wie jedes beliebige andere Element eines Textes sind auch
biblische Anspielungen einerseits konstitutiv für die textinterne
Kohärenz des vorliegenden Textes. Andererseits entstammt jede
biblische Anspielung aber auch einem bestimmten biblischen
Text und ist damit zugleich Teil eines kohärenten Zusammen-
hanges, der außerhalb und unabhängig von dem magischen

---

22 Die periphrastische Referenz besteht zumeist aus dem Namen einer bibli-
    schen Figur und einem kennzeichnenden Hinweis darauf, welcher Zusam-
    menhang im konkreten Fall gemeint ist, so z.B. die Referenz auf Jos 6,17 in
    JTSL ENA 3657.2-3, fol. 2b/12-13 (Nr. 48, MTKG II, 287).
23 Mit der onomastischen Referenz wird auf biblische Figuren verwiesen, ohne
    einen eindeutigen oder ganz und gar ohne einen zusätzlichen Hinweis auf
    einen näher bestimmten Erzählzusammenhang zu nennen, siehe z.B. den
    Hinweis auf die Erzmütter Rachel und Lea in T.-S. K 1.30, fol. 1a/27-30
    (HAI, 73).
24 Entwickelt und ausführlich dargestellt sind diese Kategorien in SALZER, Die
    Magie der Anspielung, 17-27 und 32-49.

Text besteht. Die Anspielung stiftet dadurch textexterne Verknüpfungen, welche wiederum zu einer semantischen Erweiterung des magischen Textes führen.

Im folgenden soll nun der Frage nachgegangen werden, inwieweit solche Erweiterungen für die Konstitution und Wirkung
des magischen Textes bedeutsam sind. Untersucht werden hierbei sowohl intra- als auch intertextuelle Funktionen der Anspielungen.

Zur Unterscheidung dieser beiden Funktionsebenen wird auf
die ursprünglich von Ferdinand de Saussure beschriebenen und
von Udo Hebel im Sinne der Intertextualitätstheorie weiterentwi-
ckelten linguistischen Grundrelationen von syntagmatischer
und assoziativer bzw. paradigmatischer Bedeutung zurückge-
griffen.[25] In diesem Sinne ist die Funktion der biblischen Anspielung im intratextuellen Kontinuum eine syntagmatische während ihre intertextuelle Funktion als paradigmatisch-assoziativ
zu bezeichnen ist.[26]

Syntagmatische Funktionen der biblischen Anspielungen

Als syntagmatische Elemente eines Textes nehmen biblische Anspielungen zur Herstellung einer textinternen Kohärenz verschiedene Funktionen ein.[27] Unter dieser Perspektive dienen sie
insbesondere als *materia magica linguistica*, der Bildung magischer Namen, als Ausdruck der Bitte, als *captatio benevolentiae*,
als appellative oder affirmative Rede, als literarisches Stilmittel,
als apotropäisches Mittel oder als Epitheton:

a)   In der Funktion von *materia magica linguistica* werden bibli-
     sche Anspielungen als Sprachmaterial verwendet, mit dem
     materialiter etwas geschieht und das so zum Mittel des Zau-
     bers wird.[28]

b)   Die Verwendung von Bibelversen zur Bildung magischer Na-
     men läßt sich v.a. im Zusammenhang mit *nomina barbara*

---

25 Hierzu siehe Hebel, Fitzgerald, 61.

26 Siehe hierzu: Salzer, Die Magie der Anspielung, 28f. sowie ebd., 67; 102.

27 Genauer beschrieben und mit zahlreichen Beispielen belegt sind die folgen-
    den Kategorien in Salzer, Die Magie der Anspielung, 67-101 und 132-143.

28 Siehe z.B. Gen 28,10 und Gen 49,21 in T.-S. K 1.115, fol. 1b/13-14 (Nr. 31,
    MTKG II, 155). Diese beiden Verse müssen für den Vollzug eines Wegezau-
    bers aufgeschrieben werden.

(also magisch verwendeten „fremden Namen"[29]) feststellen, z.B. wenn diese durch Akronyme von Bibelversen gebildet werden.[30]

c) Als Ausdruck der Bitte fungieren biblische Anspielungen allein oder in Verbindung mit anderen Formulierungen zum Zweck der Explikation des erwünschten Zieles der magischen Handlung.[31]

d) Biblische Anspielungen nehmen die Funktion der *captatio benevolentiae* ein, wo sie als rhetorischer Topos dazu dienen sollen, Gottes Gunst oder Wohlwollen zu erlangen. Die am häufigsten belegte Form der *captatio benevolentiae* ist die der Doxologie.[32]

e) In der Rolle der appellativen Rede dienen die biblischen Anspielungen dazu, Gottes Aufmerksamkeit zu erlangen und an seine Bereitschaft zum Beistand zu appellieren,[33] während sie als affirmative Rede die Gewißheit auf göttliche Erhörung ausdrücken.[34]

f) Als stilistisches Mittel übernehmen sie Funktionen der literarischen Gestaltung[35] und Strukturierung[36] innerhalb eines magischen Textes.

g) Werden biblische Anspielungen als apotropäisches Mittel verwendet, dienen sie dazu, Schaden von der Person des Magiers oder der Gemeinde abzuwenden.[37]

---

29 Als *nomina barbara* werden geheime Gottes- und Engelnamen bezeichnet, die während oder für eine magische Handlung aufgeschrieben oder ausgesprochen werden. Zur Verwendung von Namen in der jüdischen Magie siehe TRACHTENBERG, Jewish Magic, 91-100.

30 Siehe z.B. Ps 91,1-9a in T.-S. K 1.18, fol. 1a/21-24 (HAI, 71) bzw. Jes 52,11 in T.-S. K 1.30, fol. 1a/23 (HAI, 73).

31 Siehe z.B. Dtn 28,8 in T.-S. K 1.100, fol. 1a/3-5 (HAI, 107).

32 Siehe z.B. Ps 40,6 in T.-S. K 1.4, fol. 1b/8-9 (MTKG I, 237).

33 Siehe z.B. Ps 44,27 in T.-S. Or. 1080.5.4, fol. 1a/12-13 (Nr. 11, MTKG I, 153).

34 Siehe z.B. Dtn 7,15 und Ex 15,26 in T.-S. K 1.137, fol. 1a/21-27 („Geniza 8", 1AI, 239).

35 Siehe z.B. Ex 23,12 bzw. Ps 116,6 in T.-S. NS 152.162, fol. 1a/4 (Nr. 36, MTKG II, 198).

36 Siehe z.B. Ex 3,15 in T.-S. K 1.28, fol. 1a/16 (Nr. 10, MTKG I, 136).

37 Siehe z.B. Ps 119,165 in JTSL ENA 3657.2f., fol. 2a/19-2b/1 (Nr. 48, MTKG II, 287).

h) Schließlich ist die Verwendung als göttliche Epitheta eine weitere sehr wichtige und weit verbreitete syntagmatische Funktion biblischer Anspielungen.[38]

Paradigmatische Funktionen der biblischen Anspielungen

Die paradigmatischen Funktionen der biblischen Anspielung sind diejenigen, welche ihnen neben diesen intratextuellen Aufgaben durch den Bezug auf die Hebräische Bibel und die damit einhergehende semantische Erweiterung innewohnen.

Die Beziehungen, welche das anspielende Element durch die Verknüpfung des magischen Textes (i.e. der manifeste Text) mit dem biblischen Text (i.e. der Prätext) bewirkt, lassen sich nicht auf einen bloßen Verweis beschränken. Vielmehr wird der Prätext durch eine Anspielung fest im manifesten Text verankert und in den Ko- und Kontext des manifesten Textes überführt. Die dadurch entstehende semantische Erweiterung des magischen Textes geht aber weit über den durch das anspielende Element reproduzierten und repräsentierten Bereich hinaus.

Allerdings kommt auch keineswegs das gesamte Sinnpotential eines anspielenden Elements im manifesten Text zum Tragen. Wieviel vom ursprünglichen Kotext durch die Anspielung abgerufen wird und was davon auszublenden ist, legt der neue Kotext fest. Der manifeste Text besitzt also in bezug auf das zu aktualisierende Sinnpotential eine Steuerungsfunktion, wie in den folgenden Beispielen aus dem untersuchten Korpus leicht zu bemerken ist:

Ein Amulett für geschäftlichen Erfolg[39] zitiert Jes 10,14:

> „Wie man in ein Nest greift, so griff meine Hand nach dem Reichtum der Völker. Wie man verlassene Eier sammelt, so habe ich alle Länder der Erde gesammelt. Da war keiner, der mit den Flügeln schlug, keiner, den den Schnabel aufriß und piepste."

Deutlich ist, daß der manifeste Text diesen Vers auf das Thema Reichtum festlegt und eine Evokation des weiteren biblischen Kotextes ausschließt, denn dieser thematisiert die Zerstörung Assyriens, und der Kontext einer Zerstörung dürfte kaum

---

38 Siehe z.B. Ps 121,2 in T.-S. K 1.147, fol. 1f/4 (Nr. 20, MTKG I, 224).
39 T.-K. 1 152, fol. 26-29 (HAI, 139).

im Bereich des erwünschten Zieles liegen. Demgegenüber bezieht sich die Zitation von Gen 21,1 (*„Und der Herr suchte Sara heim, wie er gesagt hatte"*) in einer Anweisung (*segulla*) für die Behandlung von Unfruchtbarkeit[40] weniger auf den Wortlaut des Bibelverses als vielmehr auf dessen Kotext, also die biblische Erzählung von Saras Unfruchtbarkeit und schließlicher Geburt aufgrund göttlicher Hilfe.

Unter dem Gesichtspunkt der paradigmatischen Bedeutung der biblischen Anspielungen lassen sich insbesondere die Funktionen der Autorisierung, der Legitimation, der Wirksamkeitsbegründung sowie der Klienten- und Adressatenausrichtung feststellen.[41]

a) In der Funktion der Autorisierung dient die biblische Anspielung dazu, die Bevollmächtigung des Magiers für die vorzunehmende magische Handlung zu bestätigen bzw. zu begründen. Eine solche Autorisierung liegt besonders dann vor, wenn der Magier in die direkte Rede biblischer Personen oder sogar Gottes selbst eintritt.[42] Eine andere Form der Autorisierung ergibt sich durch die Evokation einer biblischen Offenbarungssituation, wodurch der Magier als von Gott für die magische Handlung ermächtigt erscheint.[43]

b) In der Funktion der Legitimation dient die biblische Anspielung dem Nachweis der Normenkonformität der magischen Handlung.[44]

c) Der Wirksamkeitsbegründung dienen biblische Anspielungen, wenn durch sie das Ziel der Handlung begründet und erreicht werden soll. Dies kann insbesondere durch einen Verweis auf die göttliche Allmacht[45] oder durch die Anspielung auf Analogiesituationen, die als Vorbild oder Präzedenzfall für das erwünschte Ziel fungieren sollen,[46] geschehen.

---

40 T.-S. K 1.157, fol. 1b/29 (Nr. 8, MTKG I, 111).
41 Genauer beschrieben und mit zahlreichen Beispielen belegt sind die folgenden Kategorien in SALZER, Die Magie der Anspielung, 102-130 und 143-158.
42 Siehe z.B. Ps 141,10 und Ps 72,9 in T.-S. K 1.163, fol. 1a/27-28 (Nr. 42, MTKG II, 248).
43 Siehe z.B. Ex 3,14.15 und Ps 89,9 in T.-S. K 1.28, fol. 1a/16-1b/1 (Nr. 10, MTKG I, 136).
44 Siehe z.B. Num 6,26-27 in T.-S. K 1.127, fol. 1a/33-37 („Geniza 7", 1AI, 238; HAI, 115).
45 Siehe z.B. Jes 40,12 in T.-S. AS 143.45, fol. 1b/4 (Nr. 51, MTKG II, 315).
46 Siehe z.B. Gen 39,21 in T.-S. K 1.125, fol. 1a/11-12 (HAI, 111).

d) In der Funktion der Klientenausrichtung hat die biblische Anspielung die Aufgabe, den Klienten selbst und sein Anliegen im biblischen Text zu verorten. Das kann einerseits durch die direkte Gleichsetzung mit einer prominenten Person der Hebräischen Bibel geschehen,[47] andererseits aber auch durch die Applikation biblischer Verheißungen für das Volk Israel auf die Gegenwart der magischen Handlung und auf die Person des Klienten.[48] Zudem können biblische Anspielungen in ähnlicher Weise wie auf den Klienten auch auf den Adressaten einer magischen Handlung bezogen werden und erfüllen dann die Funktion der Adressatenausrichtung.[49]

Einige dieser bis jetzt theoretisch dargelegten Funktionen der biblischen Anspielungen in den magischen Texten der Kairoer Geniza sollen im folgenden an einem Beispiel veranschaulicht werden.

Es handelt sich hierbei um einen hebräisch-aramäischen Text, der vermutlich aus dem 10.-11. Jahrhundert stammt und eine Anweisung zur Behandlung einer unfruchtbaren Frau bietet:[50]

A
Für eine unfruchtbare Frau.   לאשה שלה נתעברה

B
Schreib auf Pergament und hänge es ihr um: כת׳ בקלף ותלי בה.

C
Die Heilung möge vom Himmel herabkommen.   אסותא מן שמייא ינחית

D
Ich fordere den Geist auf,   תבעת ברוחא
der auf der Gebärmutter von N.N.,   די } ב{(ת)(בא על מיטרא
Tochter von N.N., sitzt, daß sie empfange,   דפ׳ב׳פ׳ ועוברתה
schwanger werde und sich öffne.   ותבטן ופתחה.

---

47 Siehe z.B. Gen 39,21 in T.-S. K 1.28, fol. 2b/6-7 (Nr. 10, MTKG I, 137).
48 Siehe z.B. Jes 30,19 in T.-S. 1.19, fol. 3a/6-8, („Geniza 11", 2AI, 159).
49 Siehe z.B. Lev 26,16 in JTSL ENA 3657.2-3, fol. 20/3-4 (Nr. 48, MTKG II, 286).
50 T.-S. K 1.157, fol. 1b/21-31, in: MTKG I, 111f. Die Wiedergabe des hebräischen Textes folgt den Konventionen der Herausgeber, wobei geschweifte Klammern gestrichene Buchstaben kennzeichnen, während die runden Klammern vom Schreiber interglossar hinzugefügte Buchstaben kennzeichnen.

E

Mit dem Namen dieser Engel:	בשם אילן מלאכיא
ḤNY°L HH HH HH HH HH.	חניאל הה הה הה הה הה
Rufe zehnmal ŠM ŠM,	תקרא י׳ זימנין שם שם
YW ist sein Name, °H.	יו׳ שמו אה
Heilt die Gebärmutter von N.N., Tochter von	אסיו למיטרא דפ׳ב׳פ׳
N.N., mit dem Namen dieser Engel.	בשם מלאכיא אילן

F

Auf Geheiß des Herrn ließen sie sich nieder.[51]	על פי יי׳ יחנו..
Gott sagte: Es werde Licht und es ward.[52]	ויומר אלוהים יהי אור ויהי.
Gott gedachte Rachels,	ויזכר אלוהים את רחל
Gott erhörte sie und öffnete.[53]	וישמע אליה אלהים ויפתח.
Der Herr suchte Sara heim,	ויי׳ פקד את שרה
wie er gesagt hatte.[54]	כאשר אמר..
Isaak betete zum Herrn für seine Frau,	ויעתר יצחק ליי׳ לנוכח אשתו
und er ließ sich erbitten.[55]	וי}?{ (ע)תר.

G

So möge uns Gott der Heerscharen,	כן יענינו אלוהי הצבאות
der Gott Israels, in dieser Stunde antworten	אלוהי ישראל בשעה הזאת
und N.N., Tochter von N.N.,	ותיבטן פ׳ב׳פ׳
möge schwanger werden. Amen. Amen. Sela.	א׳א׳ס.

An diesem Beispiel sind die oben erwähnten Konstitutions-merkmale durch Sinnzusammenhang und Struktur deutlich zu erkennen: der metatextuelle Hinweis auf den Zweck der magi-schen Handlung (A), die Erklärung der Vorgangsweise (B) sowie der zu schreibende Amulettext (C-G), der sozusagen einen Text innerhalb des Textes darstellt und innerhalb dessen die Be-schwörung der *nomina barbara* (E, eingeleitet durch die Formel בשם) deutlich hervortritt. Deutlich markiert ist auch das Ende des Amulettextes durch die *Sela*-Formel (G).[56]

Der Inhalt des Amulettextes besteht aus mehreren Teilen: Zunächst wird Heilung der Frau direkt den himmlischen und somit Gottes Kräften zugeschrieben (C). Daraufhin wird dem Geist, welcher auf der Gebärmutter sitzt, befohlen, die Frau empfangen und gebären zu lassen (D). Auf die anschließende Beschwörung der *nomina barbara* (E) folgen die biblischen An-spielungen, die hier alle als Zitate realisiert sind (F). Den Ab-

---

51 Num 9,18.
52 Gen 1,3.
53 Gen 30,22.
54 Gen 21,1.
55 Gen 25,21.
56 Bei dieser Formel handelt es sich um die sogenannte „Rahmenformel", siehe MTKG I, 6.

schluß bilden die Bitte um Gottes Beistand, eine abrundende Wiederholung des konkreten Wunsches sowie die *Sela*-Formel (G).

Im folgenden sollen nun die Bibelzitate in ihrer Funktion für den Text in den Blick genommen werden.

Unter der syntagmatischen Perspektive dienen alle genannten Schriftverse v.a. als *materia magica*. Als *materia magica* wird in der Magieforschung ein Mittel bezeichnet, das eingesetzt wird, um ein erwünschtes Ziel zu erreichen. Für den vorliegenden Zauber werden die Bibelzitate insofern *materialiter* verwendet, als man sie auf ein Stück Pergament schreiben und als Amulett verwenden soll, um die beabsichtigte Heilung einer unfruchtbaren Frau zu erwirken. Die biblischen Zitate werden demnach als wirkmächtige Substanz angesehen, die als Amulett angewendet wird.

Während die im untersuchten Text vorliegenden Schriftverse alle dieselbe syntagmatische Bedeutung innehaben, nehmen sie hingegen auf der Ebene der paradigmatischen Funktionen verschiedene Rollen ein.

Das erste Zitat *Auf Geheiß des Herrn ließen sie sich nieder* stammt aus Num 9,18 und somit aus dem Kotext der Wüstenwanderung Israels. Im vorliegenden Text ist aber weniger die Wüstenwanderung von Bedeutung als vielmehr die Betonung dessen, daß das Volk Israel auf das Geheiß Gottes handelt. Bedenkt man, daß der Vollzug einer magischen Handlung keinesfalls unumstritten zur religiösen Praxis des Judentums zu zählen ist,[57] wird deutlich, daß der Bibelvers im Amulettext als Rechtfertigung und Legitimation für den Vollzug eines magischen Aktes dient: So wie das Volk Israel während der Wüstenwanderung auf Geheiß Gottes rastete, wird hier die magische

---

57 Bereits in der Hebräischen Bibel ist in bezug auf die Anwendung magischer Handlungen eine ambivalente Haltung belegt: Einerseits gehören sie ganz selbstverständlich zum alltäglichen Leben (z.B. Gen 30, 37-39), andererseits werden sie auch negativ bewertet oder sogar untersagt (z.B. Dtn 18,9-14). In der rabbinischen Literatur gibt es Differenzierungen wie z.B. die Unterscheidung zwischen 'aḥizat 'enayim (der gestatteten Augentäuschung) und verbotenen magischen Praktiken (siehe mSanh 7,11; bSanh 68a), um praktizierte Magie in das Rechtssystem der Rabbinen einzuordnen. Die Diskussion über erlaubte und unerlaubte magische Handlungen hielt auch im Mittelalter an, wie durch mehrere Fragmente aus der Kairoer Geniza bezeugt ist. Zum Verhältnis der Rabbinen zur Magie siehe: VELTRI, Magie und Halakha; zur innerjüdischen Magiediskussion allgemein siehe: SCHÄFER, Magic and Religion in Ancient Judaism.

Handlung ebenfalls auf Geheiß Gottes vollzogen.[58] Gleichzeitig
wird die zu heilende Frau als ein Teil des Volkes Israel benannt,
die als solches der biblischen Verheißungen teilhaftig ist und
auf göttliche Hilfe vertrauen kann.

Das folgende Zitat von Gen 1,3 *Gott sagte: Es werde Licht
und es ward* stammt aus dem Kotext des ersten biblischen
Schöpfungsberichtes und betont somit die Allmacht Gottes. In
diesem Sinne dient die Anspielung hier der Begründung der
Wirksamkeit der Handlung: Durch das Zitat wird die aktuelle
magische Handlung *expressis verbis* in den Wirkbereich der
göttlichen Allmacht gestellt. Damit wird sowohl der Grund als
auch der Rahmen der Wirksamkeit der magischen Handlung zur
Sprache gebracht: Es ist letztendlich die Macht Gottes, welche
angerufen und welche die unfruchtbare Frau heilen soll und
wird.

Nach diesen beiden Versen, die sozusagen die allgemeinen
Prämissen der magischen Handlung darlegen, dienen die folgenden drei Zitate (Gen 30,22; 21,1; 25,21) der Spezifikation der
Handlung: Sie nehmen das besondere Schicksal der betroffenen
und zu heilenden Frau auf. Dies geschieht dadurch, daß mittels
der Verse in den Figuren der Rachel, der Sara und der Frau
Isaaks biblische Gestalten heraufbeschworen werden, die lange
Zeit ebenfalls unfruchtbar schienen, von Gott aber letztendlich
noch mit Nachwuchs bedacht wurden.[59] Da die mit diesen Figuren verbundenen Erzählzusammenhänge als bekannt vorausgesetzt werden, reichen kurze Hinweise wie die aufgeführten Verse, um diese Ereignisse aus der israelitischen Vorzeit als Vorbild
zu vergegenwärtigen und in ihrer ganzen Bedeutung in den magischen Text zu integrieren. Ein rememoratives (Nach)Erzählen
erübrigt sich somit. Mit diesem Rückbezug auf regelrechte Prä-
zedenzfälle fungieren die Zitate hier ebenfalls als Wirksamkeits-

---

58 Aus dem Kotext der Wüstenwanderung wird in einem weiteren Fragment zitiert: Für einen Schutzzauber für die Begegnung mit einer hohen Person
muß Num 9,20 bzw. 9,23 (יסעו ועל פי יי׳ יחנו‎) על פי יי׳ ועל פי יי׳ – *Nach dem Geheiß des
Herrn lagerten sie sich, nach dem Gebot des Herrn brachen sie auf)* gesprochen werden. Auch in diesem Text dient die Rezitation des Verses der Legitimation der magischen Handlung, siehe T.-S. K 1.3, fol. 3a/16, (Nr. 62,
MTKG III, 93).
59 Die Erzählungen über ihre problematische Empfängnis lassen diese Frauen
naturgemäß zu vielzitierten Vorbildfiguren in Texten zur Heilung einer unfruchtbaren Frau werden. So z.B. in T.-S. K 1.157, fol. 1a/9 (Nr. 8, MTKG I,
110); T.-S. K 1.143, fol 12a/4-5, („Geniza 18", 2AI, 193); T.-S. K 1.30/T.-S.
K 1.18, fol. 1a/29-30 (HAI, 73; 2AI, 154).

begründung einer magischen Handlung. Während aber im vorangegangenen Zitat von Gen 1,3 die Wirksamkeit der Handlung in der Allmacht Gottes verankert und gesucht wird, ist sie nun mit einem Appell verbunden: Durch den Hinweis auf biblische Figuren, die sich in einer ähnlichen Situation befanden und die bereits göttliche Hilfe und Gunst erfahren haben, zieht der magische Text hier Parallelen zum aktuellen Problem und fordert somit dieselben Gunstbezeugungen ein weiteres Mal ein. Sprachlich manifestiert und verstärkt wird diese Gleichsetzung durch die Wendung כן („so") im letzten Abschnitt des Amulettextes (G), durch welche die Parallelität der Fälle nochmals expliziert wird.

IV. Fazit

An diesen kurzen Beispielen wird bereits deutlich, daß neben der syntagmatischen auch die paradigmatische Funktion der biblischen Anspielung ein wichtiges Verfahren der Konstituierung eines magischen Textes darstellt.

Während die syntagmatischen Funktionen das intratextuelle Kontinuum des Textes gewährleisten, dehnen die paradigmatischen Funktionen durch den Verweis auf die und durch die Verknüpfung mit der Bedeutungsebene des Bibeltextes, die außerhalb des manifesten Textes liegt, das intratextuelle Kontinuum intertexuell aus und bringen somit semantische Erweiterungen in den Text ein. Sinn und Wirkung des magischen Textes ergeben sich aus dem Zusammenspiel beider Ebenen. Hierbei bleibt festzuhalten, daß die Differenzierung der beiden Funktionsebenen und der einzelnen Funktionen keine Ausschließlichkeit impliziert. Jede biblische Anspielung hat mindestens je eine syn- und paradigmatische Funktion, kann aber als komplexes Textelement auf beiden Ebenen durchaus auch mehrere verschiedene Funktionen innehaben.

Damit ist aus der Verwendung der biblischen Anspielungen für die Beschaffenheit des magischen Textes nur zu schließen, daß dieser keine abgeschlossene monolithische Einheit bildet. Die semantische Erweiterung, welche der magische Text durch die Anspielungen erfährt, ist konstitutiv für das Verständnis wie für die Wirkung des magischen Textes.

Literaturverzeichnis

Bußmann, H.: Lexikon der Sprachwissenschaft, Stuttgart ³2002 (aktualisierte und erweiterte Auflage).

Goitein, Sh. D.: A Mediterranean Society. The Jewish Communities of the World as Portrayed in the Documents of the Cairo Genizah, 6 Bde. Berkeley 1967-1993.

HAI siehe Schiffman, L./Swartz, M. D.

Hebel, U. J.: Romaninterpretation als Textarchäologie: Untersuchungen zur Intertextualität am Beispiel von F. Scott Fitzgeralds *This Side of Paradise*, Frankfurt/M. et al.1989.

MTKG siehe Schäfer, P./Shaked, Sh.

Naveh, J./Shaked, Sh. (Hgg.): Amulets and Magic Bowls: Aramaic Incantations of Late Antiquity. Jerusalem 1985 (zitiert als 1AI).

— : Magic Spells and Formulae: Aramaic Incantations of Late Antiquity. Jerusalem 1993 (zitiert als 2AI).

Reif, S.: A Jewish Archive from Old Cairo. The History of Cambridge University's Genizah Collection. Richmond 2000.

Salzer, D. M.: Die Magie der Anspielung: Form und Funktion der biblischen Anspielungen in den magischen Texten der Kairoer Geniza. Unveröffentlichte Magisterarbeit, FU Berlin 2004.

Schäfer, P./Shaked, Sh. (Hgg.): Magische Texte aus der Kairoer Geniza. Bd. I. Tübingen 1994 (TSAJ; 42) (zitiert als MTKG I).

— : Magische Texte aus der Kairoer Geniza. Bd. II. Tübingen 1997 (TSAJ; 64) (zitiert als MTKG II).

— : Magische Texte aus der Kairoer Geniza. Bd. III. Tübingen: Mohr 1999 (TSAJ; 72) (zitiert als MTKG III).

Schäfer, P.: Jewish Magic Literature in Late Antiquity and Early Middle Ages. JJS 41 (1990), 75-91.

— : Magic and Religion in Ancient Judaism, in: Schäfer, P./Kippenberg, H. G. (Hgg.), Envisioning Magic: A Princeton Seminar and Symposium. Leiden/New York 1997, 19-43.

Schiffman, L. H./Swartz, M. D. (Hgg.): Hebrew and Aramaic Incantation Texts from the Cairo Genizah: Selected Texts from Taylor-Schechter Box K 1. Sheffield 1992 (Semitic Texts and Studies; 1) (zitiert als HAI).

Trachtenberg, J.: Jewish Magic and Superstition: A Study in Folk Religion. New York 1939 (Nachdruck New York: Atheneum ⁷1984).

Veltri, G.: Magie und Halakha: Ansätze zu einem empirischen Wissenschaftsbegriff im spätantiken und frühmittelalterlichen Judentum. Tübingen 1997 (TSAJ; 62).

1AI siehe Naveh, J./Shaked, Sh.: Amulets and Magic Bowls.

2AI siehe Naveh, J./Shaked, Sh.: Magic Spells and Formulae.

Textproduktion durch Zitation

Ist der Erste Petrusbrief der Autor der Gottesknechtslieder (1 Petr 2,21-25)?

FRANÇOIS VOUGA

Die Intertextualität beschreibt Formen des Austauschs, die auf Wechselseitigkeit beruhen:

1. Allgemein: Ein Text existiert erst durch die Lesung.[1]

2. Ein Text, der zitiert wird, ist nicht das passive Opfer einer literarischen Operation, sondern er wird deswegen zitiert, weil er das Zitieren hervorruft.

3. Nicht nur der zitierende Text hat etwas vom zitierten Text zu gewinnen, sondern auch der zitierte Text macht deutliche Gewinne im intertextuellen Geschäft.

Die Plausibilität dieser drei Thesen soll anhand eines Beispiels begründet werden.

1. Der Text und seine Zitate: Christus – der leidende Gottesknecht

Um die Haltung und das Verhalten Jesu als Paradigma für eine Strategie der christlichen Dissidenz in der heidnischen Gesellschaft darzustellen, komponiert die Prima Petri einen christologischen Bericht (1 Petr 2,21-25), der im Wesentlichen als ein Mosaik aus Motiven des sogenannten vierten Gottesknechtsliedes (Jes 52,13 – 53,12) erscheint:

---

1 SVENBRO, Phrasiklea; cf. DETIENNE, Les savoirs de l'ecriture en Grèce ancienne.

(21) *Denn dazu seid ihr berufen,*
    weil auch Christus für euch gelitten hat,
       euch ein Vorbild hinterlassend,
    damit ihr seinen Spuren folget;

        – (22) *der keine Sünde getan hat*
              und in dessen Mund kein Trug gefunden wurde,
        – (23) *der geschmäht nicht wieder schmähte,*
           leidend nicht drohte,
           sondern es dem übergab,
              der gerecht richtet,
        – (24) *der unsere Sünden selbst hinaufgetragen hat*
           in seinem Leib auf das Holz,
              damit wir,
                  den Sünden abgestorben,
                  der Gerechtigkeit leben,
        – *durch dessen Wunden ihr geheilt worden seid.*

(25) *Denn ihr wart wie irrende Schafe,*
    aber jetzt seid ihr hingewendet worden
    zum Hirten und Hüter eurer Seelen.

Wie aber entsteht dieses Paradigma, und auf welchem Hintergrund?

2. Die intertextuelle Frage:
Wo ist das Zitat, und wo ist der Text?

Von Antoine Compagnon[2] haben wir gelernt, daß das Verfahren des Zitierens den Faden einer alten Äußerung in einen neuen Text verwandelt, der seine eigene Aussage, seinen eigenen Kontext und seine eigene Wahrheit mit seiner neuen Form und mit seinem neuen Inhalt konstruiert.

Das Zitat gilt als Autorität aufgrund der Herkunft, des Autors oder des Inhalts. Chaim Perelman[3] hat eine differenzierte Analyse der Situation angeboten: Eine Aussage erhält ihre Wahrscheinlichkeit aus der Konformität mit einer Wahrheit, die bereits ausformuliert wurde und ihre Plausibilität gewonnen hat.

Man kann sich auch andere Verhältnisse vorstellen: Man könnte sich vorstellen, daß das Zitat autonom wird, daß es sich selbst genügt, daß es sich als das Original vorgibt und daß es zum ursprünglichen Text wird. Ein solches Verfahren ist in den

---

2   COMPAGNON, La seconde main ou le travail de la citation.
3   PERELMAN/OLBRECHTS-TYTECA, Traité de l'Argumentation. La nouvelle rhétorique.

Ketten der Worte Jesu zu beobachten. Die kanonischen Evangelien wenden es implizit an: „Jesus sagte", „Jesus antwortete", das Thomasevangelium explizit: „Dies sind die Worte, die Jesus gesprochen hat...".

Man könnte sich aber auch eine Umkehrung vorstellen, die das Zitat in einen Originaltext verwandelt, der ursprünglicher geworden ist als der Text, aus dem zitiert wurde. Das Zitat wäre damit auf Dauer der hermeneutische Schlüssel des zitierten Textes geworden, oder aber das Zitieren hätte die Intention gehabt, der hermeneutische Schlüssel des zitierten Textes zu werden, weil sich im Zitat die Wahrheit der Quelle offenbart. Wer hat denn gesagt: „Mein Gott, mein Gott, warum hast du mich verlassen?"

Die hermeneutische Frage des Verhältnisses zwischen dem zitierten Text und dem Zitat stellt sich mit einer akuten Klarheit im christologischen Bericht von 1 Petr 2,21-25. Sie kann folgendermaßen formuliert werden:

Soll Christus von der Gestalt des leidenden Gottesknechtes her verstanden werden, indem sich die christliche Reflexion über den Tod und die Auferstehung Jesu der prophetischen Figur als Interpretament bedient? Oder sind der Tod und die Auferstehung Jesu eine so gute Konkretisierung der Leiden des Gottesknechtes, daß die alttestamentliche Figur eine plausible und überzeugende Identität endlich bekommt? Oder hat die christologische Rezeption die Auslegung von Deuterojesaja so stark geprägt, daß die Form des kanonischen Textes selbst nicht mehr anders sichtbar ist?

Als Hypothese könnte man sich vorstellen, daß das Zitieren dem 1. Petrusbrief so gut gelungen ist, daß es die Konstitution des literarischen Korpus der vier Lieder des Gottesknechtes in der christlichen Auslegung und der historisch-kritischen Exegese durchgesetzt hat.[4]

3. Der Text in seinem Kontext: Christus – Grund und Vorbild der Dissidenz

Drei christologische Berichte begründen die offensive Strategie der Dissidenz, die die Prima Petri ihren Adressaten empfiehlt:

---

4   „Quatre pièces appelées traditionnellement 'poèmes (ou chants) du serviteur' (42,1-9; 49,1-7; 50,4-11; 52,13 – 53,12)" (VERMEYLEN, Esaïe, 332).

1. Die Auferstehung Jesu ist die Offenbarung, auf Grund derer der Glaube und die Hoffnung der Adressaten zu verstehen sind (1 Petr 1,17-21), denn sie hat die Erwählten von der Sinnlosigkeit der heidnischen Existenz befreit.

2. Der vorbildliche Charakter der Geschichte Jesu, der gelitten hat, um dem Leben der Erwählten einen Sinn zu geben (1 Petr 2,21-25), bildet den Grund und auch das Vorbild der offensiven Strategie der aktiven Gewaltlosigkeit, zu der die Erwählten berufen sind.

3. Die Leiden Jesu, der als Gerechter für Ungerechte gelitten hat (1 Petr 3,18-21), ist Grund und Vorbild für eine Verarbeitung der Leiden, die sich aus der Dissidenz und aus der universalen Verantwortung der Dissidenten unvermeidlich ergeben.

Der christologische Bericht in 1 Petr 2,21-25 begründet die Anweisung, sich jedem menschlichen Geschöpf um des Herren willen unterzuordnen (1 Petr 1,13). Diese Empfehlung betrifft alle Dissidenten (1 Petr 1,13), und, weil die Partizipialsätze ihre Wiederholung implizieren, die Sklaven (1 Petr 1,18-20), die christlichen Ehefrauen heidnischer Männer (1 Petr 3,1-6), die Ehemänner (1 Petr 3,7) und wiederum alle Dissidenten (1 Petr 3,12). Die Unterordnung ist taktisch bedingt. Auf der einen Seite hat sie ihren Grund in der Freiheit, die die neue Existenz der Erwählten kennzeichnet (1 Petr 2,16). Auf der anderen Seite hat sie eine aufklärerische Funktion: Sie bezeugt das Bewußtsein um Gott (1 Petr 2,19), soll das Unverständnis der Menschen zum Schweigen bringen (1 Petr 2,15) und die Gewissen gewinnen, die sich durch Worte nicht überzeugen lassen (1 Petr 3,1).

In diesem strategischen Zusammenhang bildet die Geschichte der Leiden Christi den Grund und das Paradigma einer offensiven Gewaltlosigkeit, die ihren eigenen Prinzipien konsequent treu bleibt und jedes reaktive Verhalten vermeidet (1 Petr 2,13.18-21):

> (13) *Ordnet euch jedem menschlichen Geschöpf unter um des Herren willen,* [...]
>
> – (18) *Die Sklaven sich in aller Furcht den Herren unterordnend,*
>   – *nicht nur den guten und den anständigen,*
>   – *sondern auch den verdrehten.*
>   (19) *Denn es ist eine Gnade, wenn jemand Leiden erträgt,*
>   – *wegen des Bewußtseins um Gott*
>   – *ungerecht leidend.*

(20) *Denn:*
> *was ist das für ein Ruhm,*
>> *wenn sündigend ihr auch Mißhandlungen*
>> *aushaltet?*
>> *Aber wenn ihr das Gute tuend und leidend*
>> *aushaltet,*
> *das ist Gnade bei Gott.*

(21) *Denn dazu seid ihr berufen,*
>> *weil auch Christus für euch gelitten hat,*
>>> *euch ein Vorbild hinterlassend,*
>> *damit ihr seinen Spuren folget...*

Die Verbindung der Begründung („weil", 1 Petr 2,21, cf. 3,18) und der Entsprechung („auch", 1 Petr 2,21, cf. 3,18) zwischen der Geschichte Christi (1 Petr 2,21-25) und den Empfehlungen ist um so evidenter, als ihre Zusammenfassung (1 Petr 3,8-12) sowohl inhaltlich als auch begrifflich in Anlehnung an den christologischen Bericht konstruiert ist.

1 Petr 2,21-24	**1 Petr 2,13; 3,8-12**
	(13) *Ordnet euch jedem menschlichen Geschöpf unter um des Herren willen,*[...]
(Christus)	(8) *Seiend schließlich alle gleichgesinnt,*
– (22) *der keine Sünde getan hat und in dessen Mund kein Trug gefunden wurde,*	*mitfühlend, voll Bruderliebe, barmherzig, seiend demütig.*
– (23) *der geschmäht nicht wieder schmähte, leidend nicht drohte,*	– (9) *nicht vergeltend Böses mit Bösem oder Schmähung mit Schmähung,*
sondern es dem übergab, der gerecht richtet,	– *sondern im Gegenteil segend,*
– (24) *der unsere Sünden selbst hinaufgetragen hat*	*weil ihr dazu berufen seid, daß ihr Segen erbt.*
damit wir, den Sünden abgestorben, der Gerechtigkeit leben,	(10) *Denn*
– *durch dessen Wunden ihr geheilt worden seid.*	*wer das Leben lieben und gute Tage sehen will*
	– *der halte seine Zunge vom Bösen zurück, und seine Lippen davon, Trug zu reden,*
	– (11) *er wende sich ab vom Bösen und tue Gutes,*
	– *er suche Frieden und jage ihm nach.*

4. Die Argumentation der Intertextualität

Die christologische Komposition in 1 Petr 2,21-25 besteht aus drei Teilen:

1. Der Übergang (1 Petr 2,21), der die Anweisungen mit dem
Ruf, den die Adressaten bekommen haben, verbindet („Denn
dazu seid ihr berufen"), wird durch Hinweise auf die Leiden
Christi („Weil auch Christus für euch gelitten hat") und auf
ihren vorbildlichen Charakter („euch ein Vorbild hinterlas-
send, damit ihr seinen Spuren folget") begründet:

> *Denn dazu seid ihr berufen,*
> *weil auch Christus für euch gelitten hat,*
> *euch ein Vorbild hinterlassend,*
> *damit ihr seinen Spuren folget.*

Dieser erste Teil stellt die christologische These des Abschnitts vor.

2. Der zweite Teil besteht aus vier Relativsätzen, die parallel gebaut sind und die erläutern, warum die Leiden Christi als
Vorbild gelten sollen, dessen Spuren die Dissidenten folgen
sollen (1 Petr 2,22-24):

> – (22) *der keine Sünde getan hat [...]*
> – (23) *der geschmäht nicht wieder schmähte [...]*
> – (24) *der der unsere Sünden selbst hinaufgetragen hat [...]*
> – *durch dessen Wunden ihr geheilt worden seid.*

Diese Komposition bildet eine kunstvolle und kohärente Ket-
te, die mit Elementen aus dem sogenannten vierten Lied des
Gottesknechtes gebaut ist (Jes 52,13 – 53,12):

Jes 53 LXX	**1 Petr 2,22-24**
(9) *Weil er keine Ungesetzlichkeit tat und in seinem Mund kein Trug gefunden wurde*	– (22) *der keine Sünde* **getan hat und in dessen Mund kein Trug gefunden wurde,**
	– (23) *der geschmäht nicht wieder schmähte,*
	leidend nicht drohte,
	Sondern es dem übergab,
	der gerecht richtet,
(4) *Er trägt unsere Sünden.*	– (24) *der* **unsere Sünden selbst hinaufgetragen hat**
	in seinem Leib auf das Holz,
	damit wir,
	den Sünden abgestorben,
	der Gerechtigkeit leben,
(5) *Wir sind durch seine Wunden geheilt worden.*	– **durch dessen Wunden** *ihr* **geheilt worden seid.**

3. Der dritte Teil stellt sich als eine Begründung dar („Denn...").
Im unmittelbaren Kontext deutet diese die Haltung, das Verhalten und die Handlungen Christi, die in den vier Relativsätzen beschrieben worden sind, als die Ursache für die
Veränderung, welche die Adressaten erfahren haben: Sie waren irrende Schafe und haben den Hirten und Hüter ihrer
Seelen gefunden (1 Petr 2,25):

> *Denn ihr wart wie irrende Schafe,*
> *aber jetzt seid ihr hingewendet worden*
> *zum Hirten und Hüter eurer Seelen.*

Der Leser versteht nun, daß die Relevanz des Berichtes, den
die vier Relativsätze zusammenfassen, von der Verbindung
mit der christologischen Hauptthese abhängt: Die Adressaten haben den Hirten und Hüter ihrer Seelen deswegen gefunden, weil Christus für sie gelitten und ihnen dadurch ein
Vorbild hinterlassen hat, dessen Spuren sie jetzt sinnvoll folgen können.

Diese logische Verbindung wird noch einmal durch die Intertextualität unterstützt: Die diskursive Begründung, die
durch den Kontrast zwischen der Vergangenheit und der gegenwärtigen Situation der Adressaten sowohl erklärt, warum
Christus für sie gelitten hat (1 Petr 2,21), als auch, warum er
ihre Sünden getragen und ihre Wunden geheilt hat (1 Petr
2,24), wird durch eine mit Anspielungen auf Ez 34,5.12 und
Hiob 10,12 angereicherte Wiederaufnahme des Liedes verstärkt:

Jes 53 LXX	**1 Petr 2,22-24**
(6) *Alle irrten wir wir Schafe.*	– (25) *Denn ihr wart* **wie irrende Schafe**, *aber jetzt seid ihr hingewendet worden zum Hirten und Hüter eurer Seelen.*

Wir könnten die argumentative Logik der Prima Petri verlassen und den Aufbau des christologischen Berichtes aufgrund
der Phänomene der Intertextualität neu gestalten (1 Petr 2,22-
25):

Christus...
- (22) *der keine Sünde* **getan hat**
   und in dessen Mund kein Trug gefunden wurde
   (Jes 53,9),
- (23) *der geschmäht nicht wieder schmähte,*
   leidend nicht drohte,
      sondern es dem übergab, der gerecht richtet,
- (24) *der* **unsere Sünden selbst hinaufgetragen hat**
   (Jes 53,12)
      in seinem Leib auf das Holz,
         damit wir, den Sünden abgestorben,
         der Gerechtigkeit leben,
- **durch dessen Wunden** *ihr* **geheilt worden seid**
   (Jes 53,5)
(25) *Denn ihr wart* **wie irrende Schafe** (Jes 53,6),
aber jetzt seid ihr hingewendet worden
   zum Hirten und Hüter
   eurer Seelen.

Diese Grenzverschiebung wäre jedoch nicht sehr glücklich.

Als Ergebnis können wir also festhalten, daß der christologische Bericht eine starke Einheit bildet. Die Kohärenz des Berichtes ist nicht durch die Quellen der verwendeten Stoffe gegeben, obwohl ihre Fremdartigkeit im neuen Kontext, der Rythmus der Relativsätze und ihre starke Konzentration die Aufmerksamkeit auf sie lenken. Die Argumentation der Prima Petri prägt vielmehr den prophetischen Text, den sie verwendet, durch ihre eigene Logik, welche die Situation der Adressaten mit der Geschichte Jesu verbindet, so daß sich die christologische Aktualisierung der Figur des Gottesknechtes im Bewußtsein des Lesers als Evidenz durchsetzen läßt.

5. Das Geschäft zwischen den Texten: Die Gewinne des Petrus

Die Phänomene der Intertextualität eröffnen einen Markt, auf dem man sich treffen kann oder sich ignorieren, und auf dem, wenn man sich trifft, man sich nur höflich grüßen oder aber Geschäfte machen kann.

Die christologische Argumentation in 1 Petr 2,21-25 stellt sich als das Ergebnis eines Geschäftes dar, das mit Erfolg gekrönt wurde. Die Frage bleibt aber: Für wen? Wer hat verhandelt, warum hat man verhandelt, was wurde angeboten und was hat man gefunden?

Die Gründe, weswegen sich die Prima Petri auf den Markt gegeben hat, werden von Anbeginn ihrer Argumentation an angekündigt: In der Danksagung, die den Brief eröffnet, hatte sie ein Interesse für die Person der Propheten angekündigt (1 Petr 1,10-12a):

> (10) *nach dem Heil haben gesucht und geforscht die Propheten,*
>   *– die die euch zukommende Gnade voraussagten,*
>   (11) *forschend,*
>   *auf welche und was für eine Zeit der Geist Christi*
>   *in ihnen hinweise,*
>   *der auf Christi Leiden und die folgenden*
>   *Herrlichkeiten vorhergezeigt hat,*
>   – (12) *denen geoffenbart wurde,*
>   *daß sie sich nicht selbst,*
>   *sondern euch mit den Dingen dienen...*

Der Brief konnte im Zeugnis der Propheten eine Interpretation des Heils, das mit der Zeit und mit der Person Jesu verbunden ist, finden. Diese Interpretation des Heils, die sich auf die Leiden und auf die Herrlichkeit Christi bezieht, ist insofern qualifiziert, als sie vom Geist Christi herkommt, der in den Propheten tätig war, bevor er zu den Aposteln kam. Welche Antwort zu welchen Fragen suchte also die Prima Petri in der Autorität dieser Quellen?

Die Erklärung, daß Christus für uns gelitten hat und uns ein Vorbild hinterlassen hat (1 Petr 2,21), verweist auf drei wesentliche Aussagen, die der Geist durch den Text des Propheten vermittelt hat:

1. Der Gottesknecht hat sein Leben für „uns" dahingegeben: er hat unsere Sünden getragen, und durch seine Wunden sind wir geheilt worden (1 Petr 2,24). Die Verwandlung der Adressaten, die den Sünden gestorben sind und zu einem neuen Leben für die Gerechtigkeit leben (1 Petr 2,24), konkretisiert sich im Übergang von der Verzweiflung der irrenden Schafe zur Hoffnung derer, die den Hirten und Hüter ihrer Existenz gefunden haben (1 Petr 2,25).

2. Die Figur des Gottesknechtes bietet eine plausible Verbindung der Singularität der Leiden, die die Erlösung brachte, mit der ethischen Dimension dessen, was Chaim Perelman

das ideale Vorbild nennt:[5] Die prophetische Geschichte erklärt, wie und warum gedacht werden kann, daß „auch"
Jesus für die Sünden gelitten hat und warum seine Leiden
gleichzeitig Begründung („weil", kausal) und Paradigma des
neuen Lebens bilden („auch", Koordination): Er hat die Sünden derer getragen, die durch seine Wunden geheilt worden
sind und vor denen er den Weg der Dissidenz eröffnet hat.

3. Damit hat der Gottesknecht, der keine Sünde getan hat, in
   dessen Mund kein Trug gefunden wurde, der geschmäht
   nicht wieder schmähte und leidend nicht drohte (1 Petr
   2,22-23), das politische Programm der offensiven Gewaltlosigkeit Christi und der Christen definiert.

Als zweites Ergebnis können wir festhalten: Auf dem Markt
der Texte hat der Verfasser der Prima Petri, der die Propheten
für die Träger des Zeugnisses des heiligen Geistes über Christus
und über das Heil hält, die Geschichte des Gottesknechtes, wie
sie Jesaja erzählt, als die Beschreibung und die geistliche Interpretation des Todes Jesu und der Passion der Dissidenten auf-
richtig gekauft.

6. Die Gewinne Jesajas

Was hat das Geschäft für Jesaja gebracht? Auf dem Markt ist jeder da, um zu geben und um zu nehmen, um anzubieten und
um zu kaufen.

Vom Buch des Propheten hat die Prima Petri eine autorisierte und plausible Interpretation der Geschichte Jesu bekommen.
Dafür erhält die einsame Gestalt des Gottesknechtes einen Namen, Identität und die Wirklichkeit einer historischen Persön-
lichkeit.

Eine literarische Figur, die auf der Suche nach einem historischen Träger war, der sie von der Fiktionalität erlösen würde,
findet in der Prima Petri nicht nur einen erfolgreichen Interes-

---

5 PERELMAN, Traité de l'Argumentation, 495-499. Anders als das Autoritätsargu-
   ment, das ein auf der Struktur der Wirklichkeit basierendes Verhältnis der
   Koexistenz herstellt, ist der Verweis auf das Vorbild des vollkommenen We-
   sens („l'Etre parfait comme modème") eine argumentative Figur, die zu der
   Klasse der Verbindungen gehört, die eine neue Struktur der Wirklichkeit begründen.

senten, sondern darüber hinaus auch eine neue literarische Gestalt.

1. Der Gottesknecht ist weder ein anonymer Prophet noch eine geheimnisvolle und symbolische Verkörperung des Volkes Israel, sondern Christus.

2. Die Rezeption des Gottesknechtes in der Prima Petri konstruiert ein doppeltes Verhältnis der Intertextualität zwischen dem Apostelbrief und dem prophetischen Buch einerseits, aber andererseits auch innerhalb des prophetischen Buches: Die christologische Identität des Gottesknechtes gibt ihm nicht nur eine konkrete Realität, sondern bietet auch eine neue und plausible Grundlage für die Kohärenz des prophetischen Buches. Sie tut es insofern, als die Verkündigung des Todes und der Auferstehung Jesu als die Leidensgeschichte des Gottesknechtes eine Sinneseinheit und einen historischen Zusammenhang der vier sogenannten Gottesknechtslieder konstituiert (Jes 42,1-9; 49,1-7; 50,4-11; 52,13 - 53,12).

3. Die Aktualisierung und Historisierung des Gottesknechtes in der Person Jesu ist nicht nur eine hermeneutische, sondern auch eine literarkritische Leistung im Buch des Propheten selbst zu sehen. Denn wer die literarische Gestalt des Propheten in Jes 52,13 – 53,12 mit Christus identifiziert hat, muß auch die vier Gottesknechtlieder als eine christologische, und deswegen auch als eine literarische Einheit konstruieren.

Die Geschichte der Leiden Christi beschränkt sich nicht darauf, Christus mit der Figur des Gottesknechtes einseitig zu identifizieren, als ob Petrus Jesaja explizit zitieren und schreiben würde, wie es das Matthäusevangelium tut: „Damit wurde das Wort des Propheten Jesaja erfüllt, daß...". Mit einem ausdrücklichen Zitat, oder wenn Christus als die Erfüllung der Leiden des Gottesknechtes dargestellt wäre, hätte die Prima Petri eine Verbindung zwischen den beiden hergestellt, die ihre klare Unterscheidung vorausgesetzt hätte. Zitieren ist eine Erklärung der Distanz zwischen zwei verschiedenen Texten, und das Postulat, daß der eine den anderen erfüllt, hebt die Ungleichheit der beiden Partner hervor.

Die Argumentation der Prima Petri schafft keine Distanz. Mit Doppelbelichtungen, die den Leib des Gottesknechtes auf das

Holz hängen und als den bekennen, mit dem die Erwählten der Sünde gestorben sind, um für die Gerechtigkeit zu leben (1 Petr 2,24, cf. Röm 6,1-14), löst sie pragmatisch das Wunder einer gegenseitigen Dahingabe und einer Identifikation der beiden: Christus ist der Gottesknecht des Buchs Jesaja, und der Gottesknecht Jesajas ist Christus, der gelitten hat und unsere Sünden in seinem Leib auf das Holz hinaufgetragen hat.

Im Ergebnis stellen wir fest, daß der kreative Prozeß der Intertextualität zu einer Gegenseitigkeit führt: Die Prima Petri interpretiert die Geschichte Jesu vom Zeugnis des Geistes Christi her, das sie im Buch des Propheten Jesaja lesen konnte, und sie offenbart die Aktualität und die Wahrheit der literarischen Figur des Gottesknechtes, indem sie auf ihre Menschwerdung verweist.

Meine Hypothese lässt sich weder verifizieren noch falsifizieren. Als Denkmodell verweist sie auf das aktive Moment des Zitierens, das einen existierenden Text nicht nur als Autorität konstituiert, sondern auch neu gestaltet. Setzt sich der Leser der vier sogenannten Gottesknechtlieder mit dem Jesajabuch oder – ohne es genau zu merken – mit der Christologie des 1. Petrusbriefes? Die Auslegung lässt sich von der Rezeption, die durch die Wechselwirkungen der Intertextualität einen bestimmten Charakter der Evidenz gewonnen haben, mit den literarischen Techniken der kritischen Exegese nicht ohne weiteres unterscheiden.

Literaturverzeichnis

Compagnon, A.: La seconde main ou le travail de la citation. Paris 1979.

Detienne, M. (Hg.): Les savoirs de l'Ecriture en Grèce ancienne. Lille 1988 (Cahiers de philologie, série Apparat critique; 14).

Perelman, C./Olbrechts-Tyteca, L.: Traité de l'Argumentation. La nouvelle rhétorique. Bruxelles ²1970 (Collection de sociologie générale et de philosophie sociale).

Svenbro, J.: Phrasiklea. Anthropologie de la lecture en Grèce ancienne. Textes à l'appui, histoire classique. Paris 1988.

Vermeylen, J.: Esaïe, in: Römer, T./Macchi, J.-D./Nihan, C. (Hgg.), Introduction à l'Ancien Testament. Genève 2004 (MdB; 49), 329-344.

Zusammenfassungen – Abstracts

Eva Cancik-Kirschbaum: *Texte – situation – formes: La réalisation matérielle du texte*

Dans cet article, il est question de la relation entre la conceptualisation et la matérialisation du texte. Les inscriptions commémoratives de rois assyriens et les 'annales historiques' révèlent la dynamique et la multiplicité des formes de textes. Ils sont caractérisés par leur contenu vivant et expansif. Les modifications font partie intégrante du concept de texte.

Frank Crüsemann: *Texts with Contradictions. Observations Regarding their Self-Conception: the Example of the Flood Story*

Modern literary criticism of the Bible regards doublets and contradictions within a given text as a fundamental criterion for its being composed of different sources. However, the common use of the term "contradiction" in exegesis seems dependant on modern views of "unity", and therefore imposes on the text an outside perspective. The present study, in contrast, attempts to find criteria for the identification of what a given text itself identifies as a "contradiction". Lastly, it is demonstrated by an analysis of the Flood story that "contradictions" can be an intentional part of texts from the Hebrew bible, and they may serve, for example, to describe a conflict as insoluble.

Konrad Ehlich: *Textuality and Literality*

The paper presents a categorical reconstruction of "text", and discusses the consequences for theory development and conceptual history arising from the term's different semantic potentials that can be gauged from usage differences in the varieties of ordinary language, academic language, and ordinary academic language. The "ordinary academic" use of "text" is of special interest, as ordinary academic language provides researchers with a reservoir of concepts constituting a tacit knowledge-in-advance of their objects of investigation. The exploration of the "ordinary academic" use of "text" undertaken in section (1) reveals how this tacit knowledge determines the understanding of "text" in several academic disciplines. In linguistics, as argued in section (2), "text" serves as a theoretical compensation for losses produced by a series of reductionist approaches to the object of the discipline, sc. "language", while the opacity of the "ordinary academic" concept does permit the analytical foundation of a genuine linguistics of text. As argued in section (3), such a foundation can be achieved by taking a theory of linguistic action (linguistic pragmatics) as a starting point that conceives of "text" as a problem solution, i.e. a device to overcome a dilated speech situation (a speech situation where speaker and hearer are not co-present). Even at the oral stage of text development – for instance the oral message delivered by the messenger – textuality already affects certain sub-systems of linguistic interaction, as is shown for the deictic system in section (4). Literality, as a medium of tradition in some respects superior to memory, completely unhinges linguistic actions from their original, though dilated, speech situation. As demonstrated in sections (5) and (6), this leads to a reification of linguistic action with further consequences for other subsystems of language. The reified written text exerts fascination on philology, literature science and linguistics to a degree that these disciplines have almost completely forgotten the circumstances that bring written texts into being and constitute them. As argued in section (7), these text-based disciplines being ignorant of the constituting factors of their very objects of investigation are virtually enshrined in a categorical circle.

FRANK FEDER: *The Poetic Structure of the "Story of Sinuhe"*

The famous "Story of Sinuhe", the masterpiece of ancient Egyptian Literature, is nowadays regarded as a poem written in verses. It is quite clear that this poem was also originally organised into paragraphs and chapters, although the manuscripts transmitting the poem do not show any traces of this structural distribution. Since the witnesses of the New Kingdom were written as school exercises in the school of the workman's village at Deir el-Medineh (western Thebes) they also contain verse points and rubrics, mostly being used as headlines for the paragraphs within a chapter. These markers for the internal organisation of the poetic structure of the text may allow an attempt also to reconstruct the division into paragraphs and chapters, that once underlay the text, at least for the New Kingdom.

CHRISTOF HARDMEIER: *The Textpragmatic Coherence of the Torah-Speech (Deut 1-30) within the Narrative Framework of Deuteronomy. Texts as Artefacts of Communication and Objects of Scientific Research*

The first part of the article explains the core issues of an empirical approach to texts as artefacts of communication and the basic communication pragmatics of understanding texts. In the beginning the process of reading and listening as well as in particular its snags and treacherous difficulties will be focussed upon. This is because misunderstanding is the usual case in linguistic communication that makes a kind of reading hermeneutics of caution necessary. Texts have to be understood not only as artefacts of communication but also as communication offers to readers and listeners. Thus their linguistic form gains a unique importance. As a grammatically structured cluster of procedural instructions to be acted upon, texts must be understood as scores of sense making. Following the linguistic tracks through reading or listening, the instruction sequences will ideally guide the receptive process of communication, so far as the recipient allows to be led by these tracks of linguistic items. The second part deals with the coherence of the torah-speech in Deuteronomy and its narrative framework. It shows the inductive ways of practically uncovering the communication pragmatic coherence of different literary stages in Deuteronomy by means of a text-empirical approach and explains the different groups of linguistic instructing items that guide the complex pragmatic process of reception. The procedure brings forth two important insights. Firstly, it is possible to distinguish clearly two different systems of headings and speech introductions in the narrative framework of Deuteronomy, and to corroborate this by the same double-stepped way in which the further measures of Moses are told after his torah-speech in Deut 31-34. Secondly, some basic aspects of the argumentative coherence of the torah-speech especially the argumentative function of the recollections of Horeb in Deut 1; 4; 5; 9 and 18 can be shown. Two graphics conclude the article giving an overview over the systems of headings and speech introductions as well as over the whole pragmatic framework of the torah-speech.

REINHARD G. KRATZ: *Stories and History in the North-West Semitic Inscriptions of the 1st Millennium BCE.*

The past in the Northwest Semitic inscriptions of the first millennium BCE is primarily the history of the kingdom and the ruling dynasty. Particularly concerning the beginning and the end of a reign, legends are woven and recorded in mortuary, building, and royal inscriptions. Such inscriptions mark the beginnings of both a political and theological historiography. However, the historical retrospective is not restricted to royal inscriptions. Individual stories like myths about gods, legends of heroes, wisdom tales, and other material, which, with the exception of Siloam and the non royal mortuary inscriptions, are not found in the corpus of inscriptions and – like the stories about the kings in 2 Kings 3 or 2 Kings 9-10 – were recorded in short episodes or in narratives, must also to be taken into account. In any case, the purpose of the historical retrospective is not archaeological in nature but rather the commemoration of memorable individuals and events of the past which are judged to be important for the present and the future. Thus the retrospective view is, to a great extent, an ideologically, usually theologically directed (re)construction from the present and for the present. Unlike the biblical accounts (in their final shape), it is not a question of overcoming the *status quo* but of guaranteeing and stabilizing it.

ANDREAS KUNZ-LÜBCKE: *Reading Intercultural! The Story of Jephthah and His Daughter in Judges 11,30-40 in Textsemantic Perspective*

The story of Jephthah and his daughter in Jdc 11,30-40 contains text-semantic gaps. The narrator does not precisely say if Jephthah sacrifices his daughter or not. The reader has to construct his own story of Jephthah and his daughter. This happens on the basis of the use of specific motifs which are known from other stories of the Hebrew Bible and some Greek tragedies, especially in Iphigenie in Aulis, Iphigenie in Tauris and

Hippolytos by Euripides. The narrative discourse in Jdc 11,30-40 assumes an experienced and well-read reader.

Ludwig D. Morenz: *How the Script Became Text: A Complex Process in the History of Media, Mentality, and Society*

The desire to express a developed textuality in the Egyptian high culture engendered an important step in the evolution of writing. In principle it is possible to distinguish three different stages in the development of writing. Early writing was used to fix single words, especially names and titles. Furthermore words were put together into (proto-)texts, especially in the form of litanies and lists. The possibility to understand these types of messages correctly depended very much on additional contextual information. The developed script allowed a greater autonomy of the text, especially via the notation of grammatical elements such as prepositions, pronouns, particles etc. This development of writing took place in the field of the imaginary. Here the longest preserved complex text of mankind is analysed concerning its relevance for the history of religion and the archaeology of media. It was engraved around 2720 BCE on a sacral shrine of king Djoser. For the first time all sorts of words – nouns and verbs, pronouns and articles, adjectives and adverbs, particle and prepositions – were fixed in writing. This development generated new possibilities for the usage of writing in human history.

Dorothea M. Salzer: *Biblical Allusions as a Constitutive Characteristic of Jewish Magical Texts from the Cairo Geniza*

Allusions to the text of the Hebrew Bible are one of the main features in many magical texts from the Cairo Genizah. The textual realizations of these allusions vary from verbal quotations of the biblical text to short references to longer narrations. Their purpose for the text is twofold: On the one hand a biblical allusion is part of the magical text as such and thus constitutes – together with other the elements of the text – the intratextual continuum. On the other hand it is part of the biblical text that consists outside and independently from the magical text itself and therefore it establishes an intertextual relation between these two texts that leads to a semantic expansion of the alluding text.

How much and which meaning of the biblical text is alluded to
is determined by the new co-text, that is, the magical text. These
twofold modes of function of biblical allusions are investigated in
two steps: Firstly the intratextual – the so called syntagmatic –
functions are looked at, and secondly the intertextual – i.e. the
paradigmatic – functions are examined. For the syntagmatic as
well as for the paradigmatic functions several categories of description can be developed. Some of the described syntagmatic
and paradigmatic functions of biblical allusions are illustrated
with the example of a magical amulet for a barren woman. This
example shows clearly the importance of both the syntagmatic
as well as the paradigmatic functions for the constitution of the
magical text. Both modes of function are indispensable for its
meaning and its effect.

Joachim Schaper: *Tora as Text in Deuteronomy*

The paper centres on the use of the term תורה in the book of
Deuteronomy and its implications for a more refined understanding of the book, its historical setting, and its message. Special attention is devoted to the use of תורה in conjunction with
כתב and ספר. This approach affords the reader insights into the
textualisation of תורה in the late pre-exilic and exilic periods,
alerting him or her to the importance of that key process in the
'breakthrough of orthodoxy' in ancient Judah.

William M. Schniedewind: *Die Textualisierung der Tora in Jer 8,8*

Die wissenschaftliche Diskussion zu Jer 8,8 konzentriert sich
auf die Frage, was unter „tora" zu verstehen ist. Sowohl der en-
gere (literarische) als auch der weitere (sozio-kulturelle) Kontext
legen nahe, daß der vorliegende Gebrauch des Wortes von einer
intendierten Ambiguität ausgeht, welche den Übergang der *tora*
von einer mündlichen Tradition zu einem schriftlichen Text re-
flektiert. Im unmittelbaren Kontext ergibt sich diese Schlußfolgerung durch den Kontrast zum prophetischen Wort („das Wort
Jhwhs") und zu überlieferten Bräuchen („die Überlieferung
Jhwhs"). Im weiteren Kontext ist die Beschreibung der *tora* als einer „Lüge" Teil der generellen Kritik an den Josianischen Refor-
men, d.h. die von einer textuellen Autorität ausgehende Kritik
an einer religiösen Reform. Diese Kritik wurde durch die zuneh-

mende Bedeutung möglich, welche das Schreiben im Verlaufe der späteisenzeitlichen Urbanisierung der judäischen Gesellschaft gewann.

Stefan Schorch: *The Role of Reading for the Constitution of Texts from the Hebrew Bible*

The written transmission of a given document is influenced by the oral realization of a text in the course of reading. With regard to the Hebrew Bible, this specific link between literal and oral features is of special importance, since the Hebrew writing system leaves more gaps to be filled in by the reader than many other writing systems. This is essential at least in complex prose and in poetry. Reading, therefore, means a productive textualization of written traditions, which influences and partly reshapes these traditions. The way in which this interplay worked in the course of the transmission of the Hebrew Bible underwent important changes.

Gebhard J. Selz: *Open and Closed Texts in Early Mesopotamia: An Hermeneutic of Texts Between Individualization and Universalization*

Recent research in semiotics has extended the much discussed and problematic concept of what a "text" is beyond the narrow usage denoting a written document. Texts are viewed as "structured signs", subject to interpretation. Texts may communicate a variety of messages, and multiple interpretations may be intentional. Such deliberately ambiguous texts are termed "open texts", in contrast to "closed texts" which attempt to get a clear message across. While the invention of writing was advanced by the need to convey precise information in economic and administrative matters, the creation of more "open texts" never ceased. "Open texts" have the advantage of being adjustable to different audiences; they show a certain degree of timelessness and indeed involve the recipients in the process of creating the text. At the same time they are subject to continuous attempts at closing; for instance through canonization. This is true of all mainstream literary texts in Mesopotamia: over the course of time they underwent, again and again, efforts to define a set of "correct" interpretations. The application of hypertext concepts with their focus on non-linear net-like structures may advance our understanding of Mesopotamian literary texts. The ensuing possibility to observe and describe processes of opening and closing texts in minute detail could become a corner stone of textual hermeneutics.

Willem Smelik: *Codewechsel: Die öffentliche Lesung der Bibel in Hebräisch, Aramäisch und Griechisch*

Die öffentliche Lesung der Bibel war ein bedeutendes Element des synagogalen Gottesdienstes der spätantiken Zeit. Für die Übersetzung scheibt die rabbinische Literatur dabei den lokalen Gemeinden gleichermaßen uniforme wie detaillierte Regeln vor, um den biblischen Text einerseits verständlich zu machen und andererseits zwischen der Tora und ihrer Interpretation zu unterscheiden. Ob diese Regeln die Praxis der zweisprachigen Lesung im 2. und 3. Jh. n. Chr. widerspiegeln, bleibt unbeweisbar. Schon allein wegen der enormen Diversität sprachlicher Kompetenz in Palästina vor dem Aufstieg Galiläas zum Zentrum des Judentums muß jedoch als sehr unwahrscheinlich betrachtet werden, daß die Regularisierung der öffentlichen Übersetzung vor der Usha-Periode stattfand. Die Erlaubnis schriftlicher griechischer Übersetzungen bezeugt deren Bedarf bei den Juden der hellenistischen Städte. Die zweisprachige Hebräisch-Aramäische Lesung weist demgegenüber auf das Palästina der Zeit nach dem Bar Kochba-Aufstand sowie auf die babylonische Diaspora. Die Praxis der einsprachigen griechischen Lesung lebte jedoch noch lange Zeit fort.

François Vouga: *Citation comme production: Pierre est-il l'auteur des chants du Serviteur (1 Pi 2,21-25)?*

Les quatre chants dits du Serviteur souffrant sont en général considérés par l'exégèse moderne comme un ensemble littéraire ayant sa propre cohérence à l'intérieur du livre d'Esaïe. D'où tirent-ils leur identité et leur unité? L'hypothèse formulée à la lecture de la réception d'Es 53 dans la Prima Petri (1 Pi 2,21-25) est la suivante: la lecture christologique du livre prophétique ne fait pas qu'offrir un nom à une figure en quête de visage, mais, par le travail de la citation, elle donne une consistance littéraire à ces quatre poèmes qu'il est d'ailleurs difficile, sans elle, de délimiter clairement de leur contexte. La paternité des quatre chants revient-elle à Esaïe ou, par un effet de la création intertextuelle, à "Pierre"? Citer n'est pas seulement élever un texte au rang d'autorité, mais aussi, parfois, le reconfigurer et le recréer.

ANDREAS WAGNER: *Speech Act Sequences and the Constitution of Texts in Biblical Hebrew*

We can analyse texts as speech acts – speech act understood in terms of linguistic pragmatics or speech-act-theory – in various different ways.

i) Texts can be examined with regard to their "basis-illocution". We can easily classify texts that contain a uniform illocution in more than one segment. Ps 150 thus consists entirely of DIRECTIVE speech acts, and there is no doubt that the whole text is a DIRECTIVE text. In texts with different speech acts, the situation is more complex; discerning the text-illocution becomes more difficult.

ii) A different approach to analysing the text-illocution is to define the text structure with macro-matrices; some texts consist of an explicitly illocutionary section and a propositional section (e.g. Ps 113).

iii) Illocutionary sequences are an important part of the text-coherence in multi-sectional texts (e.g. Ps 91; 139; 142). Some sequences create patterns that are significant for certain kinds of texts.

These different approaches are discussed on the basis of Old Testament texts.

Autoren der Beiträge

Eva Cancik-Kirschbaum ist Professorin für Altorientalische Philologie und Geschichte an der Freien Universität Berlin.

Frank Crüsemann ist emeritierter Professor für Altes Testament an der Kichlichen Hochschule Bethel, Bielefeld.

Konrad Ehlich ist Professor am Institut für Deutsch als Fremdsprache der Ludwig-Maximilians-Universität, München.

Frank Feder ist Wissenschaftlicher Mitarbeiter an der Berlin-Brandenburgischen Akademie der Wissenschaften.

Christof Hardmeier ist Professor für Altes Testament an der Ernst-Moritz-Arndt-Universität, Greifswald.

Reinhard G. Kratz ist Professor für Altes Testament an der Georg-August-Universität, Göttingen.

Andreas Kunz-Lübcke ist Privatdozent für Altes Testament an der Universität Leipzig.

Ludwig D. Morenz ist Privatdozent für Ägyptologie am Ägyptologischen Institut der Universität Leipzig.

Dorothea M. Salzer ist Wissenschaftliche Mitarbeiterin am Institut für Judaistik der Freien Universität Berlin.

Joachim Schaper ist Professor für Altes Testament an der University of Aberdeen.

William M. Schniedewind ist Professor of Biblical Studies and Northwest Semitic Languages an der University of California, Los Angeles.

Stefan Schorch ist Hochschullehrer für Hebräisch und Altes Testament an der Kirchlichen Hochschule Wuppertal/Bethel, Arbeitsbereich Bethel.

Gebhard J. Selz ist Professor für Altsemitische Philologie und Orientalische Archäologie am Institut für Orientalistik der Universität Wien.

Willem Smelik ist Dozent für Hebräisch und Aramäisch am Institute of Jewish Studies, University College London.

François Vouga ist Professor für Neues Testament an der Kirchlichen Hochschule Wuppertal/Bethel, Arbeitsbereich Bethel.

Andreas Wagner ist Privatdozent für Altes Testament an der Universität Heidelberg.

Index

Hebräische Bibel

Neues Testament

Rabbinische Literatur

Autoren